Design trifft Code

Stephanie Stimac ist Produktmanagerin mit mehr als einem Jahrzehnt Erfahrung im Bereich Design und konzentriert sich auf die Entwicklung von Produkten für Entwickler. Sie hat auf Konferenzen auf der ganzen Welt über Webentwicklung und Designthemen gesprochen und in vielen dieser Vorträge die Kluft zwischen Design und Entwicklung überbrückt. Als sie noch ausschließlich an Designprojekten gearbeitet hat, war sie für Unternehmen wie Safeway, MBARI, Microsoft Azure, Microsoft Office, Windows, T-Mobile und Blue Cross Blue Shield tätig. Sie trat dem Microsoft-Edge-Team bei, weil sie eine Leidenschaft für das Web, Design und Entwicklung hat. Sie hat an Entwickler-Tools wie *webhint.io* und den DevTools des Edge-Browsers sowie an anderen Web-Plattform-Initiativen wie dem »Web We Want« (*webwewant.fyi*) mitgearbeitet, wobei sie sich auf die Erfahrung der Entwickler konzentriert hat. Sie war sechs Jahre lang im Microsoft-Edge-Team tätig, bevor sie sich dem Produktmanagement für Developer Experience in der Start-up-Branche zuwandte.

Stephanie Stimac

Design trifft Code

Alles, was Developer über Gestaltung und UX wissen müssen

Stephanie Stimac

Übersetzung und Lektorat: Melanie Andrisek, Dr. Benjamin Ziech
Lektoratsassistenz: Julia Griebel, Friederike Demmig
Copy-Editing: Petra Heubach-Erdmann, Düsseldorf
Satz & Layout: inpunkt[w]o, Wilnsdorf *(www.inpunktwo.de)*
Herstellung: Stefanie Weidner, Frank Heidt
Umschlaggestaltung: Eva Hepper, Silke Braun
Druck und Bindung: mediaprint solutions GmbH, 33100 Paderborn

Bibliografische Information der Deutschen Nationalbibliothek
Die Deutsche Nationalbibliothek verzeichnet diese Publikation in der Deutschen Nationalbibliografie; detaillierte bibliografische Daten sind im Internet über *http://dnb.d-nb.de* abrufbar.

ISBN:
Print 978-3-98889-001-6
PDF 978-3-98890-149-1
ePub 978-3-98890-150-7

1. Auflage 2024

Hinweis:
Dieses Buch wurde mit mineralölfreien Farben auf PEFC-zertifiziertem Papier aus nachhaltiger Waldwirtschaft gedruckt. Der Umwelt zuliebe verzichten wir zusätzlich auf die Einschweißfolie.
Hergestellt in Deutschland.

Schreiben Sie uns:
Falls Sie Anregungen, Wünsche und Kommentare haben, lassen Sie es uns wissen: *hallo@dpunkt.de.*

5 4 3 2 1 0

Für Herrn Birrer, Herrn Carroll und Herrn Steigleder (Stiggy), deren Anleitung mich ermutigt hat, zu schreiben und weiterzuschreiben.

Und für meinen Hund Vogue, der sowohl geduldig als auch ungeduldig neben mir saß, während ich geschrieben habe.

Inhaltsübersicht

Teil 4
Nach der visuellen Gestaltung 251

Inhaltsverzeichnis

Einleitung

Ich arbeite schon lange mit dem Internet. Wenn ich schreibe *lange*, dann meine ich *lange* – mein erster Browser lief über die Kommandozeile. So wie meine erste Backend-Entwicklung ein CGI-Skript war. In den fast drei Jahrzehnten, in denen ich Dutzende von Projekten für das Web entwickelt habe, habe ich eines festgestellt: Am wertvollsten ist die Fähigkeit, die Lücken zwischen den Welten des Designs, der User Experience und der Entwicklung zu schließen.

Jeder dieser Bereiche zieht Fachleute mit unterschiedlichem Bildungs- und/oder Hobbyhintergrund an. Dies kann zu Spannungen führen, da die Leute in jedem Lager dazu neigen, zu denken, dass ihr eigenes Gebiet den größten Einfluss auf den Erfolg eines Webprojekts hat. Die Realität ist, dass das Web im Zusammenspiel dieser Bereiche existiert und sich auf alle Bereiche gleichermaßen stützt. Ich habe die Erfahrung gemacht, dass die wertvollsten Mitarbeitenden in einem Webprojekt diejenigen sind, die genug von jedem Bereich verstehen, um in diesem Spannungsfeld zu agieren und sicherzustellen, dass jedes Team effektiv mit anderen Teams kommuniziert und alle gemeinsam auf ein Ziel hinarbeiten.

Das bringt mich zu Stephanie Stimacs »Design trifft Code«. Dieses Buch ist eine unschätzbare Ressource für Entwickler, die ihr Verständnis dafür verbessern wollen, was es braucht, um heute für das Web zu entwickeln. Es bietet einen Crash-Kurs in Design und User Experience auf eine Art und Weise, die sowohl Ihr Wissen über diese Themen verbessert als Ihnen auch die notwendigen Fähigkeiten vermittelt, um in diesen Bereichen produktiv zu werden. Über diese oberflächliche Perspektive hinaus bietet dieses Buch jedoch die Grundlage, Ihre Karriere voranzutreiben und zu einer Person zu werden, die im Spannungsfeld zwischen Design, User Experience und Entwicklung wächst. Stephanie Stimac ist die perfekte Person, um Ihnen diese Erkenntnisse zu vermitteln. Sie ist nicht nur eine exzellente Kommunikatorin, sondern verfügt auch über jahrelange Berufserfahrung als Designerin, Entwicklerin, User-Experience-Expertin und Dozentin. Sie hat sogar hinter den Kulissen an Webbrowsern und den darin implementierten Webstandards gearbeitet. Das vermittelt ihr ein unglaublich tiefes Verständnis für das Web und die Tools, auf die wir uns bei dessen Aufbau verlassen. Ganz gleich, ob Sie ein langjähriger Entwickler sind, der einen neuen Zweig in Ihrem Baum der Fähigkeiten wachsen lassen möchte, oder ob Sie neu anfangen und sich eine solide Grundlage für die Entwicklung von Webanwendungen aneignen möchten, »Design trifft Code« wird Ihnen mit Sicherheit eine Fülle von Wissen vermitteln, das Ihnen auf Ihrem Weg hilft.

Aaron Gustafson
Autor von »Adaptive Web Design:
Crafting Rich Experiences with Progressive Enhancement«

Vorwort

Ich habe schon lange vor meinem Studium angefangen, für das Internet zu gestalten. Ich habe meine Vorliebe für das Anpassen von Dingen wie Myspace und LiveJournal entdeckt und begonnen herauszufinden, wie man Photoshop benutzt und meine Webseiten mit CSS bearbeitet. Als Teenager war das nur ein Hobby. Erst in meinem letzten Jahr an der Highschool habe ich Grafikdesign als Berufswunsch in Betracht gezogen. Eigentlich wollte ich Modedesignerin werden, aber mein Portfolio war eher für Grafikdesign geeignet.

An der Universität belegte ich im Studiengang Design den Schwerpunkt *New Media Design*, der Web, Interaktivität, Video und Spezialeffekte umfasste. Ich erinnere mich zwar daran, dass ich die Grundlagen von HTML und CSS gelernt habe, aber das Tool, mit dem ich viel Zeit verbracht habe, war Adobe Flash und die Sprache ActionScript 3.0. Perfektes Timing: Als ich 2010 meinen Abschluss gemacht hatte, war Flash als Medium für das Web kurz vor dem Aussterben. Meine ersten beiden Design-Jobs waren kurz. Dann wechselte ich in eine Rolle, die der Auslöser für meinen Einstieg in die Frontend-Entwicklung war. Ich beschäftigte mich mit User-Experience-Forschung, User-Experience-Design, visuellem Design und Frontend-Entwicklung und arbeitete mit einem Entwickler für komplexere Backend-Funktionen und JavaScript zusammen. In meiner Rolle als Frontend-Entwicklerin und in der Zusammenarbeit mit Vollzeit-Entwicklern stieß ich auf das Problem, dass Designer großartige Ideen hatten, die aber zu dem Zeitpunkt nicht umzusetzen waren, und sie deshalb das Design änderten.

Ich war vier Jahre lang in dieser Funktion tätig, bevor ich zum Microsoft-Edge-Team wechselte. Dort machte ich denselben Job, jedoch mit einer anderen Art von Freiheit. Ich hatte mehr Raum zum Lernen und mehr Zeit, die ich mit den Entwicklern verbringen konnte, um ihre Erfahrungen und die Probleme zu verstehen, die sie hatten. Ich habe gelernt, wie man Git verwendet, und Änderungen einpflegt (und habe oft Hilfe gebraucht, um Dinge mit Node und npm zurückzusetzen. Danke, Anton, dass du das für mich wieder in Ordnung gebracht hast). Ich habe Tools für Entwickler entworfen, Developer Experiences gebaut und begonnen, mich mit Standards und Funktionen von Webplattformen zu beschäftigen. Das führte zu meiner Tätigkeit als Produktmanagerin für Developer Relations.

Ich finde mich oft an einer Kreuzung wieder, und zwar an einer sehr belebten – eine Designerin, die eine Designerin wurde, die programmieren kann, die eine Produktmanagerin wurde, die Tools für Entwickler entwarf und entwickelte, die eine Produktmanagerin wurde, die Webplattform- und Browserfunktionen propagierte, während ich weiterhin die Teile entwarf und entwickelte, die ich für diese Arbeit überhaupt brauchte. Letztendlich sehe ich mich aber als Bindeglied zwischen Entwicklern und Designern. Ich verstehe beide und kann mich in beide hineinversetzen.

In meiner Zeit als Produktmanagerin für Developer Relations habe ich festgestellt, dass sich einige Webentwickler wünschten, sie könnten die von ihnen erstellten Webseiten besser gestalten. Häufig habe ich gehört, dass sie zwar eine Webseite erstellen konnten, diese aber nie richtig aussah, und dass die Arbeit mit Farben schwierig war. Ich habe diese Dinge beiseitegeschoben; sie waren zu diesem Zeitpunkt keine lösbaren Probleme. Aber eines Tages hatte ich eine E-Mail von Manning in meinem Posteingang, und plötzlich waren diese Designprobleme von Webentwicklern meine Probleme, die es zu lösen galt.

Danksagung

Ich habe mit dem Schreiben dieses Buches Ende 2020 begonnen, als es so aussah, als ob ich viel Zeit zum Schreiben haben würde. Und das hatte ich auch. Aber das Leben kommt einem oft in die Quere, und zeitweise war es schwierig, in den letzten zwei Jahren so viele Veränderungen im Leben und ein Buch unter einen Hut zu bringen. Ich möchte meinen Freunden danken – ihr wisst, wer ihr seid –, die mich in vielen Zoom-Anrufen, in unserer Slack-Gruppe und persönlich ermutigt haben. Ihr seid meine Seelenfamilie und erhellt mein Leben ständig mit eurer Kreativität.

Danke an meine Familie, die mich bei diesem Projekt unterstützt hat und immer wieder nachgefragt hat, wie es mir geht: Ich liebe euch. Und obwohl sie dies nie lesen kann, danke ich meiner Hündin Vogue, die viele Nächte auf meinem Schoß saß, während ich geschrieben habe, und mich in Schach hielt, wenn ich zu lange am Computer saß.

Als Nächstes möchte ich meiner Lektorin bei Manning, Sarah Miller, danken. Ich danke Ihnen für Ihre Geduld und Ihr Verständnis, als ich beim Schreiben dieses Buches mehrere Hürden überwinden musste. Wir haben im Laufe des Buches mehrere Herausforderungen gemeistert, da es sich nicht um ein typisches Fachbuch handelt. Danke, dass Sie so offen waren, wenn ich anderer Meinung war, und für all Ihre Ratschläge während dieses Prozesses. Ich möchte auch den übrigen Mitarbeitenden von Manning danken: meinem Redakteur für die technische Entwicklung, Kris Athi, meinem Redakteur für die Rezensionen, Aleks Dragosavljevic, meiner Produktionsredakteurin, Deirdre Hiam, meiner Lektorin, Alisa Larson, und meiner Korrektorin, Melody Dolab.

Vielen Dank an alle Rezensenten und diejenigen, die mit ihrem Feedback dazu beigetragen haben, dass das Buch einen besseren roten Faden bekommt: Adrian Rossi, Al Krinker, Alain Couniot, Alex Lucas, Andres Sacco, Arun Kumar, Bang Nteme, Bruno Sonnino, Cass Petrus, Daniel Couper, Daniel Carl, Danilo Zekovic, David Cabrero Souto, David Krief, Frans Oilinki, Harald Kuhn, Harrison Maseko, Håvard Wall, Jereme Allen, Jose San Leandro, Katia Patkin, Marcin Sęk, Martin Tidman, Miguel Isidoro, Nick Rakochy, Oliver Korten, Phillip Sorensen, Ramaa Kandasamy, Rodney Weis, Sezin Çağıl, Simeon Leyzerzon, Søren Dines Jensen, Steve Albers, Steve Prior, Tanuj Shroff, Tanya Wilke, Viorel Moisei und Weyert de Boer.

Und schließlich danke an meine Online-Community und diejenigen, die ich persönlich kenne. Ohne eure Ermutigung hätte ich nie angefangen, auf Konferenzen zu sprechen, und ich hätte sicher nicht einmal daran gedacht, ein Buch zu schreiben. Ich bin gesegnet, dass ich so viele wunderbare Menschen kenne, die ich in meinem Beruf als Freunde betrachte. Ich danke euch für all eure Unterstützung und Ermutigung.

Über dieses Buch

»Design trifft Code« wurde geschrieben, um Designgrundlagen, Grundlagen der User Experience und die Schlüsselelemente des Designs zu vermitteln, die eine Webseite zum Leben erwecken und ihr Charakter verleihen. Es lehrt, wie Designelemente verwendet werden können, um einen Ton und eine Botschaft zu vermitteln, und wie sich dieser Ton und diese Botschaft durch Designelemente verändern lassen. Dieses Buch ist in der Abfolge eines typischen Projektzyklus aufgebaut. Es beginnt mit den grundlegenden Designprinzipien, die benötigt werden, bevor die Phase der User Experience oder des visuellen Designs beginnt. Es geht in die Phase der User Experience über, die sowohl die Forschung als auch das Design umfasst, mit den Grundlagen für die Anwendung visueller Designelemente in den folgenden Kapiteln. Den Abschluss bilden das Testen des Designs, der iterative Zyklus und die Entwicklung, das Kernstück des Designprozesses, das den Entwurf ins Web bringt und nutzbar macht. Das ist das Herzstück der gesamten User Experience einer Website.

Wer sollte dieses Buch lesen?

»Design trifft Code« ist für Webentwickler geschrieben, die Webseiten sowie Webanwendungen erstellen und die Grundlagen darüber lernen möchten, was eine Webseite oder Webanwendung gut aussehen lässt und wie man Designentscheidungen mit Selbstvertrauen trifft. Ganz gleich, ob Sie freiberuflicher Entwickler sind oder in einem Team mit Designern arbeiten, der Inhalt dieses Buches wird Ihnen die Werkzeuge und das Vokabular an die Hand geben, um mit Ihren Kunden oder Ihrem Designteam über Design zu sprechen und darüber, wie es mit Ihrer Arbeit als Entwickler zusammenhängt – ganz gleich, ob Sie Anfängerin oder Fortgeschrittener sind. Dieses Buch konzentriert sich darauf, Entwicklern die Grundlagen des visuellen Designs und der User Experience im Zusammenhang mit dem Web zu vermitteln und zu zeigen, wie sie diese Grundlagen auf ihre aktuelle oder zukünftige Rolle anwenden können. Der Begriff Webentwickler kann in der heutigen Berufswelt viele verschiedene Bedeutungen haben. Entwickler, die am meisten von diesem Buch profitieren werden, sind Entwickler, die Code schreiben, der letztendlich das Frontend einer Website oder das, was der Benutzer sieht, beeinflusst. Diese Entwickler haben Berufsbezeichnungen wie Full-Stack-Entwickler, Frontend-Entwickler oder Web-App-Entwickler.

Wir werden uns nicht stark auf Code konzentrieren. Aber da es in diesem Buch um Design und User Experience für das Web geht, wird es einige Code-Referenzen geben. Die meisten Menschen, die von diesem Buch profitieren werden, haben einen starken Code-Hintergrund in JavaScript oder PHP und haben ein Verständnis von HTML und CSS mit wenig oder gar keinem Wissen über Design oder User-Experience-Grundlagen.

Wie dieses Buch aufgebaut ist: Ein Fahrplan

Teil 1 befasst sich mit den Vorteilen, Designprinzipien zu verstehen, und mit den wichtigsten Designprinzipien selbst. In Kapitel 1 wird erörtert, warum Entwickler Designgrundlagen lernen sollten und welche positiven Auswirkungen dies auf die Kommunikation zwischen Teams haben kann. Kapitel 2 befasst sich eingehend mit den wichtigsten Designprinzipien. Sie sind grundlegend für das Verständnis dessen, was ein Design ausgefeilt und gut organisiert erscheinen lässt.

Teil 2 beginnt den Designzyklus mit den Grundlagen der User Experience. Kapitel 3 ist ein einführender Überblick über die vielen Facetten der User Experience, einschließlich Forschung, Werbetexten und Design. Kapitel 4 befasst sich mit der Forschungsphase und gibt einen Überblick darüber, warum Nutzerforschung (User Research) notwendig ist, welche verschiedenen Arten von Daten gesammelt werden können und wie einige der gängigsten Übungen zur Datenerfassung aussehen. In Kapitel 5 beginnen wir damit, die Grundlage für unser Design zu legen, indem wir Inhalte organisieren und Nutzerströme entwerfen, wobei wir uns auf die Phase des User-Experience-Designs konzentrieren.

Teil 3 stellt weitere Möglichkeiten vor, wie man über das Layout nachdenkt und wie man die Kernelemente des Designs aufbaut, um die Grundlagen aus Kapitel 5 zum Leben zu erwecken. Kapitel 6 behandelt gängige Layouttypen, das Einrichten eines Rasters, Lesemuster und Layout-Überlegungen bei der Gestaltung der responsiven Version Ihrer Website oder App. Kapitel 7 befasst sich mit Animationen und zeigt, wie Sie Ihr Layout und Ihre Benutzeroberfläche mit Animationen aufwerten können und warum diese nicht nur ein nachträglicher Gedanke sein sollten. In Kapitel 8 geht es um die Grundlagen der Typografie und darum, wie Sie mit der Wahl der Schriftart den Ton Ihrer Website ändern können. In Kapitel 9 geht es vor allem um Farben und die Auswahl von Bildmaterial in Abhängigkeit von Ihrer Farbpalette. In Kapitel 10 fassen wir alles zusammen und nutzen das in den Kapiteln 4 bis 9 Gelernte, um eine Homepage mit einem mehrschichtigen Ansatz zu erstellen und zu gestalten, der den Kapiteln dieses Buches folgt.

Teil 4 schließt den Designzyklus ab, in dem es um das Testen von Designs geht und darum, warum die Entwicklung das Rückgrat der Benutzererfahrung im Web ist. In Kapitel 11 geht es um das Testen Ihrer Entwürfe und die Bestätigung, dass Sie die Ziele Ihrer Website erreichen. Kapitel 12 beendet das Buch mit Verbindungen und Überlegungen zu User Experience und Entwicklung.

Teil 1
Grundlagen der Gestaltung

Im ersten Teil des Buches lege ich den Grundstein für den Rest des Buches und stelle Gestaltungsprinzipien vor, die Sie unbedingt verstehen müssen, bevor Sie mit der visuellen Gestaltungsphase eines Projekts beginnen.

In Kapitel 1 erkläre ich den Zweck dieses Buches und warum es für Sie als Entwickler von Vorteil ist, die Designgrundlagen zu verstehen. Kapitel 2 bildet die Grundlage des Buches und die Gestaltungsprinzipien, die wir erforschen werden. Jedes Prinzip, das in diesem Kapitel erläutert wird, ist wichtig, um zu verstehen, wie man Beziehungen zwischen Inhalten herstellt, die in Teil 2 vorgestellt werden. Diese Prinzipien können auf alle visuellen Elemente angewendet werden, was wir in Teil 3 tun werden. Je besser Sie sich mit den Gestaltungsprinzipien vertraut machen, desto radikaler können Sie diese Prinzipien anwenden, um herausragende Designs zu erstellen. Am Ende dieses Teils werden Sie in der Lage sein, die User-Experience-Phase des Designzyklus zu beginnen.

1 Die Kluft zwischen Design und Entwicklung überbrücken

Dieses Kapitel behandelt

- Die Gesamtheit des in diesem Buch behandelten Webdesign-Prozesses
- Die sich wandelnde Rolle der Webentwickler
- Die Vorteile für Freiberufler und fest angestellte Entwickler, wenn sie Designgrundlagen und User-Experience-Prozesse verstehen

Das Web ist ein Ort des Wandels. Jedes Jahr werden neue Technologien und Frameworks eingeführt. HTML und Cascading Style Sheets (CSS) bilden nach wie vor die Grundlage für das Erstellen von Webseiten und Webanwendungen. Beides wird ständig weiterentwickelt, um den Anforderungen der Entwickler gerecht zu werden, wenn sich Design weiterentwickelt.

Ein Teil der Webentwicklung besteht darin, mit den dafür verwendeten Technologien auf dem Laufenden zu bleiben. Aber wie funktioniert das beim Design? Obwohl sich die Werkzeuge im Laufe der Zeit ändern, sind viele der zugrunde liegenden Konzepte zeitlos. Was Sie sehen, ist eine Verschiebung der Trends im Laufe der Zeit. Meine Kenntnisse über Webentwicklung sind für mich als Spezialistin für Webdesign von unschätzbarem Wert. Auf die Frage, ob Designer programmieren lernen sollten, lautet meine Antwort: Ja. Das Verständnis dafür, was im Web möglich ist, ist von großem Vorteil. Es macht die Kommunikation zwischen Designern und Entwicklern viel einfacher. In der Technik gilt die Kommunikationslücke zwischen Designern und Entwicklern als eine der am schwersten zu überbrückenden. Eine weniger häufig gestellte Frage lautet: »Sollten Entwickler lernen zu entwerfen?« Auch hier lautet meine Antwort: Ja. Zumindest wenn es um das Verständnis von Designgrundlagen geht. Wenn Entwickler über Designkenntnisse verfügen, können sie eine Benutzeroberfläche schnell aktualisieren, während sich ein Designteam mehr auf die Lösung von User-Experience-Abläufen konzentriert als auf kleine Anpassungen an Pixeln. Ein CEO teilte meinem Entwicklungsteam einmal mit, dass sich die Benutzeroberfläche eines unserer Tools nicht so effizient anfühlte wie die einiger unserer Mitbewerber. Er meinte damit, dass es zu viel Leerraum zwischen den Komponenten gab. Die Benutzeroberfläche war nicht so raffiniert, wie sie sein könnte. Einer der Entwickler reduzierte die Abstände zwischen den Komponenten und straffte das Design. Er brauchte keinen Designer, um Mock-ups zu erstellen. Stattdessen konnte er eine Änderung vornehmen, sie einem Designer zeigen, um sicherzustellen, dass die Teams sich bei der Änderung einig waren, und dann die Änderungen an der Benutzeroberfläche umsetzen.

Wenn Entwickler Ihr Produkt mit einem anderen Design vergleichen, den Unterschied – in diesem Fall die Verwendung von Leerraum – erkennen und eine Änderung vornehmen können, können Sie sich als Designer auf die Lösung komplexerer Probleme konzentrieren. Ein guter Entwickler weiß, dass sich kleine visuelle Änderungen positiv auf das Erstellen eines ausgefeilten Designs auswirken.

1.1 Wie Entwickler von Design- und User-Experience-Grundlagen profitieren

Designer und Entwickler sprechen in der Regel unterschiedliche Sprachen und haben unterschiedliche Fähigkeiten. Designer konzentrieren sich auf den Benutzer und die Gestaltung des Bildmaterials. Entwickler konzentrieren sich auf die Umsetzung von Bildern in etwas Interaktives für Kunden. Die beiden Bereiche überschneiden sich jedoch, da Entwickler das, was ein Designer entworfen hat, mit Code nachbilden, in der Regel mit CSS. Das Verständnis für das *Was* und *Warum* hinter dem, was man zum Leben erwecken möchte, macht einen zu einem besseren Entwickler und gibt das nötige Selbstvertrauen, um Designentscheidungen zu treffen, wenn man keinen Designkollegen hat. Design ist viel mehr als nur Optik und Ästhetik. Diese sind zwar wichtig und das Erste, was Kunden bemerken, wenn sie auf Ihrer Webseite landen. Aber der Rest des Erlebnisses ist genauso wichtig. Wenn die Webseite nur langsam lädt oder die Besucher die von ihnen erwarteten Hauptaufgaben, wie den Kauf eines Artikels, nicht ausführen können, reicht die Ästhetik nicht aus. Sie müssen wissen, wie Sie Entscheidungen über die User Experience treffen können, die wiederum die Entscheidungen über das visuelle Design beeinflussen. Als ich vor über zehn Jahren meine Karriere begann, sah der typische Arbeitsablauf für ein Websiteprojekt folgendermaßen aus:

1. Der Designer verglich für das Projekt die Websites der Konkurrenten seines Kunden und beurteilte, was gut gemacht war und was nicht.
2. Der Designer erstellte einige Benutzer-Personas der Personen, auf die das Projekt abzielt, für die Lösung eines bestimmten Bedürfnisses (z.B. Informationen liefern, ein Produkt kaufen, einen Termin buchen, Hotels vergleichen usw.).
3. Auf der Grundlage der Wettbewerbsforschung, der Benutzer-Personas und der geschäftlichen Anforderungen erstellte der Designer Wireframes, einfache Dia-

gramme der Website, die die Platzierung der Inhalte zeigen, und holte dann die Zustimmung des Kunden zu diesen Wireframes ein.

4. Der Designer ging schließlich in die visuelle Entwurfsphase des Projekts über, stellte dem Kunden pixelgenaue Mock-ups zur Überprüfung zur Verfügung, überarbeitete die Mock-ups, holte die Genehmigung ein und übergab das Projekt dann an den Entwickler, um die Website zu programmieren.
5. Der Entwickler nahm die statischen Mock-ups und erstellte die interaktive Website.
6. Nach einem Qualitätstest, bei dem auf Fehler oder Probleme geprüft wurde, wurde die Website veröffentlicht.

All diese Schritte finden auch heute noch statt. Dieser Arbeitsablauf ist weitgehend Gegenstand dieses Buches: der Projektzyklus vom Beginn der User-Experience-Phase über das User-Experience-Design (Wireframes) bis zur Anwendung visueller Designelemente, um das Design zum Leben zu erwecken. Wir werden diesen Projektzyklus jedoch anpassen, um uns auf moderne Arbeitsabläufe zu konzentrieren, die ein iteratives Design und eine iterative Entwicklung, engere Arbeitsbeziehungen und ständiges Testen und Forschen zur Verbesserung eines Designs fördern.

Der Arbeitsablauf in dem zuvor Aufgeführten ist zwischen dem Designer und dem Entwickler aufgeteilt. Ein User-Experience-Designer kann sich ausschließlich auf die Wettbewerbsforschung und das Wireframing konzentrieren, während er mit einem visuellen oder Interaktionsdesigner zusammenarbeitet, der sich auf Designentscheidungen wie Typografie, Farbe, Abstände und Animationen konzentriert – all die visuellen Aspekte einer Webseite, die ich in diesem Buch untersuchen werde. Nichtsdestotrotz wird die Arbeit zwischen Designern und Entwicklern aufgeteilt, wobei die Entwickler erst bei der Übergabe einbezogen werden.

Diese Arbeitsweise lässt keinen kollaborativen Ansatz zu. Entwickler verfügen über Einblicke und Kenntnisse, die Designer in der Regel nicht haben. Entwickler frühzeitig in den Prozess einzubeziehen, ist für den Projektzyklus von Vorteil. Egal ob es darum geht, unnötige Arbeit zu vermeiden, wenn ein Designmerkmal nicht implementiert werden kann, oder um eine andere Perspektive, die die kreative Richtung beeinflussen kann – es ist ein Gewinn für beide Seiten.

1.1.1 Zusammenarbeit und Kommunikation verbessern

Designer erwarten nicht, dass ihre Kollegen aus der Entwicklungsabteilung Designexperten werden, so wie Entwickler nicht erwarten, dass Designer Experten für JavaScript werden. Jeder von uns hat seine Rolle aus einem bestimmten Grund. Aber die Arbeit, die wir tun, ist miteinander verwoben. Der von den Entwicklern geschriebene Code kann sich auf das Design auswirken, und was die Designer entwerfen, kann sich auf die Entscheidungen auswirken, die die Entwickler beim Code treffen müssen. Manchmal gibt es auch eine Grenze für das, was von einem

Entwickler gebaut werden kann, entweder aufgrund technischer Beschränkungen oder einer Codelösung, die sich negativ auf das Benutzererlebnis auswirken würde, z.B. eine Animation, die das Laden der Webseite verlangsamt. Wenn man versteht, welche Entscheidungen für das Design ausschlaggebend sind, kann man die Zusammenarbeit und Kommunikation zwischen Designern und Entwicklern effizienter gestalten und das Hin und Her aufgrund dieser technischen Einschränkungen verringern. Wenn Entwickler mit den entsprechenden Werkzeugen und dem entsprechenden Vokabular ausgestattet sind, können sie den Designern mehr umsetzbares Feedback geben und die richtigen Fragen stellen. Sie können beginnen, das *Warum* hinter Designentscheidungen zu verstehen.

Dieses Buch soll dazu beitragen, Entwicklern die Terminologie und das Verständnis zu vermitteln, um während des gesamten Projektverlaufs effektiver mit einem Designteam zu kommunizieren. Auch wenn Sie nicht zu einem Unternehmen mit einem Designteam gehören, wird Ihnen die Lektüre dieses Buches das nötige Selbstvertrauen geben, um Designentscheidungen zu treffen, die zu einem gut aussehenden Endprodukt führen. Vielleicht sind Sie ein freiberuflicher Entwickler, der in der Lage sein möchte, visuelle Anpassungen an einer Webseite vorzunehmen, und Sie haben nicht das Budget, einen Designer zu engagieren (oder wollen es einfach nicht). Es kommt darauf an, diese wenigen Designprinzipien zu verstehen und sie anzuwenden.

1.1.2 Die Gründe für Designentscheidungen verstehen

Ich habe ein Projekt geleitet, das sich an Entwickler richtete. Es handelte sich um ein Tool, das den Code einer Webseite oder einer Webanwendung analysierte und Vorschläge zur Verbesserung der Accessibility, der Leistung und der Sicherheit einer Webseite gemacht hat. Obwohl es sich um ein Open-Source-Projekt handelte, waren die meisten Mitglieder des Teams, das daran arbeitete, Microsoft-Mitarbeitende. Ich wusste, dass Webentwickler Microsoft im Allgemeinen nicht immer positiv gegenüberstehen. Wenn also Microsoft ein weiteres Tool für Entwickler herausbringt, würden sie jedes Detail davon kritisch hinterfragen. Ich hatte beschlossen, dass unser Branding, ähnlich wie bei anderen Entwickler-Tools, ein illustriertes Maskottchen enthalten sollte, das wir in den Grafiken auf der Webseite verwenden konnten.

Mit dem Design des Maskottchens wollte ich bewusst ein Gefühl der Empathie bei den Nutzern unserer Webseite hervorrufen. Die Platzierung einer bestimmten Illustration im Benutzerfluss der Webseite, wie in Abbildung 1–1 dargestellt, war entscheidend, um dieses Gefühl zu erreichen. In den ersten Iterationen der Webseite wurden die Benutzer in eine Warteschlange gesetzt, um ihren Code analysieren zu lassen, da unser Backend nur eine bestimmte Anzahl an URLs auf einmal verarbeiten konnte. Menschen sind ungeduldige Wesen, wenn es um das Internet geht, und Entwickler noch viel mehr.

Ich ging davon aus, dass es Beschwerden über die Warteschlange geben würde, und so zeigte die Illustration auf dieser Seite unser Maskottchen in einem dunklen Raum hinter einem Schreibtisch mit einer Lampe, mit schweißnassem Gesicht, während es sich durch die Warteschlange der URLs arbeitete.

Meine Hypothese wurde später bestätigt, als ich mit einem Entwickler über das Tool und die Website sprach und er mir sagte: »Ich wollte wütend sein, dass ich warten musste, aber ich hatte einfach Mitleid mit deinem Maskottchen.«

Einfühlungsvermögen für die Zielgruppe entwickeln, um bessere Erfahrungen zu ermöglichen

Weil ich die Zielgruppe unserer Website verstanden habe und mich in sie hineinversetzen konnte, war ich in der Lage, Designentscheidungen zu treffen, um künftige Beschwerden zu entschärfen. Schließlich wurde das Backend aufgerüstet, um mehr Codeanalysen gleichzeitig zu verarbeiten. Dies ist ein perfektes Beispiel dafür, wie Entwicklerentscheidungen und User Experience miteinander verwoben sind. In diesem Fall führte die anfängliche Einrichtung des Backends zu einer schlechten Erfahrung für die Nutzer der Website, da sie warten mussten. Bei den heute verfügbaren blitzschnellen Datenübertragungsgeschwindigkeiten sind die Menschen weniger geneigt, auf das Laden einer Webseite zu warten, bevor sie zur nächsten Option weitergehen. Die richtige Gestaltung dieser Erfahrung ist für die Geschäftskennzahlen entscheidend.

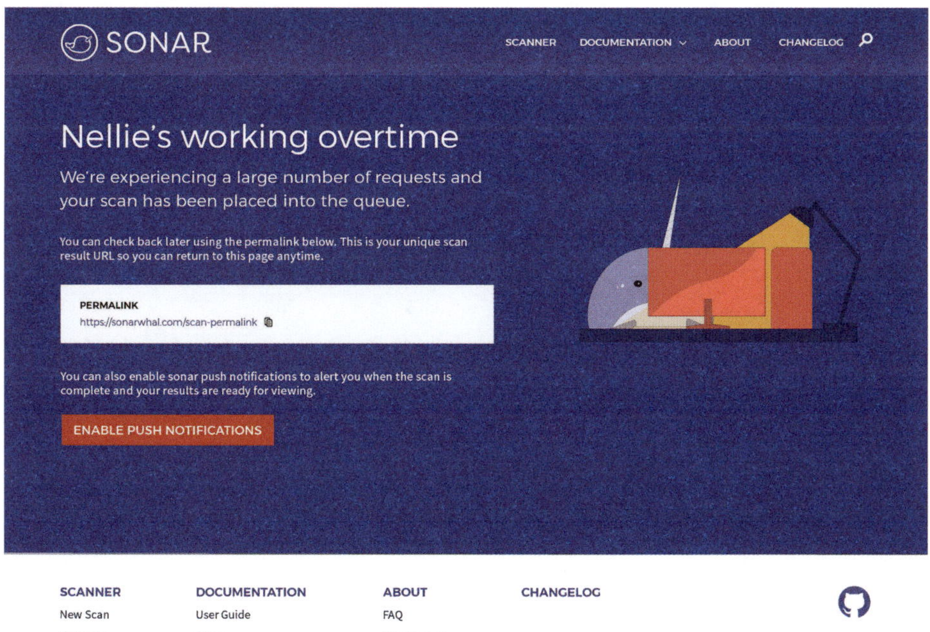

Abb. 1–1 *Die Warteschlange für den Webseiten-Scanner zeigte das Narwal-Maskottchen, das Überstunden machte, um einen Webseiten-Scan für einen Entwickler zu erledigen.*

Bei der Verbesserung der User Experience sind das Verständnis der Zielgruppe und die Fähigkeit des Entwicklers, sich in sie hineinzuversetzen, von unschätzbarem Wert. Im Fall der Codeanalyse-Webseite gab es mehrere Lösungen, die ein Entwickler ohne den Input eines Designers hätte umsetzen können. Sie hätten eine Ladeanimation oder eine Zwischenseite mit dem Hinweis einbauen können wie: »Schauen Sie später wieder vorbei, um Ihre Ergebnisse zu sehen«. Dies sind zwar nicht unbedingt schlechte Erfahrungen. Aber es sind Standarderfahrungen, die die Zielgruppe nicht berücksichtigen, die wenig Toleranz für die Verwendung eines Tools haben, insbesondere eines neuen Tools, das bei der ersten Verwendung einen guten Eindruck hinterlassen muss.

Technische Entscheidungen sind Entscheidungen für die User Experience

Wenn man die Grundlagen der Gründe für das Design und die User Experience versteht, kann man als Entwickler besser verstehen, wie sich Entscheidungen – vom Code-Stack über die Kompilierung des Codes bis hin zum Hosting-Anbieter – letztendlich auf die User Experience einer Webseite oder Webanwendung auswirken. Die technischen Entscheidungen sind ebenso Teil des Designs einer Webseite wie die visuelle Gestaltung. Deshalb ist es so wichtig, über die Designentscheidungen eines Designers aus der Sicht der Entwicklung zu sprechen.

Nehmen wir an, ein Designer entwirft eine Webseite, die viele Animationen mit Benutzerinteraktionen enthält. Die Sichtweise des Entwicklers, wie sich dies auf die Leistung der Webseite auswirkt, ist ein wichtiges Feedback, das dem Designer bereits zu Beginn des Prozesses gegeben werden sollte. Sind alle Animationen ein notwendiger Bestandteil der User Experience der Webseite? Wenn nicht, kann ein solches Gespräch vor Beginn der Programmierung Zeit sparen und bietet dem Designer und dem Entwickler die Möglichkeit, eng zusammenzuarbeiten, um Lösungen zu finden, die das gewünschte Ergebnis erzielen, ohne die Benutzerfreundlichkeit der Webseite zu beeinträchtigen.

1.1.3 Besserer Code durch das Verständnis der Grundlagen des visuellen Designs

Das Verständnis einiger Grundlagen des visuellen Designs bietet Entwicklern einige weitere Vorteile, die über eine bessere Zusammenarbeit und Kommunikation mit ihren Designkollegen hinausgehen. Der erste Vorteil, der sich direkt auf den Entwickler auswirkt, besteht darin, dass das Verständnis dafür, wie verschiedene Elemente zusammenpassen, zu einem besser organisierten und saubereren Code führen kann, der auf lange Sicht leichter zu warten ist.

Das Aufschlüsseln und Verstehen, wie eine ganze Seite aufgebaut ist, kann sich auf die Art und Weise auswirken, wie der Code geschrieben wird, um ein saubereres responsives Erlebnis mit weniger Hacks für die Programmierung für kleinere Bildschirme zu erreichen. Entwickler können auch die Stellen identifizieren, an denen eine Komponente oder ein Layout auf kleineren Bildschirmen nicht funktioniert oder unzureichend ist (zum Beispiel, wenn eine Schaltfläche auf einem Mobiltelefon nicht groß genug ist), und sind in der Lage, visuelle Anpassungen vorzunehmen oder vorzuschlagen.

Auf einer umfassenderen Ebene wirkt sich das Verständnis der Wiederverwendung einzelner Elemente wie Überschriften und Schaltflächen in mehreren Komponenten der Benutzeroberfläche auch darauf aus, wie der Code gruppiert wird, insbesondere in einer CSS-Datei. Die Identifizierung dieser wiederverwendbaren Teile kann dazu führen, dass mehr Code zwischen den Komponenten geteilt wird, was wiederum dazu führt, dass dem Endbenutzer weniger Code zur Verfügung gestellt wird. Das ist immer ein Gewinn für die Performance des Webs. Das Design kann auch Entscheidungen über den Backend-Code beeinflussen. Einige Datenbanken müssen vielleicht von einem bestimmten Formular aus abgefragt werden oder es müssen Daten gespeichert werden. Wenn man die Benutzerströme in diesen Szenarien versteht, kann diese Arbeit früher beginnen, anstatt auf die Übergabe des Designs zu warten. Sowohl die Kommunikation als auch die Projektgeschwindigkeit verbessern sich, was wiederum allen zugutekommt.

1.1.4 Besserer Code (und Design) durch geringere Abhängigkeit von Frameworks von Drittanbietern

Viele Entwickler, die ich kenne, verwenden Komponentenbibliotheken oder Frontend-Frameworks von Drittanbietern, um viele der für ein Projekt benötigten Elemente der Benutzeroberfläche schnell zu implementieren. Sie sind schnell eingerichtet und einsatzbereit, und wenn Sie Ihren Designfähigkeiten als Entwickler nicht trauen, sind alle Teile vorhanden, um eine bessere Erfahrung zu bieten als das, was Sie glauben, selbst liefern zu können. Das Verwenden dieser Bibliotheken von Drittanbietern hat jedoch sowohl aus der Design- als auch aus der Codeperspektive mehrere Nachteile.

In den meisten Fällen erhalten Sie eine Code-Bibliothek, die mehr Code enthält, als Ihre Webseite tatsächlich nutzen wird. Außerdem handelt es sich nicht um Code, den Sie selbst geschrieben haben. Daher ist möglicherweise nicht klar, wie die verschiedenen Komponenten der Benutzeroberfläche miteinander verwoben sind oder wiederverwendet werden. Der Versuch, Code zu entfernen oder zu ändern, von dem Sie glauben, dass Sie ihn nicht verwenden werden, kann zu Fehlern in der Benutzeroberfläche führen. Außerdem sind Sie jetzt von den Autoren des Frameworks abhängig, die dafür sorgen, dass der Code des Frameworks mit neuen Webstandards und Best Practices auf dem neuesten Stand ist.

Mit dem Vertrauen und dem Verständnis für visuelle Designprinzipien und deren Anwendung auf das Web durch Layout- und UI-Komponenten können Entwickler ihr eigenes Komponentensystem aufbauen und dem Endbenutzer minimalen Code zur Verfügung stellen. Diese Codebasis lässt sich leichter pflegen, iterieren und um neue Komponenten erweitern, und die Entwickler sind nicht an ein bestimmtes Ökosystem gebunden, das sich ihrer Kontrolle entzieht.

Frameworks von Drittanbietern bieten einige sehr gängige Muster für ganze Webseiten-Layouts. In der Regel gibt es ein Layout mit einem großen Heldenbild oben und horizontalen Bändern zur Aufteilung des Seiteninhalts und ein anderes mit einem großen Bild und drei Inhaltsspalten darunter, wie in Abbildung 1–2.

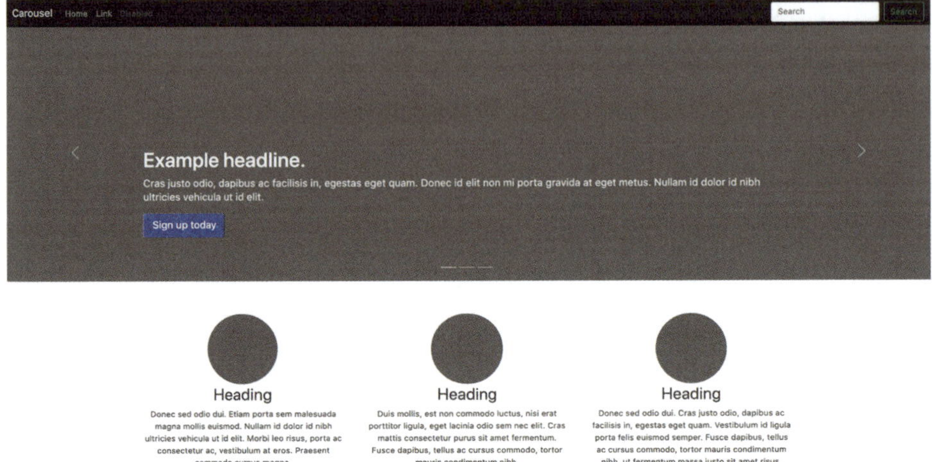

Abb. 1–2 *Ein Beispiel für eine der üblicherweise von Drittanbieter-Frameworks bereitgestellten Vorlagen*

Diese Layouts sind nicht per se schlecht. Sie erfüllen eine Funktion und einen Zweck. Aber sie sind oft nur auf die Haupt-Landingpage ausgerichtet, sodass Sie am Ende vielleicht eine Homepage haben, die gut gestaltet ist, aber mit Unterseiten, die nicht ganz so ausgefeilt wirken. Sie sind auch unglaublich gewöhnlich, und wenn Sie möchten, dass sich Ihre Website ein wenig mehr abhebt, werden Sie mit diesen Vorlagen nicht viel erreichen.

Die Entwicklung einer gut gestalteten Webseite oder Webanwendung ist viel mehr als nur die Auswahl einer guten Vorlage für das Layout. Das Verständnis von Designprinzipien, wie die Anwendung der Farbtheorie und die Verwendung von Typografie und Raum innerhalb eines Layouts, kann zu einem viel besseren Erlebnis für die Nutzer führen. Das bedeutet auch, dass Sie nicht versuchen müssen, den Inhalt Ihrer Website in die generische Vorlage eines anderen Anbieters zu pressen, sondern dass Sie wissen, wie Sie die Struktur Ihrer Website für Ihre Nutzer aufbauen und anpassen können. Das Layout und die Abläufe eines E-Commerce-Shops sind ganz anders als die einer Nachrichten-Website oder eines Blogs. Aber wir leben in einer sehr schnelllebigen Welt, und je nach Kunde haben Entwicklungsprojekte einen engen Zeitplan, und Sie haben vielleicht keine Wahl zwischen der Verwendung einer Vorlage und dem Erstellen Ihrer Website von Grund auf. Wenn Sie wissen, wie Sie Farbe, Typografie und Raum nutzen können, können Sie diese Kenntnisse auf alle Vorlagen anwenden, die Sie verwenden müssen, und so das Design erheblich verbessern.

1.1.5 User Experience und Entwicklung

Design als Ganzes ist ein umfangreiches Thema, mit dem man sich auseinandersetzen muss. Es gibt so viele verschiedene Bereiche, auf die man sich spezialisieren kann, und User Experience ist vielleicht einer der umfangreichsten Teile des Webdesigns, der in Spezialgebiete wie Benutzerforschung und Interaktionsdesign unterteilt werden kann. Ein Großteil der User Experience konzentriert sich auf den Designaspekt des Fachgebiets, aber jede Entscheidung, die ein Entwickler trifft, ist auch eine Entscheidung für die User Experience. Einige Aspekte des User-Experience-Prozesses sind nicht unbedingt mit der eigentlichen Codeentwicklung einer Webseite verbunden. Die Kenntnis der Grundlagen kann Entwicklern jedoch helfen, die für die Benutzer getroffenen Entscheidungen zu verstehen und technische Entscheidungen zu treffen, die ihnen am meisten nützen.

Die sich stets weiter entwickelnde Rolle des Entwicklers bedeutet, die Zielgruppe zu verstehen und mit ihr in Kontakt zu treten, um eine Lösung zu entwickeln, die ihren Bedürfnissen entspricht. Methoden der User Experience können Entwicklern eine Grundlage bieten, um zu verstehen, wie sie ihre Benutzer in den Vordergrund stellen können. Auch dies kann sich auf die Art und Weise auswirken, wie Entwickler ihren Code schreiben oder welche Tools sie einsetzen, um ihr Ziel zu erreichen.

Nehmen wir an, ein Entwickler in einem kleineren Unternehmen arbeitet an einem Produkt, z.B. einer Webseite oder einer Webanwendung, und will eine neue Funktion einführen. Da es sich um ein kleines Unternehmen handelt, verfügt es weder über einen engagierten Nutzerforscher noch über das Budget, um formelle Nutzertests durchzuführen. Daher plant es, die Funktion ohne Benutzertests freizugeben und zu sehen, wie die Funktion genutzt wird. Dennoch muss ein Plan für Tests vorhanden sein, damit dieses Experiment erfolgreich ist. Das Verständnis dafür, wie man ein Design testet und Feedback sammelt, um eine Funktion zu verbessern, ist für die Produktentwicklung entscheidend.

Jede Entscheidung, die ein Entwickler trifft, wirkt sich auf die Benutzerfreundlichkeit der Webseite oder Anwendung aus. Das Verständnis der Bedeutung der verschiedenen Bereiche der User Experience und wie sie in den Lebenszyklus des Projekts passen, kann Entwicklern dabei helfen, nutzerzentrierter zu denken und Probleme mit einem Benutzererlebnis zu identifizieren, bevor zu viel Zeit in die Entwicklung investiert wird. Wenn beispielsweise Details und Funktionsmerkmale in der Prototyping-Phase ausgebügelt werden, wird sichergestellt, dass die Funktionen wie erwartet funktionieren und weniger Fehler im Produktionscode der Webseite oder Webanwendung auftreten. Das führt wiederum zu einer besseren User Experience.

User Experience und Webentwicklung sind eng miteinander verwoben. Da Entwickler immer mehr über das Unternehmen und seine Kunden wissen müssen, ist es von Vorteil, die Grundlagen der User Experience zu verstehen und zu wissen, wie sie mit der Entwicklungsphase zusammenhängen. Letztlich können diese Informationen Entwicklern dabei helfen, besseren Code zu schreiben, Code mit weniger Fehlern auszuliefern und ihre Benutzer bei technischen Entscheidungen im Auge zu behalten. Wenn dies richtig gemacht wird, wirkt sich das Verständnis der Grundlagen der User Experience nicht nur positiv auf die endgültigen Geschäftsziele aus, sondern gibt den Entwicklern auch die Werkzeuge an die Hand, um schnell umzuschwenken und zu iterieren, wenn etwas nicht wie erwartet funktioniert, bevor es negative Auswirkungen hat.

1.2 Der Weg zu einem besseren Verständnis von Design und User Experience

Sowohl visuelles Design als auch User Experience sind extrem breit gefächerte Themen mit vielen einzelnen Fachgebieten, die eine tiefe Spezialisierung ermöglichen. Bei der Benutzererfahrung konzentrieren sich einige Funktionen auf die Designaspekte wie Wireframing und Interaktionsdesign, während andere sich ausschließlich auf die Forschung konzentrieren. Es gibt viele verschiedene Wege und Bereiche, auf die man sich spezialisieren kann, und manche verbringen Jahre damit, die Fähigkeiten für diese Spezialisierungen zu entwickeln. Jeder beginnt jedoch mit den grundlegenden Prinzipien in jedem Bereich, auf die wir in diesem Buch eingehen werden – im Kontext des Webs.

Die Kernbereiche für visuelles Design konzentrieren sich auf Komposition, Layout, Farbe sowie Typografie und wie all diese Dinge zusammenwirken, um die visuelle Hierarchie einer Seite zu schaffen. Wir werden uns mit den Grundlagen des Layouts befassen, z.B. mit den Prinzipien der Symmetrie, und uns mit Layouts befassen, die auf von Forschern ermittelten allgemeinen Lesemustern basieren. In Bezug auf Farben werden wir uns mit den Grundlagen des Farbkreises und dem Erstellen einer Farbpalette beschäftigen. Bei Tools, die eine Farbpalette für Sie erstellen, gibt es oft keine Anleitung, wie man diese Farben auf einer Website anwendet, was zu übermäßig bunten Webseiten führen kann, die nicht so raffiniert wirken wie andere.

Was die User Experience betrifft, so bestehen ganze Karrieren aus verschiedenen Spezialgebieten. Aber wir werden uns mit der Informationsarchitektur und der Definition des Benutzerflusses einer Website befassen. Was die User Experience angeht, so ist das Verständnis der verschiedenen Arten von Benutzertests und der Möglichkeiten, Feedback zu sammeln, auch ohne Zugang zu einem umfangreichen Budget bei den Entwicklern, mit denen ich zu tun habe, sehr gefragt. Wie man Feedback in ein Projekt integriert und weiß, wann etwas gut genug ist, um es zu testen, ist eine weitere häufige Frage, die sich Entwicklern stellt.

1.2.1 Der Gestaltungsprozess, den dieses Buch behandelt

Der Designprozess in diesem Buch ist auf einen iterativen Prozess ausgerichtet. Ein iterativer Prozess ist ein fortlaufender Zyklus, bei dem ein Produkt – in unserem Fall eine Webseite oder eine Webanwendung – veröffentlicht und durch schrittweise Änderungen verbessert wird. Dieser Prozess funktioniert jedoch auch mit Projekten, die nicht fortlaufend sind. Es gelten die gleichen Phasen, sie sind nur nicht kontinuierlich. Die einzelnen Phasen sind in Abbildung 1–3 dargestellt.

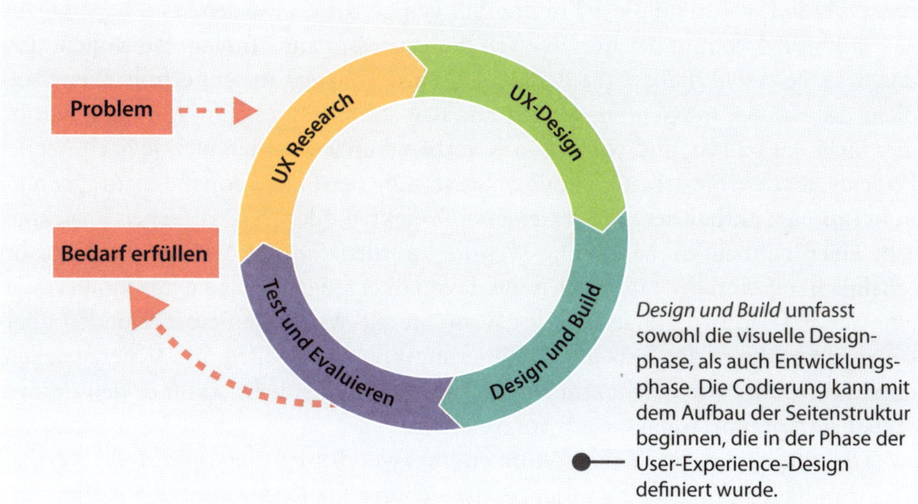

Abb. 1–3 *Der iterative Prozess, den dieses Buch für ein Webdesign- oder Webanwendungsprojekt abdeckt: von der Identifizierung des Problems über die Nutzerforschung, das User-Experience-Design, die Design- und Build-Phase bis hin zu Test und Evaluierung*

Die erste Phase, die ich vorstellen werde, ist die UX-Forschungsphase, in der wir von einem Kunden ein Problem genannt bekommen, das wir lösen sollen. Sie würden also eine Website oder Webanwendung erstellen, die dieses Problem löst. Bei Ihrer anfänglichen Recherche sollten Sie herausfinden, welche Anforderungen der Nutzer an Ihre Website stellt und welche Zielgruppe er anspricht. Je nachdem, was Sie entwickeln, kann diese Phase auch bedeuten, dass Sie sicherstellen, dass das Problem, das Sie lösen wollen, tatsächlich ein Nutzerproblem ist, das gelöst werden muss.

Phase 2 ist das User-Experience-Design. Sie nehmen die Kunden- und Geschäftsanforderungen für Ihr Projekt, kombinieren diese mit den Bedürfnissen, die Sie in Ihrer Benutzerforschungsphase ermittelt haben, und beginnen, einen Plan für Ihre Website zu erstellen. In dieser Phase legen Sie das Fundament für die visuellen Elemente, die Sie in der nächsten Phase einsetzen werden. Der Schwerpunkt liegt auf der Gestaltung des Seitenlayouts, der Platzierung der Inhalte und des Seitenflusses (wie die Benutzer von Punkt A zu Punkt B gelangen).

Phase 3 umfasst die Entwurfs- und die Erstellungsphase. Diese beiden Phasen bestehen aus der Anwendung visueller Designelemente wie Farben, Typografie und Plänen für Animationen, die Sie einbinden möchten, bzw. dem eigentlichen Entwicklungsprozess mit Code. Ich habe diese Phasen absichtlich zusammengefasst, weil die meisten modernen Teams, die ich kenne, nicht mehr so isoliert arbeiten wie früher. Die Entwicklung kann beginnen, nachdem die Struktur der Website in der Phase des User-Experience-Designs festgelegt wurde. Visuelle Entscheidungen wie Farben, Bilder und Typografie können hinzugefügt und angepasst werden, während diese Entscheidungen getroffen werden.

In Phase 4 kommt der iterative Teil des Prozesses zum Tragen. Sie wollen, dass das, was Sie erstellt haben, die Bedürfnisse Ihrer Nutzer effizient erfüllt. Wenn dies nicht der Fall ist, müssen Sie den Prozess neu starten, um herauszufinden, warum dies nicht der Fall ist, und von dort aus Verbesserungen vornehmen. Je nach Art des Projekts, an dem Sie arbeiten, können Sie ständig neue Funktionen hinzufügen und in Iterationen aktualisieren. Bei kleineren Projekten oder freiberuflichen Projekten, z.B. einer einmaligen Marketing-Website, werden Sie die Website höchstwahrscheinlich nur einführen und sich dann davon überzeugen, dass sie funktioniert und alle Geschäftsanforderungen erfüllt. Wenn Sie die Website an einen Kunden übergeben, kann dieser die Test- und Evaluierungsphase verwalten, um sicherzustellen, dass die Website wie gewünscht funktioniert, und falls nicht, kann er den Prozess erneut starten, um Anpassungen vorzunehmen.

Die Phasen dieses Zyklus können in zwei Kategorien unterteilt werden: (a) Grundlagen der User Experience, die sich auf die Recherche, den Aufbau des Projektgerüsts (wie es aufgebaut und verbunden ist) und das Testen konzentrieren, und (b) Grundlagen des visuellen Designs. Diese visuellen Elemente werden auf das in der Benutzererfahrungsphase aufgebaute Gerüst angewendet, um dem Erlebnis durch Farben, Abstände, Typografie und Animationen Charakter und Hierarchie zu verleihen.

Grundlagen der User Experience

Die User Experience ist nicht nur ein Teil des Projekts. Oft wird sie mit der Designphase in Verbindung gebracht, doch geht sie über diese Phase hinaus. Geschäftsanforderungen, Design und Webentwicklung kommen alle zusammen, um die User Experience einer Website oder Anwendung zu schaffen. In diesem Buch geht es vor allem darum, die Bedeutung und den Zweck der verschiedenen Phasen zu verstehen: Forschung, Planung und Wireframing, die ich in den ersten Kapiteln erläutere, sowie Prototyping und Testen, und wie diese mit der Webentwicklung zusammenhängen, die in den letzten Kapiteln des Buches behandelt werden.

Die Benutzererfahrung kann sogar noch weiter in eine Untergruppe von Erfahrungen unterteilt werden, z.B. die Developer Experience, bei der es darum geht, wie ein Entwickler mit Ihrem Produkt interagiert. Die Szenarien werden jedoch viel nischiger und spezifischer. Wenn Sie die Grundlagen der User-Experience-Methodik kennen, können Sie besser verstehen, wie Sie Ihre Website oder Anwendung für die verschiedenen Nutzer entwickeln können und welche anderen Erfahrungen für Ihre Website oder Anwendung infrage kommen, wenn Ihr Zielpublikum nicht nur aus Verbrauchern besteht.

Zwar wirkt sich jede Entscheidung bei der Webentwicklung letztlich auf die User Experience aus, doch werde ich einige der spezifischsten technischen Entscheidungen anreißen, die ein Entwickler treffen muss und die die visuelle Erfahrung der Benutzer mit der Website oder Anwendung verändern können. Ich werde auch auf Entscheidungen eingehen, die sich auf die Erfahrung von Benutzern auswirken können, die nicht visuell interagieren. Die Kenntnis dieser Entscheidungen und ihrer Auswirkungen wird Entwicklern helfen, ihr Verständnis für die Zielgruppe ihres Produkts weiterzuentwickeln und ein besseres Erlebnis zu schaffen, indem sie sich in diese Zielgruppe einfühlen.

Grundlagen der visuellen Gestaltung

Design ist eine visuelle Kommunikationssprache, die man lernen kann. Es ist ein Weg, ein Problem zu lösen oder Informationen durch visuelle Mittel zu vermitteln. Wenn Sie die Grundlagen verstehen, haben Sie die Möglichkeit, Designentscheidungen zu treffen und die Gründe für diese Entscheidungen zu kommunizieren. Oft höre ich von Entwicklern, wenn es um Design geht, dass sie das Gefühl haben, nicht gut darin zu sein, weil sie entweder nicht kreativ sind oder zwar ein gutes Design erkennen können, aber nicht wissen, wie sie es selbst umsetzen können.

Bevor wir überhaupt anfangen können, unsere Typografie und Farben auszuwählen und zu überlegen, wie wir die Dinge anordnen, müssen wir mit unseren grundlegenden Designprinzipien beginnen. Dazu gehören Dinge wie Nähe, Kontrast, Symmetrie und Ausrichtung. Das Verständnis dieser Prinzipien ist vor der Phase der User Experience von entscheidender Bedeutung, weshalb das nächste Kapitel mit diesen Designprinzipien beginnt. Sie bilden die Grundlage für das Herstellen von Beziehungen zwischen den Inhalten auf der Seite, für den Aufbau von Hierarchien und für die Gestaltung von Inhalten, die Besucher auf die Seite locken. Sobald Sie diese Prinzipien kennen, können Sie getrost in die Phase des User-Experience-Designs gehen, bevor Sie zur visuellen Designphase übergehen, die Farbe, Typografie und Animation umfasst.

Wenn ich Entwickler frage, womit sie am meisten zu kämpfen haben, kommen immer wieder ein paar verschiedene Bereiche des visuellen Designs zur Sprache: Farbtheorie und die Auswahl einer Farbpalette und deren Anwendung auf eine Website oder Webanwendung, Typografie und Layout – insbesondere die Frage, was ein gutes Layout ausmacht. Im nächsten Kapitel werde ich die Designgrundlagen im Zusammenhang mit einer Website oder Webanwendung untersuchen und in späteren Kapiteln die einzelnen Designelemente. Die Fähigkeit, diese verschiedenen Designelemente (Farbe, Schrift und Raum) zusammenhängend zu verwenden und sie zu mischen, um die Hierarchie einer Seite oder Komponenten auf einer Seite zu erstellen, kann erlernt werden und hängt nicht davon ab, ob Sie sich für einen kreativen Typ halten.

1.2.2 Designexperten vs. smartes Design

Wie die Webentwicklung ist auch das Design ein Bereich mit vielen Wegen und Spezialisierungen. Dieses Buch ist nicht dazu gedacht, eine formale Ausbildung oder sogar eine informelle Ausbildung zu ersetzen, wie die Bootcamps, die viele Designer besuchen. Es ersetzt auch nicht die Erfahrung, die man durch die Arbeit im Designbereich gesammelt hat. Einige Designexperten arbeiten in Nischenbereichen wie Typografie und Animation, die durchaus zu ganzen Rollen werden können, während andere Komponentenbibliotheken und Designsysteme pflegen.

Dieses Buch wird Sie nicht zu einem Designexperten machen. Es wird Ihnen nicht das gesamte Wissen über die verschiedenen Bereiche von Design, Logos und Branding vermitteln und es wird auch nicht tief in die verschiedenen Bereiche von Design und User Experience im Zusammenhang mit dem Web eintauchen. Es ist kein Trick, um Entwickler in Designer zu verwandeln. Design und Webentwicklung sind zwei sich ergänzende Berufe, die sich häufig überschneiden. Genauso wie es für Designer, die für das Web entwerfen, von Vorteil ist, einige Kenntnisse über Code zu haben, glaube ich, dass es für Entwickler ebenso von Vorteil ist, einige Kenntnisse über Design zu haben.

1.2.3 Das Ganze zusammenfügen

In den folgenden Kapiteln lernen Sie die grundlegenden Prinzipien des Grafikdesigns im Kontext des Webs kennen und erfahren, wie Sie die verschiedenen Prinzipien nutzen können, um die Hierarchie einer Website aufzubauen. Anschließend erfahren Sie etwas über den User-Experience-Prozess, wo das visuelle Design seinen Platz hat und wie sich dieses Wissen mit dem Webentwicklungsprozess deckt. Das wird Ihre Arbeit als Entwickler verbessern.

Zusammenfassung

- Wenn Sie den Designprozess verstehen und wissen, wie Sie die Grundlagen der User Experience und des visuellen Designs anwenden, können Sie selbst besser aussehende Weberlebnisse schaffen, sich stärker in den Prozess einbringen, besser kommunizieren und sogar besseren Code schreiben.
- Wenn Sie die Grundlagen kennen und wissen, wie sie sich auf die User Experience auswirken, können Sie aus der Sicht eines Entwicklers verstehen, warum bestimmte Designentscheidungen getroffen werden.
- Die Kenntnis der Designterminologie macht Sie zu einem besseren Kommunikator mit Ihrem Team oder einem Kunden. Wenn Sie mit einem Team zusammenarbeiten, können Sie frühzeitig in das Projekt einbezogen werden, um Entscheidungen zu treffen, die die Zahl der Projektabbrüche aufgrund von Missverständnissen oder des Unverständnisses eines Designers, dass ein Entwurf nicht möglich ist, verringern.

- Anstatt sich auf Frameworks von Drittanbietern für ein Designsystem zu verlassen, können Sie Designprinzipien verwenden, um ein Designsystem zu erstellen, das die Anforderungen Ihres Projekts erfüllt und schlanker ist. Weniger Code bedeutet eine bessere Leistung im Browser, was sich positiv auf die Benutzererfahrung auswirkt.
- Die Grundlagen des visuellen Designs beginnen mit den grundlegendsten Konzepten zum Erstellen der Hierarchie und der Beziehungen zwischen den Inhalten. Es ist wichtig, diese Konzepte vor der Phase des User-Experience-Designs zu verstehen, damit Sie genau wissen, wie Sie Beziehungen zwischen den Inhalten herstellen können.
- Die Grundlagen der User Experience konzentrieren sich auf die Erforschung und Validierung der Benutzerbedürfnisse, die dann in die Phase des User-Experience-Designs einfließen. Diese Phase bildet die Grundlage, auf der die visuellen Designelemente angewendet werden.
- Visuelle Designkonzepte, wie Typografie und Farbe, sind die Teile der visuellen Designphase, die ein Design zum Leben erwecken. Sie werden auf das Fundament aufgesetzt, und Sie können die im nächsten Kapitel vorgestellten grundlegenden Designprinzipien weiter anwenden, um das Design einer Website zu verbessern.

2 Grundlagen des Designs

Dieses Kapitel behandelt

- Die Gestaltungsgrundsätze Nähe, Ausrichtung, Wiederholung, Kontrast und Ausgewogenheit
- Anwendung der Gestaltungsprinzipien, um Beziehungen zwischen den Elementen herzustellen und eine Hierarchie auf der Seite zu schaffen
- Warum es wichtig ist, diese Designgrundlagen zu verstehen, bevor man mit dem Wireframe beginnt

Das Layout ist der wichtigste Teil des Designs einer Website. Es ist buchstäblich das Fundament für ihre übrigen Teile. Betrachten wir für einen Moment den Bau eines Hauses und nicht den einer Website. Bevor Sie mit der Auswahl von Fenstern und Jalousien oder sogar der Art der Badewanne beginnen können, brauchen Sie Pläne für die Struktur und den Grundriss des Hauses. Die Größe der Badewanne kann sicherlich die Entscheidungen beeinflussen, die Sie bezüglich der Struktur des Hauses treffen. Aber Sie können keine Badewanne einbauen, bevor die anderen grundlegenden Elemente gebaut sind. Es muss eine Art Bauplan geben, der die Struktur definiert und einen Plan festlegt. Ohne einen Plan besteht die Möglichkeit, dass die Dinge einfach nach Belieben gebaut werden, und dann könnte es sein, dass die Fenster und Türen ganz unterschiedlich groß oder die Räume seltsam geformt sind. Das führt dazu, dass sich das Haus irgendwie unpassend anfühlt. Es könnte schwierig sein, sich zurechtzufinden, oder es ist unangenehm anzuschauen. Auch nach der Fertigstellung des Hauses kann es sein, dass einige Dinge noch immer nicht richtig zum Haus passen. Es fühlt sich unfertig oder ungeschliffen an. Dasselbe gilt auch für das Schreiben von Code mit HTML, CSS und JavaScript: Er muss einer bestimmten Struktur entsprechen, damit er richtig funktioniert.

Nehmen wir an, nebenan wird ein Haus gebaut, das gut durchdacht ist und einen Plan hat. Die Türen haben alle die gleiche Größe, und die Fenster sind zwar unterschiedlich groß, aber nicht alle unterschiedlich. Sie haben die gleichen Proportionen und sehen aus, als würden sie zusammenpassen. Die Räume sind nicht seltsam geformt, und die Struktur ist klar definiert. Insgesamt fühlt es sich einfacher an, sich in diesem Haus zurechtzufinden, als in dem Haus nebenan, das ohne Plan gebaut wurde. Wenn beide Häuser gleichzeitig zum Verkauf stünden, welches würde sich Ihrer Meinung nach schneller oder für mehr Geld verkaufen lassen? Wahrscheinlich das Haus, das nach einem Plan gebaut wurde und eine gut definierte Struktur hat.

Ähnlich verhält es sich mit dem Layout einer Website, vor allem wenn diese ein Produkt oder eine Dienstleistung verkaufen soll. Stellen Sie sich vor, ein Nutzer landet auf Ihrer Webseite und ist auf den ersten Blick erst einmal überwältigt. Vielleicht gibt es zu viele gleich große Inhalte, die Navigation ist unübersichtlich, oder er kann einfach nicht erkennen, was der nächste Schritt auf der Webseite sein soll. Höchstwahrscheinlich wird er Ihre Webseite wieder verlassen. Wenn Sie etwas verkaufen wollen, bedeutet dies einen Umsatzverlust, weil der Benutzer Ihre Website verlässt, bevor er die Kassenseite erreicht. In manchen Fällen wühlen sich die Benutzer durch eine schlecht gestaltete Website und legen Artikel in ihren Einkaufswagen, sind dann aber so frustriert, dass sie die Website verlassen, weil die Seite mit dem Einkaufswagen-Layout zu schwer zu verstehen ist.

Die grundlegenden Gestaltungsprinzipien, die in diesem Kapitel behandelt werden, sind entscheidend für gutes Design. Diese Leitprinzipien schaffen ein Gefühl der Ordnung durch Ausrichtung, geben dem Benutzer durch Wiederholung Orientierung, fördern die Hierarchie durch Kontrast und geben dem Design durch Ausgewogenheit ein Gefühl der Mitte. Nähe, Ausrichtung, Wiederholung, Kontrast und Ausgewogenheit im Kontext des Layouts einer Website helfen Ihnen, eine solide Grundlage für das Design Ihrer Website zu schaffen. Sobald Sie die Hauptstruktur festgelegt haben, werden diese fünf Grundsätze beim Hinzufügen der kleineren Komponenten wichtig. Sie sind alle für jeden Teil einer Website relevant, vom Hauptlayout bis hin zur Gruppierung von Text und Schaltflächen, und können miteinander kombiniert werden, um ein Design interessanter zu gestalten.

Es ist wichtig, diese Grundsätze zu verstehen, bevor Sie die Phase des visuellen Designs erreichen, noch bevor Sie mit dem Erstellen eines Wireframes in der User-Experience-Phase beginnen. Wireframes sind die Blaupausen oder Schemata für Ihre Website, die ihre Skelettstruktur definieren, in der Sie beginnen, die verschiedenen Inhalte der Website zu gruppieren und anzuordnen. Hier entsteht das ursprüngliche Layout einer Website, und die erste Anwendung dieser Prinzipien kommt ins Spiel, wenn wir Inhalte platzieren und Beziehungen zwischen den einzelnen Teilen herstellen. In den nächsten Kapiteln werden Sie sich eingehender mit dem Wireframing beschäftigen.

2.1 Die Grundsätze der Gestaltung

Obwohl Design ein weites Feld ist, das sich in viele verschiedene Disziplinen und Bereiche aufteilen lässt, auf die man sich spezialisieren kann – vom Druck- und Verpackungsdesign bis hin zum Design von Videospielen –, gibt es einige wenige Grundlagen, die für alle Bereiche gelten. Wenn Sie diese Prinzipien verstehen, legen Sie den Grundstein für visuelles Design und verstehen, warum Designer einige ihrer Entscheidungen treffen und wie Sie diese Prinzipien anwenden können, wenn Sie keinen Zugang zu einem Designer haben. Man muss kein Designexperte sein, um eine Website gut aussehen zu lassen oder Designänderungen vorzunehmen; diese Grundsätze sind die Grundlage dafür, wie man diese Dinge tut.

Je nachdem, mit wem Sie sprechen, ist die Anzahl der Gestaltungsgrundlagen unterschiedlich. Für die Zwecke dieses Buches und um die absoluten Grundlagen herauszuarbeiten, werde ich fünf Grundlagen erörtern: Nähe, Wiederholung, Ausrichtung, Kontrast sowie Gleichgewicht und Symmetrie. Keines dieser Elemente ist unbedingt wichtiger als ein anderes, und sie werden selten allein verwendet. Sie sind alle Teil eines zusammenhängenden Systems, um die visuelle Hierarchie einer Seite zu schaffen und das Auge durch den Inhalt zu führen. Diese Grundlagen gelten nicht nur für das Internet, sondern werden auch im Druck- und Verpackungsdesign verwendet. Da wir aber Webdesigner sind, werden wir jedes dieser Elemente im Kontext des Webs bewerten.

2.1.1 Nähe

Nähe ist das Gestaltungsprinzip von Beziehungen. Je näher die Elemente beieinander liegen, desto mehr werden sie als verwandt oder als Teil derselben Gruppe angesehen. Die Anwendung von Nähe, um verschiedene Elemente zusammenzufassen, ist im Grunde die Art und Weise, wie wir Informationen organisieren. Wenn Elemente näher beieinander liegen, nehmen wir sie als Teil einer Gruppe oder als miteinander verbunden wahr. Nehmen Sie die beiden unterschiedlichen Reihen von Kreisen in Abbildung 2–1.

Abb. 2–1
Durch die Abstandsanpassung zwischen den Formen entstehen in der zweiten Zeile kleinere Zweiergruppen anstelle einer großen Gruppe von Kreisen.

Die erste Reihe der Kreise ist gleichmäßig verteilt, sodass alle Kreise als Teil derselben Gruppe wahrgenommen werden. Wenn wir in der zweiten Reihe zwei Kreise näher aneinanderrücken und den Abstand zwischen den einzelnen Paaren vergrößern, entstehen durch die Nähe der beiden Kreise in jedem Paar fünf separate Gruppen. Die Verwendung von Leerraum zwischen den Elementen ist der Schlüssel zur Gruppierung von Inhalten im Web, um eine sinnvolle Unterscheidung für Ihre Benutzer zu schaffen. Mit leicht identifizierbaren Inhaltsgruppen können Benutzer Ihre Website oder Anwendung leichter durchsuchen. Elemente, die sich auf denselben Abschnitt oder dieselbe Komponente beziehen oder Teil desselben Abschnitts sind, sollten zusammen gruppiert werden und auf dem Bildschirm nahe beieinander erscheinen. Das Prinzip der räumlichen Nähe ist der Schlüssel zur Einteilung von Inhalten in Gruppen. In Abbildung 2–2 sind die Elemente zwar unterschiedlich geformt, aber es ist dennoch klar, dass es zwei Gruppierungen gibt.

Abb. 2–2
Obwohl aus verschiedenen Formen bestehend, sind es aufgrund des großen Abstands zwei unterschiedliche Gruppen.

Wenn wir die Anwendung anderer Prinzipien ignorieren und uns nur auf die Nähe zur Unterscheidung verlassen würden, könnten wir immer noch erkennen, welche Elemente zusammengehören und eine Einheit bilden. Betrachten Sie Abbildung 2–3 als eine ungestylte Liste von Blogpost-Titeln mit einem einleitenden Textausschnitt unter jedem Titel.

Was zum Teufel ist ein Origin Trial?
In diesem Blog-Beitrag erkläre ich, was ein Origin Trail ist und warum es so wichtig ist ...
Unstimmigkeiten beim Rendering von Schriften im Browser
Werfen wir einen Blick darauf, was in verschiedenen Browsern passiert, wenn ...
Wie man die CSS-Eigenschaft »appearance« richtig einsetzt
Die Eigenschaft »appearance« wurde von Entwicklern eingesetzt, um ihre ...
Deep Dive in das Erstellen von Apps für Dual-Screen-Geräte
Dual-Screen-Geräte sind endlich auf dem Markt, aber wie können wir beginnen ...

Abb. 2–3 *Eine Liste von Blogpost-Titeln und eine Vorschau des Blogpost-Texts ohne Styling, Abstände oder eine klare Hierarchie*

Ähnlich wie die gleichmäßig verteilte horizontale Reihe von Kreisen ist auch diese vertikale Liste von Blogpost-Titeln mit den dazugehörigen Artikelvorschauen gleichmäßig verstreut. Auf den ersten Blick scheinen diese Elemente Teil derselben Gruppe zu sein. Erst bei näherer Betrachtung erkennt ein Betrachter das Gegenteil und ist wahrscheinlich sogar ein wenig verwirrt von dem Inhalt, der ihm präsentiert wird. Aufgrund der gleichmäßigen Abstände zwischen den einzelnen Elementen scheint die Liste eine einzige große Gruppe zu sein. Nun vergrößern wir den Leerraum unter jeder Textvorschau wie in Abbildung 2–4, ohne den Raum unter dem Titel des Blogbeitrags zu verändern, um die einzelnen Elemente in Paaren zu gruppieren. Sobald wir etwas Platz zwischen den einzelnen Titelpaaren und Textausschnitten hinzufügen, werden unsere Gruppen deutlicher. Wenn wir nun die Liste durchsuchen, wird deutlich, dass es aufgrund des Leerraums zwischen den einzelnen Gruppierungen vier separate Inhaltsabschnitte gibt.

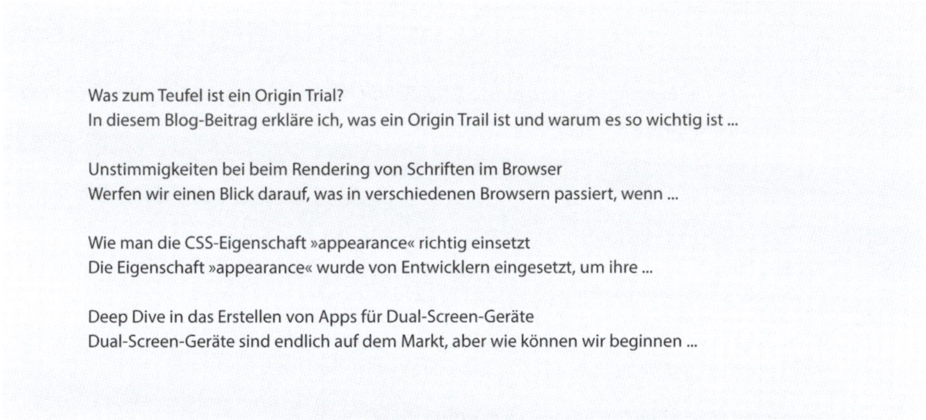

Was zum Teufel ist ein Origin Trial?
In diesem Blog-Beitrag erkläre ich, was ein Origin Trail ist und warum es so wichtig ist ...

Unstimmigkeiten bei beim Rendering von Schriften im Browser
Werfen wir einen Blick darauf, was in verschiedenen Browsern passiert, wenn ...

Wie man die CSS-Eigenschaft »appearance« richtig einsetzt
Die Eigenschaft »appearance« wurde von Entwicklern eingesetzt, um ihre ...

Deep Dive in das Erstellen von Apps für Dual-Screen-Geräte
Dual-Screen-Geräte sind endlich auf dem Markt, aber wie können wir beginnen ...

Abb. 2–4 *Blogtitel und Vorschautexte sind in Paaren gruppiert und durch Leerraum getrennt, um die Beziehung zwischen den einzelnen Inhalten zu verdeutlichen. Jede Gruppierung ist ein separater Teil.*

Leerraum im Design ist nichts, wovor man sich fürchten muss. Er ist äußerst wichtig, um ein Design zu schaffen, das für die Benutzer Ihrer Website leicht zu konsumieren ist. Viele Designanfänger wollen so viel Platz wie möglich auf einer Seite füllen. Außerdem habe ich oft von Kunden die Rückmeldung erhalten, dass es zu viel Leerraum gibt, und sie wollen alles auffüllen, indem sie Elemente größer machen und den Abstand zwischen ihnen verringern. Im Web wird die Benutzerfreundlichkeit beeinträchtigt, wenn zusammengehörige Elemente nicht angemessen gruppiert sind, was das Überprüfen von Inhalten erschwert. Schauen wir uns zum Beispiel die Liste der Blogbeiträge noch einmal an, ändern aber den Stil des Titels, um ihn deutlicher zu machen (Abb. 2–5).

Die Hervorhebung des Blogpost-Titels trägt zwar zu einer gewissen Unterscheidung bei, aber es gibt immer noch keine klare Beziehung zwischen den Elementen, da alles gleichmäßig verteilt ist. Die zusätzliche Hervorhebung des Blogpost-Titels reicht nicht aus, um zu verdeutlichen, dass es sich um vier getrennte Inhaltsgruppen handeln soll. Fügen wir also wieder Leerraum unter jeder nicht hervorgehobenen Textzeile in Abbildung 2–6 hinzu, um unsere Inhaltsgruppen zu erstellen.

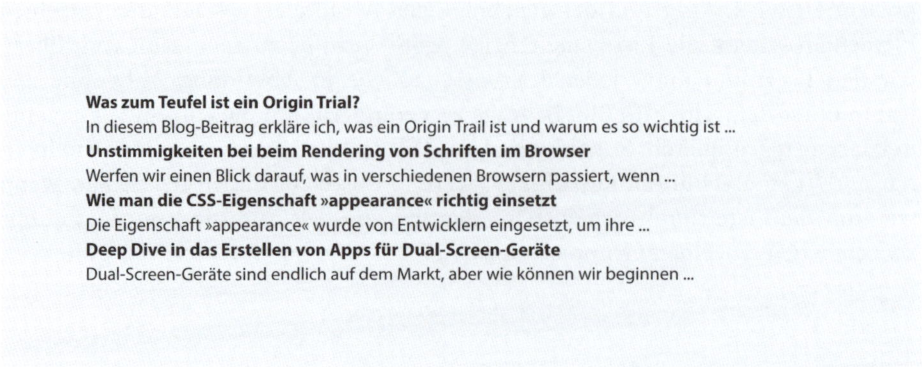

Was zum Teufel ist ein Origin Trial?
In diesem Blog-Beitrag erkläre ich, was ein Origin Trail ist und warum es so wichtig ist ...
Unstimmigkeiten bei beim Rendering von Schriften im Browser
Werfen wir einen Blick darauf, was in verschiedenen Browsern passiert, wenn ...
Wie man die CSS-Eigenschaft »appearance« richtig einsetzt
Die Eigenschaft »appearance« wurde von Entwicklern eingesetzt, um ihre ...
Deep Dive in das Erstellen von Apps für Dual-Screen-Geräte
Dual-Screen-Geräte sind endlich auf dem Markt, aber wie können wir beginnen ...

Abb. 2–5 *Der Titel des Blogeintrags wird nun in fetter Schrift hervorgehoben, sodass er sich von dem darunter stehenden Text abhebt.*

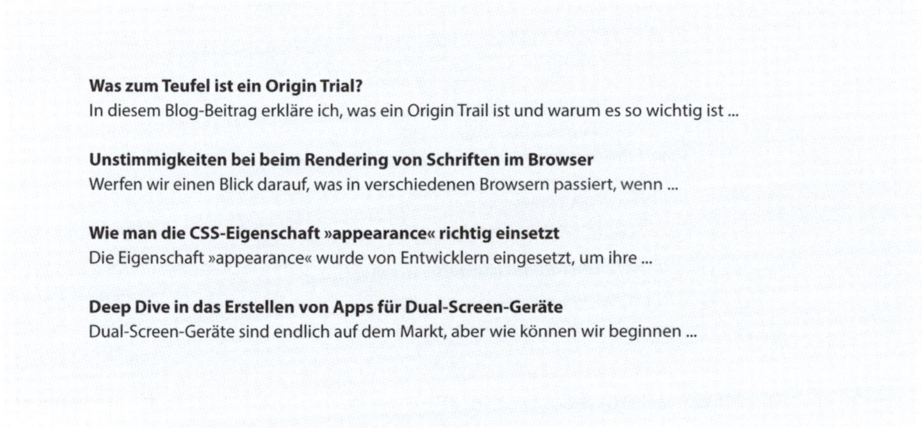

Was zum Teufel ist ein Origin Trial?
In diesem Blog-Beitrag erkläre ich, was ein Origin Trail ist und warum es so wichtig ist ...

Unstimmigkeiten bei beim Rendering von Schriften im Browser
Werfen wir einen Blick darauf, was in verschiedenen Browsern passiert, wenn ...

Wie man die CSS-Eigenschaft »appearance« richtig einsetzt
Die Eigenschaft »appearance« wurde von Entwicklern eingesetzt, um ihre ...

Deep Dive in das Erstellen von Apps für Dual-Screen-Geräte
Dual-Screen-Geräte sind endlich auf dem Markt, aber wie können wir beginnen ...

Abb. 2–6 *Durch das Hinzufügen von Leerraum lassen sich Inhaltsgruppen bilden und klarere Beziehungen zwischen den Inhalten herstellen. Die fett gedruckte Überschrift zeigt, dass sie von dem darunter liegenden Text getrennt ist, aber die Nähe zur darunter liegenden Zeile zeigt, dass sie immer noch Teil derselben Gruppe ist.*

Verwechslungen vermeiden, indem nicht zusammengehörige Teile getrennt gehalten werden

In den meisten Fällen versuchen die Nutzer, die auf Ihre Website kommen, eine Aufgabe zu erledigen, und sind daher darauf bedacht, das Gewünschte so schnell wie möglich zu finden. Es ist wichtig, daran zu denken, dass einige Elemente auf Ihrer Seite zwar ähnlich aussehen und auf die gleiche Weise funktionieren, dies aber nicht immer bedeutet, dass sie zusammen gruppiert werden sollten.

Daher sollte sorgfältig überlegt werden, was zu einer Gruppierung gehört. Wenn Sie z.B. einen Stil für Schaltflächen auf Ihrer Website haben und eine Ihrer

Seiten zwei unterschiedliche und nicht miteinander verbundene Gruppen von Schaltflächen enthält, z.B. Navigationsschaltflächen und Schaltflächen, die eine Aktion ausführen (z.B. Löschen oder Bearbeiten), stellen Sie sicher, dass zwischen den beiden Gruppen genügend Platz ist. Mischen Sie die Schaltflächen nicht miteinander, da dies zu einer verwirrenden Erfahrung für Ihre Benutzer führen kann, die keine zusätzliche Zeit damit verbringen wollen, über die verschiedenen Aktionen nachzudenken, die die Schaltflächen ausführen können (Abb. 2–7 und 2–8).

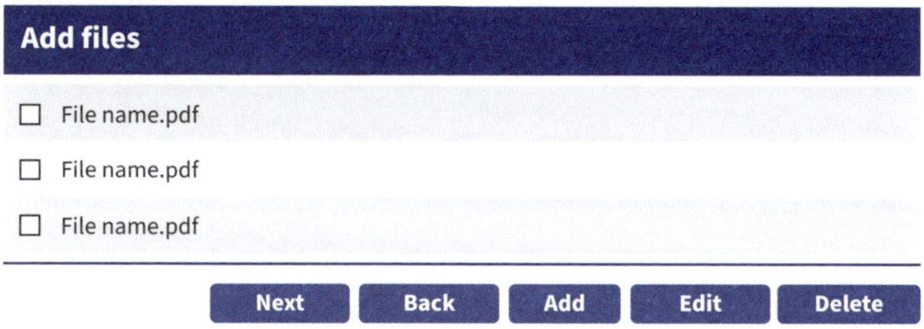

Abb. 2–7 *In diesem Teil der Benutzeroberfläche sind alle Schaltflächen für die Navigation im Formular zusammen gruppiert und sehen ähnlich aus. Der Benutzer braucht Zeit, um die gesuchte Aktionsschaltfläche zu finden.*

Abb. 2–8 *Eine bessere Lösung besteht darin, die Aktionsschaltflächen und die Navigationsschaltflächen auf verschiedenen Seiten der Seite anzuordnen.*

Leicht durchsuchbare Websites nach dem Prinzip der Nähe erstellen

Die Nähe ist auch wichtig, wenn es darum geht, wie Sie Ihre Inhalte gruppieren und anordnen, um eine leicht zu lesende Website zu gestalten. Sehen Sie sich ein Beispiel für eine Seite an, auf der die Elemente nicht gruppiert sind, sondern nur gleichmäßig voneinander getrennt sind (Abb. 2–9).

In diesem Beispiel ist alles auf der Seite gleichmäßig verteilt, und die Nähe wird nicht dazu verwendet, Inhalte zusammenzufassen. Wir wissen also nicht, ob sich das obere Rechteck auf den darunter liegenden Text bezieht oder ob sich das untere Rechteck auf den darüber oder darunter liegenden Text bezieht.

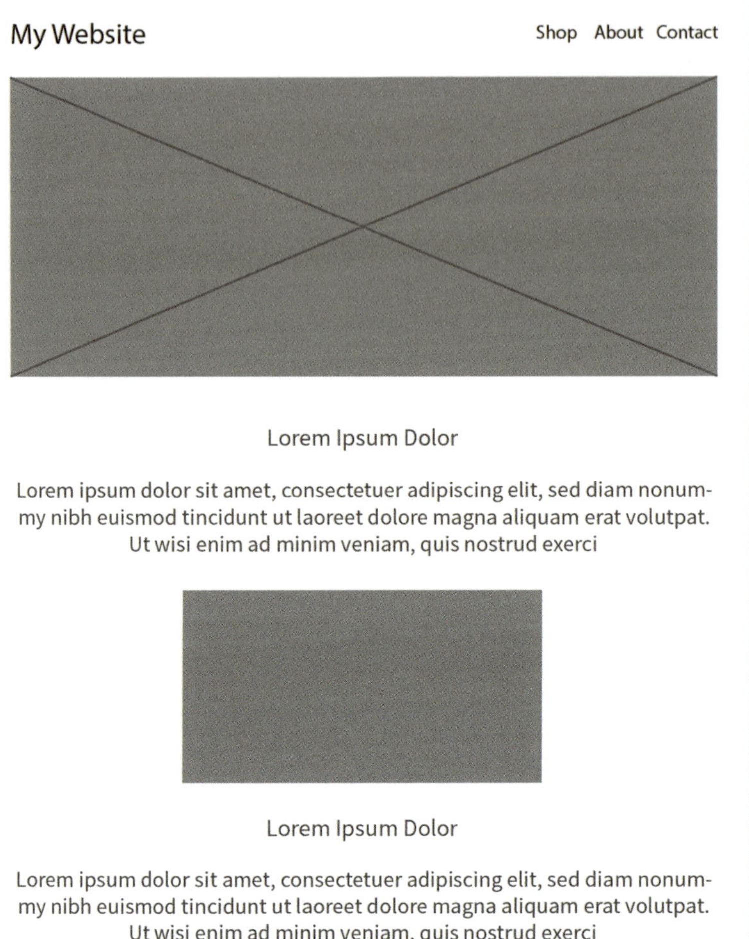

Abb. 2–9 *In diesem Beispiel sind die Abstände zwischen den einzelnen Inhalten gleichmäßig, sodass wir nicht wissen, ob die Bilder (die Rechtecke) mit dem Inhalt darunter oder darüber in Beziehung stehen.*

In Abbildung 2–10 nutze ich das Prinzip der Nähe, um zusammengehörige Elemente näher aneinander zu rücken und Gruppen zu bilden, die auf der Seite unterscheidbar sind. Das obere Rechteck steht nicht in direktem Zusammenhang mit dem darunter liegenden Inhalt, aber das untere Rechteck wurde näher an den ersten Textblock gruppiert, und der Text wurde näher an die zugehörige Überschrift verschoben, damit wir jede einzelne Inhaltsgruppe identifizieren können.

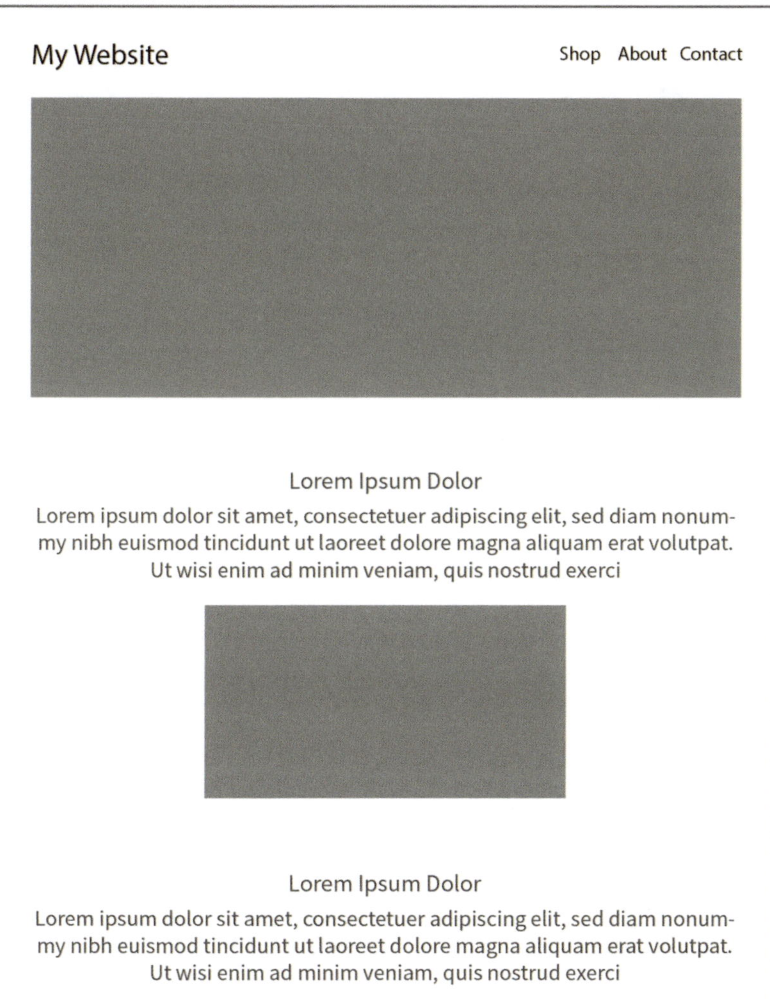

Abb. 2–10 *In diesem Beispiel stelle ich Beziehungen zwischen den Inhalten her, indem ich verwandte Inhalte auf der Seite gruppiere und Abschnitte erstelle.*

Sehen Sie sich ein Beispiel von der Website *webhint.io* in Abbildung 2–11 an. Wenn wir den gesamten Rand und das Padding aus dem Inhalt entfernen, erhalten wir einen Inhaltsblock auf der rechten Seite, der schwer zu erfassen ist. Alle Teile des Inhalts liegen übereinander und sind eng beieinander. Einige Überschriften sind zwar größer, aber die Beziehung zwischen den verschiedenen Zeilen des Inhalts ist nicht klar.

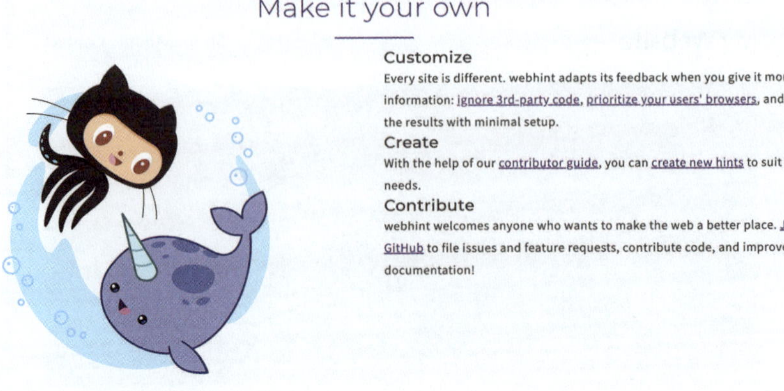

Abb. 2–11 *In diesem Beispiel wird weder Leerraum noch räumliche Nähe genutzt, sodass eine Wand aus Text entsteht.*

Durch die Verwendung von Nähe, wie in Abbildung 2–12, schaffen wir jedoch Gruppen von Inhalten, indem wir die Textblöcke näher an ihre jeweiligen Überschriften rücken und den Abstand zwischen den einzelnen Gruppen vergrößern. Die Seite wird viel übersichtlicher und besser lesbar.

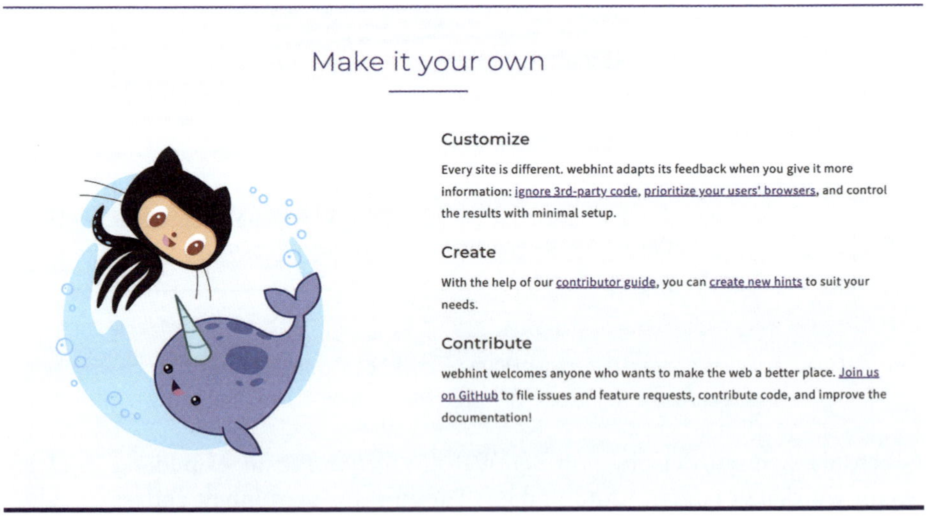

Make it your own

Customize

Every site is different. webhint adapts its feedback when you give it more information: ignore 3rd-party code, prioritize your users' browsers, and control the results with minimal setup.

Create

With the help of our contributor guide, you can create new hints to suit your needs.

Contribute

webhint welcomes anyone who wants to make the web a better place. Join us on GitHub to file issues and feature requests, contribute code, and improve the documentation!

Abb. 2–12 *Nachdem die Überschriften und Textblöcke gruppiert sind, lassen sich die einzelnen Inhaltsgruppen leichter durchsuchen und erfassen.*

Wenn Sie das Prinzip der Nähe auf die verschiedenen Elemente der Benutzeroberfläche auf Ihrer Seite anwenden, besteht das Ziel darin, für Ihre Benutzer leicht erkennbare Inhaltsbereiche zu schaffen. Sie wollen die kognitive Belastung reduzieren und eine Benutzeroberfläche schaffen, die nicht überwältigend ist. Formulare sind ein weiterer Bereich, in dem Nähe dazu beitragen kann, dass die Benutzer nicht das Gefühl haben, auf eine Wand von Inhalten zu starren. Abbildung 2–13 zeigt ein Bestellformular mit zeilenweise angeordneten Eingabefeldern.

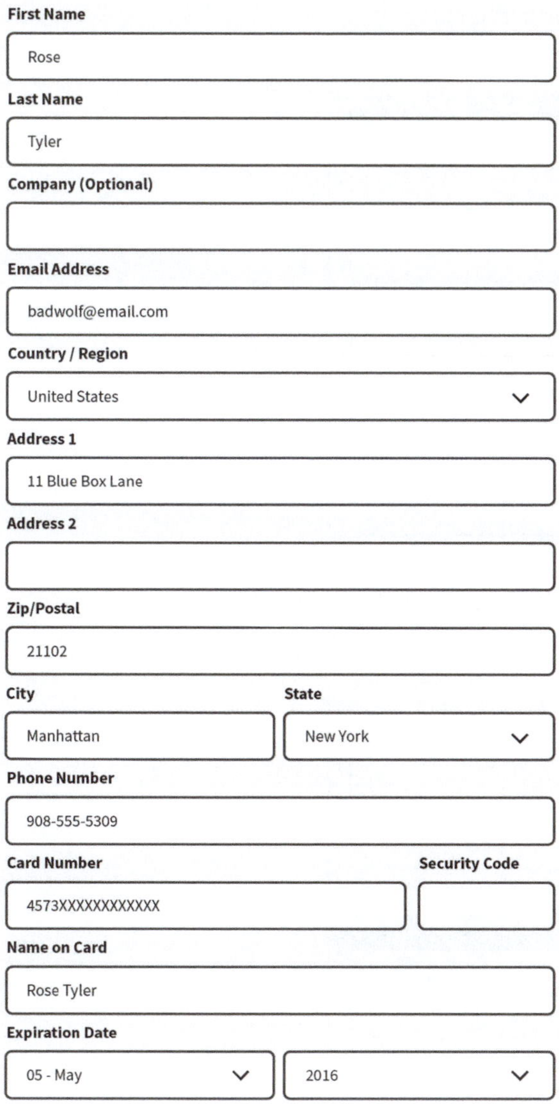

First Name
Rose
Last Name
Tyler
Company (Optional)
Email Address
badwolf@email.com
Country / Region
United States
Address 1
11 Blue Box Lane
Address 2
Zip/Postal
21102
City
Manhattan
State
New York
Phone Number
908-555-5309
Card Number
4573XXXXXXXXXXXX
Security Code
Name on Card
Rose Tyler
Expiration Date
05 - May
2016

Abb. 2–13 *Dieses Kassenformular besteht nur aus einer Reihe von Eingabefeldern, und die benötigten Informationen sind nicht klar.*

Optisch ist es ein wenig überwältigend. Wenn wir uns den Code ansehen, finden wir eine Zeile nach der anderen mit HTML-Texteingaben und gelegentlich einem HTML-`<select>`-Element. Aber wenn wir das Formular in verschiedene Abschnitte unterteilen, wie in Abbildung 2–14, wird es weniger überwältigend. Wir erstellen zusammengehörige Gruppen innerhalb des Formulars, die dem Benutzer einen natürlichen Anhaltspunkt bieten, wenn er eine Pause einlegen und später zurückkehren muss, um das Formular auszufüllen.

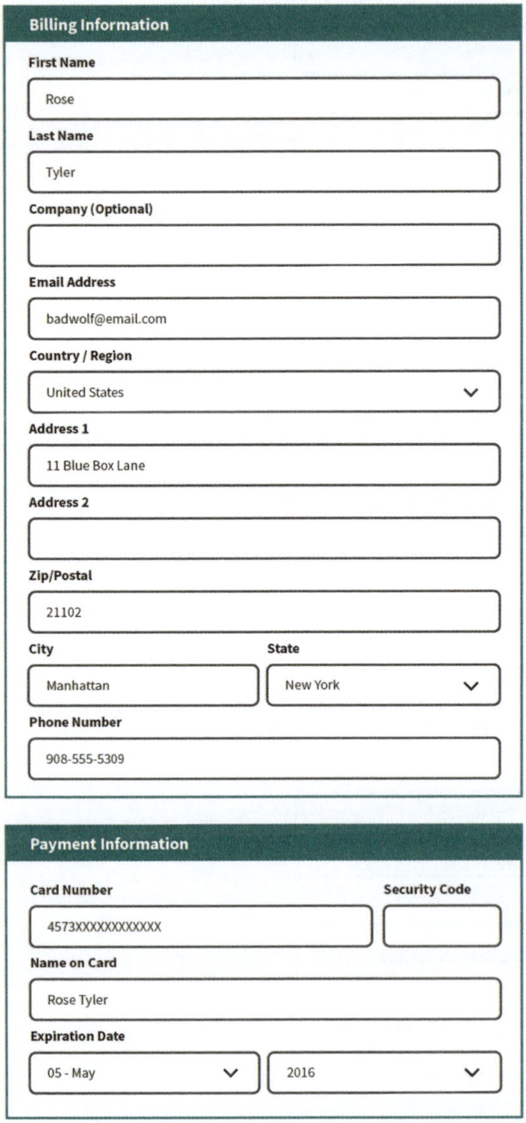

Abb. 2–14 *Wenn Sie zusammengehörige Eingabefelder gruppieren und Abschnittsüberschriften hinzufügen, wird das Kassenformular beim Scannen einfacher zu analysieren.*

Diese Gruppierung sorgt auch für eine klarere Organisation des Frontend-Codes. Die beiden Abschnitte Rechnungs- und die Zahlungsinformationen sind im Code in eigenen `div`-Containern gruppiert. Statt einer riesigen Liste von HTML-Eingaben wird der Code auch optisch so formatiert, dass er zwei getrennte Abschnitte anzeigt. Das verringert die kognitive Belastung des Entwicklers, wenn er den Code durchsucht, um Änderungen vorzunehmen.

Ziel ist es, dass der Benutzer weniger darüber nachdenken muss, wie er mit Ihrer Seite interagieren kann. Der erste Schritt auf dem Weg zu einer übersichtlichen Benutzeroberfläche besteht darin, durch die Gruppierung von Elementen klar identifizierbare Beziehungen herzustellen.

Nähe: Das Prinzip der Beziehungen

Nähe ist das Prinzip der Beziehungen und vielleicht die wichtigste Grundlage, die es zu verstehen gilt. Es kommt ins Spiel, wenn Sie Ihre Website planen und organisieren, bevor Sie überhaupt anfangen, über visuelles Design und Stil nachzudenken. Wenn Sie die Wireframing-Phase eines Projekts erreichen, sollten Sie die Präzision und die Festlegung von visuellen Designdetails ignorieren. Konzentrieren Sie sich stattdessen darauf, Inhalte und Komponenten zu gruppieren und zu organisieren und die grobe Platzierung der Inhalte auf der Website zu bestimmen, damit die Beziehungen zwischen den größeren Inhaltsblöcken sinnvoll sind. Achten Sie auf Leerraum zwischen nicht zusammenhängenden Inhaltsgruppen, um die Seite für die Benutzer übersichtlicher zu machen und Verwirrung oder Unsicherheit zu vermeiden, wenn sie sich auf das Erledigen einer Aufgabe konzentrieren.

Die Gruppierung zusammengehöriger Inhalte, wenn Sie keine anderen Gestaltungsprinzipien auf Ihre Inhalte angewendet haben, ist die einfachste und grundlegendste Möglichkeit, damit Sie zwischen Inhaltsgruppen unterscheiden können. Das Beispiel in Abbildung 2–4 zeigt dieses Konzept auf der einfachsten Ebene, mit nichts als Leerraum zwischen den einzelnen Blogtiteln und Artikelschnipseln. Das Definieren von Beziehungen zwischen Inhalten durch Nähe, bevor andere Prinzipien angewandt werden, hilft beim Aufbau der Seitenstruktur und stellt sicher, dass die Beziehungen klar sind, bevor die entsprechenden Prinzipien angewandt werden, die eine weitere Hierarchie im Layout einer Website schaffen.

2.1.2 Ausrichtung

Bei dem Begriff Ausrichtung denken viele Entwickler an verschiedene CSS-Eigenschaften und an die Positionierung von Elementen auf einer Seite mit CSS. Vielleicht erinnern sich auch viele an eines der häufigsten Layout-Probleme in der Geschichte des Webs: die vertikale und zentrierte Ausrichtung von Text auf einer Webseite oder in einem `<div>`. Die Ausrichtung im Web bezieht sich auf die Positionierung von Elementen entlang verschiedener Achsen, die Ausrichtung von Elementgruppen auf eine bestimmte Weise, um eine zusammenhängende Einheit zu bilden, und die Textausrichtung, z. B. rechtsbündig oder im Blocksatz.

Bei der Gestaltung für das Web ist die Ausrichtung der Elemente etwas starrer als beim Design von Druck-Erzeugnissen. In der Software, die wir für das Design von Druck-Erzeugnissen verwenden, gibt es keine Einschränkungen. Im Web, in einem Browser, sind wir durch die Webplattform und den Code, den wir zur Definition unseres Layouts schreiben, eingeschränkt. Es ist schwieriger, ein Element willkürlich auf einer Webseite zu platzieren, als dies bei der Gestaltung von Drucksachen der Fall ist. Selbst bei Drag-and-Drop-Layout-Editoren für Webseiten ist das Ziehen und Ablegen auf den Gesamtumriss der vordefinierten Webseite beschränkt. Sie können beliebige Elemente einfügen, aber Sie können sie nicht zufällig platzieren.

Als Entwickler sind Sie damit vertraut, wie man Code verwendet, um verschiedene Elemente auf der Seite auszurichten. Ein gewisses Maß an Struktur für die Ausrichtung ist bereits über die Webplattform eingebaut, wenn Sie etwas wie CSS Grids oder Flexbox verwenden, um das Layout Ihrer Seite zu definieren. Wenn ich zum Beispiel `set display: flex;` für ein übergeordnetes Element mit zwei untergeordneten Elementen einstelle, hat die Webplattform bereits einen Plan dafür, wie dieses Layout mit nur dieser Codezeile dargestellt wird. Wenn Sie jedoch eine Webseite entwerfen, werden Sie `display: flex;` höchstwahrscheinlich nicht allein in einer Zeile verwenden. Hier ist es wichtig, das Prinzip der Ausrichtung zu verstehen, denn die Ausrichtung sorgt für Ordnung auf der Seite.

Die Ausrichtung ist eine weitere Möglichkeit, Elemente auf einer Seite zu organisieren und in Beziehung zueinander zu setzen, indem sie an einer unsichtbaren Linie ausgerichtet werden. Diese Ausrichtung trägt zur Strukturierung einer Seite bei und ist auch ein Schlüssel zur Lesbarkeit. Selbst wenn Sie ein Layout für eine Webseite erstellen, das von den heute üblichen Mustern abweicht und etwas willkürlicher und unstrukturierter erscheint, kann die Ausrichtung bestimmter Elementgruppen dazu beitragen, dass ein zufälliges Layout ausgefeilt und strukturiert erscheint.

Verschiedene Arten von Ausrichtung

Es gibt zwei Hauptmöglichkeiten, um Elemente auf einer Seite auszurichten: die Ausrichtung am Rand und die Ausrichtung in der Mitte. Bei der Ausrichtung am Rand werden die Elemente entlang des Randes einer Komposition ausgerichtet und können am oberen, unteren, linken oder rechten Rand ausgerichtet werden, wie in Abbildung 2–15 zu sehen. Eine mittige Ausrichtung liegt vor, wenn die Elemente horizontal oder vertikal an einer zentralen Achse ausgerichtet sind. Eine horizontale Ausrichtung liegt vor, wenn die Elemente durch die Mitte ihrer horizontalen Achsen ausgerichtet sind. Und eine vertikale Ausrichtung, wenn die Elemente durch die Mitte ihrer vertikalen Achsen ausgerichtet sind, wie in Abbildung 2–16 dargestellt.

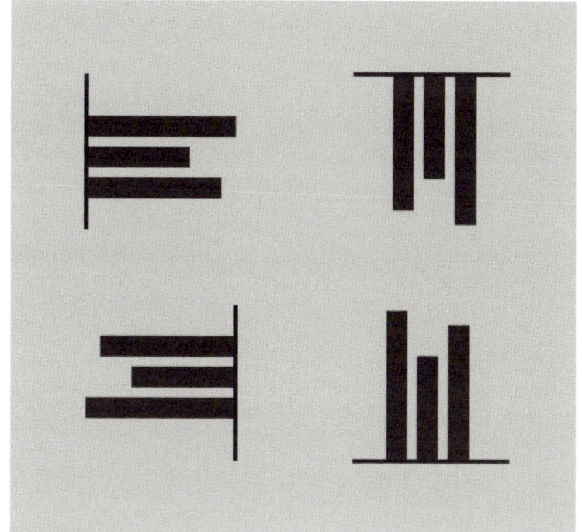

Abb. 2–15 *Die verschiedenen Arten der Ausrichtung am Rand von oben links nach rechts: linke Ausrichtung, obere Ausrichtung, rechte Ausrichtung, untere Ausrichtung*

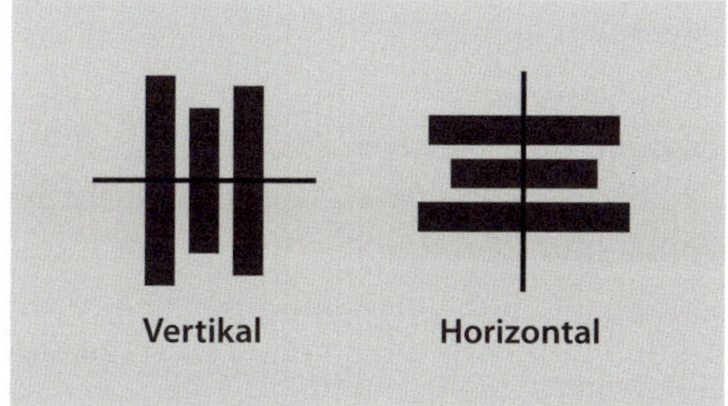

Abb. 2–16 *Vertikale und horizontale Zentrierung werden im Verhältnis zu ihrer Mittelachse dargestellt.*

Die Ausrichtung an den Rändern und die Ausrichtung an der Mitte gelten nicht nur für die Elementgruppen auf einer Seite. Ausrichtungswerte können auch für Text festgelegt werden, um die unsichtbare Linie zu definieren, wenn alle Elemente an derselben Sache ausgerichtet sind. Für die Textausrichtung gibt es im Web, genau wie im Druck, verschiedene Möglichkeiten. Die verschiedenen Arten der Textausrichtung sind links, rechts, zentriert und Blocksatz, wie in Abbildung 2–17 dargestellt. Während die Textausrichtung links, rechts und mittig die bereits erwähnten Konzepte der Ausrichtung am Rand widerspiegelt, ist der Blocksatz eine Art der Ausrichtung, bei der der Abstand zwischen den Wörtern entweder vergrößert oder verkleinert wird, um sowohl die linke als auch die rechte Seite des Textblocks auszurichten. Wie das Beispiel in Abbildung 2–17 zeigt, besteht das Hauptproblem bei Text im Blocksatz darin, dass sich große Lücken zwischen den Wörtern bilden können, die die Lesbarkeit beeinträchtigen, wie ich in Kapitel 7 erläutern werde.

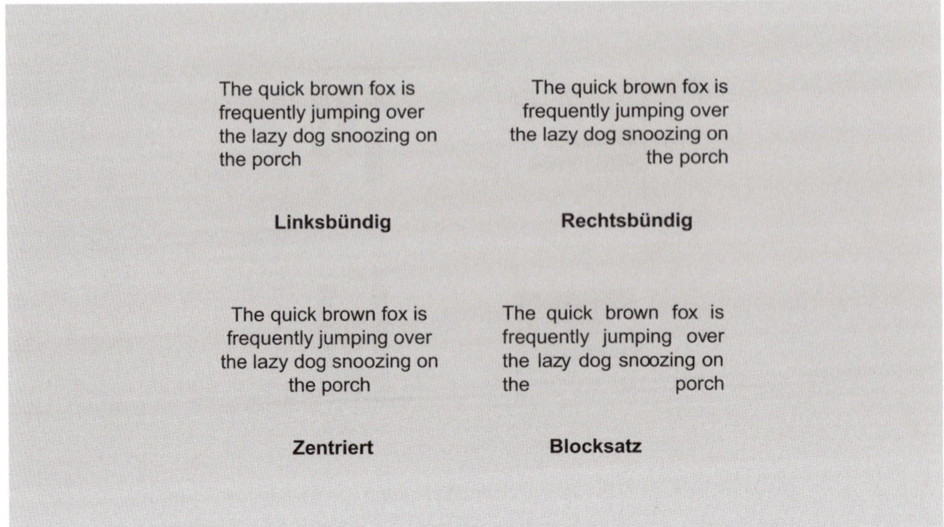

Abb. 2–17 *Die verschiedenen Arten der Textausrichtung, die Sie im Layout anwenden können*

Gemischte Anordnung

Auch wenn die Textausrichtung ein separater Wert ist, der bei der Ausrichtung verschiedener Elemente berücksichtigt werden muss, ist sie doch ein wichtiger Bestandteil des Seitenlayouts und trägt zur Schaffung von Ordnung und einer klaren Hierarchie bei.

In einigen Fällen können mehrere Elemente, einschließlich eines Textblocks, alle an einer Kante ausgerichtet werden. Die Ausrichtung kann jedoch uneinheitlich aussehen, da der Text und nicht sein Begrenzungsrahmen zentriert ist.

Das Mischen der Ausrichtung von Elementen auf einer Seite kann ein einzigartigeres und interessanteres Layout schaffen, aber es sollte sich mehr auf die größeren Inhaltsgruppen konzentrieren als auf die einzelnen Teile, aus denen eine Gruppe besteht. Schauen Sie sich Abbildung 2–18 als Beispiel an.

Wir haben eine Reihe von Links zu Blogbeiträgen. Jede Bloglink-Komponente besteht aus einer Überschrift und einem Ausschnitt des Artikels, gefolgt von einer Schaltfläche *Weiterlesen*. In dem Beispiel in Abbildung 2–18 sind der Blogtitel, der Artikelschnipsel und die Schaltfläche linksbündig ausgerichtet, wie an ihren Begrenzungsrahmen zu erkennen ist. Der Text des Artikelschnipsels ist jedoch mittig ausgerichtet. Betrachten Sie nun die Komponenten ohne Begrenzungsrahmen in Abbildung 2–19.

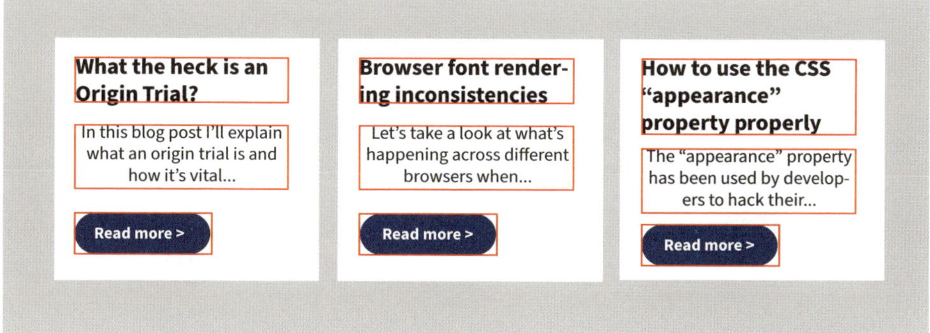

Abb. 2–18 *Die Begrenzungsrahmen des Inhalts sind umrissen, um zu zeigen, dass Elemente zwar auf eine bestimmte Weise ausgerichtet werden können, aber alle unsere `<div>`-Elemente (z. B. eine unterschiedliche Textausrichtung innerhalb der `<div>`-Elemente) einen starken Einfluss darauf haben können, wie kohärent eine Komponente wirkt.*

Abb. 2–19 *Der Textausschnitt in der Mitte ist im Gegensatz zur Überschrift und zur Schaltfläche zentriert.*

Die unsichtbaren Begrenzungsrahmen sind nicht mehr eingezeichnet, sodass Sie sehen können, dass der Text mittig ausgerichtet ist, obwohl der Begrenzungsrahmen des Blogschnipsels links ausgerichtet bleibt. Dieses Design sieht etwas unpassend aus, weil die scharfe Kante, die entsteht, wenn alle Elemente links ausgerichtet sind, durch den mittleren Text unterbrochen wird, der mittig ausgerichtet ist. Es gibt keine saubere unsichtbare Linie entlang der linken Seite, die den Inhalt verbindet. Wenn Sie die Ausrichtung des Textes in Abbildung 2–20 so ändern, dass er links ausgerichtet ist, wird die Veränderung hin zu einer kohärenteren Komponente deutlich.

Diese Diskussion soll Ihnen nicht davon abraten, die Ausrichtung von Elementen zu mischen, wenn Sie das Layout einer Webseite durchdenken. Das Mischen der Ausrichtung kann ein interessantes Layout erzeugen. Konzentrieren Sie sich also auf die Ausrichtungsentscheidungen für die Komponenten als Ganzes innerhalb von Abschnitten auf einer Webseite.

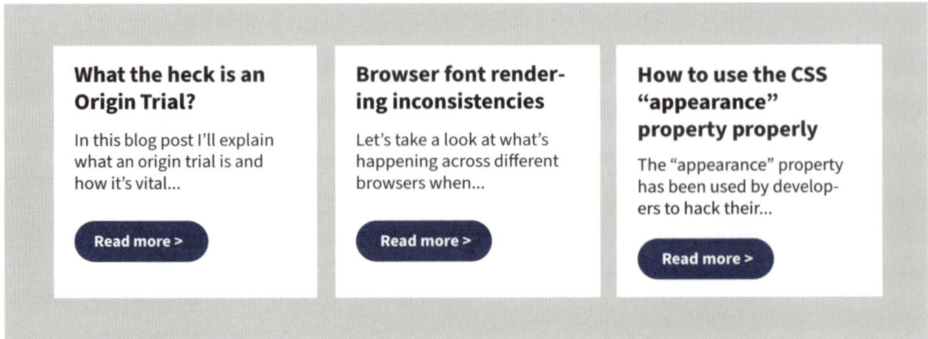

Abb. 2–20 *Alle Komponenten sind linksbündig ausgerichtet und wirken kohärenter.*

Als ich die Website für das Linting-Tool *webhint* entwarf, durchlief die Seite viele verschiedene Aktualisierungsrunden. Ich erinnere mich, dass ich mit verschiedenen Ausrichtungsoptionen für einige der einzelnen Inhaltskomponenten gespielt habe. Ich habe versucht, links ausgerichteten Text mit Inhalten zu mischen, die insgesamt zentriert waren, aber das wirkte ungeschliffen. Stattdessen konzentrierte ich mich auf die einzelnen Abschnitte oder Inhaltsbereiche und wechselte die Ausrichtungsmethoden, um die verschiedenen Inhaltsabschnitte zu verstärken (Abb. 2–21).

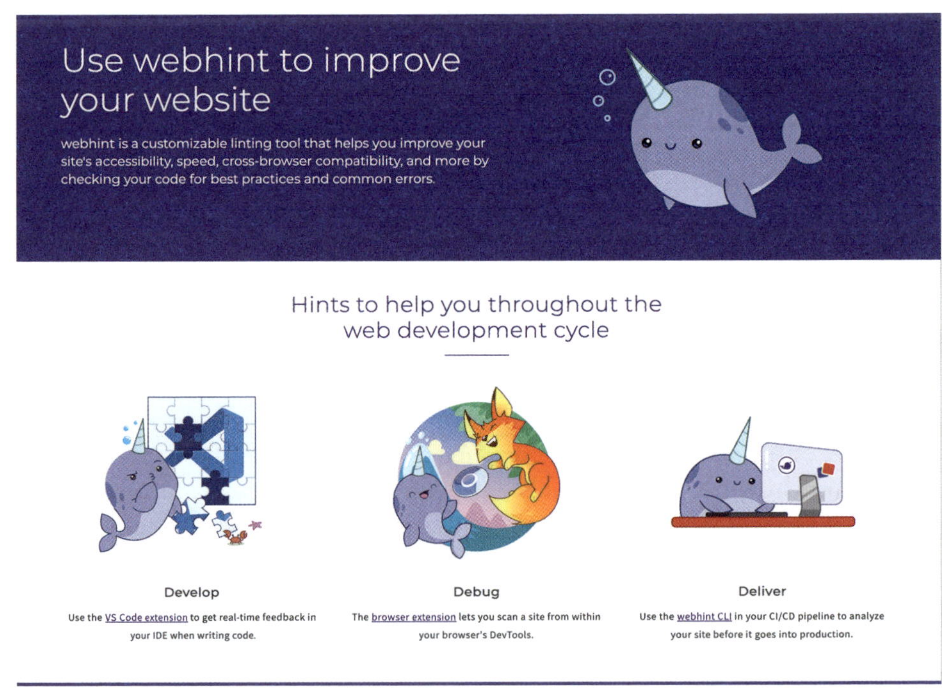

Abb. 2–21 *Dieses Beispiel zeigt eine wechselnde Ausrichtung zwischen den Abschnitten. Das trägt dazu bei, den Inhalt auf der Seite zu differenzieren und die Aufmerksamkeit zu wecken.*

Wie Sie in Abbildung 2–21 sehen können, ist der erste Inhaltsbereich links ausgerichtet, und der zweite Bereich besteht aus einigen weiteren Inhaltsgruppen, die von einem Bild begleitet werden. Da die Illustrationen hier keine harte rechteckige Form wie ein Bild haben, habe ich mich dafür entschieden, den Inhalt jeder Gruppe in der Mitte auszurichten. Das Hauptziel der mittigen Ausrichtung des Inhalts in diesem Abschnitt war jedoch, ihn von dem darüber liegenden Abschnitt zu unterscheiden.

Schauen Sie sich in Abbildung 2–22 an, wie dieser Abschnitt aussieht, wenn der gesamte Inhalt links ausgerichtet ist.

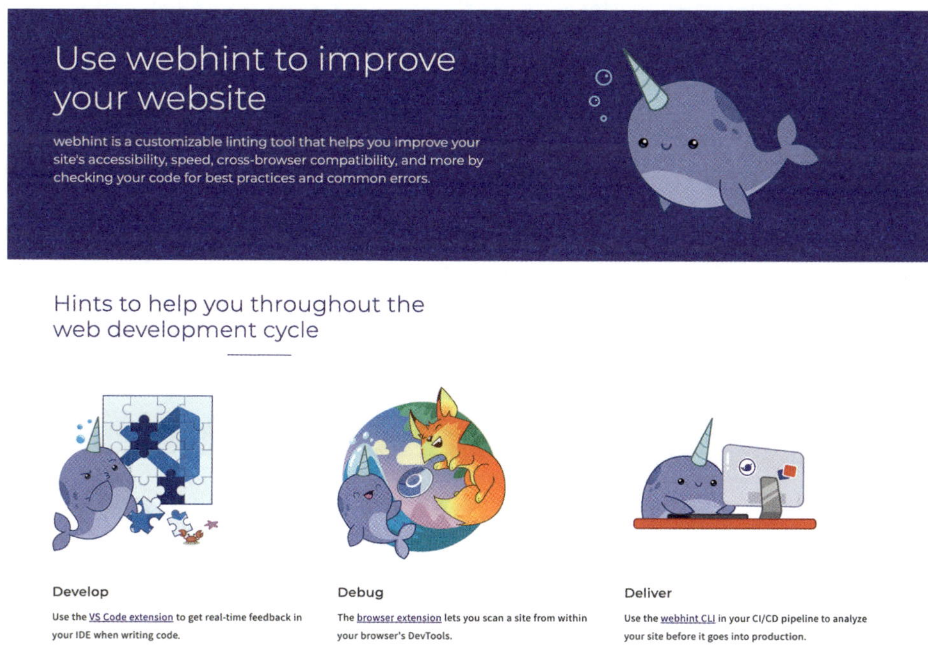

Abb. 2–22 *Der zweite Abschnitt der Webseite ist wie der obere und untere Abschnitt links ausgerichtet.*

Obwohl der weiße Streifen diesen Bereich als neuen Abschnitt kennzeichnet, fügt er sich in den Rest der Seite ein, wenn wir alles nach links ausrichten. Die zusätzliche Ausrichtung in der Mitte trägt dazu bei, den Unterschied zwischen den Abschnitten zu verdeutlichen und die kognitive Belastung beim Durchsuchen des Inhalts der Website zu verringern.

Eine gute Ausrichtung hilft dabei, unsichtbare Linien zu schaffen, die das Auge über die Seite leiten und ein Gefühl von Ordnung statt Unordnung vermitteln. In Abbildung 2–23 habe ich auf einer Hotel-Website einige Hotels aufgelistet, und obwohl sie oben ausgerichtet sind, wird der Inhalt in der rechten Spalte durch die unterschiedliche Länge des Inhalts weiter nach unten gedrückt als die beiden anderen. Auch die Namen der Hotels sind im Gegensatz zu der anderen Komponente mittig ausgerichtet. Dadurch wird die unsichtbare Linie unterbrochen, die auf der linken Seite durch die verschiedenen Komponenten gebildet wird, die mit Ausnahme des Hotelnamens perfekt aneinandergereiht sind.

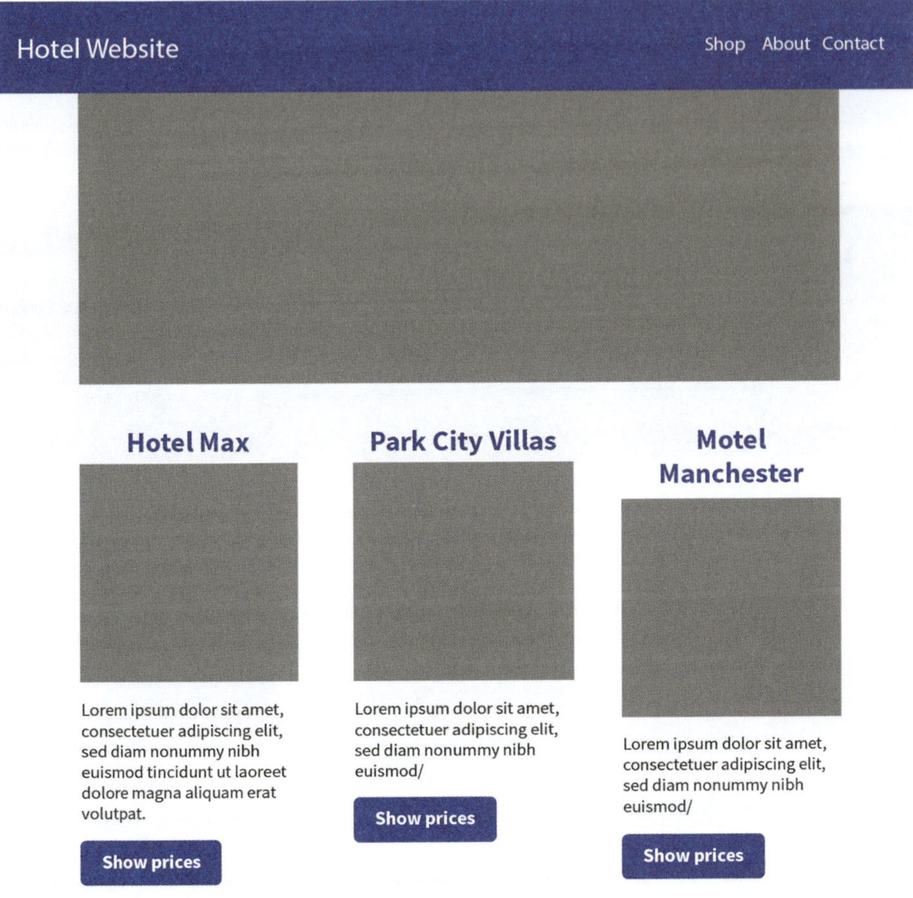

Abb. 2–23 *In diesem Beispiel sind die Hotelnamen mittig ausgerichtet, und obwohl sie alle am gleichen Punkt oben ausgerichtet sind, wirkt die Seite unzusammenhängend und nicht richtig ausgerichtet.*

In Abbildung 2–24 passe ich das Layout an, indem ich die Hotelnamen links ausrichte und nach unten unter die Bilder verschiebe. Die Bilder haben alle die gleiche Größe, was ein Gefühl der Ordnung schafft. Der Hotelname auf der rechten Seite erstreckt sich zwar immer noch über zwei Zeilen, aber da ich auch die Schaltflächen am unteren Rand ausgerichtet habe, haben alle Komponenten nun die gleiche Größe. Der Inhalt in der Mitte muss nicht unbedingt perfekt ausgerichtet sein, da die oberen und unteren Komponenten dies tun, wodurch in jeder Spalte eine gleich große Form entsteht.

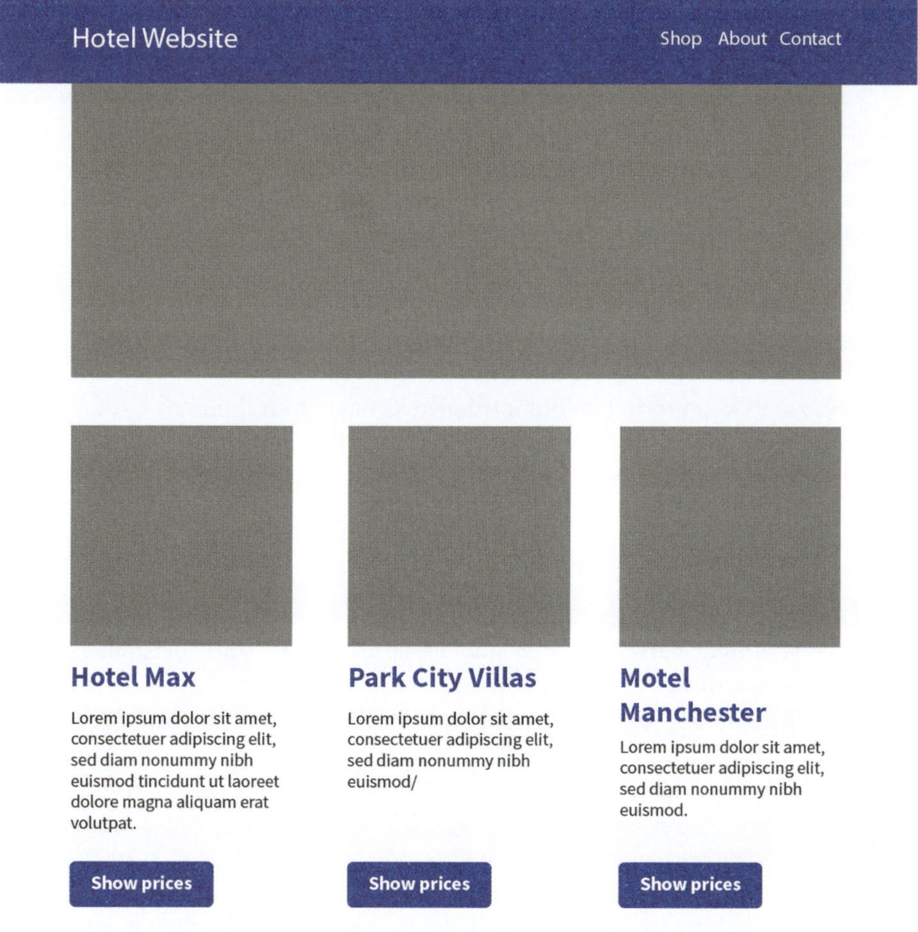

Abb. 2–24 *Durch die Ausrichtung des gesamten Inhalts nach links und das Verschieben des Hotelnamens unter das Bild wird der Eindruck erweckt, dass jede Komponente ein Rechteck ist, und es entsteht ein geordneteres Bild auf der Seite.*

Das zweite Beispiel ist aufgrund der unsichtbaren Linien viel übersichtlicher, die dadurch entstehen, dass der gesamte Inhalt links, oben und unten ausgerichtet ist. Manchmal passt der Inhalt nicht perfekt in eine Zeile, aber wenn die obere und untere Komponente ausgerichtet sind, muss der mittlere Inhalt nicht die gleiche Größe haben.

Ausrichtung: Der Schlüssel für Ausrichtung

Wir wollen, dass unsere Inhalte im Internet leicht lesbar und konsumierbar sind. Legen Sie eine klare Linie fest und verwenden Sie diese, um die Elemente auf der Seite auszurichten. Diese Ausrichtung stellt eine sichtbare Verbindung zwischen den Inhalten auf der Website her und hilft den Benutzern, die Beziehung zwischen den Elementen zu verstehen.

Scheuen Sie sich nicht, verschiedene Ausrichtungen auf Ihrer Website zu wählen, aber betrachten Sie diese Entscheidungen in einem größeren Maßstab, anstatt die Ausrichtung verschiedener Teile derselben kleineren Komponente zu mischen. Das Mischen der Ausrichtung zwischen Abschnitten kann dazu beitragen, Abschnitte auf einer Website besser zu unterscheiden und den Nutzer durch ein dynamischeres Layout, das das Auge durch den Inhalt bewegt, zu fesseln.

Eine gute Ausrichtung auf einer Website schafft eine klare Struktur, selbst bei abstrakteren Layouts oder kreativerer Verwendung eines Rasterlayouts. Wenn Sie verstehen, wie Sie diese Struktur mit der Ausrichtung von der Komponentenebene bis zum Gesamtseitenlayout aufbauen können, hilft Ihnen das, Klarheit auf einer Seite zu schaffen, wenn Sie kreativere Layoutlösungen mit fortgeschritteneren Rasterlayouts ausprobieren, die ich in Kapitel 6 zeigen werde.

2.1.3 Wiederholung

Das Gestaltungsprinzip der Wiederholung ist das Prinzip der Konsistenz. Die Wiederverwendung derselben Stile und Designelemente, zum Beispiel Formen, schafft ein einheitliches und kohärentes Gefühl und erzeugt Muster.

Die Wiederholung hat zwei Aspekte, die zu Webdesign passen. Die Wiederholung visueller Elemente, wie Formen oder andere Grafiken, kann auf der gesamten Website verwendet werden, um eine Marke widerzuspiegeln. Auf der eher praktischen Seite kann das Erstellen und Wiederverwenden von Komponenten und Stilen den Nutzern einer Website helfen, Muster in den Aktionen zu erkennen, die bestimmte Gruppen von Komponenten der Benutzeroberfläche ausführen.

Dieser Grundsatz ist auch für das Webdesign und das Schreiben von Code für das Web äußerst wichtig. Stellen Sie sich als Entwickler vor, Sie arbeiten an einem großen Websiteprojekt, und der Designer hat jede einzelne Seite anders gestaltet und keine Komponenten oder Stile wiederverwendet. Das wäre ein frustrierendes Projekt. Die Menge an einzigartigem Code würde wahrscheinlich die Leistung der Website beeinträchtigen. Die Entwicklung wiederverwendbarer Komponenten, die auf mehreren Seiten eingesetzt werden können, sorgt nicht nur für ein einheitliches Erscheinungsbild der gesamten Website, sondern ist auch vom Standpunkt des Codes aus äußerst praktisch, da sie sich hervorragend skalieren lässt. Wenn später in einem Projekt neue Seiten hinzugefügt werden, können Sie auf eine Bibliothek von Komponenten und Stilen zurückgreifen. Das kann dazu beitragen, die Menge an Code zu reduzieren, die ausgeliefert wird, was sich wiederum positiv auf die Leistung der Webseite auswirkt (im Sinne einer geringeren Ladezeit).

Wiederholung: Eine konsistente Erfahrung schaffen

Aus gestalterischer Sicht ist die Wiederholung der Schlüssel, um ein einheitliches Markenerlebnis im Web und im Printbereich zu schaffen. Vor allem im Internet ist die Wiederholung von Elementen und Komponenten von entscheidender Bedeutung, wenn wir die kognitive Belastung der Nutzer verringern wollen, die unsere Website besuchen. Wir möchten, dass unsere Nutzer auf unserer gesamten Website ein einheitliches Erlebnis haben. Daher verwenden wir Farben, Schriftarten und andere visuelle Stile, um diese Verbindung zu verdeutlichen und unseren Nutzern die Orientierung zu erleichtern.

Wiederholungen stellen Beziehungen zwischen den Inhalten her und helfen dem Benutzer, diese wiederholten Elemente schnell zu erkennen. Wenn Sie sich die einfache Blogpostliste in Abbildung 2–25 noch einmal ansehen: Ich verwende dieselben Schriftarten für die Überschrift und den Textausschnitt. In diesem Beispiel haben wir festgestellt, dass die fett gedruckten Elemente in dieser Liste die Überschriften sind und die normale Schrift direkt unter den fett gedruckten Elementen die Blogschnipsel sind. Wenn Sie dieses Muster gruppierter Inhalte mit denselben Stilen an anderer Stelle auf der Website finden, können Sie höchstwahrscheinlich davon ausgehen, dass es sich um dieselbe Art von Inhalt handelt: eine Liste von Blogbeiträgen oder Artikeln.

Was zum Teufel ist ein Origin Trial?
In diesem Blog-Beitrag erkläre ich, was ein Origin Trail ist und warum es so wichtig ist ...

Unstimmigkeiten beim Rendering von Schriften im Browser
Werfen wir einen Blick darauf, was in verschiedenen Browsern passiert, wenn ...

Wie man die CSS-Eigenschaft »appearance« richtig einsetzt
Die Eigenschaft »appearance« wurde von Entwicklern eingesetzt, um ihre ...

Deep Dive in das Erstellen von Apps für Dual-Screen-Geräte
Dual-Screen-Geräte sind endlich auf dem Markt, aber wie können wir beginnen ...

Abb. 2–25 *Ich habe dieselben Schriftarten für die Überschrift und den Haupttext verwendet, um ein Muster zu erstellen.*

Die Wiederholung von Mustern und Stilen in verschiedenen Elementen und Komponenten hilft nicht nur Ihren Nutzern zu wissen, was sie erwarten können, wenn sie sich auf Ihrer Website bewegen, sondern kann auch dazu beitragen, Ordnung in das Erlebnis zu bringen. Sehen Sie sich Abbildung 2–26 an, die einen Teil der Benutzeroberfläche einer Hotel-Website zeigt, auf der keine Wiederholungen verwendet werden.

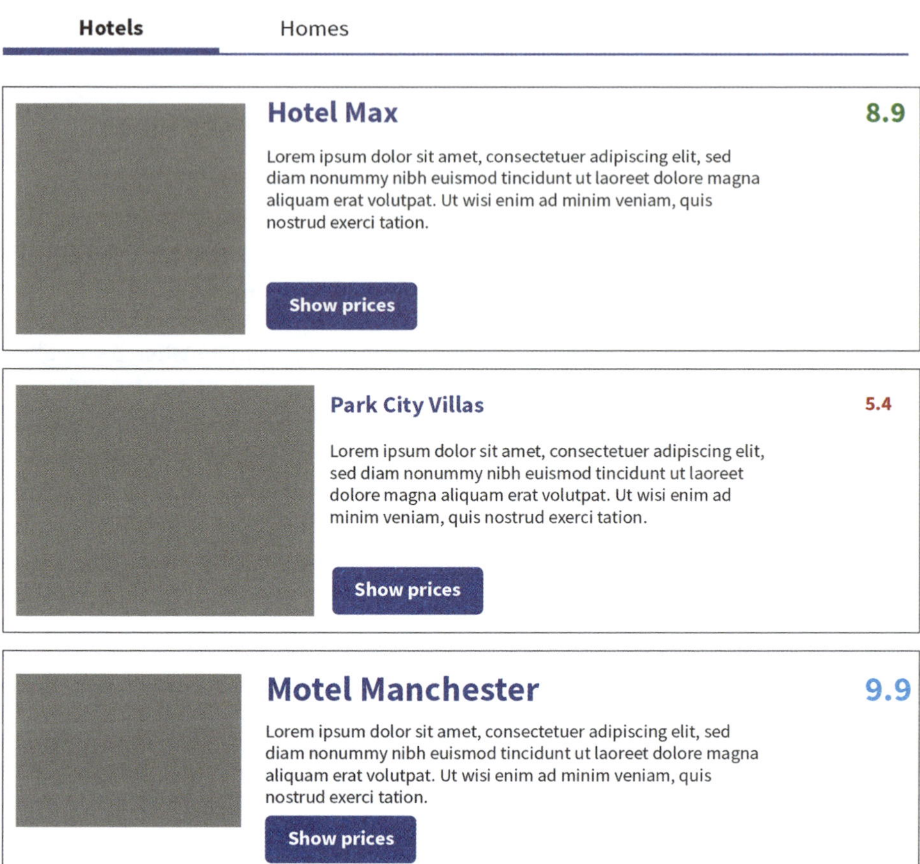

Abb. 2–26 *In diesem Beispiel sind nur die Größe der Textbeschreibung und der Schaltflächen gleich, aber das reicht nicht aus, um die Elemente zusammenzuhalten, sodass die Seite unübersichtlich aussieht.*

In diesem Beispiel sind die Bilder unterschiedlich breit und hoch, auch die Hoteltitel sind unterschiedlich groß, ebenso wie die Hotelbewertungen. Es gibt keinen klaren Hinweis darauf, warum diese Dinge unterschiedliche Größen oder Farben haben sollten. Jeder Hoteleintrag enthält dieselben Informationen. Es gibt keinen Grund, diese unterschiedlich zu gestalten. Das Ganze wirkt unzusammenhängend und schlampig.

Die Teile, die in jedem Eintrag gleich sind, reichen nicht aus, um ein leicht identifizierbares Muster zu erzeugen. Sehen Sie sich eine bereinigte Version dieses Beispiels an, bei der sich derselbe Stil der Elemente in jedem Eintrag wiederholt (Abb. 2–27).

Die Wiederholung der Stilelemente in Abbildung 2–27 macht die Seite übersichtlicher und besser lesbar. Wir sind auch besser in der Lage, jedes dieser Elemente als ein Hotelverzeichnis zu identifizieren und seine Bewertung zu finden. Wir müssen uns nicht fragen, wofür die verschiedenen Farben oder der unterschiedlich große Text stehen. Die Benutzer können davon ausgehen, dass sie dieses Muster auf der gesamten Website sehen, dass es sich bei dem Inhalt um ein Hotelverzeichnis handelt und dass sie wissen, wo sie nach den gewünschten Informationen suchen müssen. Sie möchten, dass Ihre Nutzer schnell erkennen, was sie sehen und wo sie sich auf Ihrer Website befinden: Wiederholungen sorgen für diese Muster.

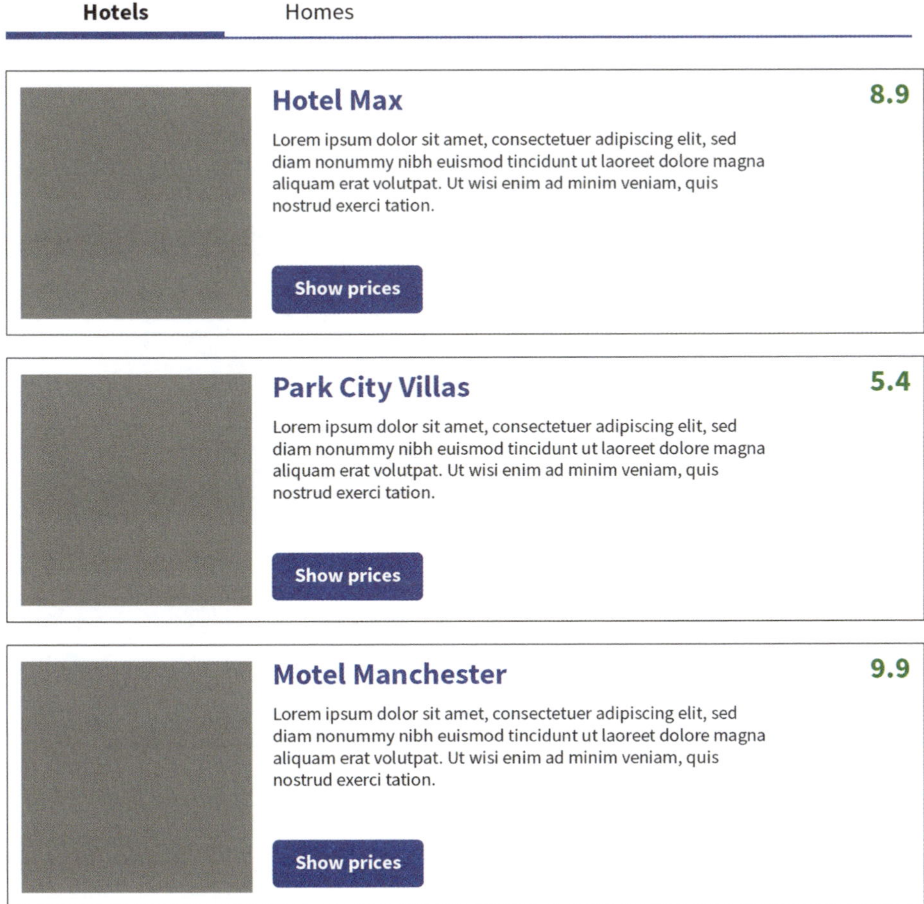

Abb. 2–27 *Die Seite wirkt sofort lesbarer und übersichtlicher, wenn die Stile und Komponenten für jedes Hotelverzeichnis wiederholt werden.*

Das Verwenden von Wiederholungen schafft ein Gefühl der Kohäsion, das sich über das Web hinaus auf eine Marke erstrecken kann, wenn physische Produkte ins Spiel kommen. Nehmen wir die ipsa-Website in Abbildung 2–28. Die Marke verwendet ein klares Gelb als primäre Markenfarbe und ein einzigartiges blockartiges Schriftbild, das in jeder Zeile ausgerichtet ist. Das Schriftbild und die Farbe sind auch auf den Produktverpackungen zu sehen, die ipsa auf der Website präsentiert. Man hat sofort das Gefühl, dass die physischen Produkte Teil der gleichen Marke sind. Sie fügen sich in die Ästhetik der Website ein und schaffen so ein kohärentes Markenbild.

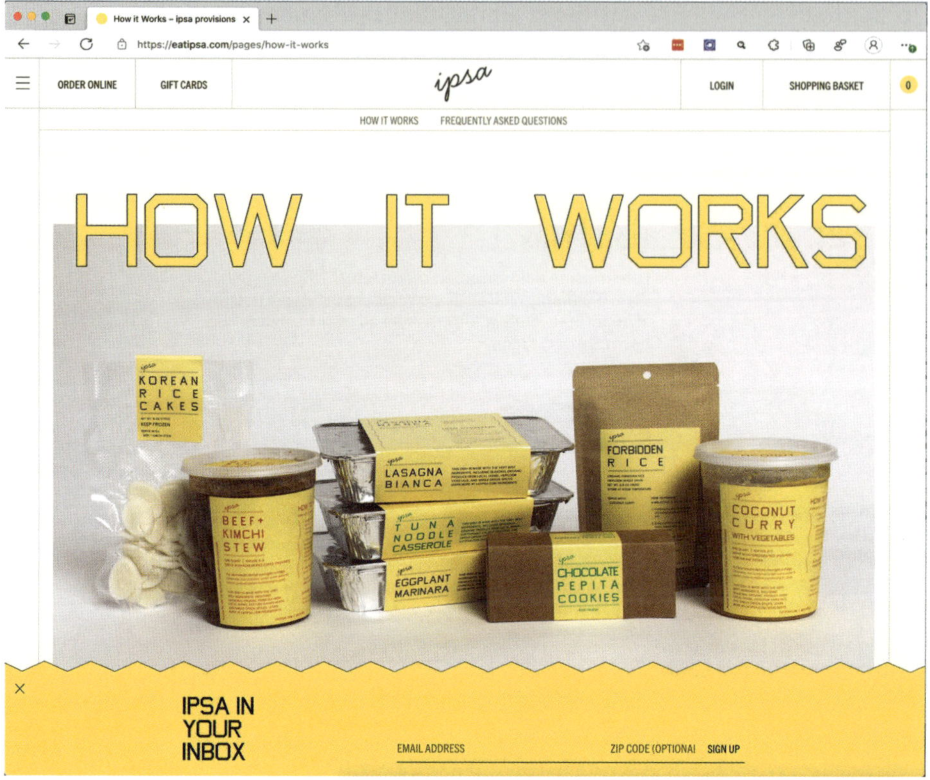

Abb. 2–28 *Die Marke ipsa verwendet eine Wiederholung der Farbe und Schrift, die sich von ihrer Website bis zu ihren physischen Produkten erstreckt, um die Marke und die Website miteinander zu verbinden (mit freundlicher Genehmigung von Alright Studios, Brooklyn, New York).*

Wiederholung im Layout: Den Nutzern Orientierung auf der Website bieten

Auch die Wiederholung des Layouts auf den Folgeseiten und darunter ist wichtig. In der Regel hat Ihre Homepage ein bestimmtes Layout, das dem Benutzer ins Auge fällt und Informationen schnell, aber in kurzen Abschnitten vermittelt. Die Seiten, die von der Startseite abzweigen, sollten je nach Art des präsentierten Inhalts unterschiedliche Layouts haben. Wenn Sie drei sekundäre Landingpages haben, sollten diese alle eine gemeinsame Vorlage haben. Angenommen, Sie gehen noch eine Stufe weiter und fügen unter diesen Landingpages Produktseiten hinzu. Diese Seiten sollten ebenfalls eine Vorlage verwenden, da sie alle dieselbe Funktion und denselben Zweck erfüllen – Produktinformationen bereitzustellen.

Wenn Sie eine Reihe von Dokumentationsseiten für Ihre Benutzer entwerfen und erstellen müssten, würden Sie nicht für jede Seite ein anderes Layout entwerfen. Als Benutzer wäre ich extrem verwirrt, wenn ich eine Seite durchlese und auf einen Link klicke, um zum nächsten Dokumentationsartikel zu gelangen, und mir ein Layout präsentiert wird, das nicht wie die Seite aussieht, von der ich gerade komme. Ich könnte denken, es gäbe einen technischen Fehler oder der Link sei falsch. Ich könnte sogar etwas frustriert sein, weil mein Denkprozess durch eine unerwartete Änderung unterbrochen wurde und ich mich auf der Seite neu orientieren muss, um sicher zu sein, dass ich dort bin, wo ich sein wollte.

Wiederholung von UI-Komponenten, um eine Funktion anzuzeigen

Neben der Verwendung desselben Layouts zur Orientierung kann die Wiederholung von UI-Komponenten auf einer Website auch dazu verwendet werden, die Funktion einer Komponente anzuzeigen. Sehen Sie sich zum Beispiel eine Reihe von Buttons an, die in einem ähnlichen Stil gestaltet sind wie die, die ich beim Schreiben dieses Buches auf der LEGO-Website (*https://lego.com*) gefunden habe (Abb. 2–29). LEGO verwendet auf der gesamten Webseite die Farbe Orange für die Buttons *In den Warenkorb*.

Abb. 2–29 *Orangefarbene Buttons weisen auf die Möglichkeit hin, einen Artikel in den Warenkorb der Website zu legen. Die Verwendung der Farbe macht hier sofort die gewünschte Aktion deutlich: Ich möchte, dass Sie sich auf den Button* In den Warenkorb *konzentrieren.*

Wenn wir die Website durchsuchen und Orange sehen, identifizieren wir diese Farbe als den Teil der Benutzeroberfläche, der die Aktion des Hinzufügens von etwas zu unserem Warenkorb ausführt. Wir erwarten dieses Muster, weil es konsistent ist. Bei der weiteren Erkundung der LEGO-Website fiel mir jedoch auf, dass sich die Buttons ändern. Auf den Seiten mit den Produktgruppen haben sie verschiedene Farben, wie in Abbildung 2–30 dargestellt.

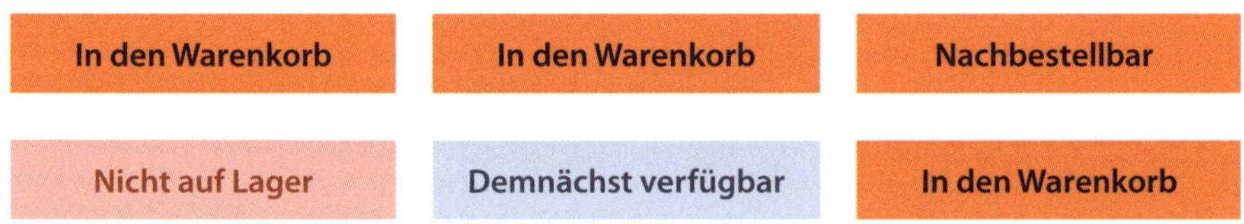

Abb. 2–30 Nicht mehr auf Lager *und* Demnächst verfügbar *verwenden einen nicht funktionierenden Button und unterschiedliche Farben, um den Lagerstatus anzuzeigen.*

Die Buttons zeigen den Lagerbestand eines Artikels an. Einige Buttons in der gleichen Farbe wie der Button *In den Warenkorb* zeigen jetzt *Lieferrückstand* an. Wenn Sie einen Artikel, der nicht lieferbar ist, in Ihren Warenkorb legen können, warum ändert sich dann den Text des Buttons *In den Warenkorb* und verwendet stattdessen eine separate Beschriftung, die den Lagerbestand angibt?

Die drei unterschiedlich gefärbten Komponenten, die zwar visuell, aber nicht funktional gleich sind, sind eine zusätzliche kognitive Belastung. Mehrere Farben werden verwendet, um anzuzeigen, dass ein Produkt nicht in die Tasche gelegt werden kann. Wenn wir dem Muster folgen würden, dass die Farbe der Schaltfläche eines Artikels dessen Lagerstatus anzeigt, sollte die Schaltfläche *Lieferrückstand* eine andere Farbe haben. Eine Lösung wäre, eine Komponente wie ein Abzeichen zu entwerfen, das den Lagerbestand für Artikel anzeigt, die nicht auf Lager, demnächst lieferbar sind oder einen Lieferrückstand haben. Und dann die Buttons für Artikel, die nicht in den Warenkorb gelegt werden können, grau zu machen. Das würde die Verwirrung um die mehrfarbigen Buttons (von denen einige nicht einmal Buttons sind!) verringern und die Aufforderung zum Handeln, dem Warenkorb etwas hinzuzufügen, sehr viel stärker machen. Wir möchten, dass die Nutzer schnell Muster erkennen, um die Aufgabe zu erfüllen, die sie auf unserer Website erledigen möchten. Der Schlüssel dazu ist es, die kognitive Belastung zu verringern. Wiederholungen sind hilfreich, aber wir müssen sie so einsetzen, dass sie unsere Endnutzer nicht verwirren.

Wiederholung: Beziehungen aufbauen und Orientierung für den Nutzer bieten

Wiederholung ist ein weiteres Prinzip, das dazu beiträgt, Beziehungen zwischen Inhaltsgruppen im Web herzustellen, indem ähnliche visuelle Elemente oder Layouts von Komponenten und Seiten verwendet werden, die die gleiche Art von Inhalt oder Funktion haben. Die Anwendung des Prinzips der Wiederholung in unseren Webangeboten muss mit Sorgfalt erfolgen, da es zu Verwirrung führen kann, wenn ein etabliertes Muster für eine bestimmte Aufgabe auf der gesamten Website auf andere Elemente angewendet wird, die nicht dieselbe Funktion haben. Letztendlich ermöglicht uns die Wiederholung, ein Erlebnis über Webseiten hinweg und sogar in anderen Designmaterialien, zum Beispiel Drucksachen, zu verknüpfen, um eine kohärente Markengeschichte zu erzählen.

2.1.4 Kontrast

Kontrast ist das Gestaltungsprinzip, das Ihrer Website oder -anwendung am effektivsten visuelles Interesse verleihen kann, wenn er richtig – das heißt stark – zum Einsatz kommt. Mit dem Kontrast wollen wir die Aufmerksamkeit der Benutzer auf einen bestimmten Bereich der Seite lenken. Wie bei allen unseren anderen Prinzipien geht es auch hier darum, eine Hierarchie aufzubauen und die Ordnung auf der Seite zu verdeutlichen. Der Kontrast ist der effektivste Weg, um den Blick zu fokussieren und den Benutzer durch die Seite zu führen. In Abbildung 2–31 werden unsere Augen sofort von der Form angezogen, die sich von den anderen unterscheidet. Sie sticht hervor. Bei der Verwendung von Kontrasten, um Elemente zu unterscheiden, sollte das Ziel sein, sie extrem unterschiedlich zu machen, wenn sie nicht gleich sind.

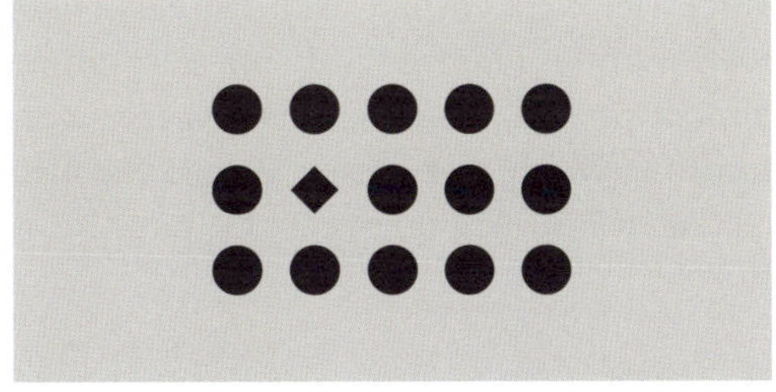

Abb. 2–31
Der Blick fällt sofort auf die Raute, die von Kreisen umgeben ist.

Wir mögen Dinge, die unsere Aufmerksamkeit erregen. Im Internet ist das wichtig, wenn Sie versuchen, die Nutzer zum Bleiben auf Ihrer Website zu bewegen. Wenn sie auf der Startseite landen und der Inhalt sich zu sehr ähnelt, ohne dass eine bestimmte Stelle ihre Aufmerksamkeit erregt und ihnen einen Einstieg bietet, werden sie die Website möglicherweise verlassen. Die Benutzer möchten eine Seite leicht überfliegen und erkennen können, wohin sie als Nächstes gehen müssen. Durch den effektiven Einsatz von Kontrasten können Sie dies erreichen.

Farbkontrast

Kontrast kann auf verschiedene Weise zum Einsatz kommen. Farbe ist vielleicht der erste Gedanke, der einem in den Sinn kommt, da Farbkontrast im Web für die Barrierefreiheit entscheidend ist. Ein guter Farbkontrast auf Ihrer Website, insbesondere in der Typografie und bei Formularelementen, ist für die Lesbarkeit wichtig und hilft, Elemente hervorzuheben.

Schlechte Farbkontraste auf einer Website können zu großen Problemen bei der Lesbarkeit für Ihre Nutzer führen. Und das allein kann schon dazu beitragen, dass sie Ihre Website verlassen. Ein Beispiel, das ich häufig sehe, ist Text über einem großen Header-Bild auf einer Website. Das ist ein weitverbreitetes Muster. Aber oft wird das Bild nicht bearbeitet, und der weiße Text wird einfach darübergelegt, wie in Abbildung 2–32.

Abb. 2–32 *Weißer Text über einem Bild, das nicht genug Kontrast hat, um den Text hervorzuheben*

Der weiße Text über dem Foto, das ziemlich viel Weiß enthält, ist nicht besonders gut lesbar. Auch die Wahl der Schriftart ist wichtig. Häufig wird eine sehr dünne Schriftart über einem Foto genutzt, das nicht dunkel genug ist. Ihre Nutzer wollen ihre Augen nicht überanstrengen, um Ihre Webseite zu lesen. Legen Sie also nur Text über ein Bild, das dunkel genug ist, wie in Abbildung 2–33, oder bearbeiten Sie den Bildteil hinter der Schrift.

Abb. 2–33 *Das hier gewählte Foto hat einen weniger unruhigen Hintergrund und ist so dunkel, dass der weiße Text heller und besser lesbar ist.*

Aber Bilder sind nicht das Einzige, worauf man achten muss, wenn es um Farbkontraste geht. Viele Websites, vor allem Lifestyle-Blogs, tendieren zu helleren Farbpaletten. Das ist in Ordnung, außer wenn die verwendeten Farben nicht genug Kontrast erzeugen.

Abbildung 2–34 zeigt eine Nachbildung eines Website-Footers, die ich in einem Online-Shop gefunden habe. Der Eigentümer verwendete ein helles Rosa und setzte auf der gesamten Website weißen Text über das Rosa. Während es in diesem Beispiel einigermaßen lesbar aussieht, ist es das auf einem digitalen Bildschirm ganz sicher nicht.

Abb. 2–34 *Weißer Text auf blassen Farben ist ein Albtraum für den Farbkontrast und für die meisten, wenn nicht sogar für alle Nutzer Ihrer Website unlesbar.*

Den besten Kontrast erzielen Sie, wenn Sie kontrastreiche Farben für den Text auf Ihrer Website verwenden, um die Lesbarkeit zu gewährleisten. Aber kontrastreiche Farben können auch andere Designzwecke erfüllen. Farben mit hohem Kontrast – die sich auf dem Farbkreis gegenüberliegen, wie Grün und Rot – können verwendet werden, um einen sehr intensiven Fokusbereich zu schaffen. Wir wollen die Benutzer unserer Website jedoch nicht überfordern. Daher sollte der Kontrast dazu verwendet werden, die Aufmerksamkeit auf die wichtigsten Teile der Webseite zu lenken. Zu viele kontrastreiche Farben können zu einem Design führen, das überwältigend und schwer zu durchschauen ist. Und das ist das Gegenteil von dem, was wir wollen.

Ein großartiges Beispiel für den minimalistischen Einsatz von Farbe, um das Auge zu lenken, ist die Website einer Plattform namens Toast (*https://toast.resn.co.nz/*) in Abbildung 2–35. Es werden neutrale Töne verwendet. Aber ein fetter blauer Kreis zieht unsere Aufmerksamkeit sofort auf sich, noch vor der Hauptüberschrift der Webseite. Nachdem wir diesen Fokusbereich überflogen haben, gehen wir zum nächsten Bereich mit dem höchsten Kontrast über, der Hauptüberschrift, bevor wir mit dem Rest der Seite fortfahren. Der Einsatz von Farbe ist hier minimal, aber äußerst effektiv, um den Fokus zu lenken.

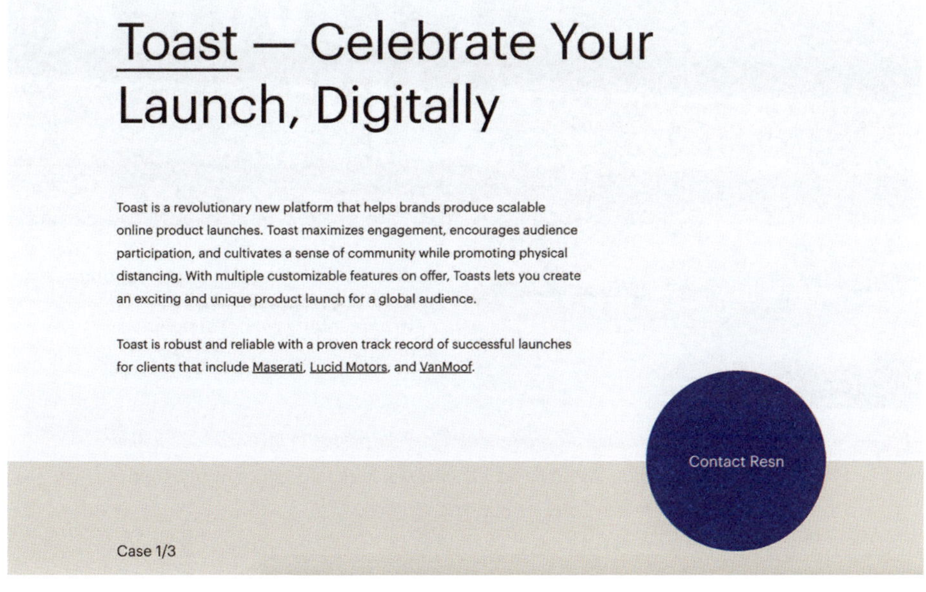

Abb. 2–35 *Die Aufmerksamkeit wird sofort auf den blauen Kreis gelenkt, da die anderen Farben im Vergleich dazu recht gedämpft sind (mit freundlicher Genehmigung von Toast!, https://toast.resn.co.nz/).*

Ein weiteres Beispiel für einen starken Kontrast ist die Webseite in Abbildung 2–36. Auf dieser Webseite werden stark unterschiedliche Blautöne verwendet. Wir konzentrieren uns sofort auf den Haupttitel der Webseite, nicht nur wegen der Farbe, sondern auch wegen der Größe der Schrift. Es ist klar, dass unsere Aufmerksamkeit auf diese Überschrift gelenkt werden soll, bevor wir den Absatz auf der linken Seite bemerken und dann auf der Seite nach unten schauen, wo *Scroll* steht. Der Kontrast ist nicht überwältigend, da sich nur wenige Elemente im Sichtfenster befinden, sodass nichts anderes mit der Überschrift konkurriert. Er lenkt unser Auge effektiv durch die Seite und auf den nächsten Abschnitt. Im weiteren Verlauf des Buches werden Sie sich mit der Farbtheorie, den verschiedenen Arten von Farbpaletten und der Anwendung von Farben eingehender beschäftigen, damit Sie Farben effektiv einsetzen können, um Kontraste zu erzeugen, ohne dass sie überwältigend wirken. Farbe ist jedoch nicht die einzige Möglichkeit, Kontraste zu schaffen. Sie können auch Größe, Form und Typografie verwenden, um Kontraste auf der Seite zu erzeugen.

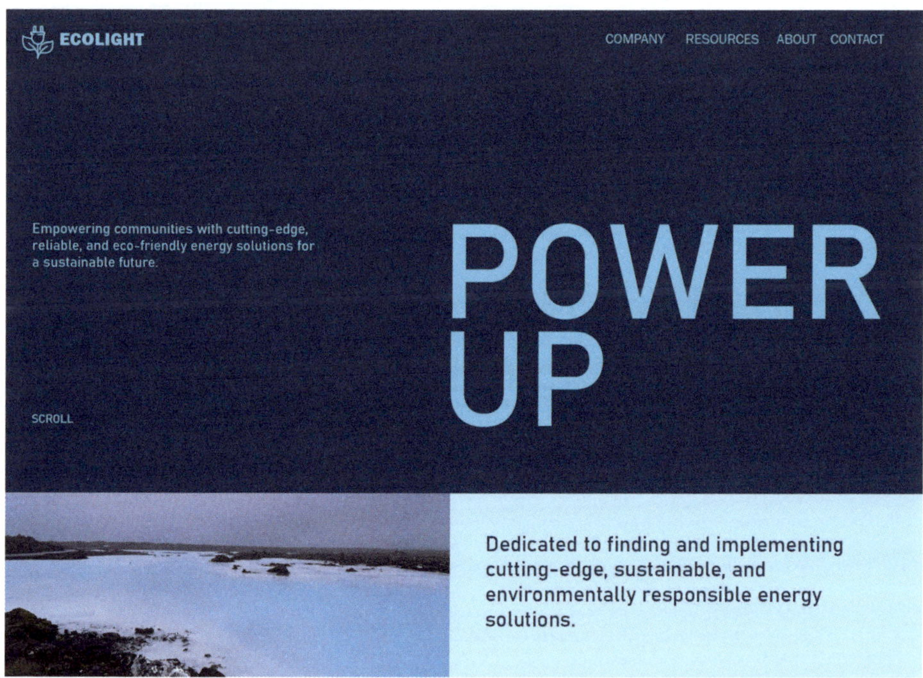

Abb. 2–36 *Der Kontrast wird durch die große Schrift und die hellblaue Textfarbe auf dunklem Hintergrund erzeugt. Die große Schrift lenkt den Blick sofort nach rechts, dann auf den Text auf der linken Seite und dann nach unten.*

Kontrast durch Größe erzeugen

Der Einsatz unterschiedlicher Größen ist eine weitere Möglichkeit, einen Kontrast herzustellen. Je größer das Element ist, desto mehr wird es im Vergleich zu den kleineren Elementen die Aufmerksamkeit auf sich ziehen. Abbildung 2–37 ist ein Beispiel dafür, wie die Größe genutzt werden kann, um Aufmerksamkeit zu erregen. Sie sehen sofort Text, der die ganze Seite ausfüllt. Aber es ist nicht sehr viel Text, weshalb er nicht überwältigend ist. In Abbildung 2–37 wird auf der Website der European Review of Books großer Text verwendet, um die Aufmerksamkeit auf sich zu ziehen. Die Seite hat keine Farbe, die unsere Aufmerksamkeit erregt. Aber der große, fette Text quer über die Seite sticht im Vergleich zu den Absätzen in kleinerer Schrift hervor.

Abb. 2–37 *Der extragroße schwarze Text auf dieser Webseite zieht sofort die Aufmerksamkeit auf sich (mit freundlicher Genehmigung der European Review of Books, https://europeanreviewofbooks.com/).*

Beim Kontrast geht es darum, dass sich die Elemente stark voneinander unterscheiden, um die Aufmerksamkeit auf sich zu lenken. Wenn zu viele Elemente die gleiche Größe haben, kann die Seite unübersichtlich und schwer zu lesen werden. Scheuen Sie sich auch hier nicht, mit dem Weißraum zu spielen. Das Anpassen der Spaltenbreite und die Vergrößerung des Leerraums an den Rändern können den Kontrast erhöhen. Der Textblock auf der rechten Seite steht zwar im Kontrast zum fett gedruckten Seitentitel, hat aber auch einen großen Leerraum links davon. Dieser Leerraum trägt dazu bei, die Aufmerksamkeit auf den Absatz zu lenken, nachdem wir den Titel überflogen haben. Die Verwendung unterschiedlicher Größen, um eine Hierarchie zu schaffen, ist ein wichtiger Bestandteil beim Aufbau eines Schriftsystems für Ihre Website. Wenn wir nach Inhalten suchen, können wir aus den verschiedenen Schriftgrößen ableiten, welche Rolle dieser bestimmte Text auf der Webseite spielt. Der Haupttitel einer Seite sollte nicht mit einem Untertitel auf derselben Seite identisch sein. Wenn wir die Seite scannen, suchen wir nach Ähnlichkeiten, um verwandte Inhalte zusammenzufügen, daher sollten sich diese Stile deutlich voneinander unterscheiden.

Durch den effektiven Einsatz der Größe, um Elemente zu unterscheiden, wird ein Kontrast auf der Webseite geschaffen und der Fokus Ihrer Nutzer auf die wichtigsten Informationen gelenkt. Wir wollen unsere Nutzer nicht verwirren. Also nutzen Sie die Größe, um die Hierarchie zu fördern und das Design der Seite visuell interessant und gleichzeitig leicht zu scannen zu halten.

Formen verwenden, um Kontraste zu schaffen

Das Verwenden unterschiedlicher Formen kann auch einen Kontrast erzeugen. Es gibt zwei Arten von Formen: organische und geometrische (siehe Abb. 2–38). Organische Formen sind lockerer, oft von der Natur inspiriert und nicht starr. Geometrische Formen sind zum Beispiel Rechtecke, Dreiecke und Kreise und haben eine feste Form.

Formen können die Intensität des Kontrasts erhöhen, wenn sie im Mittelpunkt stehen. Sie können eine Kombination aus mehreren geometrischen Formen und einer organischen Form verwenden, um den Fokus auf die organische Form zu lenken.

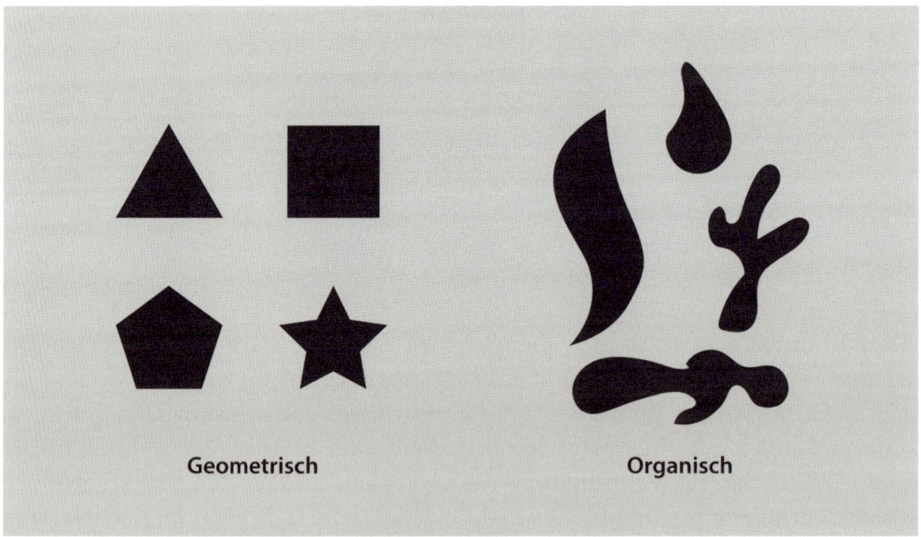

Abb. 2–38 *Geometrische Formen vs. organische Formen*

Formen können auch genutzt werden, um das Design einer Webseite zu verbessern, indem sie ein Gefühl vermitteln, das mit dem Thema der Webseite übereinstimmt. In Abbildung 2–39 werden auf der Calgee-Website organische Formen verwendet, die zu dem passen, was darüber verkauft wird. Es handelt sich um einen Shop, der Omega-3-Nahrungsergänzungsmittel verkauft, die aus Fisch gewonnen werden.

Die Website hat ein Wasserthema, und die Verwendung von organischen Formen, die den Formen von Korallenriffen ähneln, verleiht dem Design viel Charakter. Sie können Größe, Form und Farbe kombinieren, um den Schwerpunkt Ihrer Website zu betonen. Dieser Effekt ist am stärksten auf der Startseite, wo Sie die Aufmerksamkeit des Nutzers sofort erregen und ihn dann bei der Stange halten wollen. Im Internet sollen nicht alle Inhalte der Startseite gleich aussehen. Die Startseite ist die Gelegenheit, einen schnellen Eindruck bei den Nutzern zu hinterlassen, die auf der Website landen und die Seite überfliegen, um festzustellen, ob sie eine Aufgabe erledigen oder die benötigten Informationen schnell erhalten können. Der Kontrast trägt dazu bei, die Elemente auf der Seite zu unterscheiden, und ist nützlich, um eine Hierarchie aufzubauen und eine interessante Komposition zu schaffen, die Aufmerksamkeit erregt.

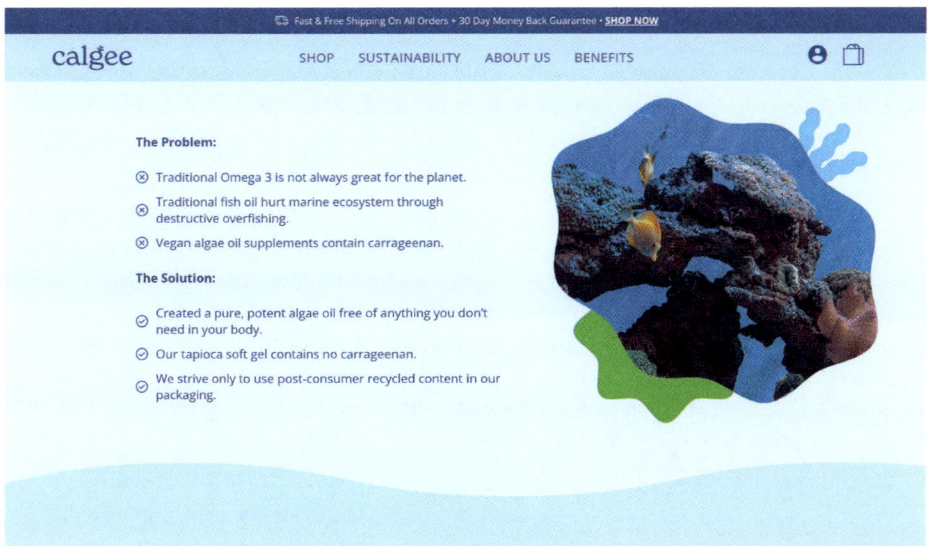

Abb. 2–39 *Auf der Website von Calgee werden organische Formen verwendet, die sich in das Gesamtthema des aquatischen Designs einfügen.*

2.1.5 Ausgewogenheit

Ausgewogenheit ist das Gestaltungsprinzip, das das sogenannte *Gewicht der visuellen Elemente* einer Komposition misst. Es wichtig, um ein Design zu schaffen, das vollständig und kohärent wirkt. Ein unausgewogenes Design wirkt unproportioniert und wird von Elementen erdrückt, die sich schwerer anfühlen und nicht gut verteilt sind. Bei einem unausgewogenen Design kehren Sie möglicherweise immer wieder zum gleichen Schwerpunkt zurück; bei einem ausgewogenen Design bewegt sich das Auge des Betrachters durch das gesamte Design. Diese Bewegung des Fokus ist für die Nutzer unserer Website wichtig. Eine ausgewogene Website ermöglicht es ihnen, sich schnell durch die Website zu bewegen und die verschiedenen Inhalte zu verarbeiten.

Die Ausgewogenheit im Web beginnt mit dem Layout der Website und der zusätzlichen Gewichtung der Elemente, entweder durch die Verwendung von Farben, wobei dunklere Farben stärker gewichtet werden als helle, oder durch Faktoren wie die Größe der Elemente, die Art der verwendeten Fotos und die Art der Typografie. All diese Faktoren tragen zur Ausgewogenheit einer Seite bei und können diese Ausgewogenheit stören, wenn sie nicht richtig über das Layout der Seite verteilt sind. Es gibt zwei Haupttypen von Ausgewogenheit im Web: symmetrisch und asymmetrisch. Beide Arten von Ausgewogenheit sind möglich, aber die eine ist vorhersehbarer und etwas langweilig, während die andere interessanter ist und im Web vielleicht häufiger vorkommt.

Symmetrische Ausgewogenheit

Die symmetrische Ausgewogenheit ist die repetitivere der beiden Varianten. Diese Art der Ausgewogenheit wird dadurch erreicht, dass auf jeder Seite eines Layouts das gleiche visuelle Gewicht liegt. Die genauere Definition von Symmetrie bedeutet, dass entsprechende Elemente auf gegenüberliegenden Seiten einer Achse angeordnet sind. Wenn man eine Hälfte einer Form nimmt, sie wiederholt und auf die andere Seite der Achse dreht, wie in Abbildung 2–40, wird sie sich perfekt an der Achse ausrichten und die Form auf der anderen Seite widerspiegeln.

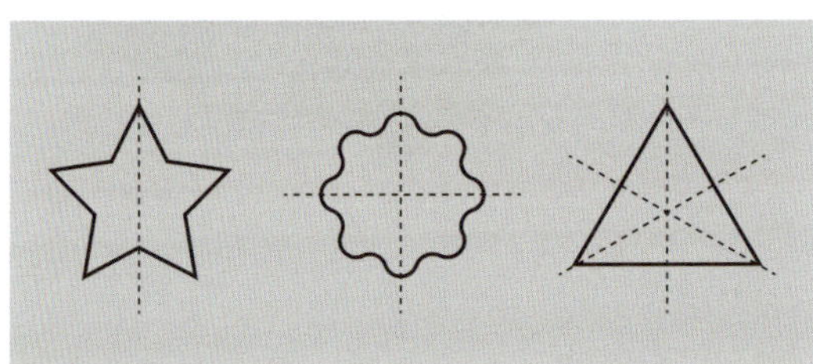

Abb. 2–40
Diese Formen sind symmetrisch, und einige sind entlang mehr als einer Achse symmetrisch.

Im Internet werden Sie aufgrund der unterschiedlichen Länge der Inhalte wahrscheinlich kein perfekt symmetrisches Design finden. Sie können jedoch ein symmetrisches Layout erstellen, das zumindest die visuellen Elemente gleichmäßig und wiederholend verteilt. Die Landingpage der ENSEMBL-Website ist ein gutes Beispiel für ein symmetrisches Layout (Abbildungen 2–41 und 2–42). In der Mitte verläuft eine sehr klare und deutliche Linie, die das Rasterlayout deutlich macht. Im weiteren Verlauf der Seite wird das Layout durch den Wechsel zwischen einem Bild auf der linken und einem Text auf der rechten Seite ausgeglichen. Dann wird diese Komposition darunter abgewechselt, damit der weiße Raum, in dem der Text steht, nicht nur auf einer Seite ist. Wären die Bilder alle auf einer Seite, würde die Webseite unausgewogen wirken, weil diese Elemente schwerer sind als der Text.

Abb. 2-41 *Diese Seite ist in zwei gleich breite Abschnitte unterteilt. Während die rechte Seite mehr Text enthält, hilft der weiße Raum, das vollständige Bild auf der linken Seite auszugleichen (mit freundlicher Genehmigung von ENSEMBL, https://getensembl.com/).*

ENSEMBL

SHOP STORIES BAG

Familiar Products Reimagined

The things we own should serve us well – they should fit into our lives and enhance our experiences.

Find out more →

LIFE

Maggie Spicer teaches us how to stock a pantry

Abb. 2-42 *In diesem Beispiel besteht Symmetrie, obwohl sich die Layouts in jeder Zeile abwechseln und so die Elemente auf der Seite im Gleichgewicht bleiben (mit freundlicher Genehmigung von ENSEMBL, https://getensembl.com/).*

Asymmetrische Ausgewogenheit

Asymmetrische Ausgewogenheit liegt vor, wenn die Elemente ungleich gewichtet sind, die Komposition als Ganzes aber dennoch ausgewogen ist. Asymmetrie wird einfach als Mangel an Symmetrie definiert. Betrachten Sie das Beispiel in Abbildung 2–43, bei dem ich die Symmetrie der ursprünglichen Beispiele in Abbildung 2–40 übernommen und sie asymmetrisch gemacht habe.

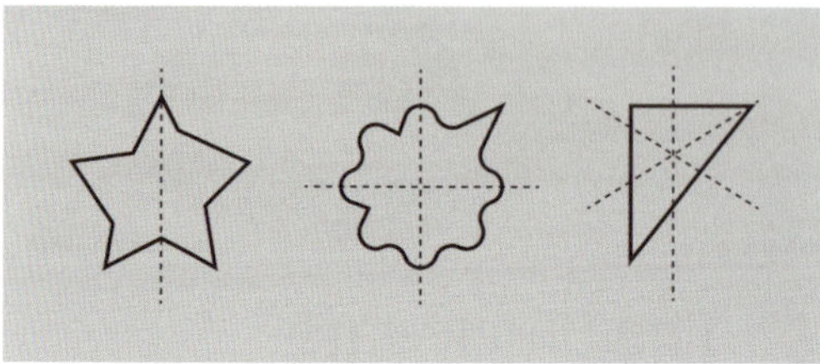

Abb. 2–43
Diese Formen sind nicht symmetrisch. Im Vergleich zu den gleichen Achsen der symmetrischen Formen ist das Gleichgewicht nicht gleich und ungleichmäßig.

Diese Art der Ausgewogenheit schafft interessantere Layouts und ist besonders gut geeignet, um Bewegung zu erzeugen, wenn sie richtig angewendet wird. Das wollen wir unseren Nutzern im Internet bieten. Wir wollen nicht, dass ihre Augen an einem Brennpunkt hängen bleiben. Sie sollen die Möglichkeit haben, die verschiedenen Inhalte der Webseite zu überfliegen und ihre Augen zu bewegen. Das Erstellen eines asymmetrischen Layouts hängt von der Art der Gitterstruktur ab, die Sie für das Layout Ihrer Webseite verwenden. Ich werde in Kapitel 6 auf das Erstellen von Rasterlayouts und fortgeschrittene Rasterlayouts eingehen. Betrachten Sie zunächst die Homepage des Whitehead-Instituts als Beispiel für eine ausgewogene asymmetrische Webseite in den Abbildungen 2–44 und 2–45.

Wenn Sie zum ersten Mal auf der Homepage des Whitehead-Instituts landen, werden Sie von einem weißen Textblock in der unteren linken Ecke und einer abgeschnittenen, größeren Version des Logos empfangen, die die rechte Seite der Seite ausfüllt. Wenn man das abgeschnittene blaue Logo auf der rechten Seite entfernen und nur den weißen Textblock belassen würde, würde die Seite mit all dem Platz unausgewogen wirken. Die Farben sind hier so stark, dass dieser Teil der Seite nichts anderes braucht, um interessant zu sein. Er ist bereits sehr plakativ. Der weiße Text auf blauem Grund erzeugt einen starken Kontrast. Die größere und dunklere blaue Form gleicht das aus und füllt den Raum aus, um ein Gleichgewicht zu schaffen.

Wenn Sie nach unten scrollen, um den nächsten Teil der Seite in Abbildung 2–45 zu betrachten, ist dieser Abschnitt weiterhin von der asymmetrischen Ausgewogenheit des Landing Designs geprägt, obwohl das Raster hier mit den drei Textspalten viel deutlicher ist. Die Asymmetrie dieses Abschnitts ergibt sich aus den zwei kleineren Spalten, die die gleiche Breite wie die erste Spalte haben. Beachten Sie den natürlichen Fluss durch jede Spalte. Unsere Augen werden sofort von dem größten blauen Bild angezogen; wir überfliegen den Text und kehren dann in die zweite Spalte mit dem nächsten Bild zurück. Dann geht es ganz natürlich weiter durch den Text und zur dritten Spalte. Die Asymmetrie sorgt für Bewegung und hilft sogar dabei, eine Hierarchie aufzubauen, wobei die größte Spalte den Hauptschwerpunkt bildet und die beiden kleineren Spalten weniger wichtig sind als die Hauptspalte.

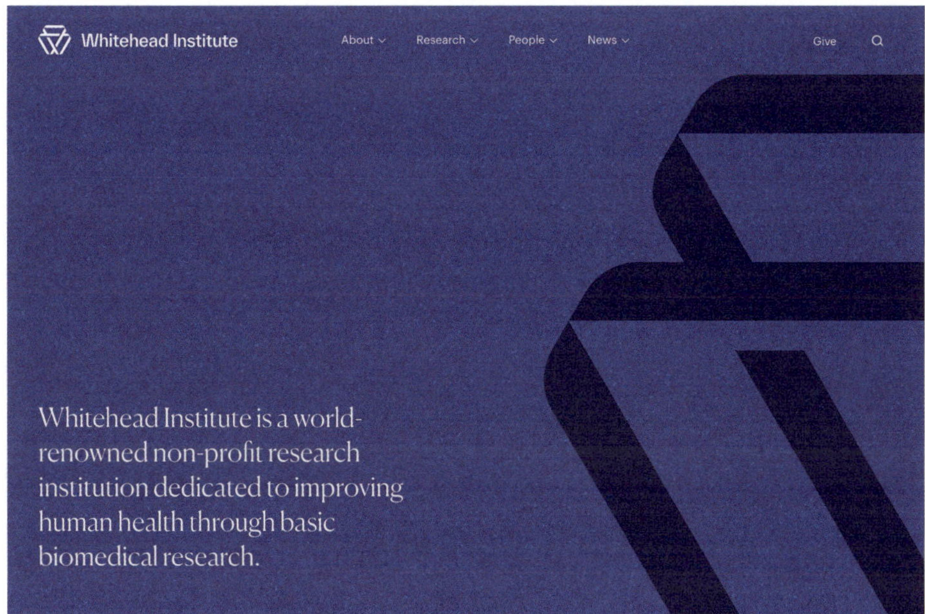

Abb. 2–44 *Die Landingpage des Whitehead-Instituts ist asymmetrisch, aber die beiden Hauptelemente fangen unseren Fokus ein und schaffen ein Gefühl der Ausgewogenheit (mit freundlicher Genehmigung des Whitehead Institute, https://wi.mit.edu/).*

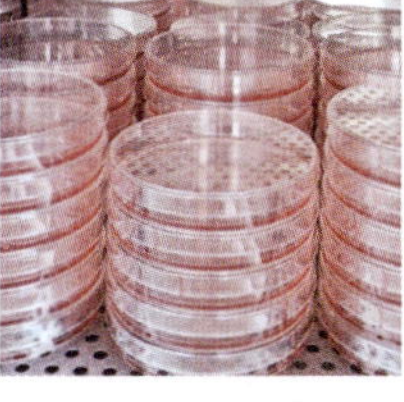

Abb. 2–45 *Die Asymmetrie dieses Abschnitts ist auf die Größe der ersten Spalte zurückzuführen, die 50 % der Seitenbreite beansprucht. Die Seite wird jedoch durch die nächsten beiden Spalten ausgeglichen, die jeweils 25 % der Seitenbreite einnehmen (mit freundlicher Genehmigung des Whitehead Institute, https://wi.mit.edu/).*

Bei der Asymmetrie wird häufig ein größeres Element durch mehrere kleinere Elemente ausgeglichen. Wie Sie in Abbildung 2–44 gesehen haben, ist dies jedoch nicht immer der Fall. Asymmetrie kann auch mit einem minimalen Einsatz von Elementen erreicht werden. In Abbildung 2–46 sieht das Skelett der Webseite unausgewogen aus.

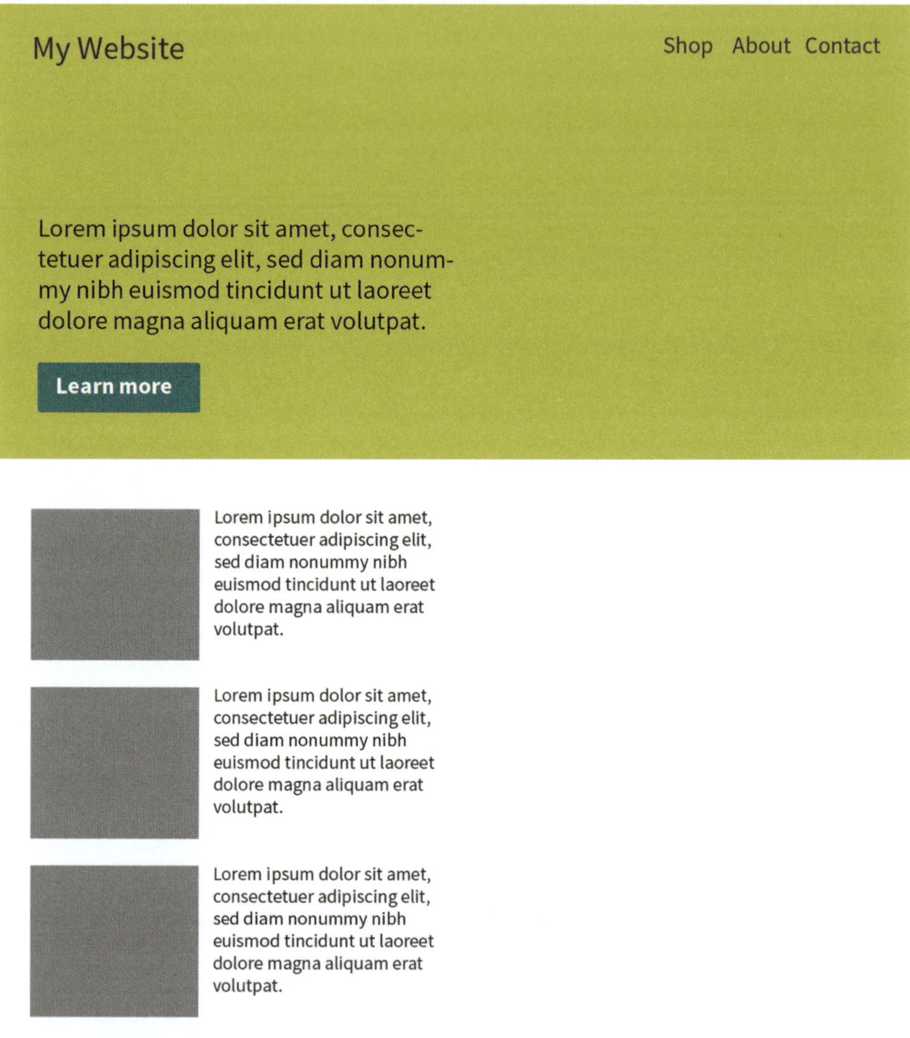

Abb. 2–46 *Die Asymmetrie der Webseite ist hier unausgewogen und stark auf die linke Seite ausgerichtet, und auf der rechten Seite gibt es zu viel weißen Raum.*

Um das Ungleichgewicht hier auszugleichen, würden wir nach Bildern suchen, die den Header-Bereich mit unserer Handlungsaufforderung ausfüllen könnten. Aber das würde nicht ausreichen, weil der Bereich darunter immer noch unausgewogen wäre. Wir müssen entweder das Layout unserer gestapelten Komponenten anpassen, sodass sie nebeneinander passen, um den Platz auszufüllen, oder vielleicht eine andere Komponente in diesem Bereich hinzufügen, die einen anderen Inhalt hervorhebt. Das Ziel ist, dass Ihre Webseite ein gleichmäßiges visuelles Gewicht hat. In unserem Beispiel wirkt sie auf einer Seite zu schwer und ein wenig schief. Außerdem wirkt sie wegen des vielen weißen Raums unvollständig. Wir wollen also den Weißraum nutzen, um die Website als ein Ganzes und kohärenter erscheinen zu lassen und so ein angenehmes Erlebnis für die Nutzer zu schaffen.

2.2 Designgrundlagen für die User Experience und darüber hinaus

Die Designprinzipien, die ich gerade behandelt habe, bilden die Grundlage für die Anwendung und Gestaltung der visuellen Elemente einer Website. Doch zuerst helfen sie beim Erstellen von Wireframes. Wireframes sind Entwürfe für das Layout Ihrer Website. Sie können als Skizzen oder in etwas höherer Qualität in Software erstellt werden.

Diese Grundsätze, einige mehr als andere, sind für das Festlegen der Hierarchie und des Flusses einer Website unerlässlich. Sie helfen Ihnen dabei, Beziehungen zwischen den einzelnen Inhalten herzustellen, wenn Sie Ihre ersten Wireframes erstellen, die wir in den nächsten Kapiteln erkunden werden. Zunächst werde ich mich mit dem User-Experience-Prozess und den verschiedenen Rollen innerhalb dieses Prozesses befassen, bevor ich auf spezifische Bereiche des visuellen Designs wie Typografie und Farbe eingehe. Nach diesen Kapiteln werde ich in einer Übung Schritt für Schritt eine Website entwerfen, um zu zeigen, wie alles zusammenpasst.

Zusammenfassung

- Die Grundlagen des visuellen Designs sind die Bausteine einer gut gestalteten Website. Wenn man versteht, wie man sie nutzt, um eine Hierarchie und eine grundlegende Ausrichtung der Elemente auf der Seite zu schaffen, obwohl es sich um scheinbar kleine Details handelt, unterscheidet sich ein mittelmäßiges Design von einem, das gut gestaltet ist.
- Die Grundsätze der Nähe, Ausrichtung, Wiederholung, des Kontrasts und der Ausgewogenheit sind die Grundlage für jedes gute Design. Sie sind der Schlüssel dazu, dass eine Website für die Nutzer leicht zu durchschauen ist und Beziehungen zwischen den Inhalten schnell hergestellt werden können. Sie bilden die Grundlage für das visuelle Design einer Website, und ihr Verständnis kann in der Wireframing- und Planungsphase hilfreich sein.
- Nähe ist die Regel der Beziehungen und ist grundlegend für die Organisation von Informationen. Je näher die Elemente gruppiert sind, desto wahrscheinlicher ist es, dass sie miteinander in Beziehung stehen, und je weiter sie voneinander entfernt sind, desto unwahrscheinlicher.

- Die Ausrichtung ist das Prinzip, das Struktur in ein Design bringt. Es schafft eine unsichtbare Linie zwischen den Elementen und vermittelt ein Gefühl von Ordnung. Außerdem stellt sie über diese unsichtbare Linie Verbindungen zwischen den Elementen her.
- Wiederholungen sorgen für Konsistenz und können im Web zur Orientierung der Nutzer beitragen. Die Wiederholung von Elementen und Stilen schafft eine einheitliche Erfahrung, die über die Website hinausgehen und eine Marke zusammenhalten kann.
- Kontrast ist die effektivste Methode, um eine Website visuell interessant zu machen, und ist die einfachste Art, eine Hierarchie aufzubauen. Wir wollen die Aufmerksamkeit des Nutzers sofort auf uns ziehen, daher sollte der Kontrast mutig eingesetzt werden. Er kann durch Form, Farbe oder Größe erzeugt werden.
- Ausgewogenheit ist die Grundlage, die das Gewicht der visuellen Elemente misst und dazu beiträgt, dass sich ein Werk vollständig oder gleichmäßig gewichtet anfühlt. Ausgewogenheit im Web kann durch symmetrische oder asymmetrische Layouts erreicht werden. Ein ausgewogenes Design lenkt den Blick des Nutzers über das gesamte Layout; andernfalls könnte der Nutzer an einem Brennpunkt hängen bleiben.
- Diese Grundlagen werden selten allein verwendet, daher sollte man sie mischen und anpassen, um eine klar definierte Hierarchie und ein Layout sowie visuell interessantere Webdesigns zu erstellen.

Teil 2
User Experience

Dieser Teil des Buches befasst sich mit der User Experience in einem Projekt. Es ist wichtig, die User Experience zu verstehen, bevor man mit der visuellen Designphase beginnt. Diese Phase umfasst mehr als nur die Phase des User-Experience-Designs und beinhaltet das Untersuchen von Mitbewerbern, das Durchführen von Nutzerforschung und -interviews, das Bestimmen der Zielgruppe und die Entscheidung, welche Inhalte auf einer Seite priorisiert werden sollten.

Kapitel 3 gibt einen allgemeinen Überblick über das Thema User Experience, einschließlich der verschiedenen Rollen, die in größeren Unternehmen für die User Experience zuständig sind. In kleineren Unternehmen werden diese Rollen häufig in ein oder zwei Positionen zusammengefasst, spiegeln aber im Allgemeinen die verschiedenen Teile der User-Experience-Phase wider.

Kapitel 4 befasst sich mit den verschiedenen Arten der Nutzerforschung, die in einem Projekt stattfinden können und die Richtung eines Produkts oder einer Nutzererfahrung bestimmen. Die Liste der Forschungsaktivitäten ist keineswegs erschöpfend, sondern deckt einige der gängigsten Arten ab, die sich skalieren lassen, wenn man allein oder mit einem kleinen Team arbeitet.

In Kapitel 5 kommt das Visuelle ins Spiel. Dieses Kapitel befasst sich mit dem Designteil der User Experience. Sie überlegen sich, wie der Inhalt strukturiert sein soll, wie er auf der Seite angeordnet werden soll und wie sich die Benutzer durch Ihre Website oder Webanwendung bewegen. Die lose Struktur Ihres Website-Designs beginnt hier, aber es geht hier noch nicht um die Details. Sie werden die Gestaltungsprinzipien aus Kapitel 2 verwenden, um die Beziehungen zwischen Inhalten und Inhaltsgruppen festzulegen. Diese Kapitel bilden die Grundlage für den nächsten Teil des Buches: die Anwendung visueller Designelemente auf Ihre Website-Struktur.

3 Grundlagen der User Experience

Dieses Kapitel behandelt

- Was User Experience umfasst und wie sie sich in einen Projektlebenszyklus einfügt
- Die verschiedenen Berufssparten im Bereich der User Experience
- User Experience versus User Interface
- Verschiedene Frameworks für die User Experience, die beim Erstellen eines Plans für die Durchführung eines Projekts helfen können

Als ich in einer Agentur für Öffentlichkeitsarbeit im Kreativteam arbeitete, waren wir eindeutig in der Minderheit, wenn es um die Art der Arbeit ging, die wir erledigten. Wir waren unsere eigene Kreativagentur innerhalb einer Agentur. Außerdem waren wir nur sehr wenige, weshalb es nicht ungewöhnlich war, mehrere verschiedene kreative Jobs pro Projekt zu übernehmen. Ich habe mich sehr an diese Arbeitsweise gewöhnt, als wir über die Bereitstellung von Marketing-, Druck- und statischen digitalen Materialien hinausgingen und digitale Erlebnisse entwickelten. Die meisten Mitglieder meines Teams kamen aus dem Bereich Branding oder Verpackungsmaterialdesign. Da ich diejenige war, die über grundlegende Kenntnisse im Bereich des Frontend-Codes verfügte, begann ich, Webdesign-Projekte zu übernehmen. Dies war der Zeitpunkt, an dem ich anfing, tiefer in die Webentwicklung einzutauchen und mich in den Code zu verlieben. Bei diesem tiefen Eintauchen lernte ich auch die Bandbreite der Rollen im Web kennen. Es ging nicht nur darum, meine Fähigkeiten im visuellen Design zu nutzen und zu lernen, wie ich meine Entwürfe umsetze, also wie ich eine Frontend-Entwicklerin werde. Ich ging auch in die andere Richtung: Ich lernte alles, was vor den Wireframes und dem visuellen Design kommen musste. Ich war für die Recherche, das Erstellen von Wettbewerbsanalysen und die Entwicklung einer Informationsarchitektur verantwortlich.

Ich musste nicht nur Wireframe-Skizzen, sondern klickbare Wireframe-Prototypen erstellen, bevor ich in die visuelle Designphase eines Projekts einsteigen konnte.

Mein Titel, als ich diese Funktion übernahm, war *Experience Designer.* Es hat mich immer gewundert, dass ich nicht den Titel User-Experience-Designer bekam. Das war meiner Meinung nach damals das Äquivalent in der Branche. Rückblickend war ich jedoch für den gesamten Lebenszyklus eines Projekts verantwortlich – von der Forschung über die Informationsarchitektur bis hin zum visuellen Design und der Entwicklung und sogar der Qualitätssicherung. Meine Aufgabe war es, das gesamte digitale Erlebnis zu liefern. Der Titel User-Experience-Designer hätte mich später in meiner Karriere in bestimmte Rollen gezwängt, und ich glaube, mein Vorgesetzter wusste das. Ich war mehr als ein User-Experience-Designer; ich füllte alle Rollen eines Teams aus, das an digitalen Erlebnissen arbeitete. Und ich glaube, dass es letztlich mein kombiniertes Wissen über Design und Code war, das mir geholfen hat, einen Job bei Microsoft zu bekommen.

Wenn ich an den Titel User-Experience-Designer denke und daran, wie ich dachte, dass er mich später in bestimmte Rollen drängen würde, halte ich ihn jetzt für ein Oxymoron, weil das Feld der User Experience so breit ist. Damals dachte ich, dass es bei User Experience nur um Design geht. In meinen jungen Jahren erkannte ich nicht, dass User Experience ein weites, allumfassendes Feld ist, das über visuelles Design hinausgeht.

Und natürlich dreht sich ein Teil des User-Experience-Prozesses und der Aufgaben, die Unternehmen oder Agenturen üblicherweise übernehmen, um die Planung der Funktionen und des visuellen Designs eines Produkts, einer Anwendung oder einer Website. User Experience hört jedoch nicht mit der visuellen Designphase auf und beginnt auch nicht unbedingt mit der Forschungsphase.

3.1 Benutzererfahrung geht über die visuelle Gestaltung hinaus

Jeder Teil des Projektlebenszyklus, von den Geschäfts- oder Marketingzielen bis zur technischen Entwicklung, wirkt sich nicht nur auf die User Experience aus, es ist auch ein Teil davon (Abb. 3–1). In den meisten Fällen werden die Entwickler nicht in die frühen Phasen der Planung und Forschung oder in das visuelle Design einbezogen. Diese siloartige Herangehensweise an Rollen kann negative Folgen haben, wenn verschiedene Teams nicht von Anfang an zusammenarbeiten, insbesondere wenn die Entwickler nicht von Beginn an einbezogen werden.

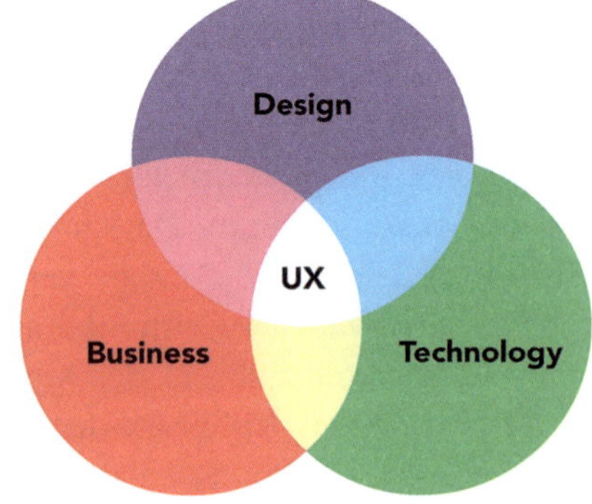

Abb. 3–1 *Bei der User Experience geht es nicht nur um das Design. Verschiedene Abteilungen haben alle einen Einfluss auf die endgültige Benutzererfahrung eines Produkts.*

Wenn ein Entwurf an einen Entwickler weitergegeben wird, ist dieser dafür verantwortlich, die Anwendung oder Website zum Leben zu erwecken. Sie schaffen das funktionierende Erlebnis für die Kunden – das Endergebnis! Wenn sie von der Planungs- oder Designphase ausgeschlossen werden, besteht die Gefahr, dass es in der Entwicklungsphase zu Verzögerungen kommt, wenn eine bestimmte Funktion oder ein bestimmter Designaspekt entweder nicht realisierbar ist oder sich negativ auf die Website auswirkt, zum Beispiel ein zu langsames Laden der Seite durch zu viele überflüssige Animationen.

Einige Karrierewege werden als *User-Experience-orientiert* bezeichnet, auf diese werde ich im nächsten Abschnitt kurz eingehen, um die Rollen und Verantwortlichkeiten zu klären. Der wichtigste Punkt, den ich hervorheben möchte, ist jedoch, dass User Experience als Ganzes nicht auf diese Rollen beschränkt ist. Jede Person in einem Team – vom Marketing über Forschung, Design und Entwicklung bis hin zur Qualitätssicherung – wirkt sich direkt auf die endgültige User Experience für die Kunden aus. Möglicherweise sind Sie nicht Teil eines größeren Teams, in dem jede Rolle von verschiedenen Personen ausgefüllt wird, oder Sie sind ein Freiberufler, der ein eigenes Unternehmen besitzt und mehr von dieser Arbeit selbst übernehmen möchte. In jedem Fall hilft Ihnen das Verständnis der verschiedenen Rollen und Verantwortlichkeiten außerhalb von Design und Entwicklung dabei, Arbeiten zu identifizieren, die Sie in Ihren Projekten nicht erledigen müssen, sodass Sie schneller arbeiten können, indem Sie sich auf die entscheidenden Teile eines Projektplans konzentrieren.

Ein weiterer wichtiger Punkt ist, dass es nicht den einen richtigen Weg gibt, um User-Experience-Praktiken in Ihren Arbeitsablauf zu integrieren. Die Arbeitsabläufe oder User-Experience-Aktivitäten, die ein Team in einem Fortune-100-Unternehmen durchführt, sind nicht dieselben wie die einer kleineren Kreativagentur. Sie sind auch nicht dieselben wie bei einem freiberuflichen Designer oder Entwickler. Dieser Überblick über die Rollen und Verantwortlichkeiten dient als Grundlage für die Diskussion der verschiedenen Methoden, ein Projekt durchzuführen, die ich später in diesem Kapitel behandeln werde, bevor ich mich in den nächsten Kapiteln mit den wesentlichen Aspekten der einzelnen User-Experience-Phasen beschäftige.

3.2 Was ist User Experience?

Bevor Sie sich mit den Rollen im Bereich User Experience und den verschiedenen Aufgaben dieser Rollen befassen können, muss ich die User Experience an sich definieren. User Experience bezieht sich auf die Interaktion, die jemand mit Ihrem Produkt oder Ihrer Dienstleistung hat, einschließlich der Art und Weise, wie sich die Person bei der Nutzung des Produkts fühlt.

Das Verwenden einer Mikrowelle und das manuelle Einstellen der Uhrzeit auf dem Tastenfeld ist eine Interaktion mit einem Produkt. Die verschiedenen Funktionen und Tasten auf dem Tastenfeld wurden alle für die Mikrowelle entwickelt. Je nach Reihenfolge oder Position bestimmter Funktionstasten, wie der Taste *30 Sekunden hinzufügen*, kann ein Benutzer durch das Design der Tastatur und die Anordnung der Tasten frustriert werden oder auch nicht. Als meine Eltern die Mikrowelle in ihrer Küche erneuerten und ich sie besuchte, machte ich eine verwirrende und unangenehme Erfahrung mit ihrer neuen Mikrowelle, weil sie einen Drehknopf zum Einstellen und Starten der Garzeit verwendete. Ich hatte diese Einstellung noch nie zuvor gesehen und fand sie unintuitiv und klobig. Diese Verwirrung beeinträchtigte meine Erfahrungen mit Mikrowellen: Ich beschloss, keine Mikrowelle mit dieser Einstellfunktion zu kaufen.

Wenn jemand mit Ihrem Produkt interagiert, sei es physisch oder digital, kommen ihm einige Fragen in den Sinn, um sich eine Meinung über das Erlebnis zu bilden. Ist es benutzbar? Bietet es einen Mehrwert? Funktioniert es gut? Die letzte Frage ist vor allem im digitalen Bereich wichtig, denn ein fehlerhaftes oder langsames Erlebnis kann die Wahrnehmung Ihrer Website oder Anwendung durch den Benutzer negativ beeinflussen. Diese Fragen tragen alle zur Gesamtbetrachtung der User Experience bei. Peter Morville, eine einflussreiche Persönlichkeit auf dem Gebiet der Informationsarchitektur und User Experience, hat die User Experience Honeycomb (Abb. 3–2) entwickelt, die die verschiedenen Aspekte eines Produkts darstellt, die für eine wertvolle und sinnvolle User Experience erforderlich sind.

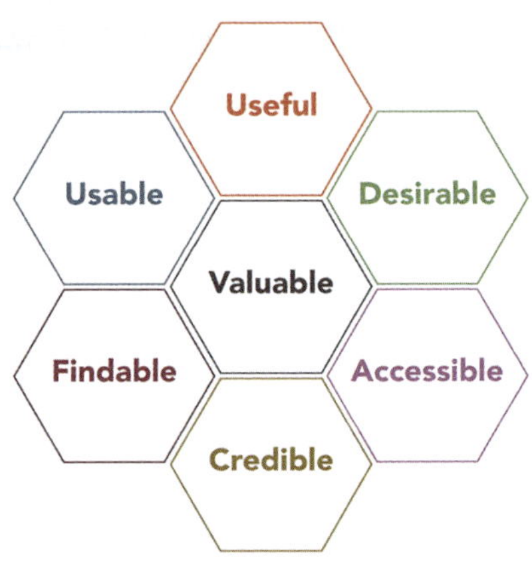

Abb. 3–2 *Peter Morvilles User Experience Honeycomb definiert sieben Facetten der User Experience.*

Die User Experience geht über die reine Benutzerfreundlichkeit eines Produkts oder, in unserem Fall, einer Website oder Anwendung hinaus. Die Wabe von Morville hilft, die folgenden Bereiche zu definieren, damit wir unseren Kunden ein sinnvolles Erlebnis bieten:

- Nützlich (Useful): Erfüllt unsere Website ein Bedürfnis und ist sie erfolgreich?
- Benutzerfreundlich (Usable): Ist die Website einfach zu bedienen?
- Auffindbarkeit (Findable): Ist es einfach, Dinge zu finden und durch die Website zu navigieren?
- Wertvoll (Valuable): Bringt die Website denjenigen, die sie finanzieren, einen Nutzen? Bringt sie Gewinn oder erfüllt sie einen Auftrag?

- Wünschenswert (Desirable): Ist sie gut gestaltet? Werden Branding, Bildmaterial und andere Elemente verwendet, um ein visuell ansprechendes Erlebnis zu schaffen?
- Glaubwürdig (Credible): Können die Nutzer dem Inhalt und seiner Quelle vertrauen?
- Zugänglich (Accessible): Ist die Website auch für Nutzer mit Behinderungen zugänglich, die Hilfsmittel für den Internetzugang verwenden?

Diese Facetten bieten einen umfassenden Überblick über die verschiedenen Bereiche eines Projekts. Sie können während des gesamten Projektverlaufs herangezogen werden, damit neue Funktionen oder Inhalte die User Experience verbessern. Sie sind ein Nordstern, der sicherstellt, dass wir beim Entwerfen und Erstellen eines Projekts einen Mehrwert bieten und ein Bedürfnis erfüllen, um letztendlich eine sinnvolle Erfahrung für unsere Kunden zu schaffen.

3.3 Die User-Experience-Rollen

Wie ich bereits zu Beginn dieses Kapitels erwähnt habe, hat zwar jede Rolle außerhalb des Designs Einfluss auf die User Experience, aber wenn wir über Karrieren im Bereich User Experience sprechen, konzentrieren wir uns in der Regel auf die Designphase. User-Experience-Design wird dann in einige weitere Nischenbereiche unterteilt, die sich nicht unbedingt immer auf visuelles Design konzentrieren. Das kann ein wenig verwirrend sein, wenn wir den Begriff *User-Experience-Design* verwenden.

Die Bereiche unter dem Dach des User-Experience-Designs sind Forschung, Design, Prototyping, Testen und Messung. Einige Rollen können Aufgaben haben, die sich mit diesen verschiedenen Bereichen überschneiden. Diese Überschneidungen sind ein gutes Beispiel dafür, wie nichtlinear oder iterativ der Prozess eines Projekts sein kann. Die folgenden Abschnitte geben einen kurzen Überblick über die verschiedenen Rollen und Bereiche, auf die ich in den nächsten Kapiteln näher eingehen werde.

3.3.1 Nutzerforschung

Die Nutzerforschung sollte die Grundlage eines jeden Projekts sein, egal ob Sie mit einem Team arbeiten oder als Freiberufler selbstständig Webprojekte übernehmen. Die Forschungsphase ist wichtig, um die Zielgruppe für Ihr Projekt zu identifizieren und mit verschiedenen Forschungsmethoden deren Bedürfnisse und Verhalten zu verstehen. Die Nutzung dieser Forschungsergebnisse ist der Schlüssel, um fundierte Entscheidungen über die Gestaltung Ihrer Website oder Anwendung zu treffen, anstatt nur zu raten, was Ihre Nutzer von Ihrem Produkt brauchen könnten.

Je nach Projekt ist die Forschungsphase nicht immer nur eine einzige Phase. Es können zahlreiche Iterationen erforderlich sein, insbesondere wenn Entwürfe oder Prototypen vor Beginn der Entwicklung getestet werden. Aber auch nach dem Start einer Website oder einer neuen Funktion auf einer Website ist die Arbeit noch nicht getan. Die Forschung fällt immer noch in die Kategorie des Messens von Dingen, zum Beispiel ob die Website oder die neue Funktion viele Zugriffe aufweist oder keine, oder sogar wie schnell die Nutzer auf Ihrer Site landen und sie dann verlassen. Diese Art von Messwerten ist wichtig, um zu entscheiden, was die nächste Iteration eines Projekts beinhalten sollte.

3.3.2 Gestaltung der User Experience

In der eigentlichen Designphase nehmen die Planung, das Layout und das visuelle Design der Website Gestalt an. Diese Phase umfasst Arbeiten wie Informationsarchitektur, Wireframing, User-Interface-Design, statisches visuelles Design (nicht interaktive Design-Mock-ups) und interaktive Prototypen. Die Landschaft des User-Experience-Designs verändert sich ständig, und die Aufgaben der User-Experience-Designer (UX-Designer) können von Unternehmen zu Unternehmen sehr unterschiedlich sein. Einige UX-Designer sind für das Wireframing und die statischen Mock-ups einer Website zuständig, geben diese Arbeit dann aber an jemanden weiter, der sich auf das Erstellen interaktiver Prototypen konzentriert. Andere sind für die Recherche, das Wireframing und ein gewisses Maß an Prototyping zuständig, bevor sie das Projekt an einen visuellen Designer und einen Webentwickler weitergeben. In kleineren Unternehmen oder Start-ups ist ein UX-Designer oft für jeden Teil des Designprozesses verantwortlich (ähnlich der Rolle, die ich zu Beginn des Kapitels beschrieben habe). In größeren Unternehmen werden diese Aufgaben in einzelne Rollen aufgeteilt. Ich habe zum Beispiel mit einem Nutzerforschungsteam zusammengearbeitet, dessen Hauptaufgaben darin bestanden, Nutzerinterviews und Umfragen durchzuführen und die Ergebnisse in einem Bericht zusammenzufassen. Im traditionelleren Sinne des Designs können UX-Designer die Rollen mit Titeln wie Interaktionsdesigner, Produktdesigner und UI/UX-Designer ausfüllen. In einigen Fällen, zum Beispiel bei kleineren Unternehmen, ist ein UI/UX-Designer für die gesamte visuelle Gestaltung einer Website verantwortlich, einschließlich Illustrationen oder anderer Grafiken.

Hinweis

Wie bereits erwähnt, ist ein UI/UX-Designer eine häufige Berufsbezeichnung, die ich auf Karriereseiten finde. Es ist jedoch wichtig, zwischen den beiden Bezeichnungen zu unterscheiden, denn obwohl es Überschneidungen geben kann und oft auch gibt, unterscheiden sich UI und UX stark in der Art der Aufgaben, die unter jede Rolle fallen würden, wenn sie getrennt wären.

3.3.3 User-Experience-Texter

Zu einer guten User Experience gehören nicht nur die Merkmale und Funktionen einer Website oder Anwendung, sondern auch die Texte, die zu den visuellen Elementen gehören. Während visuelle Designelemente das Auge des Nutzers durch die Seite lenken (unter Verwendung einiger der in Kapitel 2 vorgestellten visuellen Designgrundlagen), ist es die Aufgabe der Texter, dem Nutzer mitzuteilen, was er gerade sieht, und dies auf durchdachte Weise.

Ein User-Experience-Texter ist mehr als nur der Wortschöpfer für das Marketingteam. Während die Rolle höchstwahrscheinlich die Zusammenarbeit mit dem Marketingteam beinhaltet, gibt es eine zusätzliche Ebene von Details und Gedanken, die in den Textinhalt einfließen. Genauso wie es bewusste Entscheidungen über die Verwendung von Farben, Buttons und Animationen auf einer Website geben sollte, sollte es auch bewusste Entscheidungen über die Wahl der Worte geben. Die Rolle des UX-Texters geht über die eines reinen Marketingtexters hinaus. UX-Texter nutzen beispielsweise Recherchen und User-Personas, um Texte für alle Teile der Benutzeroberfläche zu verfassen, mit denen Kunden in Berührung kommen können. Sie stellen sicher, dass der Inhalt nützlich oder hilfreich ist, und achten dabei auf den Gesamteindruck der Marke.

Ein UX-Texter muss nicht zwangsläufig einen Hintergrund in der Texterstellung haben. Ich habe an Projekten mit einem Texter gearbeitet, der sich auf die Hauptteile der Texte für eine Website mit Marketingschwerpunkt konzentrierte, während ich für die kleineren Teile, manchmal Mikrotexte genannt, verantwortlich war, die direkt mit den Komponenten der Benutzeroberfläche verbunden waren. Ich habe auch mit Textern zusammengearbeitet, die in die Kategorie der technischen Redakteure fallen, was sich stark von einem UX- oder Marketingtexter unterscheidet. Technische Redakteure konzentrieren sich auf Inhalte, die eher anweisungs- oder dokumentationsorientiert sind, wie eine Gebrauchsanleitung. Je nach Umfang der technischen Inhalte kann sich ein ganzes Projekt um die Benutzerfreundlichkeit dieses Bereichs einer Website drehen, da sich die Zielgruppe je nach Art der technischen Inhalte ändern kann.

Diese Rolle des UX-Texters habe ich im Laufe meiner Karriere in vielen Positionen ausgefüllt. Das vielleicht einprägsamste Beispiel für eine durchdachte User Experience, das ich in Kapitel 1 erwähnt habe, war das Design für den ersten Start der Website *webhint.io* (ursprünglich Sonar genannt). Ich habe das Design für die Seite mit der Scanner-Warteschlange entworfen, die den Benutzern aufgrund der technischen Einschränkungen der Backend-Datenbank manchmal angezeigt wurde. Ich habe das Wissen um unsere primäre Zielgruppe genutzt und entwarf ein Design (Abb. 3–3), eine Illustration eines gestressten Narwals mit der Hauptüberschrift »Nellie macht Überstunden«. Darauf folgte ein kleinerer Text, der den Grund für die Wartezeit erläuterte und einen Link zu den Scanergebnissen enthielt, die der Entwickler später besuchen konnte. Mit der Zeit verbesserte sich die Infrastruktur der Webseite, sodass diese Meldung nicht mehr notwendig war. Nichtsdestotrotz war dies einer der Schlüsselmomente in meiner beruflichen Laufbahn. Er machte deutlich, wie wichtig es ist, seine Zielgruppe zu kennen und das Erlebnis, einschließlich der Texte, auf sie abzustimmen. Dieses Beispiel zeigt auch, dass ein Erlebnis mehr ist als nur die visuelle Gestaltung. Ohne den schriftlichen Text hätte dieses Design möglicherweise ein negatives Nutzererlebnis geschaffen. Ohne diese zusätzlichen Informationen über den Grund für die Wartezeit hätten viele Benutzer das Tool verlassen und wären nicht zurückgekehrt, was sich negativ auf die Zukunft des Projekts ausgewirkt hätte.

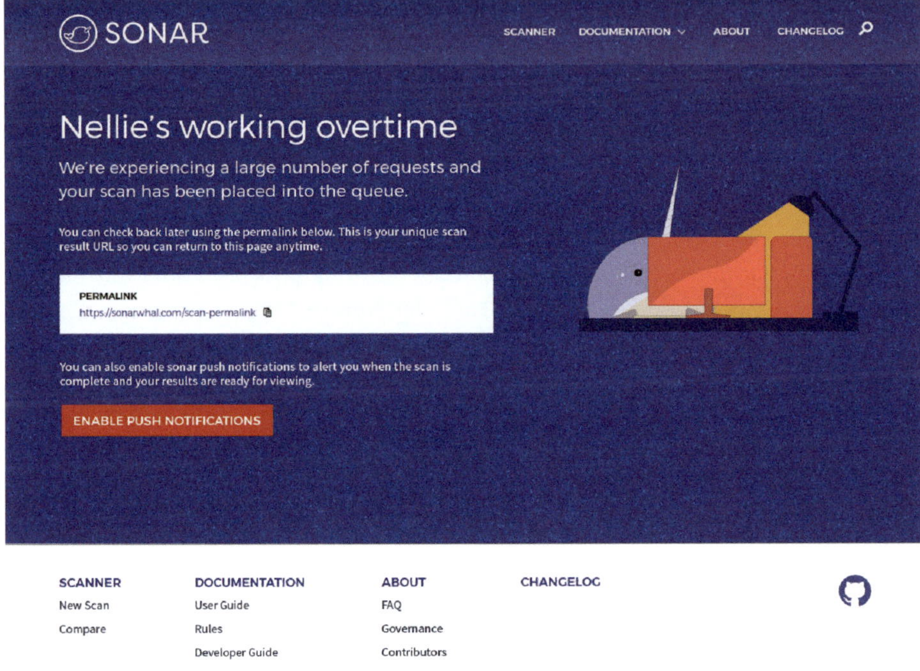

Abb. 3–3 *Diese Konzeptseite für die Scan-Warteschlange informiert die Benutzer über den Grund der Wartezeit und darüber, was sie in der Zwischenzeit tun können.*

3.4 Methoden der User Experience

So wie die Webentwicklung und das Software-Engineering bestimmte Methoden wie Agile und Wasserfall verwenden, kann auch die User Experience auf Methoden zurückgreifen. Oft werden diese UX-Prozesse im Laufe des gesamten Projektprozesses mit agilen Methoden kombiniert, insbesondere bei großen Unternehmen, die eine Anwendung oder Software entwickeln, die sich in einem ständigen Zustand der Iteration befindet. Kleinere Projekte durchlaufen vielleicht nur eine erste Projektphase und erfordern keine größeren, iterativen Änderungen. Die Methoden, die ich vorstellen werde, bieten einen allgemeinen Überblick darüber, wie die User Experience und der Designprozess vor dem Schreiben des Codes von Anfang bis Ende aussehen.

Diese Prozesse sind nicht in Stein gemeißelt. Vielleicht finden Sie eine Methodik, die für Ihre Arbeit gut geeignet ist. Oder Sie stellen fest, dass das meiste davon für Sie funktioniert, und Sie entfernen die irrelevanten Teile. Diese Prozesse sind flexibel und sollen ein Beispiel dafür liefern, wie etwas gemacht werden könnte, aber nicht unbedingt, wie es gemacht werden muss. Vor allem, wenn Sie ein Entwickler sind, der in einem Ein-Personen-Team arbeitet, lassen sich einige dieser Phasen und deren Aufgaben stark reduzieren, verglichen mit der Arbeit in einem größeren Team. Sie werden auch sehen, wie die verschiedenen Phasen mit verschiedenen Rollen verbunden sind und wie leicht es zu Rollenüberschneidungen zwischen User Research, UX-Design, UX-Texten und Visual Design kommen kann.

Es gibt viele Methoden, und oft entwickeln größere Unternehmen wie Google ihre eigene Methodik für User Experience und Design für die interne Arbeit. Wir werden uns jedoch auf zwei der gängigsten konzentrieren: nutzerzentriertes Design und den Double-Diamond-Prozess. Diese Methoden helfen Ihnen, den Verlauf eines Projekts als Ganzes zu gestalten, von der Forschung bis zur Entwicklung. Sie können auch auf einer detaillierteren Ebene nützlich sein, wenn man sich auf bestimmte Teile eines Produkts, einer Website oder einer Anwendung konzentriert. Das heißt, diese Prozesse können auf ein ganzes Website-Projekt oder auf die Entwicklung einer neuen Funktion oder eines Teils einer bereits eingeführten Website angewendet werden.

3.4.1 Nutzerzentrierter Entwurf

Beim benutzerzentrierten Design steht der Benutzer im Mittelpunkt jedes Teils des Projektprozesses, wobei der Schwerpunkt auf dem Erschaffen eines äußerst benutzerfreundlichen Produkts oder Erlebnisses liegt. Vom Sicherstellen, dass die geschäftlichen Anforderungen mit den Benutzeranforderungen übereinstimmen, bis hin zur Einholung von Feedback der Benutzer und der Durchführung iterativer Änderungen auf der Grundlage dieser Feedback-Zyklen – der Benutzer hat in diesem Prozess stets Priorität.

Diese besondere Denkweise lässt sich in Ihre bisherige Arbeitsweise integrieren. Wenn Sie beispielsweise Teil eines Teams sind, das agile, Wasserfall- oder andere Methoden verwendet, können Sie den nutzerzentrierten Designansatz auf diese Methoden anwenden. *Usability.gov* beschreibt vier allgemeine Phasen für nutzerzentriertes Design. Dabei hängen die Aufgaben und Phasen davon ab, wie Sie arbeiten oder wo Sie sich in einem Projekt befinden:

- Spezifizieren Sie den Verwendungskontext: Bestimmen Sie, wer die primäre Zielgruppe ist, warum sie das Produkt verwendet, welche Anforderungen sie hat und unter welchen Umständen sie es verwenden wird.
- Anforderungen spezifizieren: Welche Geschäftsanforderungen oder Benutzerziele müssen erfüllt werden, damit das Produkt erfolgreich ist?

- Erstellen von Designlösungen: Hier finden die verschiedenen Phasen des Wireframings, der visuellen Mock-ups, des Prototypings und der eigentlichen Entwicklung statt.
- Entwürfe evaluieren: Testen Sie Ihre Entwürfe und Prototypen, idealerweise mit tatsächlichen Benutzern, um Feedback zu sammeln und den iterativen Prozess der Einarbeitung dieses Feedbacks in die Entwürfe zu beginnen.

Diese vier allgemeinen Phasen des iterativen Prozesses sind in Abbildung 3–4 dargestellt. Je nach Art des Projekts, an dem Sie arbeiten, kann das Einholen von Feedback und das Einarbeiten von Änderungen in das Projekt kontinuierlich erfolgen.

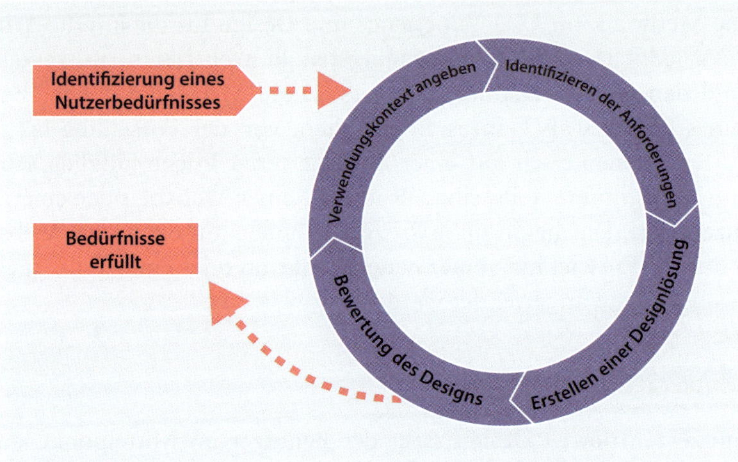

Abb. 3–4 *Der nutzerzentrierte Designprozess beginnt mit der Identifizierung eines Nutzerbedürfnisses, das Sie zu lösen versuchen, und geht dann weiter zu der Frage, wie die Nutzer das, was Sie anbieten, nutzen werden, zum Identifizieren der Anforderungen, die zur Lösung des Anwendungsfalls erforderlich sind, zum Erstellen einer Designlösung und zur Bewertung, ob das Design die Bedürfnisse des Nutzers erfüllt. Wenn der Prozess die Bedürfnisse des Benutzers nicht erfüllt, beginnt er von vorne.*

Wenn Sie zum Beispiel in einem Unternehmen arbeiten, das Software herstellt, sammeln Sie vielleicht kontinuierlich Feedback von Ihren Benutzern und bitten um Rückmeldungen zu bestimmten Funktionen, die dann dazu beitragen können, die Erfahrungen der Benutzer mit diesen Funktionen zu verbessern. Das Feedback kann auch Aufschluss über neue Nutzerbedürfnisse geben. Das würde einen neuen Zyklus von Forschung, Design, Tests und Entwicklung in Gang setzen. Bei kleineren Projekten wie Webseiten oder Anwendungen mit begrenzter Nutzung kann dieser Feedback-Prozess auf die gesamte Website oder Anwendung angewendet werden. Letztendlich hängt es vom Projekt und seinen Zielen ab, aber nutzerzentrierte Designprozesse sollten angewandt werden, wenn Sie das Endprodukt für Ihre Nutzer so benutzerfreundlich und zufriedenstellend wie möglich gestalten wollen.

3.4.2 Double-Diamond-Prozess

Der Double-Diamond-Prozess kombiniert divergentes Denken, das Erforschen eines Problems auf breiter Ebene, konvergentes Denken und gezieltes Handeln. Im Gegensatz zum nutzerzentrierten Designansatz konzentriert sich der Double-Diamond-Prozess auf das Identifizieren eines Problems, seine Definition und die Entwicklung von Lösungen dafür. Das soll nicht heißen, dass die Benutzer nicht wichtig sind oder nicht in diesen Prozess einbezogen werden können. Während sich das benutzerzentrierte Design jedoch auf das Erstellen von Designs auf der Grundlage von Benutzeranforderungen konzentriert, liegt der Schwerpunkt des Double-Diamond-Prozesses auf dem Erstellen von Designs zur Lösung eines bestimmten Problems.

Das British Design Council entwickelte 2005 den Fahrplan für den kreativen Prozess des Double-Diamond-Prozesses, nachdem es die verschiedenen Methoden untersucht und analysiert hatte, die Unternehmen zur Lösung kreativer Probleme einsetzen. Diejenigen, die an dieser Studie mitgearbeitet haben, begannen, gemeinsame Muster unter den verschiedenen Prozessen zu identifizieren und fassten diese Muster im Double-Diamond-Prozess zusammen. Der Name leitet sich von der Art und Weise ab, in der divergentes und konvergentes Denken im Prozessdiagramm visuell dargestellt werden (Abb. 3–5).

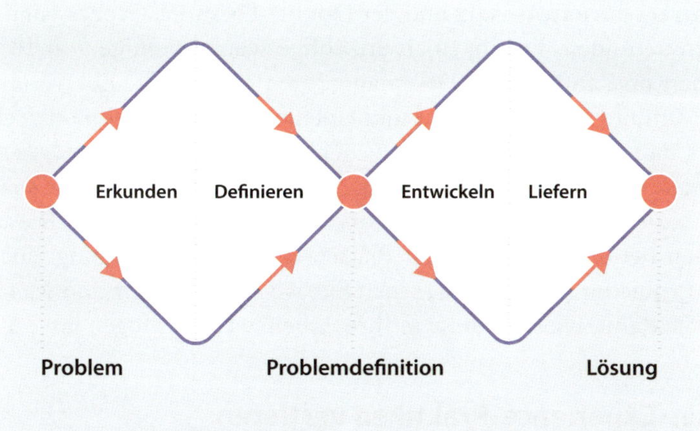

Abb. 3–5 *Der Double-Diamond-Prozess beginnt mit einem Problem, das zunächst umfassend untersucht und dann in der Definition eingegrenzt wird, bevor die Lösungen untersucht und dann auf eine Lösung eingegrenzt werden.*

Wie Abbildung 3–5 zeigt, beginnen wir mit dem Problem auf der linken Seite. Divergentes Denken kommt ins Spiel, wenn wir als Nächstes das Problem erkunden und untersuchen. In der Mitte treffen wir uns dann, um das Problem zu definieren.

In der nächsten Phase begeben wir uns erneut auf divergentes Terrain, indem wir viele mögliche Lösungen für unser Problem entwickeln, bevor wir uns auf eine Lösung einigen. Wie beim nutzerzentrierten Design können wir diesen Prozess in vier Phasen unterteilen:

- Erkunden: Durch Forschung werden Daten gesammelt, um einen Einblick in das Problem zu erhalten.
- Definieren: Die Forschung wird gefiltert, um sich auf das zu lösende Problem zu konzentrieren und es zu definieren.
- Entwickeln: Mehrere Lösungen werden erforscht und getestet.
- Liefern: Die Lösungen werden auf die erfolgreichste reduziert, die dann auch geliefert wird.

Dieser Prozess scheint zwar linear zu verlaufen, muss es aber nicht und wird es wahrscheinlich auch nicht. Vielleicht definieren Sie das zu lösende Problem und entwickeln einige Lösungen zum Testen, stellen aber fest, dass keine davon bei den Nutzern Anklang findet. Dann werten Sie das Feedback der Nutzer aus und kehren zur zweiten Phase des Prozesses zurück, um das Problem neu zu definieren. Der Double-Diamond-Prozess ist ein Rahmen, der angepasst und verändert werden kann, um Ihren Bedürfnissen für ein Projekt zu entsprechen.

Der nutzerzentrierte Ansatz und der Double-Diamond-Prozess sind zwei gängige Designmethoden. Es gibt noch unzählige weitere, einige von Technologieunternehmen und andere von Designagenturen entwickelt. Ein Verfahren kann für eine bestimmte Art von Projekt und einen bestimmten Zeitplan geeignet sein, ein anderes nicht. Sie können sich entscheiden, Ihren eigenen Prozess zu definieren. Vielleicht möchten Sie beispielsweise die Benutzer früher oder später in den Prozess einbeziehen, als es in diesen Rahmenwerken vorgesehen ist. Diese Rahmenwerke helfen bei der Definition der Phasen und der Entwicklung eines Projektprozesses. Probieren Sie eines aus, sehen Sie, was funktioniert und was nicht, und überlegen Sie dann, wie sich diese in Ihre Arbeitsweise einfügen lassen.

3.5 User-Experience-Praktiken vertiefen

Ich habe einen Überblick über die verschiedenen Teile eines Projektprozesses und die üblichen Rollen in einer Karriere im Bereich der Benutzererfahrung außerhalb des Designs und einschließlich des Designs gegeben. Jetzt wissen Sie, wie der allgemeine Projektprozess aussieht und welche verschiedenen Phasen er umfasst. Als Nächstes werde ich in die Arbeit eintauchen, die mit diesen Phasen und Rollen verbunden ist. Ich werde Themen wie verschiedene Forschungs- und Testmethoden sowie Informationsarchitektur untersuchen, damit Sie entscheiden können, welche Aufgaben in diesen Bereichen für die Art von Projekten, an denen Sie arbeiten, am wichtigsten sind.

Zusammenfassung

Die User-Experience-Phase eines Projekts umfasst mehr als das User-Experience-Design, bei dem Sie Wireframes entwerfen, die den Inhalt der Website darstellen. Sie umfasst auch die Forschungs- und Testphasen eines Projekts. Entwickler und Teammitglieder, die sich mehr auf geschäftliche Aufgaben konzentrieren, zum Beispiel der Vertrieb oder die Kundenbetreuung, haben ebenfalls Einfluss auf das Benutzererlebnis, sei es durch die Wahl des Codes oder indem sie Kundenanforderungen in die Forschungsphase einbringen:

- Die Benutzererfahrung ist definiert als die Interaktion, die jemand mit Ihrem Produkt hat, und die Art und Weise, wie er es empfindet.
- Es gibt sieben Facetten der Benutzererfahrung, wie sie von Peter Morville definiert wurden, die uns dabei helfen können, den Benutzern eine sinnvolle und wertvolle Erfahrung zu bieten. Ist ein Erlebnis nützlich, benutzbar, auffindbar, wertvoll, wünschenswert, glaubwürdig und zugänglich?
- Obwohl es im Bereich der User Experience mehrere verschiedene Rollen gibt, überschneiden sich die Aufgaben, für die jemand zuständig ist, häufig in Bereichen wie Forschung und Design.
- Benutzerzentriertes Design konzentriert sich in erster Linie auf die Lösung der Anforderungen und Bedürfnisse der Benutzer. Dabei wird der Nutzer in die meisten, wenn nicht sogar in alle Aspekte des Prozesses einbezogen.
- Der Double-Diamond-Prozess konzentriert sich auf ein Problem und die Suche nach Lösungen für dieses Problem durch divergentes und konvergentes Denken.
- Es gibt zwar viele verschiedene Designmethodiken, aber keine ist in Stein gemeißelt, und alle sollten auf der grundlegendsten Ebene die verschiedenen Phasen eines Projekts vorgeben. Welche Aufgaben innerhalb der einzelnen Phasen anfallen, bleibt letztlich Ihnen überlassen.

4 Nutzerforschung

Dieses Kapitel behandelt

- Warum Nutzerforschung der Schlüssel zu einer erfolgreichen Website oder Anwendung ist
- Die verschiedenen Kategorien der Nutzerforschung
- Relevante Methoden der Nutzerforschung für digitale Produkte und Websites
- Wie man die Forschung nutzt, die Ziele der Website definiert und die Bedürfnisse der Nutzer ermittelt

Auf seiner Entwicklerkonferenz im Frühjahr 2012 kündigte Google öffentlich ein neues Produkt namens Google Glass an. Es handelte sich um eine smarte Brille, deren populärstes Merkmal die Kamera- und Videoaufzeichnungsfunktionen war. Zu den weiteren Funktionen gehörten ein Touchpad und ein Display, mit dem die Träger schnell Informationen nachschlagen konnten. Es handelte sich um eine neue, schillernde Technologie und sicherlich um eine Innovation zu einer Zeit, als die tragbare Technologie gerade anfing, sich durchzusetzen. Aber aufgrund der Konzentration auf die Kamera- und Aufzeichnungsfunktionen gab es viele Bedenken in Bezug auf Datenschutz und Sicherheit.

Diese Bedenken betrafen jedoch nicht nur die Privatsphäre der Menschen, denen der Träger auf der Straße begegnet und die er aufnehmen könnte. Las Vegas und einige andere Bundesstaaten mit Kasinos haben Google Glass beim Glücksspiel verboten, und die Motion Picture Association of America hat sie aus Kinos verbannt. Es gab auch Sicherheitsbedenken, wenn jemand das Gerät beim Autofahren trägt und dadurch abgelenkt wird. In vielen amerikanischen Bundesstaaten gibt es inzwischen Gesetze gegen unaufmerksames Fahren; man bekommt einen Strafzettel, wenn man beim Telefonieren erwischt wird. Bei einem tragbaren Headset mit Display wäre das nicht anders.

Google Glass wurde der Welt als neue, innovative tragbare Technologie vorgestellt, floppte aber bei den Verbrauchern, obwohl es im Unternehmenssektor durchaus Anwendungsfälle dafür gab. Ursprünglich lag der Schwerpunkt auf dem medizinischen Bereich, aber die Einsatzmöglichkeiten von Google Glass sind an bestimmten Arbeitsplätzen über die medizinische Industrie hinausgewachsen. Die Technologie hat sich seit ihrer Einführung im Jahr 2012 weiterentwickelt, aber die Zielgruppe ist begrenzt. Sie steht Unternehmen zur Verfügung und schließt den Durchschnittsverbraucher nicht mit ein. Der Misserfolg von Google Glass bei den Verbrauchern lässt sich darauf zurückführen, dass es eine Lösung für ein nicht vorhandenes Problem oder einen nicht vorhandenen Bedarf der Nutzer bot. Aus Sicht der Verbraucher lag der Schwerpunkt auf den Kamera- und Videoaufnahmefunktionen und der Bereitstellung dieser Funktionen über die Brille. Aber welchen Nutzen hatten die Nutzer davon? Ein Google-Sprecher vertrat die Ansicht, dass dieses Produkt für Eltern großartig sei, die ihr Kind filmen möchten. So wie es viele Eltern getan haben – auch ich, allerdings mit einem VHS-Kassettenrekorder –, um die Momente ihrer Kindheit festzuhalten. Aber welcher durchschnittliche Elternteil gibt 1.500 Dollar, so viel kostete Google Glass damals, für eine Brille aus, um diese Aufgabe zu erfüllen? Für diesen Preis konnte man 2012 eine sehr gute Kamera kaufen und nicht ein neues, experimentelles Stück Technologie, das man tragen muss, um es zu benutzen. Neben den Bedenken hinsichtlich der Privatsphäre und der Sicherheit war das Design der Brille ein weiterer Punkt, der die Verbraucher wahrscheinlich davon abhielt, sich darauf einzulassen. Am Brillengestell war eindeutig eine Kamera angebracht. Ich kann mir vorstellen, dass sich die meisten Menschen unwohl fühlen würden, wenn sie jemandem begegnen, der ein Aufnahmegerät offenkundig an seinem Brillengestell befestigt hat und auf Knopfdruck mit der Aufnahme beginnen kann. Bei einem Smartphone erkennt man zumindest an der Art und Weise, wie die Leute ihr Telefon halten, wenn sie eine Aufnahme machen, sodass es in den meisten Fällen ziemlich offensichtlich ist. Das Produkt hatte von Anfang an einen gewissen Gruselfaktor.

Ausgehend von der Menge an Sicherheits- und Datenschutzbedenken, gepaart mit einer mittelmäßigen Resonanz und mangelnder Akzeptanz in der Öffentlichkeit können wir einige Hypothesen über den Mangel an Nutzerforschung aufstellen, der in den ursprünglichen Prototypentwurf für Google Glass eingeflossen ist. Damit sind wir wieder bei einer Lösung für ein nicht vorhandenes Problem. Die Menschen brauchten kein einzigartiges und separates Stück Technologie für ihre Foto- und Videoaufnahmen. Die Funktionen von Google Glass boten den Nutzern nicht mehr Nutzen als das, was es bereits gab.

Wäre mehr Forschung über Nutzer betrieben worden, hätte sich das Google-Glass-Team wahrscheinlich nicht so sehr auf die fotografischen Aspekte des Produkts konzentriert, sondern hätte die Verbesserungen herausgearbeitet, die die smarte Brille ihrer Zielgruppe bringen kann. Letzten Endes ist der Flop von Google Glass auf einen Mangel an Nutzer- und Marktforschung zurückzuführen, auf die Bereitstellung einer Lösung für ein unbestätigtes Problem und auf Annahmen darüber, was die Nutzer wollen oder brauchen. Das führte zu einem Produkt, das dem durchschnittlichen Verbraucher keinen zusätzlichen Nutzen brachte.

4.1 Einführung in die Nutzerforschung

Nutzerforschung ist immer erforderlich, um erfolgreiche Produkte zu entwickeln, die einen Bedarf erfüllen und für den Endnutzer nützlich sind. Egal, ob Sie glauben zu wissen, was die Benutzer wollen oder nicht, Annahmen sind keine Daten. Die Nutzerforschung liefert die Daten, um fundierte Entscheidungen zu treffen und die richtige Lösung für Ihre Endnutzer zu entwickeln.

In meiner beruflichen Laufbahn bin ich oft jemandem begegnet, der sagt: »Nun, ich habe dieses Problem, also müssen andere wie ich auch dasselbe Problem haben. Also müssen wir es lösen, und hier ist eine Lösung.« Dies ist ein sehr guter Ausgangspunkt für eine Idee, da es eine grobe Hypothese für ein potenzielles Problem liefert. Es ist jedoch wichtig, daran zu denken, dass sowohl das Problem als auch die Lösung von Ihren Vorurteilen geprägt sind. Und es ist wichtig, nicht davon auszugehen, dass Sie Ihre Benutzer verstehen und wissen, was sie wirklich wollen, um Misserfolge zu vermeiden. Ihre Lösung ist vielleicht nicht die vorteilhafteste für Ihre Nutzer. Und wenn Sie versuchen, ein Produkt zu verkaufen oder Menschen dazu zu bringen, Ihre Website oder Anwendung zu nutzen, können Sie nicht der Einzige sein, der Ihre Lösung nutzt.

Egal ob es sich um ein physisches Produkt oder ein digitales Erlebnis handelt, die Nutzerforschung ist entscheidend, um herauszufinden, was Ihre Nutzer wollen. Sie können die Forschungsergebnisse dann auf Ihr Produkt anwenden, um ein aktualisiertes Erlebnis zu schaffen, das erneut getestet werden kann, ob Sie auf dem richtigen Weg sind, Ihren Nutzern einen Nutzen zu bieten.

4.1.1 Nutzerforschung scheint kostspielig zu sein, aber Misserfolg ist teurer

Der iterative Prozess, bei dem Sie herausfinden müssen, was Ihre Nutzer brauchen und wollen, kann entmutigend und arbeitsintensiv erscheinen: Sie müssen Nachforschungen anstellen, um diese Hypothesen zu bestätigen, und Sie müssen einen Prototyp erstellen und ihn mit den Nutzern testen, ob ihre Bedürfnisse wirklich erfüllt werden. Wenn Sie freiberuflich tätig sind, kann es sich als lästig erweisen, zusätzliche Zeit und Kosten für die Durchführung von Untersuchungen einzuplanen. Oder ein Kunde sieht vielleicht nicht den Wert darin, sich die Zeit für die Recherche zu nehmen. Langfristig gesehen kann die Recherche jedoch die Anzahl der erforderlichen Änderungen verringern, da sie sicherstellt, dass Sie sich an den Wünschen Ihrer Nutzer orientieren. Sie kann sogar dazu beitragen, dass das Budget nicht überschritten wird oder sich der Zeitplan eines Projekts verlängert.

Nehmen wir zum Beispiel an, Sie entwickeln eine Webanwendung für einen Kunden. Sie haben den Teil der Nutzerforschung übersprungen, und Ihr Kunde hat keine Forschungsmittel zur Verfügung gestellt. Stattdessen beginnen Sie direkt mit dem Entwurf der Benutzeroberfläche und der Entwicklung der Anwendung mit der von Ihnen gewählten Technologie. Und Sie lassen die Benutzerforschung zwischen der Entwurfs- und der Entwicklungsphase aus. Sie verkabeln die Backend-Technologie und verbinden sie mit der Benutzeroberfläche. Nachdem Sie all diese Arbeit erledigt haben, stellen Sie die Anwendung kurz vor dem Start zum ersten Mal den Benutzern vor. Sie führen dann Interviews und gehen durch die Anwendung, während Ihre Benutzer ihre Gedanken und ihr Feedback äußern.

In diesem Szenario widerspricht das Feedback dem, was Sie angenommen haben, was Ihre Nutzer von der Anwendung wollen oder brauchen. Sie decken auch andere Probleme mit der Navigation und Nutzung der Website auf. Sie hatten erwartet, dass Ihre Benutzer Ihnen bestätigen würden, dass Sie die richtige Lösung entwickelt hatten. Aufgrund der Art des Feedbacks müssen Sie jedoch zurückrudern und umfangreiche Änderungen am Design und der Architektur der Website vornehmen. Diese Nacharbeit verzögert die Einführung der Anwendung. Das ist kostspielig, weil Sie Ihr Produkt nicht auf den Markt bringen können, damit die Benutzer es nutzen können. Die erneute Überarbeitung von Teilen der Anwendung nimmt mehr Zeit in Anspruch. Und wenn Sie etwas im Auftrag eines Kunden entwickeln, kann dies den Kunden mehr Geld kosten, als er erwartet hat, was wiederum zu einer angespannten Kundenbeziehung führen kann.

Ein anderes Szenario: Angenommen, es wurde zu keinem Zeitpunkt des Prozesses eine Untersuchung durchgeführt, und Sie haben die Website für Ihren Kunden gestartet. Aber nach dem Start ist die Absprungrate hoch. Die Besucher verbringen nicht genug Zeit mit der Anwendung oder sie steigen nicht auf die Pro-Version der Anwendung um. Ihr Kunde verliert nun aktiv Geld und muss herausfinden, warum. Er wird dieses Problem schnell lösen wollen, damit er nicht noch mehr Geld verliert, und Sie arbeiten jetzt unter Zeitdruck, um das Problem zu lösen. Das wird mehr Zeit und Geld kosten, was im ursprünglichen Projektplan möglicherweise nicht eingeplant war. Letztendlich kostet das sowohl Sie als auch Ihren Kunden Zeit und Geld. Darüber hinaus kann es frustrierend sein, ganze Teile einer Anwendung neu entwerfen zu müssen und sie an den bereits geschriebenen Code anzupassen.

Beide Szenarien lassen sich vermeiden, wenn vor dem Entwicklungsprozess eine Form der Nutzerforschung durchgeführt wird. Auch wenn Sie an einem kleineren Projekt mit einem geringeren Budget arbeiten, muss Nutzerforschung nicht teuer sein. Viele verschiedene Forschungsmethoden stehen zur Auswahl und können auf Ihr Projekt angewendet werden. Es gibt auch einige Punkte, die Sie mit den Benutzern definieren und validieren können, damit Sie zumindest auf dem richtigen Weg sind, bevor Sie mit der Design- und Entwicklungsarbeit beginnen. Diese Vorbereitung kann Ihnen unnötige Überarbeitungszyklen ersparen, die viel Zeit in Anspruch nehmen können. Schauen wir uns an, was Sie zu Beginn eines Projekts definieren sollten.

4.1.2 Erste Datenerhebung

Wenn Sie ein Projekt von Grund auf neu beginnen und keine guten Daten über Ihre potenzielle Zielgruppe haben, sollten Sie eine Art von Forschungsstudie durchführen. Zur Forschung gehören zum Beispiel Einzelinterviews, Fokusgruppen und Umfragen. Sie wollen Ihre Zielgruppe konkret definieren und herausfinden, was sie braucht und will. In dieser Phase sollten Sie sich darauf konzentrieren, so viele Daten wie möglich zu sammeln, um eine Informations- und Datenbasis zu schaffen, die Ihnen hilft, Dinge wie Benutzer-Personas zu definieren und potenzielle Benutzerbedürfnisse zu ermitteln.

Wenn Sie nichts haben, was Sie Ihren ersten Nutzern zeigen können, oder wenn Sie ein völlig neues Produkt entwickeln, konzentrieren Sie sich auf Ihre Konkurrenten. Stellen Sie Fragen dazu, was sie anbieten oder nicht anbieten, was aber für Ihre Nutzer von Vorteil wäre. Diese Informationen über Ihre potenziellen Nutzer können Sie nutzen, bevor Sie mit dem Design beginnen. Ich werde einige der verschiedenen Forschungsmethoden zeigen, die Sie in der ersten Forschungsphase einsetzen können, um Informationen zu sammeln und Hypothesen darüber aufzustellen, was Sie Ihren Nutzern bieten möchten oder welches Problem Sie lösen wollen.

4.1.3 User-Personas

User-Personas sind ein wichtiges Instrument, um die Zielgruppe für Ihre Website oder Anwendung zu definieren. Eine Persona ist eine realistische, aber fiktive Beschreibung einer Person, die ein Nutzer Ihres Produkts sein könnte. Sie hilft dabei, Empathie zu entwickeln, indem sie dem Benutzer, für den Sie ein Produkt entwickeln, ein Gesicht gibt. Die Einfühlung in den Benutzer ist der Schlüssel zu einer erfolgreichen User Experience. Benutzer-Personas können Ihnen dabei helfen, sich in die Lage des Benutzers zu versetzen, sodass Sie seine Denkweise bei der Interaktion mit Ihrer Website oder Anwendung einigermaßen verstehen können. Wie ich in den verschiedenen Projektphasen immer wieder betonen werde, sind validierte Daten und Beobachtungen erforderlich, damit Ihre User-Personas ein genaues Abbild Ihrer Zielgruppe sind. Die User-Personas sollten auf einigen der Daten und Beobachtungen basieren, die Sie in der ersten Phase der Datenerfassung gemacht haben.

Falls Sie nicht über das Budget oder die Zeit verfügen, um die erste Phase der Datenerfassung durchzuführen und mit echten Nutzern zu sprechen, können Sie dennoch einige Personas erstellen, die auf dem basieren, was Sie bereits über den Nutzer wissen. Sie können bestehende Support-Foren für ähnliche Websites oder Anwendungen zur Definition einer Persona heranziehen. Das World Wide Web ist eine riesige Wissensquelle und kann einige Antworten liefern, wenn Zeit und Ressourcen knapp sind. Achten Sie bei dieser Vorgehensweise darauf, dass Sie die Personas nicht durch Ihre eigene Voreingenommenheit in Richtung der Ziele oder Benutzerbedürfnisse verzerren, die Sie ohne Nachforschungen zu verstehen glauben.

Die Informationen in einer User-Persona können sehr unterschiedlich sein. Einige sind ausführlicher und enthalten viele Informationen, andere können kürzer sein. In Abbildung 4–1 sehen Sie, wie eine vollständige User-Persona aussehen kann.

Abb. 4–1 *Ein Beispiel für eine User-Persona-Karte, die einen unserer Nutzer beschreibt*

Wie in diesem Beispiel zu sehen ist, enthält die User-Persona Details zu Alter, Beruf, Familienstand, Anzahl der Kinder, Ziele und Probleme unserer fiktiven Zielgruppe. Diese Details sind wiederum wichtig, um sich in die Zielnutzer hineinzuversetzen. Dieses Tool sollte während des gesamten Lebenszyklus eines Projekts herangezogen werden, damit der Benutzer im Mittelpunkt Ihrer Entscheidungsfindung steht, auch in der Entwicklungsphase.

Ein wichtiger Grund für Entwickler, die Teil größerer Teams sind, sich von Anfang an in ein Projekt einzubringen, ist es, den Nutzer in den Mittelpunkt zu stellen. Unsere Endbenutzer interessieren sich nicht unbedingt für die technischen Details des von uns gewählten Technologie-Stacks für ein Projekt. Wenn unsere Entwicklungsentscheidungen jedoch in irgendeiner Weise zu einer negativen User Experience führen und zur Frustration einer Persona beitragen, ist dies eine wichtige Information, die vor Beginn der Entwicklung berücksichtigt werden sollte.

4.1.4 Nutzerbedürfnisse

Wenn Sie Ihre User-Personas haben, müssen Sie die Bedürfnisse der Nutzer für Ihr Projekt definieren. Wir wollen bestimmen, welches Problem unsere Website oder Anwendung lösen soll. Die Nutzerbedürfnisse, die auch als Problemstellung bezeichnet werden, müssen unbedingt ermittelt werden, bevor Sie mit einer eingehenderen Recherche und der Erstellung Ihrer Website oder Anwendung beginnen.

Die Nielson Norman Group definiert ein User Need Statement wie folgt:

> *Ein User Need Statement ist eine umsetzbare Problemstellung, die zusammenfasst, wer ein bestimmter Nutzer ist, welche Bedürfnisse er hat und warum diese Bedürfnisse für ihn wichtig sind. Es definiert, was Sie lösen wollen, bevor Sie sich an die Entwicklung potenzieller Lösungen machen, um 1) Ihre Perspektive auf das Problem zu verdichten und 2) einen Maßstab für den Erfolg zu schaffen, der während des gesamten Design-Thinking-Prozesses verwendet werden kann.*
>
> *Nielson Norman Gruppe (https://www.nngroup.com/articles/user-need-statements/)*

Die Nutzerbedürfnisse geben uns das Problem vor, das wir zu lösen versuchen, und legen einen Plan für unsere Anwendung oder Website fest, der sich auf dieses Problem konzentriert. Bei größeren Projekten oder Anwendungen mit mehreren Funktionen gibt es mehr als ein Nutzerbedürfnis, das sich je nach der Seite, auf der sich der Nutzer befindet, ändern kann. Es kann eine Hierarchie von Benutzerbedürfnissen mit einem übergeordneten Hauptziel und kleineren Zielen geben, die nach Bereichen der Webseiten gruppiert sind. Es kann sein, dass Sie ein Projekt beginnen, ohne mit den Nutzern oder potenziellen Nutzern gesprochen zu haben, aber Sie haben bereits einige verschiedene Nutzerbedürfnisse definiert. Ähnlich wie bei den User-Personas, die ohne Gespräche mit den Nutzern erstellt werden können, sollten diese Aussagen validiert werden, bevor sie weiterverfolgt werden. Es handelt sich hierbei um Hypothesen, die auch als solche behandelt werden sollten. Sie müssen validiert und untersucht werden, um zu bestätigen, dass sie die tatsächlichen Bedürfnisse Ihrer Nutzer widerspiegeln. Die Befragung von Kunden ist der Schlüssel, um herauszufinden, was Ihre Nutzer brauchen. Ich werde im weiteren Verlauf des Kapitels darauf zurückkommen, wie man diese Interviews durchführt und welche alternativen Methoden es gibt, um diese Daten zu sammeln.

4.1.5 Ziele der Website festlegen: Abgleich von Nutzer- und Unternehmenszielen

Beim Festlegen der Ziele für eine Website oder Anwendung sind zwei Aspekte zu berücksichtigen: Unternehmensziele und Benutzerziele. Unternehmensziele können vom Marketingteam kommen und konzentrieren sich normalerweise auf die Steigerung des Umsatzes und die Erhöhung des Marktanteils. Benutzerziele sind das, was Ihre Benutzer auf Ihrer Webseite erreichen wollen. Man kann sie auch als Aufgaben bezeichnen, die Ihre Benutzer auf Ihrer Webseite erledigen wollen.

Als Designer sind Sie in der Regel nicht für die Festlegung von Unternehmenszielen verantwortlich, aber es ist Ihre Aufgabe, dafür zu sorgen, dass die Ziele der Endbenutzer mit den Unternehmenszielen übereinstimmen und zu ihnen beitragen. Wenn Sie mit einem größeren Team zusammenarbeiten, ist Ihr Produktmanager dafür verantwortlich, die Unternehmensziele zu formulieren. Wenn Sie als Entwickler und Designer allein arbeiten, werden Sie möglicherweise gebeten, die Benutzerziele des Projekts zu ermitteln. Dies ist von Projekt zu Projekt und von Team zu Team unterschiedlich. Aber die Definition der Ziele ist ein wichtiger Schritt im Gesamtprozess. Schauen Sie sich ein Beispiel dafür an, wie die Komponenten und Inhalte einer Seite, wie in den Abbildungen 4–2 und 4–3 dargestellt, dazu beitragen können, Geschäftsziele zu erreichen.

Abb. 4–2 *Die Produktseite für ein Kleidungsstück auf einer Einzelhandels-Website, auf der Sie das Produkt in Ihren Warenkorb legen können*

Ein High-End-Einzelhändler hat einen Online- und einen physischen Laden. Definieren wir ein eher allgemeines Geschäftsziel, das messbar ist, und zwei Nutzerziele für den Online-Shop:

- Unternehmensziel: Erhöhung der Anzahl der in den Warenkorb gelegten Artikel, um den Online-Umsatz um 10 % zu steigern.
- Benutzerziel: Ich möchte ein bestimmtes Kleidungsstück online finden und muss dessen Verfügbarkeit, Größe und Preis ermitteln.
- Benutzerziel: Ich möchte dieses Kleidungsstück kaufen.

Das Website-Design, das wir am Ende haben, sollte all diese Ziele erfüllen, sowohl die des Unternehmens als auch die der Nutzer. In Abbildung 4–2 sehen Sie ein Wireframe für eine Produktseite. Ich werde in Kapitel 5 eingehender auf Wireframes eingehen, aber ein Wireframe dient als Layout- und Inhaltsentwurf, bevor wir mit der Gestaltung beginnen. Die Seite, die wir hier vor uns haben, liefert uns Informationen über den Artikel, wie die Farbe, Größen, Bewertungen und eine Beschreibung. Die beiden Felder auf der linken Seite sind Platzhalter für Produktbilder. Abbildung 4–2 erfüllt beide Benutzerziele, aber wie können wir die Online-Verkäufe steigern, um unser Unternehmensziel mit nur einer Produktseite zu erreichen? In Abbildung 4–3 würden wir ein Wireframe verwenden, um eine Reihe von Komponenten vorzuschlagen, die wie Styleboards funktionieren. Diese würden verschiedene Produkte enthalten, die den Look mit dem Hauptprodukt, das wir gerade betrachten, vervollständigen.

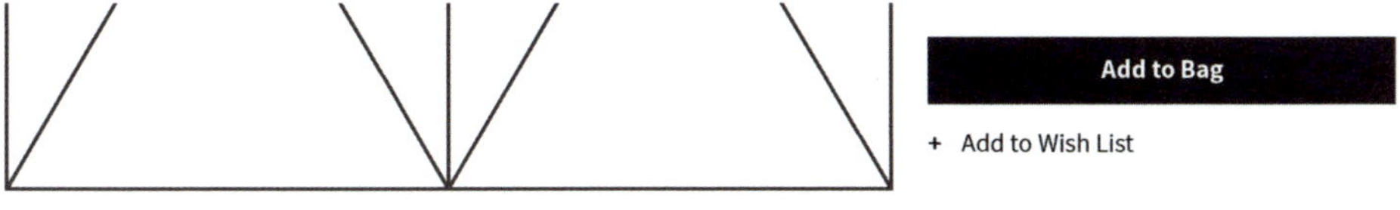

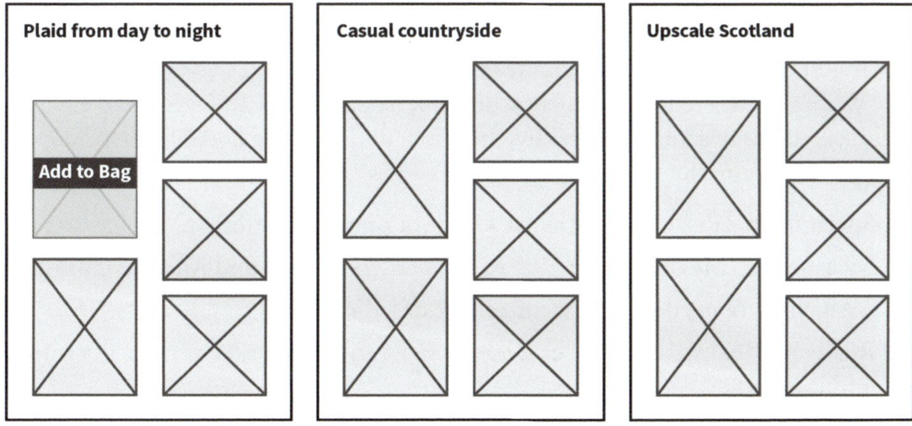

Abb. 4–3 *Dieser Komponentensatz würde aus verschiedenen Produkten bestehen, die gut zu dem von uns betrachteten Produkt passen und dazu beitragen können, das von uns definierte Geschäftsziel zu erreichen.*

Auf der geschäftlichen Seite möchten wir, dass die Nutzer nicht nur den Artikel hinzufügen, für den sie ursprünglich auf die Website gekommen sind, sondern auch weitere Artikel. Angenommen, ein Nutzer scrollt nach unten, um Bewertungen oder andere Informationen über das Produkt zu lesen. Er sieht mehrere Möglichkeiten, das Produkt zu gestalten, und wird vielleicht dazu inspiriert, einige dieser Artikel hinzuzufügen, um den Look zu vervollständigen. Das trägt dazu bei, das Unternehmensziel zu erreichen, mehr Artikel in den Warenkorb zu legen und den Umsatz zu steigern.

4.1.6 S.M.A.R.T.-Ziele erstellen

Wichtig bei der Definition von Nutzerzielen – und auch Unternehmenszielen – ist, dass sie nicht allgemein und vage sind. Die Ziele sollten messbar und spezifisch sein, damit das Hauptproblem, das Sie für die Nutzer lösen wollen, für alle im Vordergrund steht. Dadurch wird auch verhindert, dass der Umfang zu groß wird, da sichergestellt wird, dass Sie nicht zu viele Funktionen einbauen, die nicht den Bedürfnissen der Benutzer entsprechen oder die von Ihnen festgelegten Ziele nicht erreichen.

In unserem hypothetischen Unternehmensziel für die Produktseite unseres Einzelhändlers haben wir uns zum Ziel gesetzt, die Anzahl der in den Warenkorb gelegten Artikel zu erhöhen und den Umsatz um 10 % zu steigern. Dieses Ziel ist messbar und kann durch die Komponente Styleboard nachverfolgt werden, um festzustellen, ob die Nutzer zusätzliche Artikel in ihren Warenkorb legen oder nicht. Wir können eine direkte Korrelation zwischen diesem spezifischen Teil der Webseite und der Frage herstellen, ob es zum Erreichen des Geschäftsziels beiträgt oder nicht. Wenn unsere Analysen zeigen, dass dies nicht der Fall ist, können wir weitere Nutzerforschungsstudien durchführen, Fragen stellen oder Umfragen durchführen, um herauszufinden, wie wir diesen Teil der Seite für die Nutzer nützlicher gestalten und unser Geschäftsziel erreichen können.

Wenn wir unsere Benutzerziele schreiben, ist das S.M.A.R.T.-Konzept ein guter Rahmen, damit unsere Ziele effektiv, spezifisch und messbar sind. Die ursprüngliche Definition der einzelnen Buchstaben ist:

1. Specific (Spezifisch): Das Ziel ist klar und prägnant definiert.
2. Measurable (Messbar): Das Ziel ist anhand von Daten und Analysen messbar.
3. Assignable (Zuordenbar): Wem gehört das Ziel?
4. Realistic (Realistisch): Dieses Ziel ist nicht zu hoch gesteckt oder übermäßig ambitioniert.
5. Time-related (Zeitbezogen): Innerhalb welchen Zeitrahmens kann dieses Ziel erreicht werden?

Es wurden jedoch einige Änderungen vorgenommen und Alternativen bereitgestellt, um die Anwendbarkeit dieses Konzepts in anderen Bereichen zu verbessern. In einem Artikel des Smashing Magazine (*http://mng.bz/MBM8*) aus dem Jahr 2011 verwendet der Autor Dickinson Fong einige dieser Alternativen, um eine Technik zur Definition von Benutzerzielen zu entwickeln:

1. Specific (Spezifisch): Was will der Benutzer erreichen?
2. Measurable (Messbar): Was können wir messen, um sicherzustellen, dass die Nutzer erfolgreich sind?
3. Actionable (Umsetzbar): Wir sollten in der Lage sein, spezifische Design- und Entwicklungsaufgaben zu erstellen und auszuführen, um das Ziel zu erreichen.
4. Relevant (Relevant): Wir wollen, dass die Funktionen, die wir der Seite hinzufügen, den Bedürfnissen des Nutzers entsprechen und ihm die Erledigung seiner Aufgabe nicht zu sehr erschweren.
5. Trackable (Nachverfolgbar): Den Erfolg oder Misserfolg unserer Entwürfe über einen bestimmten Zeitraum zu verfolgen, ist entscheidend, um die Erfahrung für die Nutzer weiter zu verbessern.

Schauen Sie sich die kombinierten Nutzerziele für die Produktseite noch einmal an und prüfen Sie, ob sie in das S.M.A.R.T.-Framework passen:

- Benutzerziel: Ich möchte ein bestimmtes Kleidungsstück online finden und muss dessen Verfügbarkeit, Größe und Preis ermitteln.
- Benutzerziel: Ich möchte dieses Kleidungsstück kaufen.

Für diese Übung werde ich das erste Ziel mit dem zweiten kombinieren. Auch wenn es für sich genommen recht allgemein ist, so ist es doch ein wichtiges Bedürfnis der Nutzer für unsere Seite:

1. Spezifisch: Die Produktseite enthält alle Informationen, die der Nutzer sucht, und bietet eine einfache Möglichkeit, den Artikel zu kaufen.
2. Messbar: Wir können die Anzahl der Klicks auf *In den Warenkorb* und den Abschluss der Kaufabwicklung verfolgen.
3. Umsetzbar: Wir können einen auffälligen Button *In den Warenkorb* einbauen und unseren Kunden Informationen zu Größe, Verfügbarkeit und Preis an zentraler Stelle zur Verfügung stellen.
4. Relevant: Wir möchten keine unnötigen Informationen hinzufügen, die Platz auf der Seite beanspruchen und die Aufmerksamkeit des Benutzers von seiner Hauptaufgabe ablenken. Wenn das Produkt zum Beispiel in einem Geschäft zur Abholung erhältlich ist, wollen wir die Seite nicht mit den Kontaktdaten und dem Standort des Geschäfts überladen.
5. Nachverfolgbar: Wir können die Statistik der Seitenabbrüche verfolgen, um zu sehen, wie lange die Nutzer auf einer Seite verweilen, ohne auf *In den Warenkorb* zu klicken. Wir können im Laufe der Zeit zusätzliche Untersuchungen durchführen, um herauszufinden, ob sie nicht die benötigten Informationen finden oder was sie davon abhält, auf *In den Warenkorb* zu klicken.

Unsere Benutzerziele für die Produktseite haben den S.M.A.R.T.-Test erfolgreich bestanden. Daten und Forschung sind der Schlüssel zur ständigen Verbesserung der User Experience. Mit diesem Rahmen können Sie sicherstellen, dass Ihre Benutzerziele erreichbar und effektiv sind, sodass Fortschritte und Verbesserungen nachverfolgt werden können. Außerdem können Sie so sicherstellen, dass Sie die richtigen Ziele für die einzelnen Bereiche Ihrer Website definieren und sich nicht an Merkmalen oder Funktionen aufhängen, die keinen Nutzen für Ihre Benutzer haben. Die Konzentration auf die Bedürfnisse und Wünsche Ihrer Nutzer ist der Schlüssel zu einem erfolgreichen Nutzererlebnis auf Ihrer Website oder Anwendung.

4.2 Strategien der Nutzerforschung

Es gibt viele verschiedene Methoden zur Durchführung von Nutzerforschung. Ich werde in einigen Abschnitten auf einige der gängigsten eingehen. Um die verschiedenen Methoden zu sortieren, können wir sie auf zwei Achsen kategorisieren: qualitativ und quantitativ auf einer Achse und Einstellung und Verhalten auf der anderen (Abb. 4–4).

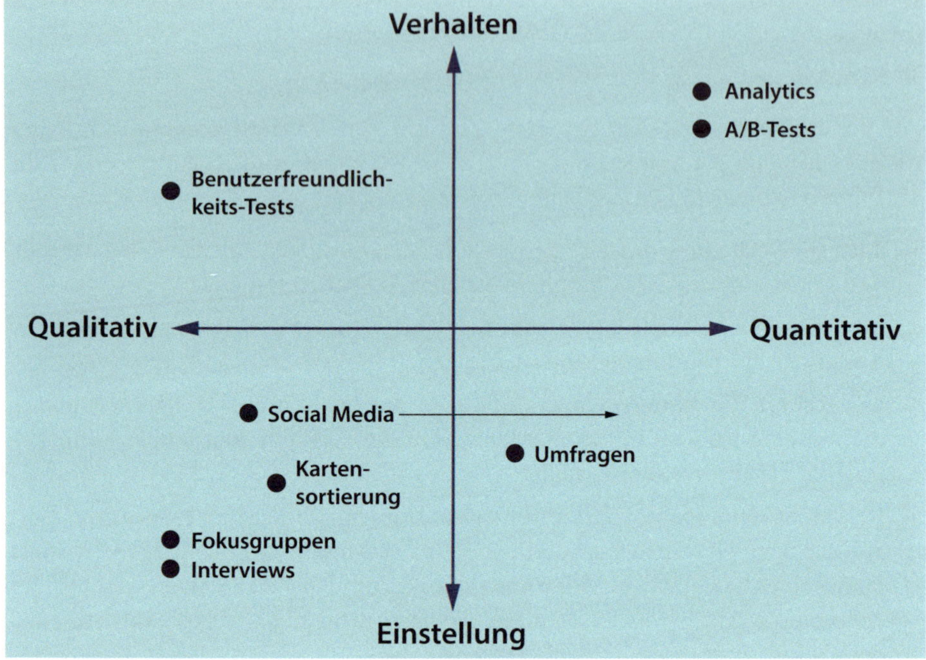

Abb. 4–4 *Eine Reihe von Nutzerforschungsmethoden und ihre Einordnung in das Spektrum von qualitativ vs. quantitativ und verhaltens- vs. einstellungsorientiert*

Je nach dem Projekt, an dem Sie arbeiten, haben Sie vielleicht einen gewissen Zugang zur Nutzerforschung oder überhaupt keinen. Wenn Sie zum Beispiel ein brandneues Projekt beginnen, haben Sie zu Beginn wahrscheinlich keine quantitativen Daten oder eine Möglichkeit, diese zu sammeln. Sie können jedoch qualitative Daten sammeln, indem Sie mit potenziellen Zielnutzern sprechen und planen, weitere Daten zu sammeln, um Ihre Entwürfe nach dem Start zu testen.

In einem anderen Projektszenario werden Sie vielleicht gebeten, ein neues Problem für eine bestehende Website oder Anwendung zu lösen, für die zahlreiche quantitative Daten vorliegen, die darauf hindeuten, dass ein Problem gelöst werden muss. Sie werden jedoch eher qualitativ ausgerichtete Studien durchführen müssen, um einige der Fragen zu beantworten, die mit quantitativen Daten nicht zu beantworten sind. Beide Arten der Forschung sind wichtig, und jede hat ihren Platz im Projektzyklus. Jede Achse kann die andere mit Erkenntnissen versorgen und sollte die Ergebnisse der anderen validieren. Wenn dies nicht der Fall ist und Sie beispielsweise feststellen, dass Ihre qualitativen Ergebnisse im Widerspruch zu den quantitativen Ergebnissen stehen, ist es wichtig, dem auf den Grund zu gehen und herauszufinden, was für Ihre Nutzer nicht in Ordnung ist.

4.2.1 Qualitativ vs. quantitativ

Bei der qualitativen Forschung liegt der Schwerpunkt auf dem Erfassen von nicht numerischen und frei formulierten Daten oder, einfach, Worten. Qualitative Daten werden durch Methoden wie Interviews, Fokusgruppen, Beobachtung und Gespräche mit den Nutzern aus erster Hand gesammelt. Sie geben uns einen Einblick in die Einstellungen und Verhaltensweisen unserer Nutzer und ermöglichen es uns, mit der Gestaltung dessen zu beginnen, was unsere Nutzer uns sagen, was sie wollen oder brauchen. Damit unsere Entwürfe wie beabsichtigt funktionieren, sollten wir quantitative Daten verwenden, um zu bestätigen, was die Nutzer wollen. Quantitative Forschung ist das numerische Gegenstück zur qualitativen Forschung und unterscheidet sich von dieser, weil sie indirekt von den Nutzern durch Methoden wie Umfragen oder Analysetools erhoben wird. Sie konzentriert sich auf Zahlen und Statistiken. Ein Beispiel für quantitative Daten ist die Übersicht der Seitenklicks in Google Analytics, die in Abbildung 4–5 dargestellt ist.

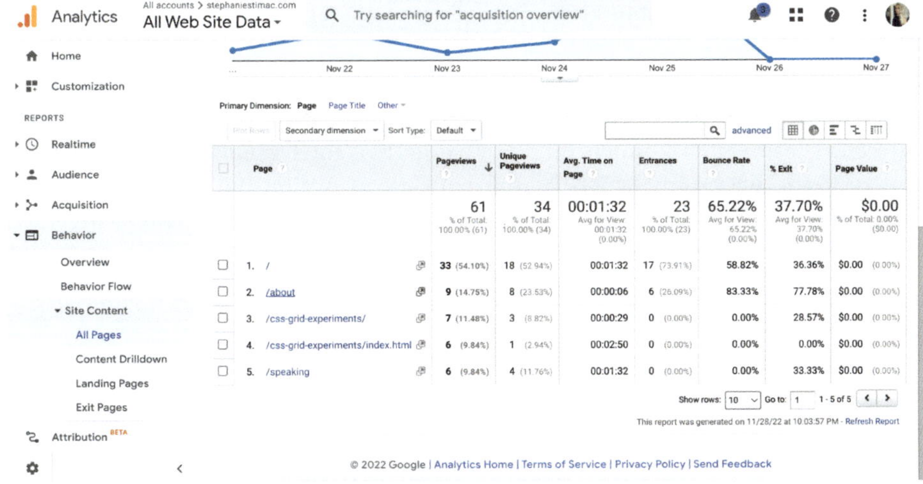

Abb. 4–5 *Google Analytics Dashboard mit Angaben zu den Seitenklicks und der durchschnittlichen Verweildauer auf der Seite. Diese Daten sind quantitativ, denn wir haben nur die Zahlen, nicht aber das Warum hinter den Zahlen.*

Diese Daten geben Aufschluss darüber, worauf die Nutzer klicken. Wenn sie nicht auf die Elemente klicken, die wir erwarten, wollen wir unsere qualitativen Forschungsmethoden nutzen, um herauszufinden, warum. Um ein vollständigeres Bild der Forschungsergebnisse zu erhalten, sollten diese beiden Forschungsmethoden zusammen verwendet werden, um sich gegenseitig zu validieren und zu unterstützen, sodass wir später im Projektzyklus eine bessere Grundlage für Designentscheidungen schaffen können.

4.2.2 Benutzereinstellung vs. Benutzerverhalten

Die zweite Achse von Abbildung 4–5 ist die Spanne zwischen Benutzereinstellung und Benutzerverhalten. Bei der Benutzereinstellung geht es darum zu messen, wie die Benutzer über etwas denken, ihre Meinungen und Urteile. Das Verhalten konzentriert sich darauf, was die Benutzer tatsächlich tun. Manchmal stimmen diese Dinge nicht überein. Benutzer können einen bestimmten Standpunkt vertreten, aber wenn ihre Handlungen untersucht werden, widerspricht ihr Verhalten dem, was sie zuvor geäußert hatten.

Sie können zum Beispiel Daten von einem Analysetool haben, das verfolgt, welche Buttons auf Ihrer Webseite angeklickt werden. Ihre Analysen könnten zeigen, dass die meisten Nutzer nicht auf den Call-to-Action-Button klicken oder dass sie mehr Zeit als erwartet auf der Seite verbringen, bevor sie auf den Button klicken oder auch nicht. Diese Daten könnten so interpretiert werden, dass die Nutzer den Weg zu dieser Aufforderung nicht leicht finden, ihr Verhalten also auf ein Problem hindeutet. Wenn Sie aber Ihre Nutzer befragen, wie leicht sie die Aufforderung zum Handeln finden, sagen sie, dass es einfach ist und sie keine Probleme damit haben. Es besteht eine Diskrepanz zwischen dem, was die Benutzer sagen, und dem, was ihr Verhalten zeigt. Diese Diskrepanz zwischen dem Verhalten und der Einstellung sollten Sie in Ihrem Interview entmystifizieren. Diese Daten können Ihnen dabei helfen, Ihr Designproblem zu finden und zu lösen, was zu mehr Klicks auf den Call-to-Action-Button führt. Wie die qualitativen und quantitativen Daten können sowohl die Einstellung als auch das Verhalten der Nutzer hilfreiche Erkenntnisse für die Entwicklung unserer Produkte liefern. Verschiedene Arten von Studien zum Nutzerverhalten können uns dabei helfen, Usability-Probleme zu erkennen oder festzustellen, ob verschiedene Designs effektiver sind und bessere Ergebnisse liefern als andere. Andererseits können uns Studien zum Nutzerverhalten dabei helfen, fehlende Merkmale oder Funktionen zu erkennen, die die Nutzer von einem Produkt erwarten und die wir normalerweise nicht allein durch die Beobachtung des Nutzerverhaltens feststellen können.

Die qualitative/quantitative und quantitative/qualitative Achse in Abbildung 4–4 bilden vier Quadranten. Sie zeigen die große Bandbreite der verfügbaren Methoden, die zusammen verwendet werden können, um fundierte Entscheidungen über die Gestaltung einer Website oder Anwendung zu treffen. Die gesammelten Forschungsergebnisse helfen uns auch, uns auf den Benutzer und seine Bedürfnisse zu konzentrieren, und nicht auf das, was wir glauben, dass er braucht oder mag. Meiner Erfahrung nach ist die Präsentation von Designentscheidungen auf der Grundlage von Nutzerforschungsdaten auch viel effektiver als die Präsentation von Entscheidungen, die auf Annahmen beruhen. Die Daten sollten eine Antwort auf die Frage geben, warum Sie bestimmte Funktionen entwickeln. Wenn Sie oder Ihre Stakeholder anfangen, übermäßig viele Informationen oder Funktionen hinzuzufügen, die nicht von den Benutzern validiert wurden, kann die User Experience darunter leiden. Ihre Ergänzungen sind möglicherweise nicht so vorteilhaft und könnten Ihre Benutzer sogar frustrieren. Das führt dann dazu, dass sie Ihre Website oder Anwendung verlassen und nicht wieder besuchen. Und der Verlust von Kunden wirkt sich schlussendlich auf das Endergebnis eines Unternehmens aus.

4.2.3 Methoden der Nutzerforschung

Ich habe die beiden großen Achsen der Nutzerforschung identifiziert. Nun sollen Sie sich einige der wichtigeren individuellen Nutzerforschungsmethoden ansehen, die Sie beim Erstellen einer Website oder Anwendung einsetzen können. Von den verfügbaren Methoden werde ich nur eine Handvoll näher vorstellen, die leichter anzupassen und anzuwenden sind, wenn Sie alleine arbeiten.

Kartensortierung

Die Kartensortierung ist beim Festlegen der Informationsarchitektur Ihrer Webseite oder Anwendung äußerst nützlich und im Vergleich zu anderen Methoden relativ kostengünstig. Auf einer hohen Ebene ist die Kartensortierung eine Möglichkeit, die Organisation des Inhalts einer Website festzulegen. Eine andere Möglichkeit, sich die Kartensortierung vorzustellen, ist die Entwicklung eines Navigationsmenüs für Ihre Website. Sie bitten die Benutzer, Seiten und Inhalte so zu gruppieren, wie sie sie im Menü Ihrer Website erwarten würden.

Um eine Kartensortier-Übung durchzuführen, schreiben Sie zunächst die Hauptthemen der Inhalte, die auf Ihrer Website erscheinen sollen, auf einzelne Karten oder Haftnotizen oder, wenn Sie mit virtuellen Teilnehmenden arbeiten, verwenden Sie eines der online verfügbaren Tools. Sie könnten auch das Designprogramm Figma (*https://www.figma.com*) mit seinen Zeichenflächen als kostengünstige Möglichkeit verwenden. Wenn Sie Titel für die Abschnitte des Inhalts haben, können Sie diese verwenden. Wählen Sie dann eine der beiden Kartensortiermethoden: offen oder geschlossen. Bei einer offenen Kartensortierung bitten Sie die Benutzer, die Inhalte so zu gruppieren, wie sie ihrer Meinung nach gruppiert werden sollten, und dann eine Bezeichnung oder einen Namen für diese Gruppe von Inhalten anzugeben. Diese Bezeichnung oder dieser Name trägt dazu bei, die Hauptmenüpunkte der Webseite zu definieren. Führen Sie diese Übung mit drei oder mehr Benutzern durch und notieren Sie, wo die Inhalte gruppiert werden und welche Bezeichnungen verwendet werden, um Ähnlichkeiten zu erkennen.

Bei einer geschlossenen Kartensortierung bitten Sie die Benutzer, Inhalte in vordefinierte Kategorien zu gruppieren, anstatt sie die einzelnen Gruppen benennen zu lassen. Achten Sie auch hier darauf, was wo gruppiert wird, um Gemeinsamkeiten oder Unterschiede zu erkennen. Am Ende dieser beiden Übungen sollten Sie eine gute Vorstellung von der Inhaltsstruktur der Website haben, die darauf basiert, wie Ihre Benutzer sie allgemein einordnen würden.

Wettbewerbsanalyse

Die Wettbewerbsanalyse ist genau das, wonach sie klingt: eine Möglichkeit, Ihre Konkurrenten anhand einer Liste von Kriterien zu analysieren und zu vergleichen. Diese Liste von Kriterien kann eine Vielzahl von Dingen bewerten:

- Visuelle Gestaltung
- Inhalt
- Benutzerströme für die gleichen oder ähnliche Aufgaben auf Ihrer Website
- Funktionsweise
- Navigation
- Benutzerfreundlichkeit
- Ton

Dokumentieren Sie, was Ihrer Meinung nach die Wettbewerber gut und was sie schlecht machen. Die Identifizierung ihrer Schwächen kann eine wichtige Überlegung sein, wenn Sie mit dem Designprozess beginnen, damit Sie nicht die gleichen Fehler machen.

Bei der Durchführung einer Wettbewerbsanalyse sollten Sie die drei bis fünf wichtigsten Konkurrenten ermitteln, damit Sie sich nicht in einer endlosen Liste von Vergleichen verlieren. Am Ende der Analyse sollten Sie in der Lage sein, Bereiche zu identifizieren, in denen Ihr Produkt oder Ihre Erfahrung Ihre Konkurrenten in den Schatten stellt und Dinge bietet, die ihnen fehlen; Bereiche, in denen Ihr Produkt oder Ihre Erfahrung im Vergleich zu den Konkurrenten Mängel aufweist; Bereiche, in denen Ihre Konkurrenten Mängel aufweisen, die Sie zu Ihrem Vorteil nutzen können; und schließlich Bereiche, in denen die Konkurrenten überragend sind. Welche Werkzeuge Sie für eine Wettbewerbsanalyse verwenden, bleibt Ihnen überlassen. Sie können ein Tabellenkalkulationsprogramm wie Microsoft Excel verwenden oder, wenn Sie einen visuelleren Ansatz verfolgen möchten, mit Adobe Illustrator oder Figma eine Grafik der Wettbewerber erstellen. Scheuen Sie sich nicht, viele Notizen zu machen und Screenshots als visuelle Referenz anzufertigen.

Beim Erstellen einer Wettbewerbsanalyse werden auch qualitative und quantitative Daten herangezogen. Qualitative Daten werden als Meinungen über das Design oder die Funktionalität dokumentiert, und quantitative Daten bewerten, ob ein bestimmtes Merkmal oder eine bestimmte Funktionalität im Produkt oder auf der Website eines Mitbewerbers vorhanden ist oder nicht.

Eine Wettbewerbsanalyse sollte Aufschluss über die Gemeinsamkeiten zwischen den Wettbewerbern geben, die die Nutzer wahrscheinlich auf Ihrer Website erwarten, und Sie darüber informieren, was Sie vermeiden sollten und was Sie inspiriert. Lassen Sie sich jedoch nicht dazu hinreißen, einen Mitbewerber zu kopieren. Wenn Sie eine Reihe von Mitbewerbern geprüft haben, können Sie sich aus verschiedenen Quellen inspirieren lassen. Ihr Produkt oder Ihre Webseite sollte sich von anderen abheben und seine Stärken hervorheben, nicht eine Kopie eines Wettbewerbers sein.

Fokusgruppen

Fokusgruppen sind eine Form der qualitativen Forschung, die als Diskussionsgruppen mit fünf bis zehn Personen durchgeführt werden. Fokusgruppen sind qualitativ, weil sie sich darauf konzentrieren, dass die Teilnehmenden ihre Meinungen, Einstellungen und Überzeugungen zu einem bestimmten Thema mitteilen. Im Vergleich zu anderen Forschungsformen, wie einer Umfrage, ermöglichen sie außerdem eine tiefere Untersuchung, da die Teilnehmenden bei der Durchführung der Sitzung anwesend sind. Sie sind in der Lage, mehr Fragen zu stellen. Außerdem können Sie die Diskussion steuern, indem Sie spezifische Fragen stellen.

Fokusgruppen können zu jedem Zeitpunkt des Forschungsprozesses eingesetzt werden. Sie können zu Beginn zum Einsatz kommen, wenn Sie versuchen, ein Verständnis dafür zu bekommen, wie die Nutzer ein Produkt wahrnehmen. Auch wenn Sie noch kein Design entwickelt haben, können Sie Ihre Fragen auf Ihre Konkurrenten oder ein allgemeines, namenloses Produkt stützen. Die Antworten, die Sie erhalten, können Ihnen einen wertvollen Einblick in die Vorlieben und Abneigungen Ihrer Nutzer geben, sodass Sie in den Bereichen, die sie als problematisch empfinden, Verbesserungen vornehmen können.

Bei der Durchführung einer Fokusgruppen-Sitzung sollten Sie Ihre Teilnehmenden sorgfältig auswählen. Sie wünschen sich Personen, die mit dem zu diskutierenden Thema vertraut sind. Die Gruppe sollte eine Mischung aus Personen sein, die ein ähnliches Produkt verwendet haben, und Personen, die potenzielle Nutzer sind. Der Zweck einer Fokusgruppe ist die Diskussion. Wenn Ihre Teilnehmenden also keine Kenntnisse über das Produkt oder den Produktbereich haben, können sie sich nicht an einer Diskussion beteiligen, die Ihnen aufschlussreiche Antworten liefern wird.

Lassen Sie die Sitzung nicht nur von jemandem mitschreiben, sondern nehmen Sie sie auch auf, damit Sie die Antworten der Teilnehmenden überprüfen können, ob sie korrekt erfasst wurden. So können Sie auch feststellen, was vielleicht bei den ersten Notizen übersehen wurde.

Achten Sie bei der Formulierung Ihrer Fragen darauf, dass sie offen sind. Wenn es sich um Ja/Nein-Fragen handelt, stellen Sie Folgefragen, um die Diskussion in Gang zu halten. Beginnen Sie mit einigen einleitenden Fragen, um ein Gefühl für die Gruppe zu bekommen und zu erfahren, wie viel sie über das Thema weiß, bevor Sie zu tiefer gehenden Fragen übergehen. Sehen Sie sich ein paar Beispiele für einleitende Fragen an, die Sie stellen könnten, wenn Sie eine Fokusgruppe zum Thema Eiscreme durchführen würden:

- Was halten Sie von Speiseeis?
- Wie oft kaufen Sie Eiscreme?
- Welche Wörter oder Sätze fallen Ihnen ein, wenn Sie an Eiscreme denken?
- Worauf achten Sie beim Kauf von Eiscreme?
- Welche Marken assoziieren Sie mit Eiscreme?
- Was gefällt Ihnen an den derzeit auf dem Markt befindlichen Eiscreme-Produkten nicht?

Diese Fragen sollen die Diskussion eröffnen und Ihnen die Möglichkeit geben, tiefer gehende oder klärende Fragen zum Thema zu stellen.

Fokusgruppen sind eine großartige Möglichkeit, mit Ihren Nutzern aus erster Hand zu interagieren und wertvolle Einblicke in ihre Wahrnehmungen und Meinungen zu einem bestimmten Produkt oder Produktbereich zu gewinnen. Die zusätzliche Interaktion zwischen den Mitgliedern der Fokusgruppe trägt zur Belebung der Diskussion bei und liefert Einblicke, die Sie sonst in einem Einzelinterview nicht erhalten hätten.

Interviews

Interviews sind eine weitere gängige Forschungsmethode, die in Einzelsitzungen durchgeführt wird. Wie bei einer Fokusgruppe stellt die Person, die das Interview führt, offene Fragen, um etwas über das Verhalten, die Einstellungen und die Überzeugungen der Nutzer zu erfahren. Da es sich um ein persönliches Gespräch handelt, lassen sich Nutzerinterviews persönlich oder per Video- oder Audiokonferenz durchführen. Interviews können auch zu jedem beliebigen Zeitpunkt im Projektzyklus durchgeführt werden, um zu bestätigen, dass Sie die richtige Lösung entwickeln. Sie sollten mindestens zehn Personen befragen, um gemeinsame Themen zu ermitteln, die bei den Nutzern immer wieder auftauchen und Ihr Produkt beeinflussen können.

Interviews sollten ein bestimmtes Ziel haben, das Sie erreichen wollen. Was möchten Sie konkret über Ihre Nutzer in Bezug auf Ihr Produkt erfahren? Wollen Sie herausfinden, wie sie es benutzen? Wie sie es als Ganzes empfinden? Oder wie sie über ein bestimmtes Merkmal oder eine bestimmte Funktion denken? Wenn wir noch einmal auf das Beispiel mit dem Eis zurückkommen, könnte ein konkretes Ziel für unsere Interviews etwa lauten: »Was halten Eltern davon, ihren Kindern einen Eisbecher zuzubereiten, und wie könnte der Prozess verbessert werden?« Mit dieser Frage wollen wir herausfinden, wie die Interviewteilnehmenden den Prozess der Herstellung eines Eisbechers empfinden. Wir bitten sie, diesen Prozess durchzugehen. Was ist sein schwierigster Teil? Macht es ihnen Spaß? Gibt es eine Möglichkeit, die Zubereitung noch angenehmer zu gestalten? Achten Sie darauf, immer die Frage »Warum?« zu stellen, um herauszufinden, warum die Teilnehmenden eine bestimmte Einstellung haben. Stellen Sie offene Fragen, auch mit Folgefragen, wie: »Wie haben Sie sich dabei gefühlt?«

Verwenden Sie für jedes Gespräch den gleichen Fragenkatalog und legen Sie das Ziel fest, das Sie am Ende des Gesprächs erreichen wollen. Durch das Verwenden desselben Fragenkatalogs können Sie bei den Teilnehmenden gemeinsame Themen erkennen, die Sie in Ihrem Produkt möglicherweise ansprechen müssen. Achten Sie beim Erstellen Ihres Fragenkatalogs darauf, dass Sie keine Suggestivfragen verwenden, da Sie von Ihren Teilnehmenden unvoreingenommene Antworten erwarten. Wenn die Frage so formuliert ist, dass die Teilnehmenden denken, dass Sie eine bestimmte Antwort erwarten, antworten sie möglicherweise nicht wahrheitsgemäß.

Ein weiterer wichtiger Aspekt der Befragung ist es, dafür zu sorgen, dass sich Ihre Teilnehmenden wohl und gehört fühlen. Bestätigen Sie, wenn sie eine Frage beantworten, indem Sie, »Ich verstehe«, sagen, und unterbrechen Sie sie nicht und sprechen Sie nicht über sie hinweg. Einzelgespräche sind eine gute Gelegenheit, sich in Empathie zu üben, und können Ihnen helfen, die Sichtweisen der Teilnehmenden besser zu verstehen. Interviews sind eine weitere kostengünstige Forschungsmethode, um qualitative Daten zu erheben. Da sie unter vier Augen geführt werden, haben Sie die Möglichkeit, wirklich tief in die Gedanken und Einstellungen der Personen einzutauchen.

Umfragen

Umfragen sind eine der günstigsten und einfachsten Möglichkeiten, eine Mischung aus qualitativen und quantitativen Daten von Ihrer Zielgruppe zu sammeln. Es gibt eine Vielzahl kostenloser digitaler Tools, um Umfragen durchzuführen. Die Wahl hängt von Ihren persönlichen Vorlieben und den Funktionen ab, die Sie für die Durchführung Ihrer Umfrage benötigen. Einige Tools bieten Funktionen, mit denen eine Umfrage je nach Antwort eines Teilnehmenden aufgeteilt werden kann, sodass dieser einen anderen Satz von Fragen erhält als jemand, der anders geantwortet hat.

Wie bei anderen Forschungsmethoden sollten Sie festlegen, was Sie von Ihrer Zielgruppe erfahren möchten, und Fragen formulieren, die auf Ihr Ziel einzahlen. Wenn Sie quantitative Fragen stellen, bei denen die Benutzer zum Beispiel etwas bewerten sollen, müssen Sie ihnen die Möglichkeit geben, zu erläutern, warum sie es so bewertet haben. Als ich Umfragen durchgeführt habe, um herauszufinden, welche Funktionen von Webbrowsern bei Webentwicklern Anklang finden, fragte ich: »Auf einer Skala von eins bis zehn, wie nützlich finden Sie diese Funktion?« Ich habe jedoch keine Folgefrage gestellt, um herauszufinden, warum sie die Funktion nützlich finden oder nicht. Nachdem mir das klar wurde, habe ich dafür gesorgt, dass es die Möglichkeit gab, die Gründe für eine Antwort zu erläutern.

Halten Sie die Umfragen kurz und auf Ihr Ziel ausgerichtet. Als ich die Umfragen zu den Browserfunktionen durchgeführt habe, hatte ich eine lange Liste von Funktionen, die ich in Kategorien wie CSS und JavaScript gruppiert habe. Um diese Kategorien herum habe ich kürzere Umfragen aufgebaut, damit Entwickler, die nicht an CSS-Funktionen interessiert waren, diese Fragen ignorieren konnten.

Wie bei jeder Methode, bei der Fragen gestellt werden, sollten Sie darauf achten, dass die Fragen die Umfrageteilnehmenden nicht zu einer bestimmten Antwort veranlassen. Vermeiden Sie es außerdem, Fragen zu stellen, die nur ein für Ihr Ziel passendes Ergebnis liefern. Solche Fragen geben kein genaues Bild von den Gefühlen der Teilnehmenden wieder und können die Ergebnisse verfälschen. Das kann sich später negativ auswirken, wenn Ihre Website online ist. Mit Umfragen können Sie außerdem Informationen von mehr Personen sammeln, als Sie direkt befragen könnten. Es gibt Dienste, mit denen Sie eine Umfrage erstellen können, um Teilnehmende zu rekrutieren. Aber es gibt auch informellere Wege, wie das Teilen in sozialen Medien, auf die ich in späteren Abschnitten näher eingehen werde.

Usability-Testing

Usability-Tests sind eine aufgabenbasierte Methode der Nutzerforschung, bei der die Teilnehmenden bei der Verwendung Ihres Produkts beobachtet werden. Diese Art der Forschung kann auf verschiedene Weise durchgeführt werden, je nachdem, wo Sie sich im Designprozess befinden. Im Idealfall finden die Tests statt, bevor Sie mit der Webentwicklung beginnen, damit Sie potenzielle Designprobleme im Voraus erkennen können und keinen Code neu schreiben müssen.

In diesem Fall können Sie anklickbare Wireframes oder Mock-ups verwenden. Viele Anwendungen für visuelles Design und Wireframes bieten diese interaktiven Funktionen, sodass Sie diese klickbaren Erlebnisse erstellen können, ohne programmieren zu müssen. Wenn Sie keinen Zugang zu diesen Anwendungen haben, können Sie mit einer Anwendung wie PowerPoint kreativ werden und alle verschiedenen Bildschirme des Benutzerflusses, den Sie testen möchten, aus Ihren Wireframes oder Mock-ups importieren. Der einzige Unterschied besteht darin, dass Sie sich manuell zwischen den Folien bewegen, anstatt ein interaktives Mock-up zu verwenden. Ich werde das Prototyping und Testen in Kapitel 11 genauer untersuchen. Usability-Tests können auch an einer bestehenden Website durchgeführt werden, um festzustellen, wo die Benutzerfreundlichkeit verbessert werden könnte. Nehmen wir an, Ihre Telemetriedaten zeigen, dass die Benutzer zwar auf ein bestimmtes Tool in einer Anwendung klicken, dieses aber innerhalb von zehn Sekunden wieder verlassen, ohne weiterzugehen. Diese quantitativen Daten wären ein guter Ausgangspunkt für eine qualitative Nutzbarkeitsstudie. Sie können eine Liste von Aufgaben und Fragen zur Anwendung im Allgemeinen und zu dem Tool im Besonderen erstellen. Ihre quantitativen Metriken sagen Ihnen, dass die Anwendung verlassen wird, aber Sie wissen nicht, warum. An dieser Stelle werden beobachtete Usability-Studien wichtig. Sie bieten den Teilnehmenden und den Moderatoren die Möglichkeit, in Echtzeit zu interagieren. Die Moderatoren haben außerdem die Möglichkeit, Folgefragen zu stellen.

Wenn Sie eine Usability-Studie durchführen, egal ob moderiert oder unmoderiert, müssen die Aufgaben kurz und klar sein, damit sie keinen Raum für Fragen oder eine andere als die von Ihnen vorgegebene Interpretation zulassen. Wenn Sie die Usability-Sitzung allein durchführen, sollten Sie sie aufzeichnen, damit Sie später darauf verweisen können, um zu beweisen, dass Ihre Notizen korrekt sind.

Andernfalls reicht es aus, wenn eine andere Person das Gespräch beobachtet und sich lediglich Notizen macht. Nach der Sitzung sollten Sie die Ergebnisse auswerten, die Ihnen verwertbare Ergebnisse liefern sollten. Mit anderen Worten: Sie sollten einige Designänderungen in Erwägung ziehen, bevor Sie zur Umsetzung übergehen.

Im Gegensatz zu den anderen Forschungsmethoden, die Sie sich angesehen haben, können Usability-Studien kostspielig sein. Es gibt verschiedene Bereiche, die in Betracht gezogen werden können, um die Kosten zu verringern. Die Rekrutierung für die Usability-Studien (die in der Regel einen Anreiz für die Zeit der Teilnehmenden bieten), die Durchführung der Studie, die Analyse und das Erfassen ihrer Ergebnisse sowie der Ort und die Art der Durchführung sind jedoch kostspielig, sei es in Form von Zeit oder Geld. Legen Sie klare Ziele für die Informationen fest, die Sie aus der Durchführung von Usability-Studien gewinnen wollen, sodass Sie im Anschluss daran Maßnahmen ergreifen können. Es gibt zwar keine perfekte User Experience, aber Usability-Tests zeigen Ihnen, wo Sie Ihr Design verbessern sollten, und ersparen den Entwicklern wertvolle Arbeitszeit, da sie die Funktionen nicht neu schreiben müssen.

Informelle Methoden

Zum Schluss möchte ich noch auf informelle Methoden der Nutzerforschung eingehen. Das Internet ist ein riesiges Archiv von Nutzerdaten, die angezapft werden können, sei es in sozialen Medien oder in Onlineforen und Message Boards. Das Web hält sowohl qualitative als auch quantitative Daten bereit, die gesammelt werden können.

Eine meiner bevorzugten Forschungsmethoden für einen schnellen und informellen Bauchgefühl-Check ist X (vormals Twitter). Sowohl für die qualitativen als auch die quantitativen Aspekte führe ich eine X-Umfrage durch. Wenn ich ein paar Daten und eine Hypothese habe oder ein Signal von den Entwicklern erhalten möchte, ob etwas formeller untersucht werden muss, ist X meine erste Anlaufstelle. Aber es ist nicht mein einziges Werkzeug. Ihr X-Publikum kann eine eigene Blase sein und mehr in die eine als in die andere Richtung tendieren. Meine Follower auf der Plattform bestehen zum Beispiel nicht nur aus technisch versierten Leuten, sondern auch aus vielen, die sich für die brandneuesten Entwicklungen in der Webentwicklung interessieren. Sie wollen das nächste glitzernde Tool oder Framework ausprobieren und sind in der Regel nicht auf ihren Technologie-Stack beschränkt.

Diese Beschreibung trifft nicht auf die gesamte Entwickler-Community zu. Wenn ich eine erste Recherche auf X durchführe, führe ich anschließend eine Umfrage durch, die nicht in X integriert ist, damit andere Personen antworten können.

Wenn Sie nur über ein geringes Budget verfügen, können Sie soziale Medien und andere Online-Plattformen nutzen, um Ihre Reichweite für Informationen zu erhöhen. Eine Nachbereitung mit formelleren Forschungsmethoden ist jedoch unerlässlich, um die gesammelten Daten zu validieren. Diese informellen Methoden bieten eine schnelle und kostengünstige Lösung für die anfängliche Datenerfassung, um ein Projekt in Gang zu bringen.

4.2.4 Forschung in einer kontinuierlichen Phase

Vom Beginn bis zum Ende des Projekts sollte die Forschung idealerweise in jede Phase integriert werden. Die Durchführung von Recherchen während des gesamten Entwicklungsprozesses gewährleistet, dass Sie ständig Feedback von Ihrer Zielgruppe und potenziellen Nutzern erhalten. Außerdem stehen so Ihre Nutzer während des gesamten Projektzyklus im Mittelpunkt. Denken Sie daran, dass Sie Ihre Website, Anwendung oder Ihr Produkt in erster Linie für sie entwickeln.

In Kapitel 11 werde ich mich mit diesem Iterationszyklus befassen. Ich werde mich auf verschiedene Arten des Prototypings und einige praktische Testmethoden konzentrieren, wenn Sie ein Design oder das Minimal Viable Product Ihrer Webseite fertiggestellt haben und es läuft.

Zusammenfassung

- Wenn Sie ein Projekt mit einer Recherche beginnen, ob Sie ein tatsächliches Geschäfts- oder Benutzerproblem lösen, können Sie sicherstellen, dass Sie nicht etwas bauen, das nicht genutzt wird.
- Die anfängliche Recherche stellt sicher, dass Sie eine solide Richtung für Ihr Produkt haben, die die Designentscheidungen sowohl in Bezug auf die User Experience als auch auf das visuelle Design beeinflussen wird.
- Bevor Sie mit dem Entwurf eines Projekts beginnen, sollten Sie eine Art von Recherche durchführen, um Ihre Entwurfsentscheidungen zu treffen.
- Wenn Sie Ihre Designentscheidungen, insbesondere bei größeren Projekten, auf der Grundlage von Forschungsergebnissen treffen, können Sie spätere kostspielige Überarbeitungen vermeiden, die sich auf das Endergebnis auswirken können. Wenn Sie mit der Recherche anfangen, haben Sie eine solide Grundlage, von der aus Sie mit der Gestaltung beginnen können, und stellen die Bedürfnisse Ihrer Nutzer in den Mittelpunkt Ihres Designs.
- Mehrere Forschungsmethoden lassen sich in Kategorien einteilen, die qualitative und quantitative Daten liefern und das Nutzerverhalten und die Einstellung der Nutzer messen. Wenn Sie eine Kombination dieser Methoden wählen, stellen Sie sicher, dass sie sich gegenseitig untermauern.
- Numerische Daten, wie Analysen, sollten durch die Durchführung qualitativer Studien oder die Beantwortung qualitativer Fragen überprüft werden, um die Zahlen zu untermauern.

- Die Einstellungen, Meinungen und Rückmeldungen der Nutzer sollten mit quantitativen Daten gemessen werden, um eine Grundlage zu schaffen, die diese Meinungen unterstützt. Wenn Ihre qualitativen Daten nicht durch quantitative Daten gestützt werden oder umgekehrt, lohnt es sich, diese Diskrepanz eingehend zu untersuchen, da Ihre Nutzer möglicherweise verwirrt sind oder nicht wissen, was gefragt wird. Diese Diskrepanz sollte als Chance genutzt werden, um Ihren Nutzern mehr Klarheit und ein besseres Produkterlebnis zu bieten.
- Forschung ist keine einmalige Phase. Während einige Methoden eher für eine bestimmte Projektphase geeignet sind, können andere während des gesamten Zyklus eingesetzt werden.

5 User-Experience-Design

Dieses Kapitel behandelt

- Definition der Informationsarchitektur und ihres Nutzens für die Planung von Websites und Inhalten
- Organisation und Strukturierung von Website-Daten und/oder -Inhalten
- Wie man Benutzerflussdiagramme erstellt, um die Wege zu ermitteln, die ein Benutzer auf einer Website oder in einer Anwendung nehmen kann, um eine Aufgabe zu erledigen
- Der visuelle Zyklus, beginnend mit Wireframing, gefolgt von visuellem Design und Prototyping

Bevor Sie mit dem Bau eines Hauses beginnen können, müssen Sie ein Fundament errichten. Das ist es, was Ihre ersten Erkenntnisse aus der Nutzerforschung sind – das Fundament für den Rest Ihrer Website oder Anwendung. Mit diesen Erkenntnissen verfügen Sie über eine solide Grundlage für die Entwicklung einer Lösung, die sich an den Bedürfnissen Ihrer Nutzer orientiert.

Wie in Kapitel 3 erläutert, ist User-Experience-Design ein weit gefasster Begriff, da er viele verschiedene Aspekte abdecken kann, die nicht unbedingt als Design gelten, wie man es sich vielleicht vorstellt. In einer meiner Funktionen habe ich den Titel Experience Designer getragen, was die Arbeitsphase umfasst, die ich in diesem Kapitel vorstellen werde.

Diese Phase umfasst nicht nur das visuelle Erscheinungsbild der Website und die Benutzeroberfläche, sondern auch den Aufbau des Gerüsts einer Website mithilfe von Informationsarchitektur und Wireframes sowie die Interaktion und die Art und Weise, wie sich ein Benutzer durch Ihre Website bewegt. Es geht um die Planung und den Aufbau des gesamten visuellen Erlebnisses der Website, bevor man zur Entwicklungsphase übergeht.

5.1 Informationsarchitektur

Wenn Sie schon einmal in einem Irrgarten oder Labyrinth waren, wissen Sie, wie einschüchternd es ist, wenn Sie anfangen! Wenn man den Irrgarten betritt, hat man keine Ahnung, welchen Weg man einschlagen muss, um ans Ende zu gelangen. Wenn man keine Hinweise hat, irrt man umher und hofft, dass der Weg, den man gewählt hat, nicht in eine Sackgasse führt, von der aus man dann zurückgehen und einen neuen Weg wählen muss, um zum Ziel zu gelangen. Wenn Benutzer auf Ihrer Website oder Anwendung landen, versuchen sie, ein Ziel zu erreichen, und sollten eine klare Vorstellung davon haben, wo sie ihre Reise durch Ihr Produkt beginnen sollen. Auch wenn sich Ihre Website für den Benutzer zunächst wie ein Labyrinth anfühlt, sollte er in der Lage sein, zu erkennen, wo er klicken muss, um das zu finden, wonach er sucht. Diese Erfahrung sollte sich auf der gesamten Webseite fortsetzen. Sie wollen nicht, dass Ihre Nutzer das Gefühl haben, durch ein Labyrinth zu wandern, wenn sie auf Ihrer Website sind. Wenn sie auf Sackgassen stoßen und zurückgehen müssen oder nicht wissen, was sie als Nächstes tun sollen, wächst ihre Frustration und damit auch die Wahrscheinlichkeit, dass sie Ihre Website verlassen, bevor sie ihre Aufgabe erfüllt haben. Je nach dem Hauptziel der Website oder Anwendung kann die Frustration der Nutzer zu Umsatz- und Absatzeinbußen führen. Daher ist es wichtig, die Informationsarchitektur Ihrer Website richtig zu gestalten. In dieser Phase des Projekts kommt Ihre Nutzerforschung ins Spiel. Wenn Sie mit den Nutzern eine Kartensortier-Übung durchgeführt haben, können die Ergebnisse dazu beitragen, die Navigation zu strukturieren und die Inhalte so zu gruppieren, wie es die Nutzer im Allgemeinen erwarten würden.

Bei der Informationsarchitektur im Web oder für Ihre App geht es darum, Daten und Inhalte zu strukturieren und zu organisieren, sie zu kennzeichnen und Beziehungen zwischen den verschiedenen Seiten und Inhalten herzustellen. Sie bestimmt auch die Navigations- und Inhaltsstrategie der Website. Eine erfolgreiche Informationsarchitektur hilft den Nutzern, sich auf Ihrer Website zurechtzufinden, indem sie ihnen genau sagt, wo sie sich befinden, was sie sehen und was als Nächstes kommt, wenn sie sich durch die Website klicken, um die Aufgabe zu erledigen, für die sie gekommen sind. Wenn Sie es richtig machen, sorgen Sie dafür, dass sich Ihre Benutzer nicht verloren fühlen. Dies kann zu Beginn sogar als Grundlage für die Bewertung der Benutzerfreundlichkeit Ihrer Website dienen. Wenn Sie beispielsweise die verschiedenen Seiten und Inhalte beschriften, stellen Sie vielleicht fest, dass ein Benutzer zu viele Schritte benötigt, um die Hauptaufgabe der Website zu erfüllen. Also müssen Sie die Anzahl der Schritte verringern. Wenn Sie Ihre Informationsarchitektur planen, bevor Sie mit der Erstellung von Wireframes beginnen, können Sie diese Punkte identifizieren und das Erlebnis optimieren.

Diese Vorbereitung kann Sie davor bewahren, Zeit mit dem Erstellen von Wireframes und Mock-ups für Seiten oder Inhalte zu verschwenden, die Sie nicht benötigen. Es kann auch helfen, Lücken im Benutzerfluss zu identifizieren, bei denen Sie möglicherweise eine weitere Seite oder weitere Inhalte hinzufügen müssen.

In diesem Projektschritt geht es darum, eine Grundlage zu schaffen, bevor Sie mit dem Design beginnen, damit die Unternehmens- und Kundenbedürfnisse erfüllt werden, indem die Struktur der Website und die Arten von Inhalten auf jeder Seite dokumentiert werden. Normalerweise besteht diese Phase aus Tabellen, Textdokumenten und Diagrammen. Die gesamte Dokumentation in einer übersichtlichen Tabelle an einem Ort zu haben, ist besonders nützlich, wenn man mit anderen Teammitgliedern wie Autoren, Content-Strategen oder Geschäftspartnern zusammenarbeitet. Sie gibt einen klaren Überblick darüber, was aus inhaltlicher Sicht auf der Website enthalten sein wird. Die Datei kann auch als Checkliste nicht nur für den Designteil des Projekts, sondern auch für das Erstellen der Inhalte dienen.

Es ist gut, die gesamte Struktur und den Inhalt einer Website zu dokumentieren, egal wie groß sie ist. Besonders wichtig ist dies jedoch bei größeren, inhaltsintensiven Websites, die 50 oder mehr Seiten umfassen können, zum Beispiel Nachrichten- oder forschungsorientierte wissenschaftliche Websites. Diese Dokumentation der Struktur und des Inhalts ist wichtig, damit die Inhalte nicht nur richtig gruppiert werden, sondern auch nachverfolgt werden können, um doppelte Arbeit beim Erstellen von Inhalten zu vermeiden. Sehen Sie sich nun einige der verschiedenen Möglichkeiten an, die Informationsarchitektur Ihrer Webseite oder Anwendung zu dokumentieren.

5.1.1 Sitemap

Eine Sitemap (Seitenübersicht) ist genau das, wonach es klingt: eine Karte der Struktur und des Inhalts Ihrer Website. Sie bietet einen eher visuellen Einblick in ihre Struktur und ist in der Regel eine Art Diagramm, das die Hierarchie und die Beziehungen zwischen den Inhaltsseiten zeigt. Oft dient die Sitemap auch als Grundlage für die Top-Level-Navigation der Webseite. Sie ist aber nicht unbedingt eine exakte Kopie der Navigation, je nachdem, wie detailliert sie den Inhalt beschreibt. Im Allgemeinen handelt es sich um eine Aufschlüsselung aller wichtigen Landingpages und Unterseiten. Sehen Sie sich nun einige Beispiele für Sitemaps an, beginnend mit Abbildung 5–1.

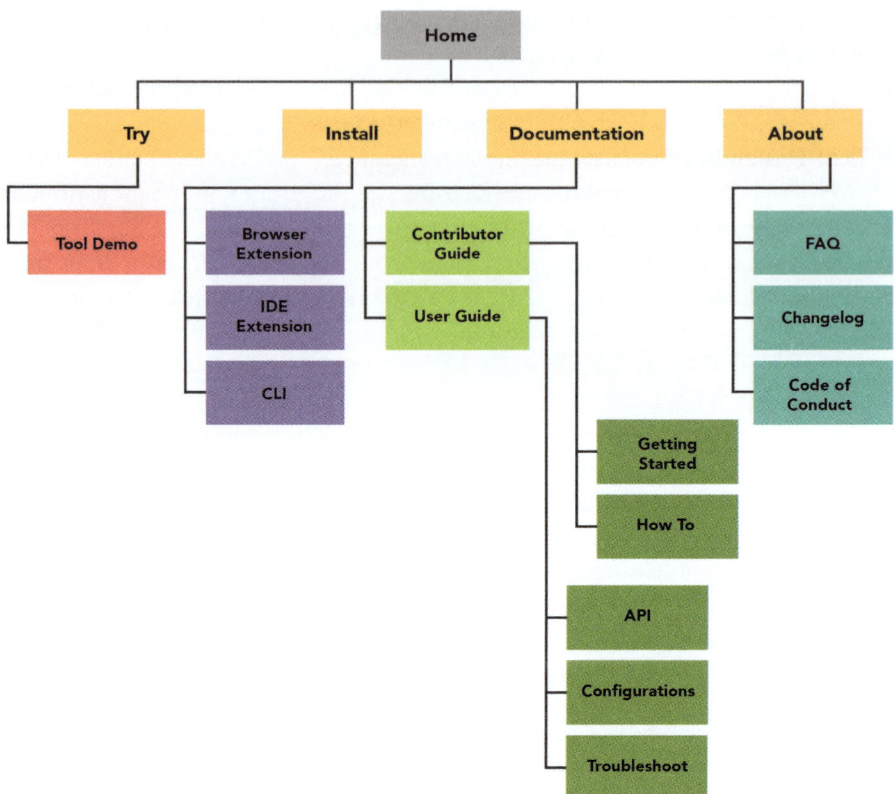

Abb. 5–1 *Ein Beispiel für den Aufbau einer Sitemap*

Eine Sitemap erstellen

Je nachdem, wie umfangreich die Webseite oder Anwendung ist, die Sie erstellen, sollten Sie den Umfang Ihrer Sitemap begrenzen, um Zeit zu sparen. Sitemaps sollten einen allgemeinen Überblick über die Art des Inhalts geben, den Sie auf der Seite erwarten. Sie müssen nicht jede einzelne Seite einer größeren, inhaltslastigen Website in die Sitemap aufnehmen. Wenn Sie zum Beispiel an einer E-Commerce-Website mit Hunderten von Produktseiten arbeiten, ist es nicht sinnvoll, jede einzelne dieser Seiten in der Sitemap zu dokumentieren, sondern nur, wie Sie zu ihnen gelangen können.

Letztendlich sollten die Erwartungen Ihres Kunden und die Tatsache, ob Sie mit einem Designteam zusammenarbeiten, bestimmen, wie detailliert Ihre Sitemap sein wird. Die Sitemap in Abbildung 5–2 zum Beispiel geht über die Dokumentation der wichtigsten Landepunkte hinaus. Alternativ können Sie diese Art von Inhalt auch in einer Tabelle mit Informationen zum Inhaltsinventar unterbringen.

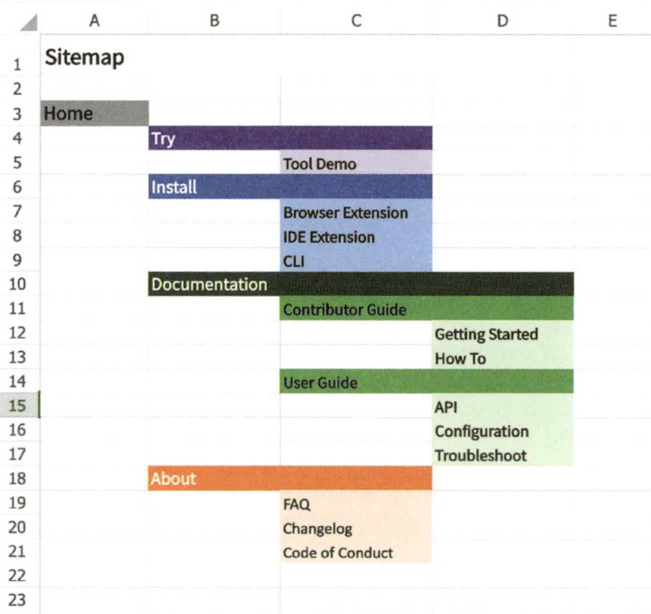

Abb. 5–2 *Ein Beispiel für eine Sitemap in einer Tabellenkalkulation*

Sitemaps haben auch einen technischen Nutzen, sobald die Webseite live ist. Die Sitemap kann in die Fußzeile eingefügt werden, wie in Abbildung 5–3. Eine Sitemap auf der Webseite gibt den Nutzern einen klaren Überblick über die wichtigsten Abschnitte Ihrer Website. Das kann hilfreich sein, wenn sie sich nicht sicher sind, wohin sie gehen müssen.

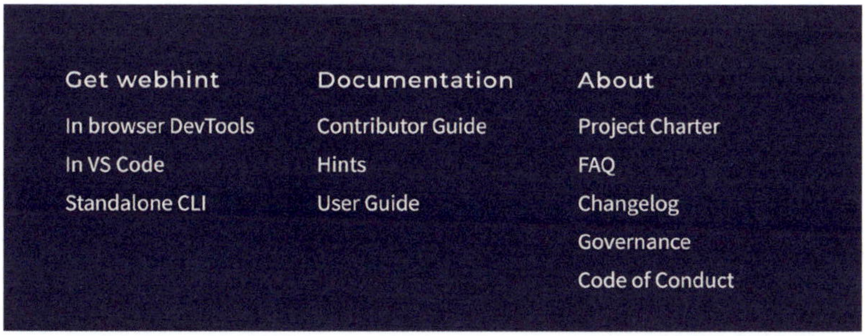

Get webhint
In browser DevTools
In VS Code
Standalone CLI

Documentation
Contributor Guide
Hints
User Guide

About
Project Charter
FAQ
Changelog
Governance
Code of Conduct

Abb. 5–3 *Eine Sitemap, die in der Fußzeile einer Webseite angezeigt wird und die wichtigsten Anlaufstellen hervorhebt*

Entwickler können auch einen Schritt weiter gehen und eine Sitemap in einem XML-Dokument erstellen, entweder von Hand oder mithilfe verfügbarer Tools. Dieses Dokument liefert Suchmaschinen Informationen über die Website und bietet einen zusätzlichen SEO-Vorteil. Eine visuelle Sitemap, die in einem frühen Stadium des Prozesses entwickelt wird, kann später als Grundlage für dieses XML-

Dokument dienen und das Erstellen beschleunigen, wenn Sie es von Hand und nicht mit einem automatisierten Tool schreiben.

Eine Sitemap kann auf verschiedene Weise erstellt werden. Aber ihr eigentlicher Zweck ist es, einen Überblick über die Struktur der Website, die Hierarchie der Seiten und gegebenenfalls ihre Verknüpfung zu geben. Sie kann als Informationsquelle für spätere Benutzerströme dienen, die auch als Journey Maps bezeichnet werden und den Weg eines Benutzers durch Ihre Website oder Anwendung darstellen.

Tipp

Wenn wir eine Website erstellen, haben wir und unsere Kunden oft eine Meinung darüber, was wir für die beste Art und Weise halten, Inhalte zu gruppieren und anzuzeigen. Wir glauben, dass wir es am besten wissen, weil wir so nah am Produkt dran sind. Diese Art des Denkens stellt jedoch nicht die Nutzer der Website in den Vordergrund. Die Art und Weise, wie sie sich Ihrer Website nähern und die Inhalte erkunden, unterscheidet sich in der Regel von derjenigen, die Sie oder Ihr Kunde haben. Aus diesem Grund ist die Nutzerforschung von entscheidender Bedeutung, und es sollte zumindest eine Kartensortier-Übung durchgeführt werden. Diese Untersuchung wird Aufschluss darüber geben, wie Ihre Benutzer die Inhalte auf der Website organisieren und gruppieren wollen, und sie wird sicherstellen, dass ihre Organisation an einer möglichst starken Stelle beginnt.

Navigation und Wegweiser auf der Website

Ich erstelle Sitemaps oft auf der Grundlage, wie ich plane, die Navigation der Website zu bauen. Die Navigationsstruktur ist zwar Teil des Informationsarchitekturprozesses, aber nicht die einzige Überlegung, da sie die Beziehungen zwischen Seiten und Inhalten nicht berücksichtigt. Die Sitemap und das Inhaltsinventar sollten das Hauptnavigationsmenü auf Ihrer Website bestimmen. Sie können auch das Design beeinflussen, je nachdem, wie viele Ebenen die Website oder Anwendung umfasst.

Die Navigation ist mehr als das Hauptmenü einer Website. Sie informiert die Benutzer auch darüber, wo sie sich befinden. Nehmen wir an, Sie haben eine Website mit einem Menü am oberen Rand und einer Dropdown-Liste, die zu Landingpages der zweiten Ebene führt, wie in Abbildung 5–4. Benutzer, die auf eine dieser Seiten klicken, finden möglicherweise noch mehr Navigationsoptionen, die sie drei oder vier Ebenen tiefer führen. Da sie diese Seiten nicht über das Hauptmenü erreichen können, sollten Sie ein sekundäres Navigationsmenü für Abschnitte auf Ebene 2 und tiefer einfügen, um Breadcrumbs bereitzustellen, die den Benutzern zeigen, wie sie genau auf die Seite gelangt sind, auf der sie sich befinden.

Ihre Sitemap kann zwar das Hauptmenü Ihrer Website für die Navigation darstellen, aber es ist wichtig, daran zu denken, dass es nicht die einzige Navigationsmöglichkeit ist. Oft werden in den Hauptmenüs nur die wichtigsten Punkte Ihrer Webseite hervorgehoben. Daher ist es wichtig, andere Navigationsinstrumente bereitzustellen, damit die Nutzer den Weg zurück zu den höheren Ebenen finden und wissen, wo sie sich in Bezug auf die anderen Seiten und Inhalte befinden.

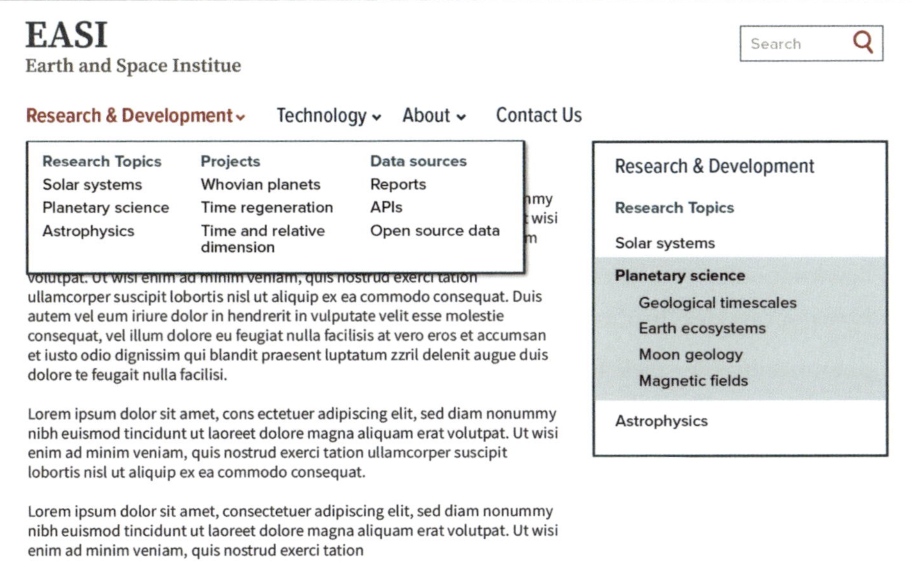

Abb. 5–4 *Die Navigation auf dieser Website geht über das hinaus, was in der Kopfnavigation verfügbar ist. Die Seitenleiste auf der rechten Seite dient als Navigation zu den tieferen Ebenen der Website und als Orientierungshilfe, damit der Benutzer weiß, von wo aus er geklickt hat.*

5.1.2 Bestandsaufnahme und Prüfung der Inhalte

Bei der Neugestaltung einer bereits bestehenden Website oder Anwendung nimmt man normalerweise eine Bestandsaufnahme der Inhalte vor und trägt alles in eine Tabelle ein. Wenn ich jedoch an neuen Projekten arbeite, bei denen noch keine Inhalte vorhanden sind, finde ich die Tabellenkalkulation nützlich, um die Art von Inhalten zu erfassen, die ich für die Website schreiben muss. Die Tabellenwerte unterscheiden sich zwar ein wenig von denen, die ich bei einer Bestandsaufnahme der vorhandenen Inhalte verwende, aber sie bieten einen einfachen Überblick über alle benötigten Inhalte, gruppiert nach Seiten oder anderen Faktoren. Diese Liste kann bei neuen Websites sehr viel kürzer sein als bei bestehenden, bei denen Inhalte, wie Blog-Beiträge, möglicherweise über mehrere Jahre hinweg erstellt wurden, bevor die Bestandsaufnahme durchgeführt wird. Eine Tabellenkalkulation zu verwenden, ist eine kostengünstige Möglichkeit, diese Arbeit zu erledigen, und kann für eine künftige Bestandsaufnahme oder Prüfung der Inhalte bereitgehalten werden.

In der Regel enthält die Tabelle mit dem Inhaltsinventar folgende Informationen; sie ist aber nicht darauf beschränkt:

- Seiten, auf denen sich der Inhalt befindet
- Seiten-Metadaten
- Titel des Inhalts oder Zusammenfassung, worum es sich handelt
- Autor
- URL
- Dateiformat (Bild, Artikel, Teil der Benutzeroberfläche, herunterladbare Datei usw.)
- Beschreibung des Inhalts
- Erstelldatum des Inhalts (falls verfügbar)

Es gibt unzählige Beispiele für die Art von Daten, die Sie in einem Inhaltsinventar erfassen können. Es lässt sich auf Ihre Bedürfnisse anpassen. Die Tabelle wird in etwa wie in Abbildung 5–5 aussehen.

A	B	C	D	E	F
Page	Title	Content	Summary	Author/Owner	URL
Homepage					https://coolwebsite.com
	Hero image title	Hero image	Describes image + purpose	Design and marketing	https://coolwebsite.com
	Subsection title	Copy and image content	Describes content purpose	Marketing	https://coolwebsite.com
Documentation					https://coolwebsite.com/docs
	Search documentation	Search input textbox and button	Searches documentation pages		
	User guide	Icon and text tile	Links to user guide		https://coolwebsite.com
	Contribution guide	Icon and text tile	Links to contributor guide		
About					
	Changelog	Icon and text tile	Links to changelog		
	Code of Conduct	Icon and text tile			

Abb. 5–5 *Ein Beispiel für ein einfaches Tabellenblatt für das Inhaltsinventar*

Wie bereits erwähnt, habe ich bei der Planung von Inhalten für neue Websites ein Dokument zur Bestandsaufnahme der Inhalte verwendet. Eine Tabelle für die benötigten Inhalte, unabhängig davon, ob Sie mit einem Autor zusammenarbeiten oder nicht, ist einfach und unkompliziert und stellt alles an einem Ort zusammen. Wenn Sie an der Neugestaltung einer Website arbeiten, gibt Ihnen eine Inhaltsinventur einen präzisen Überblick über das, was derzeit vorhanden ist und wie es in die Neugestaltung passt. An diesem Punkt kommt ein Content-Audit ins Spiel.

Ein Content-Audit geht über die bloße Dokumentation des Inhaltsbestands einer Website hinaus. Sie müssen nun bewerten, ob dieser Inhalt komplett gestrichen und neu geschrieben werden muss oder ob er unverändert beibehalten werden kann. Einige der wichtigsten Fragen, die bei der Durchführung des Audits zu stellen sind, lauten wie folgt:

- Erfüllt der Inhalt seine Ziele?
- Bietet der Inhalt Ihren Endnutzern einen Mehrwert?
- Erfüllt der Inhalt die Nutzerziele?
- Erfüllt der Inhalt die Unternehmensziele?
- Entspricht der Inhalt der Stimme und dem Ton Ihrer Marke?
- Wie wirkt der Inhalt? (Wird er aufgerufen?)

Die Durchführung eines Inhaltsaudits hilft bei der Entwicklung einer Inhaltsstrategie für die Website und sollte mit den Nutzer- und Unternehmenszielen der Website oder Anwendung übereinstimmen. Inhalte und Texte sind es, die die Nutzer auf Ihre Website oder Anwendung bringen; eine Webseite oder ein Anwendungsdesign ist nichts ohne Inhalte. Ein Audit stellt sicher, dass sich alle Teammitglieder weiterhin an den Zielen der Website orientieren und in der Lage sind, die entsprechenden Inhalte zu erstellen, sei es ein Artikel oder ein Medium, um diese Ziele zu erreichen.

5.2 User Flows und User Journeys

Sobald Sie die hierarchische Struktur Ihrer Webseite in einer Sitemap dokumentiert und das Layout aus der Perspektive der Informationsarchitektur entwickelt haben, können Sie damit beginnen, die User Flows (Nutzerströme) zu definieren und die User Journeys für Ihre Webseite darzustellen. User Flow und User Journey Map klingen wie dasselbe, aber sie unterscheiden sich in der Art der Darstellung, die sie liefern. Der User Flow konzentriert sich darauf, Klarheit über jeden Schritt im Prozess zu schaffen, mit dem eine Aufgabe abgeschlossen wird. Eine User Journey Map erstellt eine Erzählung aus der Sicht einer User-Persona. Sie stellt die Erfahrung Ihrer Hauptbenutzer-Persona dar und bindet ein emotionales Element ein, um zu ermitteln, was Ihr Nutzer in jeder Phase seiner Reise durch Ihr Produkt denkt und fühlt. Bei der Entwicklung einer User Journey sind solide Daten aus der Nutzerforschung über Ihre Zielnutzer unerlässlich, damit Sie bei der Interaktion mit Ihrem Produkt keine Annahmen über deren Sichtweise treffen.

5.2.1 User Flow

User Flows sind die Wege, die Benutzer nehmen, um eine Aufgabe auf Ihrer Webseite oder in Ihrer Anwendung zu erledigen. Diese Wege beginnen am Einstiegspunkt für eine bestimmte Aufgabe und umfassen die Schritte zwischen diesem Punkt und dem Zeitpunkt, an dem der Benutzer sein Ziel erreicht hat. User Flows können einfach Flussdiagramme mit Beschriftungen für jede Interaktion für das Erledigen einer Aufgabe sein, wie in Abbildung 5–6, oder sie können visuell in Wireframes detaillierter dargestellt werden.

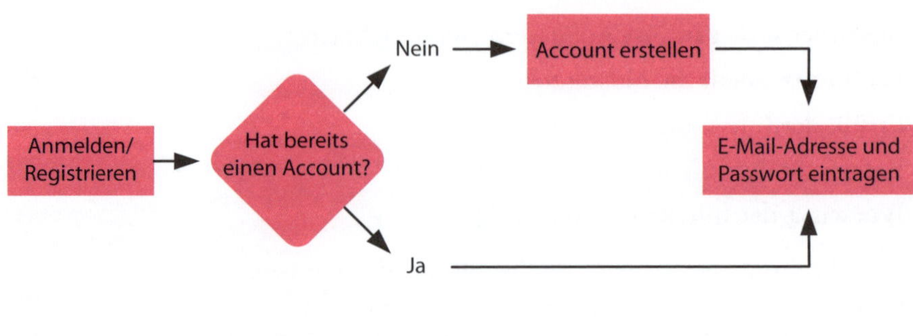

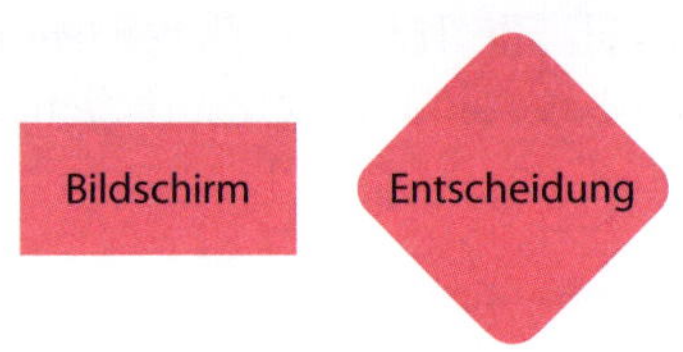

Abb. 5–6 *Ein einfaches User-Flow-Diagramm, das einen Anmeldevorgang zeigt. Verschiedene Formen symbolisieren die verschiedenen Schritte, die ein Benutzer durchläuft. Sieht er einen Bildschirm? Muss er eine Aktion ausführen?*

Sowohl das Flussdiagramm als auch die Wireframe-Version haben ihre eigenen Vorteile. Das Flussdiagramm gibt beispielsweise einen objektiven Überblick über die einzelnen Schritte, die ein Benutzer für das Erledigen einer Aufgabe durchlaufen kann, ohne sich auf das Layout oder Design zu konzentrieren, wie es bei der Wireframe-Version der Fall wäre. Dieser Ansatz ist vorteilhaft, da das visuelle Design und das Layout bei der Überprüfung durch die Stakeholder ablenkend wirken und den Fokus davon ablenken können, Feedback zu den Schritten zu erhalten, mit denen eine Aktion auf der von Ihnen entworfenen Website oder Anwendung abgeschlossen wird. Das Erstellen von User Flows vor der Wireframing- und visuellen Designphase ist der Schlüssel, um Punkte zu identifizieren, an denen die User Experience verbessert werden kann, und reduziert die Zeit, die für das Erstellen von Wireframes aufgewendet wird, die möglicherweise unnötig sind. Diese User Flows können in dieser Phase des Projekts als Grundlage für Prototypen dienen, um sicherzustellen, dass in der visuellen Designphase nichts von der geplanten Benutzerinteraktion vergessen wurde. Sobald Sie Wireframes erstellt haben, ist es hilfreich, Ihr Flussdiagramm in einen Wireframe User Flow zu übersetzen. Das Flussdiagramm zeigt die Berührungspunkte auf, die in der visuellen Designphase hervorgehoben werden müssen, und leitet die Benutzer dorthin, wo sie klicken müssen, um eine Aufgabe zu erledigen. User Flows sind vielseitig, da sie entweder auf einen bestimmten Aufgabenablauf reduziert werden können, den ein Benutzer auf Ihrer Website oder Anwendung ausführt, oder auf einen größeren Ablauf über mehrere Seiten hinweg skaliert werden können. Sie sind nützliche Werkzeuge sowohl für eine von Grund auf neue Website als auch für die Umgestaltung einer bestehenden Website. Bei einer Neugestaltung können sie Ihnen helfen, die verschiedenen Pfade objektiv zu bewerten, um festzustellen, wo sie verbessert oder gestrafft werden können.

5.2.2 User Journey

User Journeys (Benutzerreisen) unterscheiden sich visuell von User Flows und bieten eine viel umfassendere Sicht auf den Weg des Benutzers durch die Interaktion mit Ihrem Produkt. Obwohl sie auf einem User Flow basieren, fügen User Journeys zusätzliche Informationen und einige weitere Ebenen für die Bewertung hinzu, indem sie eine Erzählung aus der Sicht einer Zielbenutzer-Persona erstellen. Sie bieten eine emotionale Bewertung der Gefühle, die Ihre Benutzer bei der Beschäftigung mit Ihrem Produkt empfinden, und ermöglichen es ihnen, auf der Grundlage dieser Gefühle Vorschläge zur Verbesserung ihrer Erfahrung zu machen. Die zusätzlichen Ebenen einer User Journey Map im Vergleich zu einem User Flow machen sie äußerst wertvoll. Lassen Sie mich also die Schritte oder Ebenen definieren, die Sie Ihrer User Journey Map hinzufügen möchten.

Eine User Journey Map erstellen

Zunächst möchte ich die Zielbenutzer-Persona für die Reise definieren. Aus der Perspektiver dieser Person werden Sie die Reise betrachten. Konzentrieren Sie sich auf eine Persona und einen Nutzertyp, da verschiedene Zielgruppen unterschiedliche Aktionen durchführen und sich unterschiedlich auf Ihrer Website bewegen können. Legen Sie als Nächstes das Szenario oder den Umfang der User Journey fest. Wer ist diese Person und welches Ziel versucht sie zu erreichen oder welche Aufgabe will sie erledigen? Was sind ihre Erwartungen? Sie sollten den Umfang der Aufgabe oder des Ziels eingrenzen und spezifisch sein, um die besten Erkenntnisse zu erhalten. Als Nächstes ordnen Sie die Schritte des Szenarios den Gedanken, Handlungen oder Gefühlen des Benutzers zu, während er die einzelnen Schritte durchläuft. Bei diesen Schritten kann es sich um positive oder negative Momente handeln, die Ihnen helfen, den User Flow zu analysieren und Entscheidungen aus einer Position des Einfühlungsvermögens heraus zu treffen, um die beste User Experience zu bieten. Schließlich können Sie anhand dieser Momente Verbesserungsmöglichkeiten identifizieren. Zusammengesetzt kann eine User Journey Map etwa wie das Dokument in Abbildung 5–7 aussehen.

Journey Maps können über den digitalen Raum hinausgehen und sich auch auf den physischen Raum erstrecken. Diese physischen Räume werden Touchpoints genannt, und eine User Journey kann eine Mischung aus beidem sein. Nehmen wir zum Beispiel an, Sie erstellen eine Website oder Anwendung für einen Kunden aus dem Gesundheitswesen. Ihre Benutzer werden höchstwahrscheinlich einen digitalen Raum (Ihre Website) und einen physischen Raum (Besuch bei einem Gesundheitsdienstleister) betreten. Die digitalen und physischen Touchpoints sind miteinander verbunden, und beide sollten berücksichtigt werden. Das Erstellen einer Journey Map für diese Szenarien ist wichtig, um Lücken zu identifizieren, auf die ein Benutzer stoßen kann und die sich negativ auf seine physische Erfahrung auswirken. Es ist eine gute Möglichkeit, die Informationen zu identifizieren, die Sie auf der Webseite bereitstellen können, um negative Erfahrungen zu verringern. Sie sollten die negativen Bereiche ausfindig machen, in denen die Erfahrung einen Benutzer sogar davon abhalten könnte, den physischen Raum zu betreten und damit seine User Journey vorzeitig zu beenden.

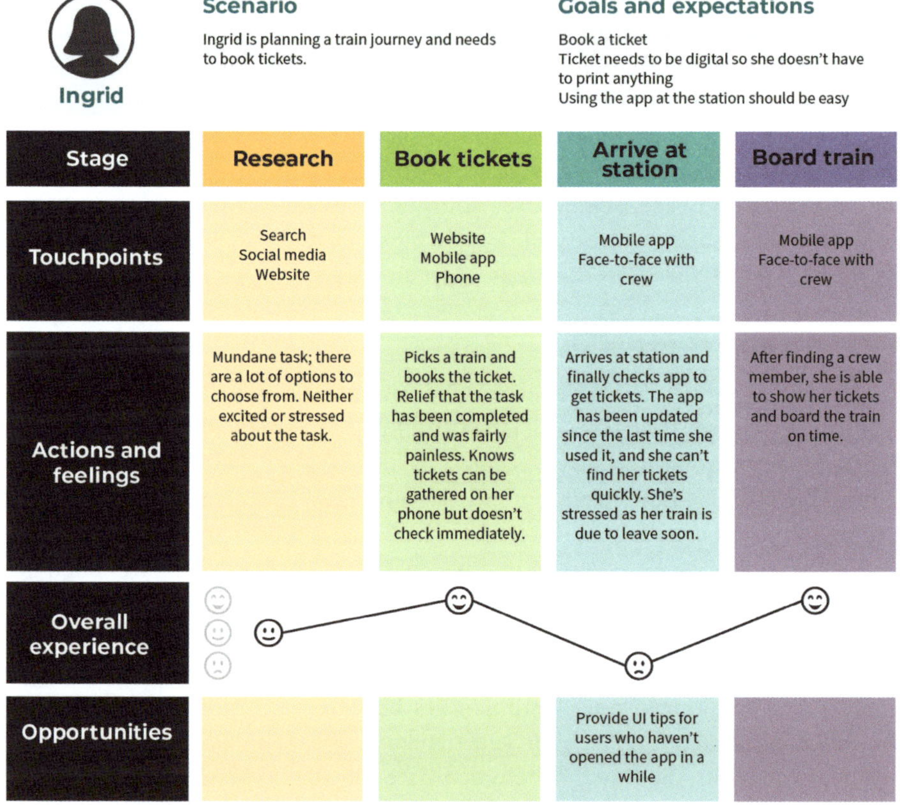

Abb. 5–7 *Eine einfache User Journey Map, die das Szenario eines Nutzers, der ein Zugticket bucht, und seine Erfahrungen mit der App darstellt. User Journey Maps können mit Tools wie Figma, Illustrator oder sogar Microsoft Word erstellt werden.*

User Journeys sind ein wichtiges Instrument, das Ihnen hilft, sich in die Lage Ihrer Zielnutzer zu versetzen und nachzuvollziehen, was sie bei der Interaktion mit Ihrem Produkt empfinden. Negative und positive Erfahrungen sind von entscheidender Bedeutung, daher ist es wichtig, den emotionalen oder mentalen Zustand zu berücksichtigen, in dem sich Ihre Nutzer befinden, wenn sie Ihre Website nutzen. Was wollen sie dort tun? Wie könnten sie sich fühlen? Nutzen Sie diese Szenarien, um herauszufinden, wo Sie die Reise Ihrer Nutzer noch reibungsloser gestalten können, damit sie ihre Aufgabe ohne Hindernisse erledigen können.

Eine User Journey für einen gestressten Nutzer erstellen

Ich habe einmal einen Vortrag von Eric Meyer, der für sein Fachwissen über HTML, CSS und Webstandards bekannt ist, auf der Konferenz *An Event Apart* gehört, und er hat meine Denkweise über das Erstellen von Benutzererlebnissen verändert. Wenn Sie Journey Maps für bestimmte Szenarien und Benutzer erstellen, sollten Sie eine für die Person erstellen, die sich in einem Stresszustand auf Ihrer Webseite befindet. Wenn Sie zum Beispiel an einer Bankanwendung arbeiten, könnte diese Person unter Stress stehen, weil ihre Bankdaten gehackt wurden und sie zusehen muss, wie ihr Konto in Echtzeit geleert wird. Ein anderes Beispiel wäre jemand, der dringend einen Flug buchen muss, weil ein geliebter Mensch krank oder gestorben ist. Oder jemandem wurde das Telefon gestohlen und er hat keine Ortungs-App heruntergeladen, sodass er den Diebstahl melden und seinen Dienst kündigen muss. Ihre User Journey würde zeigen, dass diese Menschen sich höchstwahrscheinlich überfordert fühlen und nicht klar denken können. Die Karte würde sich auf den Abbau von Hindernissen für Menschen konzentrieren, die Informationen nicht so klar verarbeiten können wie jemand, der nicht unter Stress steht.

Ich habe einmal an einer Website für einen Kunden gearbeitet, dessen Hauptziel darin bestand, Informationen für Soldaten bereitzustellen, deren Dienstzeit zu Ende ging und die sich nach möglichen technisch orientierten Karrierewegen umsahen. Die Website musste diese Informationen bereitstellen. Als ich begann, die User Journey für die wichtigsten Abschnitte der Website zu entwerfen, stellte ich ein paar Fragen, um zu versuchen, mich in ihre Lage zu versetzen:

- Was empfinden sie, wenn sie zum ersten Mal auf dieser Website landen?
- Wie ist ihre Gemütsverfassung?

Ich habe mich in die Lage einer Person hineinversetzt, die gerade das Ende eines wichtigen Lebensabschnitts erlebt. Diese Person muss sich Gedanken über die nächste Phase ihres Lebens machen, was eine beängstigende und stressige Erfahrung sein kann. Ich habe daran gearbeitet, die Informationsarchitektur der Website so klar wie möglich zu gestalten und alle Sackgassen zu beseitigen. Da ich davon ausging, dass die Besucher am Ende eines Abschnitts nicht genau das finden würden, was sie suchten, habe ich dafür gesorgt, dass sie auf andere Seiten mit Informationen verwiesen werden, die ihnen den Weg weisen.

Nach dem Start der Website zeigten die Analysen, dass die Besucher durchschnittlich sieben Minuten auf der Website verbrachten. In einer Welt, in der Menschen Websites in weniger als einer Minute oder sogar weniger als 30 Sekunden verlassen, wenn sie nicht sofort finden, was sie brauchen, war diese Zeit ein großer Erfolg. Der Kunde war äußerst zufrieden, und in meiner beruflichen Laufbahn betrachte ich dieses Projekt immer noch als eines der erfolgreichsten, wenn nicht sogar als das erfolgreichste, das ich je geleitet habe. Ich schreibe diesen Erfolg dem Denken und Entwerfen aus der Sicht eines gestressten Menschen zu.

Das Wunderbare an diesem Ansatz ist, dass, wenn jemand, der unter Stress steht, die benötigten Informationen leicht finden und seine Aufgabe erledigen kann, dies auch derjenige schafft, der nicht unter Stress steht. Letztendlich profitieren alle Ihre Nutzer und auch Ihr Produkt von dieser User Experience.

5.3 Gestaltung Ihrer Website und Anwendung

Sobald Sie Ihre Recherchen abgeschlossen, Ihre Informationsarchitektur erstellt und Ihren User Flow oder Ihre User Journey definiert haben, können Sie damit beginnen, visuelle Designprinzipien zu entwickeln und anzuwenden, um Ihre Website oder Anwendung zu gestalten. Die vorangegangenen Phasen liefern die Blaupause für ihre Gestaltung. Aber bevor Sie mit der Auswahl von Schriftarten und Farbpaletten beginnen, sollten Sie das Fundament und die Skelettstruktur Ihrer Webseite mit Wireframes aufbauen. Wenn Sie ein Haus bauen, können Sie keine Farbe auftragen oder Jalousien aufhängen, bevor Sie die Wände hochgezogen und die Fenster eingesetzt haben.

Die Entwurfsphase ist in Teilphasen gegliedert und beginnt mit dem Wireframing, gefolgt vom statischen visuellen Design und dem Interaktionsdesign. Die Phasen des statischen visuellen Designs und des Interaktionsdesigns müssen nicht unbedingt in einer bestimmten Reihenfolge abgeschlossen werden. Das Interaktionsdesign kann nach dem Fertigstellen der Wireframes beginnen. Sie können sich dafür entscheiden, mit den Wireframes klickbare Prototypen zu erstellen, um die Zustimmung des Kunden einzuholen und sicherzustellen, dass die Interaktion und der User Flow mit dem vorgeschlagenen Seitenlayout und der Inhaltsorganisation übereinstimmen. Oder das Interaktionsdesign kann nach der statischen visuellen Designphase beginnen, wenn Sie die verfeinerten visuellen Mock-ups Ihrer Webseite oder Anwendung haben. Sie können sich dafür entscheiden, mit diesen Mock-ups sehr detaillierte Prototypen anstelle von Wireframes zu erstellen. Die Reihenfolge dieser Schritte hängt weitgehend von Ihnen, Ihrer bevorzugten Arbeitsweise und den Erwartungen Ihres Kunden ab.

5.3.1 Wireframing

Unabhängig davon, ob Sie mit der Interaktions- oder der statischen Entwurfsphase beginnen wollen, sollten Sie zuerst Wireframes erstellen. Wireframes sind der erste visuelle Entwurf Ihrer Webseite oder Anwendung, der sich darauf konzentriert, der Informationsarchitektur Leben einzuhauchen, indem er sie in ein visuelles Medium überträgt.

Wireframes sind jedoch frei von jeglicher Designästhetik, siehe Abbildung 5–8. Das heißt, in dieser Phase sollte der Schwerpunkt nicht auf der Auswahl von

Schriftarten, Farben oder Grafiken liegen. Wireframes sollten sich darauf konzentrieren, Beziehungen zwischen den Inhalten auf den verschiedenen Seiten herzustellen und einen Plan für die auf diesen Seiten erwarteten Funktionen zu erstellen. Ich war für alle Phasen eines Websiteprojekts verantwortlich, und meine Wireframes haben immer das endgültige Layout der Website in der visuellen Designphase beeinflusst. Das Erstellen von Wireframes sollte auch ein iterativer Prozess sein. Und da man sich noch keine Gedanken über Farbe oder Typografie macht, sind die Kosten für Iterationen gering. Daher ist es einfach, sie den Nutzern und Projektbeteiligten vorzulegen, um Feedback zu erhalten und sicherzustellen, dass Sie visuell den richtigen Weg einschlagen. Wenn Sie diese Zustimmung einholen und Änderungen vornehmen, bevor Farben und Typografie angewendet werden, können Sie den Aufwand und die Kosten für das Design verringern. Das Erstellen vollständig gestalteter Seiten ist zeitaufwendig, ebenso wie die Iteration von vollständig gestalteten Seiten. Sie werden mehr Designfaktoren berücksichtigen, wenn Sie mit der Umstrukturierung von Inhalten auf einer vollständig gestalteten Seite beginnen; Wireframes liefern ein Graustufen-Skelett.

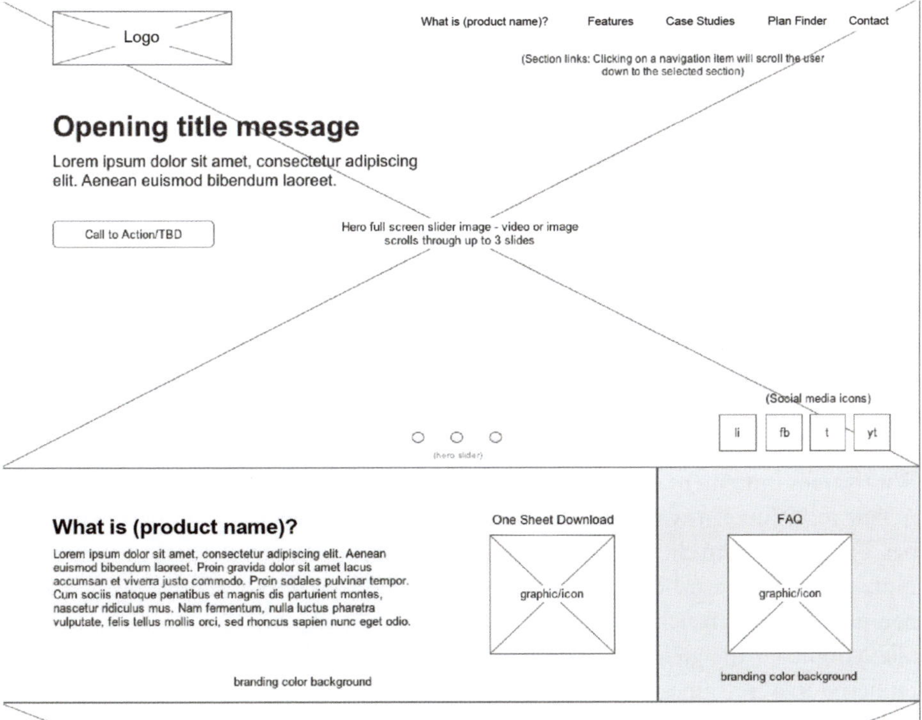

Abb. 5–8 *Ein Beispiel für den oberen Teil eines Wireframes, das die Struktur einer Website definiert. Dieses Wireframe konzentriert sich auf den Header-Bereich einer Homepage und den unmittelbar darunter liegenden Inhalt.*

Je nachdem, was Sie erreichen wollen, können Sie bei Ihren Wireframes auch verschiedene Realitätsniveaus verwenden: niedrig, mittel und hoch. Das Erstellen von Wireframes mit mittlerem und hohem Detailgrad kann zeitaufwendig sein, ebenso wie die visuelle Designphase (in der Sie Farben und Typografie auswählen). Daher können Wireframes mit niedrigem Detailgrad ein guter Ausgangspunkt sein, um zu prüfen, ob Sie mit den Stakeholdern in die richtige Richtung gehen, bevor Sie viel Zeit in das Erstellen von Wireframes mit mehr Details investieren.

Wireframes mit niedrigem Detailgrad

Wireframes mit niedrigem Detailgrad sind eine extrem grobe Version des Seitenlayouts und weisen die geringstmögliche Anzahl von Details auf. Sie sehen in der Regel wie eine Menge Formen auf einer Seite aus, die darstellen, wo Bilder und Text hingehören. Die Abstände zwischen den Elementen sind nicht annähernd genau. Diese Wireframes können digital oder mit Stift und Papier für eine schnelle Ideenfindung erstellt werden. Diese Art ist am billigsten zu erstellen und betont die Interaktion und Funktionalität der Seiten auf die einfachste Weise, um eine Idee zu vermitteln (Abb. 5–9).

Abb. 5–9
Wireframes mit niedrigem Detailgrad enthalten kaum Details, vermitteln aber eine allgemeine Vorstellung.

Wireframes mit einem niedrigen Detailgrad sind ein großartiges Werkzeug bei der Arbeit mit Nutzern während der Forschungsphasen. Insbesondere zu Beginn eines Projekts, wenn Sie eine Vorstellung davon bekommen wollen, was für Ihre Nutzer funktioniert, bevor Sie viel Zeit in ein neues Layout investieren. Sie können auch sehr hilfreich sein, wenn Sie in einem größeren Team arbeiten, damit alle Mitglieder die gleiche Vorstellung haben, wenn Sie mit der Ausarbeitung detaillierterer Wireframes beginnen. Wenn Sie an einer großen Website oder Anwendung mit vielen verschiedenen Seiten oder Bildschirmen arbeiten, haben Sie möglicherweise nicht die Zeit, Wireframes mit vielen Details zu erstellen. Wireframes mit niedrigem Detailgrad lassen sich schnell erstellen, sodass Sie die eingesparte Zeit dafür aufwenden können, um den Seiten, die es brauchen, mehr Details hinzuzufügen.

Wireframes mit mittlerem Detailgrad

Wireframes mit mittlerem Detailgrad werden mit einem digitalen Tool wie Figma, Balsamiq oder Axure RP erstellt, das eine bessere Genauigkeit bei Abständen, Layout, Größe und Komponentendesign bieten kann, aber nicht pixelgenau ist. Beim Erstellen dieser Wireframes können sich einige grundlegende Designelemente einschleichen, zum Beispiel verschiedene typografische Gewichtungen, um die Hierarchie des Inhalts darzustellen. Sie können das Gestaltungsprinzip des Kontrasts in Wireframes anwenden, auch wenn sie in Graustufen gehalten sind. Verschiedene Grautöne können auch verwendet werden, um die Aufmerksamkeit auf Komponenten zu lenken, die sich von anderen Inhalten auf der Seite abheben sollen.

Bilder sind nach wie vor Formen als Platzhalter, obwohl einige einfache Strichzeichnungen hinzugefügt werden können, um den grundlegenden Inhalt des Bildes zu veranschaulichen, und gegebenenfalls können Icons eingefügt werden. Sie können einige tatsächliche Inhalte für die Hauptteile einfügen, wie die Navigation, Überschriften und Handlungsaufforderungen, aber als Untertitel und Text werden Lorem-Ipsum-Inhalte verwendet. Im Internet finden Sie kostenlose Lorem-Ipsum-Generatoren. Einige Wireframing-Tools generieren sie auch.

Wireframes mit hohem Detailgrad

Wireframes mit hohem Detailgrad sind die detailliertesten und pixelgenau. Sie sind die genaueste Darstellung dessen, was in den nächsten Phasen des Projekts entworfen und gebaut wird. Sie werden nach wie vor in einer Graustufen-Farbpalette erstellt, auch wenn Sie bei bestimmten Komponenten wie Buttons Farbe einsetzen können, um mehr Aufmerksamkeit zu erregen. Ich persönlich bevorzuge es, im Wireframing-Prozess keine Farbe zu verwenden. Oft konzentrieren sich Kunden oder Interessengruppen bei ihrer Überprüfung zu sehr auf die Farbauswahl, obwohl in diesem Stadium noch keine Farbe festgelegt wurde. So kann die Farbe vom Hauptzweck der Wireframes ablenken, der darin besteht, Klarheit über die Funktionen, die Funktionalität und die Organisation des Inhalts zu schaffen.

Beim Erstellen von Wireframes mit hohem Detailgrad sollten Sie so viel Inhalt wie möglich haben; Platzhaltertext sollte sich in Grenzen halten. Wenn Sie Bilder haben, können Sie diese in Graustufen verwenden. Andernfalls können Sie für die Komponenten mit Bildern auch Platzhalter-Rechtecke verwenden, anstatt zwei Linien, die ein X bilden. Sie können auch ein Symbol verwenden, das ein Bild darstellt.

Wireframes mit hohem Detailgrad sind die zeitaufwendigste der drei verschiedenen Stufen und sollten nach dem Erstellen von Wireframes mit niedrigem oder mittlerem Detailgrad fertiggestellt werden. Diese Phase ist nicht der richtige Zeitpunkt für Experimente oder für schnelle Iterationen. Ein hoher Detailgrad sollte nur dann erreicht werden, wenn die Konzepte bereits feststehen.

Mischen Sie Ihre Wireframe-Ansätze und passen Sie sie an

Beim Erstellen von Wireframes müssen Sie nicht alle drei Typen in Ihrem Projekt für alle Seiten der Website oder Anwendung erstellen. Wireframes mit niedrigem Detailgrad sind der Schlüssel zu schnellen Iterationen und zum Festlegen einer Richtung für Wireframes mit mittlerem Detailgrad. Sie können entscheiden, dass nur eine Handvoll Seiten mit hohem Detailgrad erstellt werden müssen, bevor Sie in die Mock-up-Phase des Designs eintreten, in der Sie Farbe und Typografie anwenden. Es kann auch sein, dass Ihre Wireframes in mittlerer Qualität ausreichen, bevor Sie in die Designphase einsteigen, und dass Sie keine Zeit für Versionen mit hohem Detailgrad verwenden müssen. Letztendlich müssen Sie selbst entscheiden, wie viel Zeit und wie viel Budget Sie zur Verfügung haben und was Ihr Kunde von dem Prozess erwartet, bevor Sie mit dem Design und der Programmierung beginnen.

5.3.2 Gestaltung der Benutzeroberfläche und farbige Mock-ups

Unabhängig davon, ob Sie in der Phase des User-Interface-Designs von einem Wireframe mit mittlerem oder hohem Detailgrad ausgehen, haben Sie bereits beim Erstellen dieser Wireframes über einige visuelle Designelemente nachgedacht, zum Beispiel über Raum, Layout und die Beziehungen zwischen verschiedenen Inhalten (das Prinzip der Nähe). Das Design der Benutzeroberfläche bezieht sich sowohl auf die visuellen als auch auf die interaktiven Elemente der Website. Es geht darum, wie sie zusammenarbeiten, um Ihre Benutzer durch ihre Aufgaben auf Ihrer Website oder in Ihrer Anwendung zu führen. In den folgenden Kapiteln werde ich mich mit den Themen Farbe, Raum und Typografie befassen. Das Erstellen eines Rasters, die Kombination von Schriftarten und die Auswahl und Anwendung einer Farbpalette sind Teil des visuellen Designs, werden aber in verschiedenen Teilen des Designprozesses berücksichtigt, von Wireframes bis hin zum Erstellen von vollfarbigen Mock-ups der Webseitenoberfläche, die sich auf die Ästhetik der Website oder Anwendung konzentrieren.

Sobald Sie Ihre Wireframes erstellt haben, sollten Sie ein allgemeines Layout und eine Gitterstruktur festgelegt und die Organisation des Inhalts herausgefunden haben. Die nächste Phase besteht darin, Ihre Wireframes in farbige Mock-ups zu verwandeln. In dieser Phase konzentrieren wir uns auf die Ästhetik der Website, die ebenso wichtig ist wie die Informationsarchitektur und -struktur. Bevor jemand, der auf Ihrer Website landet, sich mit den Inhalten beschäftigt, sieht er zuerst das visuelle Design. Er sieht Ihre Farbwahl, die Nutzung des Raums und die Lesbarkeit der Typografie. Auf der Grundlage dieses ersten Eindrucks entscheidet er, ob er mit Ihrer Webseite weiter interagieren will. Er hat eine emotionale Reaktion auf die von Ihnen getroffenen Entscheidungen. Ihre visuellen Designentscheidungen sollten also strategisch sein und eine Bedeutung haben. Ihre Entscheidungen, von den Farben bis zu den Schriftarten, vermitteln ein Bild der Marke und schaffen den ersten Eindruck, den jemand hat, bevor er den Inhalt Ihrer Website auf einer tieferen Ebene kennenlernt.

Vollfarbige Mock-ups sollten nach dem Wireframing, und erst wenn die Konzepte feststehen, erstellt werden. Diese Wireframes sind zeitlich am aufwendigsten. In dieser Phase wird zwar nicht mit der Organisation der Inhalte experimentiert, aber es besteht immer noch die Möglichkeit, viele verschiedene Optionen für das Erscheinungsbild der Webseite oder Anwendung zu erkunden. Klären Sie mit Ihrem Kunden, wie viele Optionen er sehen möchte, und beginnen Sie mit einer oder zwei Seiten, um diese zu iterieren. Ich persönlich hatte schon Kunden, die so viele Variationen in Bezug auf Bilder, Farbe und Typografie wie möglich sehen wollten, und einmal habe ich sogar 15 Optionen gezeigt. Dieser Wunsch kommt zwar nicht so oft vor, aber er kann vorkommen. Andere möchten vielleicht nur drei Varianten sehen. Aus diesen Varianten wählt der Kunde in der Regel eine Richtung aus, bevor Sie mit der Gestaltung der restlichen Seiten beginnen. Je nach Anzahl der Seiten auf der Website sollten Sie sich darauf konzentrieren, nur eine Handvoll dieser Mock-ups zu erstellen, vor allem, wenn die Seiten das gleiche Layout und Design haben. Wenn Sie zum Beispiel eine Website mit mehreren Landingpages haben, die ein gemeinsames Layout haben, brauchen Sie nicht für jede Seite ein Mock-up zu bauen, es sei denn, Ihr Kunde fragt danach. Konzentrieren Sie sich auf die Seiten mit einzigartigen Layouts. Optimieren Sie Ihre Zeit, indem Sie nur ein Mock-up für Seiten mit gemeinsamen Layouts erstellen.

Vollfarbige Mock-ups sind der letzte Schritt vor dem Erstellen eines funktionierenden Produkts, sei es ein Prototyp für Benutzertests oder die endgültige Website. Die Mock-ups zeigen das Aussehen und die Funktionsweise der Website in statischer Form, das heißt, nicht interaktiv, obwohl sie interaktiv gestaltet werden können. Diese Phase ist wichtig, damit Ihr Kunde oder Ihre Stakeholder zustimmen, bevor Sie mit der Programmierung beginnen, um drastische Designänderungen in der Entwicklungsphase zu vermeiden, die für das Projekt kostspielig sein können.

5.3.3 Prototyping

Ob als Wireframes oder als anklickbare, interaktive Versionen, die aus verfeinerten Benutzeroberflächen-Mock-ups erstellt werden – das Testen Ihrer Konzepte ist Teil des iterativen Prozesses der Zusammenarbeit mit Ihren Benutzern. Sie möchten die richtige Website oder Anwendung erstellen, wenn Sie mit dem Entwicklungsprozess beginnen. Das frühzeitige Testen Ihrer Entwürfe und Konzepte mit den Nutzern soll vermeiden, dass Sie Ihren gesamten Code neu schreiben müssen, wenn Sie ein umfangreiches Redesign aufgrund von Nutzerforschung und Feedback durchführen müssen, das erst spät im Prozess gesammelt wurde.

Beim Prototyping wird die Benutzerfreundlichkeit Ihrer Entwürfe getestet. Wie beim Wireframing können je nach den Zielen Ihres Projekts verschiedene Arten von Prototypen mit unterschiedlichem Detailgrad erstellt werden. Unabhängig davon, ob Sie mit einem Prototyp mit hohem oder niedrigem Detailgrad arbeiten, versuchen Sie herauszufinden, wie Ihre Benutzer mit Ihrem Design interagieren würden, und konzentrieren Sie sich darauf, ein Feedback zur Benutzerfreundlichkeit zu erhalten.

Prototypen mit niedrigem Detailgrad

Prototypen mit niedrigem Detailgrad können in einem frühen Stadium mit Stift und Papier oder mithilfe von Wireframes mit niedrigem Detailgrad erstellt werden, die Sie in der Anfangsphase des Projekts erstellt haben. Prototypen mit niedrigem Detailgrad sollten den Benutzer nur in gewissen Umfang durch den Prototyp führen. Da die Interaktivität begrenzt ist, kann sich der Benutzer nicht durch die Komponenten klicken, insbesondere wenn er einen skizzierten Prototyp sieht. Skizzierte Prototypen sind in frühen Sitzungen sehr hilfreich, da Sie schnell auf das Feedback der Benutzer reagieren und neue Konzepte vorschlagen können.

Prototypen mit niedrigem Detailgrad sind kostengünstig und schnell zu erstellen, sodass Sie sie den Nutzern schnell zur Verfügung stellen können. Diese Art von Prototypen ist der Schlüssel, dass Ihre User Experience so funktioniert, wie sie sollte. Er kann für schnelle Iterationen verwendet werden, wenn Sie noch versuchen, Klarheit in ein Konzept oder die Funktionalität Ihrer Seiten zu bringen.

Prototypen mit hohem Detailgrad

Prototypen mit hohem Detailgrad sind sehr viel detaillierter, ähnlich wie Wireframes mit hohem Detailgrad. In diesem Fall können Sie jedoch diese Wireframes oder Ihre User-Interface-Mock-ups verwenden, wenn Sie welche haben. Diese Prototypen weisen ein gewisses Maß an Interaktivität auf, entweder vollständig anklickbar mit Komponenten, die mit den richtigen Seiten verknüpft sind, oder mit vorgetäuschter Interaktivität, falls Ihr Budget dies zulässt.

Wenn Sie versuchen, ein bestimmtes Szenario mit einem Weg zu testen, den ein Benutzer einschlagen kann, können Sie PowerPoint verwenden und auf jeder Folie einen anderen Bildschirm anordnen, der einen Schritt im Szenario darstellt. Bei jeder Prototyping-Sitzung sollten Sie den Benutzern Fragen stellen. Wenn Sie jedoch mit einer Diashow Interaktivität vortäuschen, sollten Sie mit dem Benutzer kommunizieren, um festzustellen, ob die Schritte im Ablauf des Szenarios mit seinen Erwartungen übereinstimmen. PowerPoint kann auch für Wireframes mit niedrigem Detailgrad verwendet werden.

Das Erstellen von Prototypen mit hohem Detailgrad, insbesondere von vollständig anklickbaren, kann sehr zeitaufwendig sein, obwohl einige Wireframing-Anwendungen wie Axure diese Funktion integriert haben, sodass Sie leicht anklickbare Wireframe-Prototypen erstellen können. Prototypen mit hohem Detailgrad sollten Sie vor der Entwicklungsphase verwenden, wenn Sie versuchen, verbleibende Usability-Probleme zu identifizieren, die in den frühen Phasen des Designs nicht angegangen wurden.

Prototyping als iterative Forschung

Im letzten Kapitel habe ich darüber geschrieben, dass Forschung ein iterativer Prozess ist, der während des gesamten Projekts kontinuierlich durchgeführt werden sollte, bevor die Entwicklungsphase erreicht wird, da große Designänderungen dann sehr kostspielig sein können. Das Prototyping ist nur ein weiteres Instrument, um solche späten Änderungen zu verringern. Auch wenn Sie überhaupt keinen Prototyp erstellen, sondern direkt in die Entwicklungsphase übergehen, Ihre Website oder Anwendung erstellen und starten, testen Sie immer noch einen Prototyp. Der einzige Unterschied besteht darin, dass dieser Prototyp jetzt live ist. Wenn Ihre Benutzer auf Probleme mit der Benutzerfreundlichkeit stoßen, kann sich dies langfristig auf die Website auswirken, wenn sie nicht zurückkehren oder ihre Aufgaben nicht erledigen können, was sich wiederum auf den Umsatz auswirkt, wenn Ihre Website oder Anwendung etwas verkauft. Um die Nutzer an Ihre Website zu binden, sollten Sie vor dem Start viele Tests durchführen, damit Sie die beste Erfahrung bieten. In Kapitel 11 werde ich zusätzliche Tests vorstellen, die nach Abschluss des Prototypings durchgeführt werden können, um Ihre Website oder Anwendung nach dem Start zu verbessern.

Im nächsten Kapitel geht es um gängige Layoutmuster, die Sie verwenden können, das Anwenden eines Rasters und die allgemeine Verfeinerung der Struktur, damit sie pixelgenau ist.

Zusammenfassung

- In der Phase des User-Experience-Designs wird die Grundlage für Ihre Website gelegt. Sie konzentriert sich auf die Organisation des Inhalts anhand der Sitemap, die Art und Weise, wie Benutzer von Punkt A zu Punkt B gelangen, und das allgemeine Layout der Website durch Wireframing.
- Die Informationsarchitektur ist das Rückgrat der Struktur und Organisation Ihrer Website und bildet die Grundlage für die Inhaltsstrategie. Diese Arbeit sollte durchgeführt werden, bevor ein Wireframe oder ein visuelles Design erstellt wird.
- Eine gute Informationsarchitektur bildet die Grundlage für die Navigation der Website, spiegelt aber nicht unbedingt wider, wie die Navigation beschriftet sein sollte. Verlassen Sie sich auf die Nutzerforschung, dass die Seiten und Inhalte angemessen beschriftet sind.
- User Flows sind Flussdiagramme, die aufzeigen, wie ein Benutzer eine Aufgabe auf der Website oder in der Anwendung erledigen würde, und können verwendet werden, um Punkte zu identifizieren, an denen die Erfahrung optimiert werden kann.

- User Journeys fügen ein emotionales Element hinzu und konzentrieren sich auf eine Zielbenutzer-Persona, die Ihre Website nutzt. Die Entwicklung von User Journeys ist eine gute Übung, um Empathie zu entwickeln und sich in die Lage des Nutzers zu versetzen, um sowohl negative als auch positive Punkte bei der Interaktion mit Ihrem Produkt zu identifizieren. Diese Punkte sollten die Möglichkeit bieten, das Erlebnis auf Ihrer Website zu verbessern.
- Wireframes sind der erste Schritt, um Ihre Nutzerforschung und Informationsarchitektur in etwas zu übersetzen, das visuell repräsentativ für die Erfahrung ist, die jemand bei der Interaktion mit Ihrer Website machen wird. Sie sind das visuelle Skelett der Website, das sich auf die Organisation und Gruppierung von Inhalten konzentriert.
- Bei der Gestaltung der Benutzeroberfläche werden die interaktiven Elemente der Website und die Gesamtästhetik nach visuellen Gestaltungsprinzipien kombiniert. Die Benutzeroberfläche bietet den Nutzern den ersten Eindruck, wenn sie auf Ihrer Website landen, und kann oft der entscheidende Faktor dafür sein, ob sie bleiben und die Website weiter erkunden oder sie verlassen.
- Prototyping ist wichtig, um die Erwartungen der Nutzer an die Benutzerfreundlichkeit in einem frühen Stadium des Designprozesses zu klären und Probleme mit der Benutzerfreundlichkeit zu erkennen, sobald das Design verfeinert wurde. Das Prototyping ist Teil des Test- und Iterationszyklus, der vor der Entwicklungsphase stattfindet, um große Probleme zu erkennen, da spätere Änderungen zeitaufwendig und kostspielig sein können.

Teil 3
Visuelle Gestaltungselemente

Teil 3 behandelt die Grundlagen der visuellen Designsprache. Diese Elemente erwecken Ihre Webseite zum Leben! Ich behandle die Grundlagen des Layouts, gängige Layoutmuster und den Einsatz von Animationen zur Verbesserung Ihres Layouts. Danach werde ich mich mit Typografie und Farbe beschäftigen, bevor Sie das in diesem Teil des Buches Gelernte anwenden. Kapitel 6 knüpft direkt an Kapitel 5 an und befasst sich eingehender mit der Definition der Struktur einer Webseite und wie Sie Inhalte anordnen. Sie können sich an einige allgemeine Muster halten, bevor Sie zu sehr mit dem Layout experimentieren. In diesem Kapitel geht es auch um responsives Design und die verschiedenen Formfaktoren, die bei der Anpassung Ihres Layouts zu berücksichtigen sind.

Kapitel 7 bringt einige unterhaltsame Elemente ein, indem es Animationen zur Verbesserung Ihres Layouts und des Gesamtdesigns einsetzt. Animationen können auf verschiedene Weise zum Einsatz kommen, um ein Erlebnis unvergesslich zu machen oder einen funktionalen Zweck zu erfüllen. Ich werde einige Szenarien vorstellen, die Sie verwenden können, um Animationen zu planen, und technische Überlegungen zu animationslastigen Designs erläutern.

Kapitel 8 gibt einen umfassenden Überblick über die Typografie im Web. Die Typografie ist ein wichtiges visuelles Element, da die von Ihnen gewählte Schriftart den gesamten Grundton eines Designs verändern kann. Ich werde erklären, wie man Schriftarten miteinander kombiniert und einen Schriftrahmen und einen vertikalen Rhythmus festlegt, wodurch sich eine Webseite sofort ausgefeilter anfühlen kann. Kapitel 9 behandelt das häufigste Designproblem, mit dem Entwickler konfrontiert werden: das Verwenden von Farben. Ich befasse mich mit Farbbeziehungen, der Bedeutung von Farben, der Terminologie und wie man eine Farbpalette Schritt für Schritt auswählt und anwendet.

Kapitel 10 fasst alles zusammen, was ich in den Kapiteln 5 bis 9 zum Thema Grafik behandelt habe. Ich gehe schrittweise durch das Erstellen einer Webseite mit den von einem Kunden definierten Anforderungen. Ich schichte jedes im Buch beschriebene Designelement auf, bis es eine gestaltete Website gibt.

Am Ende dieses Teils sollten Sie das Gefühl haben, mit den Werkzeugen ausgestattet zu sein, mit denen Sie die Prinzipien aus Kapitel 2 und die Elemente aus den Kapiteln 5 bis 9 anwenden können, um Ihre Websites ausgefeilter und strukturierter zu gestalten.

6 Web-Layout und Gestaltung

Dieses Kapitel behandelt

- Die grundlegenden Gestaltungsprinzipien für die Struktur einer Website
- Wie man Raster erstellt und verwendet, um Konsistenz und Vertrautheit zu schaffen
- Anwendung visueller Gestaltungsprinzipien beim Anlegen von Abschnitten und Platzieren von Komponenten, um Hierarchie und Rhythmus zu schaffen
- Unterschiedliche Lesegewohnheiten der Nutzer, die das Layout einer Seite beeinflussen können

Bis Mitte der 2010er-Jahre standen Entwicklern nur begrenzte Webtechnologien zur Verfügung, um einzigartige und interessante Layouts nur mit HTML und CSS zu erstellen. Wenn Sie in den frühen 2000er-Jahren irgendeine Art von Webentwicklung betrieben haben, bei der es um die Struktur einer Website ging, hatten Sie wahrscheinlich Ihre CSS-Utility-Klassen für spezielle Layout-Fixes wie das Entfernen von Floats und das vertikale Ausrichten von Elementen. CSS eignete sich gut für das Erstellen von Website-Layouts, bis unsere Geräte portabel wurden. Als wir begannen, das Web auf Handys zu betrachten, wurden die Bildschirme kleiner und die Größenverhältnisse unregelmäßiger.

Mit der Einführung des responsiven Webdesigns und dem Aufkommen von Smartphones wurde das Erstellen flüssiger Layouts, die sich nahtlos von einem Desktop-Bildschirm auf einen Handy-Bildschirm übertragen lassen, zu einem wichtigen Bestandteil der Strategie einer Website. Sie wollten, dass Ihre Nutzer über beide Medien hinweg ein einheitliches Erlebnis haben. In dieser Phase des Webs entstanden Code-Bibliotheken wie Bootstrap, die die Entwicklung des responsiven Webs erheblich erleichterten, zumal schnelle Iterationen und die Bereitstellung zu einem Bestandteil der Projektlebenszyklen wurden. Der Nachteil der Verwendung von Bibliotheken wie Bootstrap, insbesondere für das Layout, besteht darin, dass alle Entwickler begannen, Websites innerhalb der Grenzen dieser Bibliotheken zu entwerfen. Viele Websites begannen, gleich auszusehen: ein großer Header-Bereich oben, der in der Regel den gesamten oberen Teil des Layouts einnahm und den Besuchern mitteilte, worum es auf der Webseite ging, gefolgt von einem Abschnitt darunter, der in drei Spalten aufgeteilt war, wie in Abbildung 6–1. Jede Spalte enthielt eine Unterüberschrift, einen kurzen Text und manchmal eine Aufforderung zum Handeln.

Abb. 6–1
Ein großes Header-Bild, gefolgt von drei Spalten, ist ein häufig verwendetes Layout im Internet.

Im gesamten Web wurden die Designs homogener, da die gleichen Layouts immer wieder auftauchten. Der Vorteil beim Verwenden eines Frameworks wie Bootstrap ist die Möglichkeit, schnell loszulegen. Der Nachteil desselben Frameworks ist, dass seine Popularität und Benutzerfreundlichkeit dazu führte, dass viele Websites gleich aussahen. Das kann schlecht für Ihre Marke sein. Zusätzliche Kenntnisse der Designgrundlagen können dazu beitragen, dass sich eine Website von anderen abhebt, selbst wenn Sie eine Standardbibliothek verwenden, um schnell eine brauchbare und schön gestaltete Website auf die Beine zu stellen. Wenn Sie keine Designkenntnisse haben, werden Sie wahrscheinlich auf anderen Websites nach Designinspirationen suchen und Techniken kopieren, um etwas Ähnliches zu erstellen. Sie möchten jedoch, dass Ihre Website im Gedächtnis bleibt, damit Ihre Nutzerinnen und Nutzer sie immer wieder besuchen.

Der andere Nachteil beim Verwenden eines Frameworks ist, dass Sie den Code von jemand anderem nutzen und versuchen, Ihr Design in dessen Framework einzupassen. Möglicherweise müssen Sie den Code stark verändern, um das Gewünschte zu erreichen. Aber wir befinden uns nicht mehr in einer Zeit, in der wir auf Frameworks angewiesen sind, um Grid-Layouts einfach zu erstellen. Eine Übersicht über die Vor- und Nachteile von Frameworks ist in Tabelle 6–1 zu finden. Die Standardisierung von Flexbox und CSS Grid bedeutet, dass wir immer noch wunderschöne responsive Layouts erstellen können, wie sie uns Bootstrap bietet, aber wir haben jetzt viel mehr Kontrolle über die Elemente in unseren Layouts.

Vorteile	Nachteile
Gebrauchsfertiger Code, schnell einsatzbereit	Durch das Framework ist nur eine begrenzte Anzahl von Layoutkombinationen möglich.
Geringe Designkenntnisse erforderlich, um eine professionell aussehende Website zu erstellen	Wenn Sie das Design Ihrer Website stark anpassen möchten, verwenden Sie den Code von jemand anderem. Das kann im Gegensatz zum Schreiben von eigenem Code von Grund auf ein wenig unübersichtlich werden.
Einfach zu verwendende Codebasis	Je nach Framework werden viel zusätzlicher Code und Komponenten mitgeliefert, die Sie möglicherweise gar nicht verwenden. Dadurch werden die Dateien größer.

Tab. 6–1 *Vor- und Nachteile beim Verwenden eines Frameworks*

Mit CSS Grid können wir zum Beispiel ein vierspaltiges Layout definieren und unsere Überschrift über alle vier Spalten legen. Mit ein paar Codezeilen in unserem CSS Grid können wir dann eine zweite Inhaltszeile einfügen, die sich über dieselben vier Spalten wie die Überschrift erstreckt, zwei Gruppen, die sich jeweils über zwei Spalten erstrecken, oder vier Gruppen, die jeweils eine Spalte einnehmen. Aus der Layout-Perspektive ermöglicht CSS Grid das Verwenden von weniger Code, um das zu erreichen, was wir wollen, ohne ein Plug-and-Play-Framework zu verwenden. Mit CSS Grid können wir Designs erstellen, die sich fließend an den jeweiligen Bildschirm anpassen, ohne viel Code zu schreiben oder den Code eines anderen zu hacken.

Auch wenn Sie für das Erstellen Ihrer Website ein Framework verwenden, sollten Sie bedenken, dass das Design Ihrer Website über die von Ihnen erstellte Hauptstruktur hinausgeht. Die Hauptstruktur der Website sollte Ihren Inhalt organisieren und gruppieren. Sie soll solide sein, was Sie mit einem Framework wie Bootstrap erreichen, das wiederum schnell zu implementieren ist. Aber die Art und Weise, wie Sie Typografie, Farbe, Leerraum und Animation einsetzen, ist der Punkt, an dem Ihr Design aufblühen und sich von anderen abheben kann. Beginnen Sie mit einer soliden Struktur, bevor Sie die Wände streichen und Vorhänge anbringen. Aber denken Sie schon beim Aufbau der Struktur über die Farbe und die Art der Vorhänge nach.

6.1 Aufbau der Struktur Ihrer Website

Wenn Sie in die Designphase eintreten, um die Struktur Ihrer Website für das Wireframing zu planen, sollten Sie bereits ihre Ziele und ihren Zweck im Kopf haben und einen Überblick über die Arten von Inhalten auf jeder Seite aus der Site-Mapping-Phase. Jetzt wollen wir damit beginnen, dies visuell umzusetzen. Also lassen Sie uns herausfinden, was wir auf der Seite unterbringen müssen. Zunächst müssen wir die grundlegenden Abschnitte unserer Webseite festlegen – wie wir unsere Seite aufteilen werden. Wenn wir uns unsere fertige Website wie ein Hauptgericht vorstellen – zum Beispiel Pasta Carbonara –, müssen wir zuerst wissen, was die einzelnen Zutaten sind, bevor wir mit dem Kochen beginnen können. Außerdem müssen wir eine bestimmte Reihenfolge beim Hinzufügen der Zutaten einhalten, um das fertige Gericht zu erhalten. Die Abschnitte unserer Website sind unsere Zutaten, und wir müssen wissen, was diese Zutaten sind, bevor wir sie zusammenstellen.

Alle Webseiten haben in der Regel drei Bereiche: einen Header, den Hauptinhalt und einen Footer. Der Header enthält die Website-Navigation und ein Logo oder den Namen der Webseite. Sie kann auch andere Elemente enthalten, wie eine Suchleiste und Links zu sozialen Medien. Der Header zeigt dem Benutzer, wo er sich im Web befindet. Der Hauptinhalt ist der größte Teil der Seite und sollte dem Nutzer einen Mehrwert bieten, indem er das enthält, wonach er sucht. Der Footer am unteren Ende der Seite enthält Urheberrechts- und Kontaktinformationen. Er kann auch eine übersichtliche Sitemap oder andere Informationen enthalten, die relevant oder wichtig sind und zu denen ein Link gesetzt werden sollte, wie Datenschutzrichtlinien und Nutzungsbestimmungen. Je nach Art der Seite ist ein Footer nicht immer erforderlich. Twitter/X zum Beispiel hat keinen Footer. Eine Seitenleiste kann als weiterer Inhaltsbereich verwendet werden, je nach den Anforderungen der Webseite. Wenn Sie eine Website entwerfen, deren Hauptfunktion ein Blog oder tägliche Nachrichten sind, kann es sinnvoll sein, eine Seitenleiste auf der Startseite einzufügen. Die Seitenleiste enthält alle weniger wichtigen Informationen, die nicht im Hauptinhaltsbereich angezeigt werden. Sie enthält sekundäre Inhalte. Sie kann auch für eine sekundäre Navigation verwendet werden. Bei Websites mit vielen Seiten und Unterseiten, die sich über mehrere Ebenen erstrecken, ist es zum Beispiel hilfreich, all diese Links in einer Seitenleiste und nicht in der Hauptnavigation unterzubringen. Sobald ein Benutzer auf einen bestimmten Abschnitt der Website klickt, können diese zusätzlichen Unterseiten über ein Inhaltsverzeichnis in der Seitenleiste angezeigt werden, sodass die Hauptnavigation übersichtlich bleibt und leicht zu durchsuchen ist.

Sobald Sie Ihre grundlegenden übergeordneten Abschnitte haben, müssen Sie genau aufschlüsseln, was der Hauptinhaltsabschnitt enthalten soll. Diese Entscheidung hängt wiederum von den Zielen Ihrer Website ab. Aber Sie können den Hauptabschnitt weiterhin in Unterabschnitte unterteilen, die auf dem Inhalt basieren. Das könnte wie folgt aussehen:

- Abbildung des Produkts oben auf der Seite mit einem Call to Action
- Produktbeschreibung
- Produkthighlights mit Links zu Produktinformationsseiten
- Erfahrungsberichte
- Informationen zu Produktrücksendungen und Umtausch

Sobald Sie diese Informationen haben, können Sie sich überlegen, wie Sie die Informationen anordnen wollen, und erste Designentscheidungen für die Webseite treffen.

6.2 Ein Raster verwenden

Bevor Sie sich entscheiden, wie Sie Ihren Inhalt organisieren wollen, sollten Sie eine Rasterstruktur für Ihre Webseite festlegen. Sie können ein Raster verwenden, um Inhalte auf der Seite zu organisieren und zu platzieren.

6.2.1 Das Raster festlegen

Das Raster besteht aus Spalten, Zeilen und den Lücken zwischen den einzelnen Elementen. Wenn Sie ein Raster verwenden, konzentrieren Sie sich hauptsächlich auf die Spalten, in denen Sie den Inhalt platzieren, und darauf, wie die Elemente vertikal angeordnet sind, da diese Ausrichtung eine unsichtbare, harte Kante auf der Seite erzeugt, die ihr ein Gefühl der Organisation verleiht, wie in dem Beispiel in Abbildung 6–2.

Abb. 6–2 *Auf der linken Seite wird eine unsichtbare Linie vom Logo über die erste Überschrift bis zur Zwischenüberschrift gezogen.*

Bei Zeilen wird nicht immer ein harter Rand in horizontaler Richtung vorhanden sein. Das hängt vom Inhalt und der Länge des Textes ab. Sie können zum Beispiel zwei Spalten nebeneinander haben, eine mit einem Bild und eine mit Text. Der Text wird nicht unbedingt bündig mit dem unteren Rand des Bildes abschließen, und Sie werden ihn vertikal zentrieren wollen, wie in Abbildung 6–3. Diese Platzierung sorgt für ein Gleichgewicht innerhalb der Reihe, um ein Gefühl der Organisation zu vermitteln, ohne die scharfen Linien, die Spalten bieten.

Abb. 6–3 *Text zu zentrieren, schafft Ausgewogenheit und Ordnung, wenn Überschrift und Bild nicht übereinander angeordnet sind.*

Das Erstellen eines Rastersystems für Ihre Website gewährleistet, dass auch die Seiten, die nicht dasselbe Layout haben, die gleichen Abmessungen und Verhältnisse der Spalten aufweisen. Unabhängig davon, ob Ihr Inhalt eine oder drei Spalten breit ist, können die Abmessungen nach oben oder unten skaliert werden, sodass die Website auch dann ein Gefühl der Ausgewogenheit hat, wenn sich das Layout auf verschiedenen Geräten ändert.

Wenn Sie experimentellere Layouts nutzen möchten, ist das Raster eine weitere Möglichkeit, damit Ihre Website immer noch organisiert und strukturiert wirkt, auch wenn die Elemente nicht immer genau aneinandergereiht sind. Auch wenn die Elemente scheinbar zufällig oder asymmetrisch angeordnet sind, nutzen sie das Raster als Organisationsmittel.

6.2.2 Die Abmessungen des Rasters

Je mehr Spalten Sie haben, desto flexibler ist Ihr Raster. Wenn Ihr Raster nur zwei Spalten hat, können Sie nur in diesen beiden Zeilen Inhalte platzieren. Beim Erstellen Ihres Rasters sollten Sie daran denken, dass die Spaltenbreiten nicht davon abhängen, wie viele Inhaltsspalten Sie in Ihrem Layout haben möchten. Darauf gehe ich im nächsten Abschnitt ein. Sie können Inhalte haben, die sich über drei Spalten des Rasters erstrecken, um eine Spalte mit Inhalten zu erzeugen. Abbildung 6–4 zeigt ein Beispiel dafür, wie Ihre Rasterspalten größere Inhaltsspalten bilden können.

Abb. 6–4 *Jede Komponente besteht aus vier Spalten, was eine größere Flexibilität bei der Gestaltung ermöglicht.*

Wenn Sie Ihr Raster definieren, müssen Sie zunächst die maximale Breite des Containers der Webseite festlegen. Dieses Feld definiert die äußeren Ränder Ihres Inhalts. Kein Inhalt wird über diesen Container hinausgehen (Abb. 6–5). Dadurch entsteht eine unsichtbare Linie am linken Rand der Webseite, wenn Inhalte platziert werden.

Abb. 6–5 *Kein Inhalt geht über die maximale Breite von Container und Raster hinaus.*

Die gängigste Breite für Desktop-Bildschirme ist 960 und 1.200 Pixel. Im Internet sind mehrere Tools verfügbar, mit denen Sie schnell ein Rastersystem erstellen können. Sie finden sie im Anhang.

Vorlagen helfen Ihnen beim Erstellen der Spalten für Ihr Rastersystem und geben Ihnen die Abmessungen vor, die Sie für Ihre hoch auflösenden Wireframes oder Webseiten-Mock-ups benötigen. Die Anzahl und Breite der Spalten ist Ihnen überlassen. Aber oft beträgt die Anzahl der Spalten zwölf für Desktops, acht für Tablets und vier für Mobiltelefone. Außerdem müssen Sie den Rand zwischen den einzelnen Spalten festlegen. Sehen Sie sich ein Beispiel für ein Raster mit einer maximalen Breite von 1.200 Pixeln und acht Spalten in Abbildung 6–6 an.

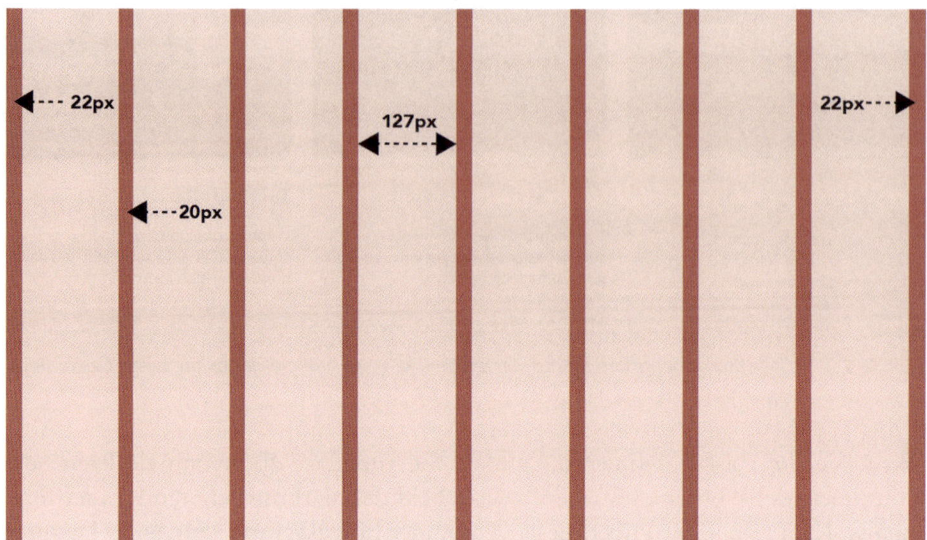

Abb. 6–6 *Dieses Raster hat eine maximale Breite von 1.200 Pixeln mit einem Rand von 22 Pixeln auf der linken und rechten Seite; die Spalten sind 127 Pixel breit, und die verbleibenden Rasterabstände zwischen den Spalten betragen 20 Pixel.*

In der Entwurfsphase werden Sie nur selten Zeilen für Ihr Raster definieren. Wenn Sie CSS Grid zum Aufbau Ihres Layouts verwenden, wird die Länge des Inhalts in der Regel die Rasterzeilen definieren. Wenn Sie ein Layout haben, das sich strikt an das CSS-Raster hält – ähnlich wie ein Masonry-Layout (Mauerwerk-Layout), das ich gleich zeigen werde –, dann sollten Sie Ihre Zeilen strenger definieren. Sobald Sie Ihr Raster definiert haben, verfügen Sie über ein grundlegendes Organisationssystem für Ihre Webseite und können sich Gedanken darüber machen, wie Sie Ihre Inhalte anordnen möchten.

6.3 Auswahl eines Layouts

Die verschiedenen Seiten Ihrer Website oder Anwendung haben unterschiedliche Inhalte und Ziele. Während Elemente Ihrer Layout-Struktur auf der gesamten Website gleich sein sollten, zum Beispiel die Kopf- und Fußzeile, werden sich die Struktur und das Design des Hauptinhaltsbereichs auf der Startseite höchstwahrscheinlich von denen der Unterseiten unterscheiden. Die Wahl der Layout-Struktur hängt von den Zielen Ihrer Seite ab und davon, was Ihre Nutzer am meisten fesselt. Sie wollen, dass sie auf der Seite bleiben, und durch die Kombination von Designprinzipien und Untersuchungen darüber, wie Benutzer eine Seite normalerweise lesen, können Sie verstehen, wie Sie das Auge des Benutzers durch Ihre Seite führen können. Beginnen wir damit, zu entscheiden, wie Sie Ihren Inhalt und die verschiedenen Spaltenlayouts strukturieren wollen.

Sobald Sie Ihre Liste der Inhalte haben, müssen Sie entscheiden, welche Art von Layout Sie für Ihre Webseite wünschen, das Sie auf Ihrem Raster aufbauen werden. Ganz grundsätzlich müssen Sie entscheiden, wie viele Spalten Ihr Layout haben soll. Die meisten Webseiten verwenden eine bis drei Spalten für das Desktop-Layout, das auf Mobiltelefonen aus Gründen der Lesbarkeit auf eine Spalte verkleinert wird.

6.3.1 Einspaltige Muster verwenden

Einspaltige Muster auf Webseiten, die für Desktops entwickelt wurden, werden am häufigsten für Artikel und Blogbeiträge verwendet – Seiten mit viel Textinhalt. Ein einspaltiges Muster ist einfach zu definieren. Sobald die Gitterstruktur festgelegt ist, müssen Sie entscheiden, wie viele Spalten die maximale Breite des Inhalts ausmachen sollen. Schauen Sie sich ein Beispiel in Abbildung 6–7 an.

Abb. 6–7 *Ein einspaltiges Designmuster in einem Zwölf-Spalten-Raster mit einer maximalen Breite von 1.200 Pixeln*

In Abbildung 6–7 haben wir ein zwölfspaltiges Raster mit 1.200 Pixeln, bei dem die Spalten auf 81 Pixel eingestellt sind; der Zwischenraum zwischen den Spalten ist auf 20 Pixel und der Rand auf der linken und rechten Seite ist auf 0 Pixel eingestellt. Sie sollten eine gerade Anzahl von Spalten für Ihren Inhalt wählen, damit Sie rechts und links gleich viel Platz haben.

Da Sie aber so viele Spalten haben, können Sie mit der Breite des Textcontainers spielen, sodass er kleiner ist als die Bilder, wie in Abbildung 6–8. Ein einspaltiges Layout kann variiert werden, indem man mit den Breiten bestimmter Elemente spielt und die Elemente, die man hervorheben möchte, so betont.

Abb. 6–8 *Die zwölf Spalten des Rasters bieten die Flexibilität, verschiedene Größen der Hauptspalte, die den Inhalt enthält, auszuprobieren. Ein Bild kann sich über mehr Spalten als der Text erstrecken. Das kann den Fluss der Seite schön auflockern.*

6.3.2 Gängige mehrspaltige Muster

Vor der Einführung besserer Layout-Funktionen mit CSS Grid und Flexbox war das Erstellen responsiver mehrspaltiger Layouts etwas komplizierter, und es war nicht einfach, ein Layout zu erstellen, das eine unterschiedliche Anzahl von Spalten in jeder Zeile enthält. Ich habe CSS Floats und anschließend Hacky Clearfix verwendet, um meine Inhalte so zu platzieren, wie sie auf der Seite sein sollten. Aber sobald ich die Viewport-Größe dieser Layouts verringert habe, war mehr Code erforderlich, um sie sauber an einen kleineren Bildschirm anzupassen. Selbst das einfache Muster in Abbildung 6–9 hat mir in den ersten Tagen Kopfzerbrechen bereitet, als ich nur versucht habe, die Größe und den Fluss auf kleineren Bildschirmen richtig anzupassen.

Abb. 6–9 *Ein typisches Muster mit Kopfzeile, Fußzeile, Seitenleiste und Hauptinhalt*

In den Anfängen der Smartphones mit Webbrowsern war das Erstellen responsiver Webseiten etwas umständlicher. Es war zwar möglich, aber nicht annähernd so flüssig wie heute mit der Verfügbarkeit von CSS Grid und Flexbox. Als ich in einer Agentur gearbeitet habe und Projekte schnell fertiggestellt sein mussten, wirkten sich diese Probleme auf mein Design aus. Mit Tools wie CSS Floats war ich nicht annähernd so abenteuerlustig wie heute, wenn es darum ging, die Anzahl der Spalten in den einzelnen Abschnitten auf meiner Startseite zu mischen. Wenn Sie also entscheiden, wie Sie den Inhalt Ihrer Website, insbesondere Ihrer Startseite, anordnen wollen, nutzen Sie die derzeit verfügbaren Webtechnologien, um die Anordnung der Abschnitte zu variieren. Diese Tools machen auch die Skalierung auf kleinere Bildschirme viel einfacher, da weniger zusätzlicher Code benötigt wird.

Auswahl des Spaltenlayouts für die Startseite

Auf der Startseite ist es viel üblicher als auf den Unterseiten, die Anzahl der Spalten für die einzelnen Inhaltsabschnitte zu variieren. Jeder Inhaltsabschnitt auf einer Startseite soll ein Ausschnitt sein und eine Vorschau auf das liefern, was die Website zu bieten hat, bevor man in die längeren Inhalte auf den Unterseiten eintaucht. Das Verwenden von unterschiedlich vielen Spalten für jeden Inhaltsbereich ist auch eine Methode, um die Bereiche zu unterteilen und eine Beziehung zwischen den Inhalten herzustellen. Abbildung 6–10 zeigt zwei Inhaltsspalten, die über drei Inhaltsspalten gestapelt sind, ohne eine andere Art von Design, um eine Trennung zu schaffen. Dennoch können Sie erkennen, dass sie getrennt sind, weil jede Zeile anders ist.

Abb. 6–10 *Unterschiedliche Inhaltsbreiten von Zeile zu Zeile helfen, den Inhalt aufzulockern und eine natürliche Beziehung auf der Grundlage von Ähnlichkeiten – in diesem Fall der Inhaltsbreite – herzustellen.*

Nehmen Sie die Liste der Inhalte aus Abschnitt 6.1.1 für eine Startseite und betrachten Sie die verschiedenen Spaltenkonfigurationen, die Sie für ein Wireframe in Betracht ziehen könnten (Abb. 6–11 und Abb. 6–12).

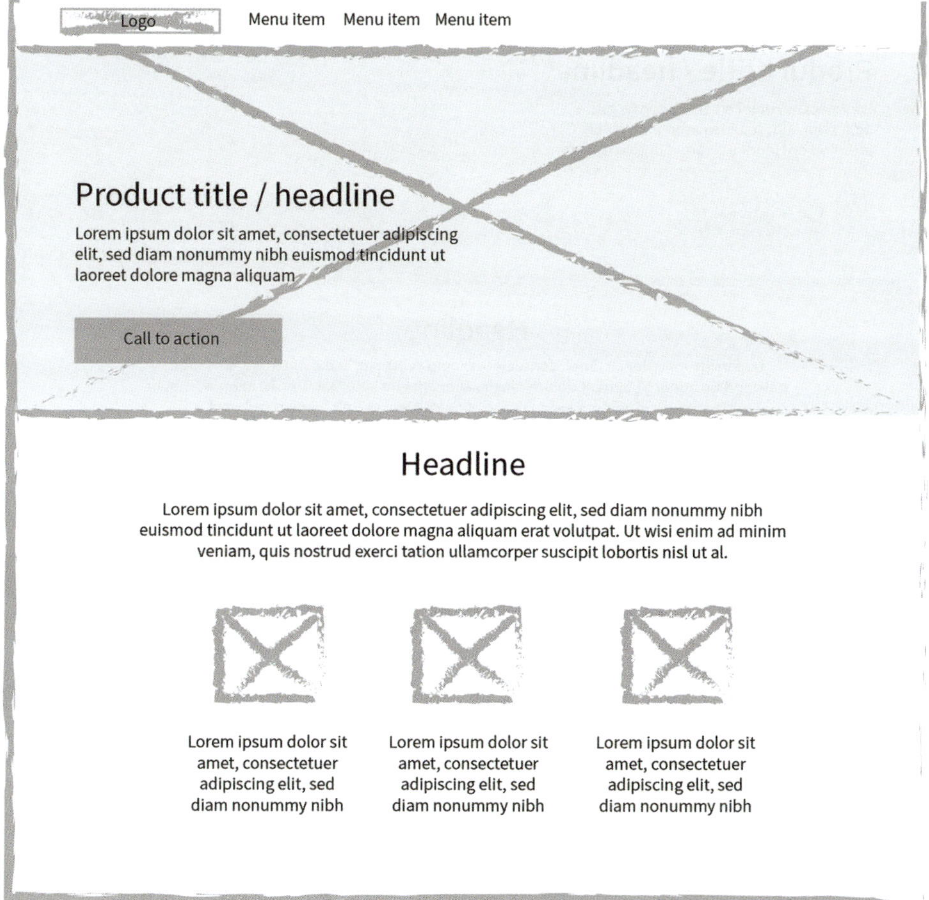

Abb. 6–11 *Ein Beispiel für eine Startseite, die ein typisches Layout mit einem Bild, einem Call to Action und einer Beschreibung verwendet, gefolgt von einem weiteren Abschnitt mit Highlights*

Auswahl eines mehrspaltigen Layouts für eine Webseite

Die Unterseiten Ihrer Website enthaltene ausführlichere Inhalte als Ihre Startseite. Wenn Sie das Layout Ihrer Unterseiten festlegen, sollten Sie die Anzahl der Spalten mit Bedacht und Liebe zum Detail auswählen, insbesondere bei inhaltsintensiven Seiten. Auf einer Dokumentationsseite beispielsweise ist der Hauptinhaltsbereich sehr textlastig und enthält möglicherweise mehrere Bilder im Text. Sie können den Container, in dem sich Ihr Hauptinhalt befindet, aufbrechen, um die Seite mit Bildern und ausziehbaren Zitaten optisch interessanter zu gestalten.

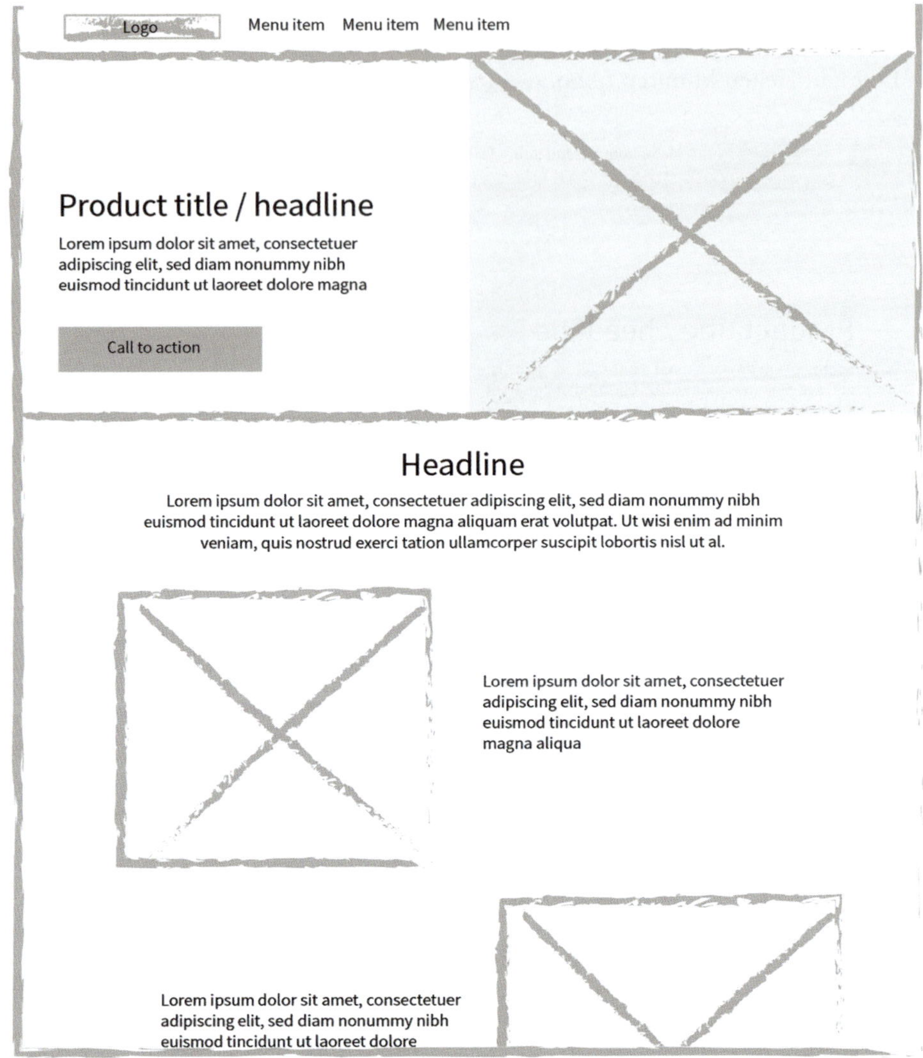

Abb. 6–12 *Ein Beispiel für ein Webseitenlayout, das zwei Spalten zur Aufteilung des Inhalts verwendet und denselben Inhalt wie in Abbildung 6–11 enthält*

Wenn es jedoch um den Haupttext geht, sollten Sie die gleiche Spaltenwahl beibehalten, um Konsistenz auf der gesamten Site zu gewährleisten. In den Abbildungen 6–13 und 6–14 sehen Sie einige Beispiele, wie man Spaltenlayouts auf Unterseiten effektiv mischen kann, ohne den Hauptinhalt der Seite zu stören.

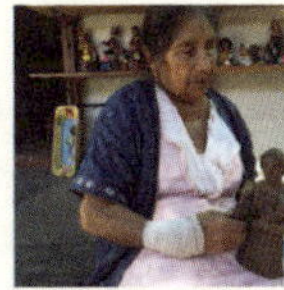

Abb. 6–13 *Die Webseite des Nationalmuseums für mexikanische Kunst wechselt von Reihen mit drei Spalten zu einer Reihe mit zwei und einer Reihe mit vier Spalten. (Foto mit freundlicher Genehmigung des Nationalmuseums für mexikanische Kunst; https://nationalmuseumofmexicanart.org/)*

Abb. 6–14 *Dieses Beispiel hat drei Zeilen mit drei verschiedenen Spaltenlayouts – vier Spalten in der oberen Zeile, eine asymmetrische zweispaltige Zeile in der Mitte und eine dreispaltige Zeile in der unteren Zeile.*

Bei Unterseiten können Sie je nach Zweck der Seite verschiedene Arten von Layouts definieren, aber für jede Seite sollten Sie die Hauptstruktur beibehalten und eine Vorlage erstellen, die Sie durchgängig verwenden. Wenn Sie zum Beispiel Produktseiten haben, sollten diese das gleiche Layout und Design haben. Wenn Sie aus irgendeinem Grund von diesem Layout abweichen, sollte es so unterschiedlich sein, dass es sich von anderen Seiten abhebt, damit Ihre Nutzer nicht durch die unterschiedlichen Erfahrungen auf den einzelnen Seiten verwirrt werden.

Die Kopf- und Fußzeile sollte auf der gesamten Website einheitlich sein, als Anker dienen und jeder Seite eine gewisse Konsistenz verleihen, auch wenn der Hauptteil der Startseite anders gestaltet ist als Ihre Unterseiten. Unabhängig von der Art des Layouts Ihres Hauptinhalts sollten die Kopf- und Fußzeile einheitlich sein. Als Nächstes zeige ich einige gängige Muster für mehrspaltige Layouts, die stark rasterbasiert sind und in Abschnitten einer Webseite oder als Hauptlayout für eine Seite verwendet werden können.

Modulare Raster und Masonry-Raster

Modulare und Masonry-Raster sind vom Konzept her ähnlich, verhalten sich aber unterschiedlich. Wenn Sie schon einmal auf der Pinterest-Website waren, haben Sie ein Masonry-Rasterlayout in Aktion gesehen. Ein Masonry-Rasterlayout hat mehrere Spalten und Zeilen, aber die Zeilen haben keine feste Höhe. Im Gegensatz zu einem modularen Raster mit strengen Zeilen- und Höhenmaßen füllt ein Masonry-Layout den vertikalen Raum zwischen den einzelnen Inhaltsblöcken unabhängig von deren Höhe auf (Abb. 6–15).

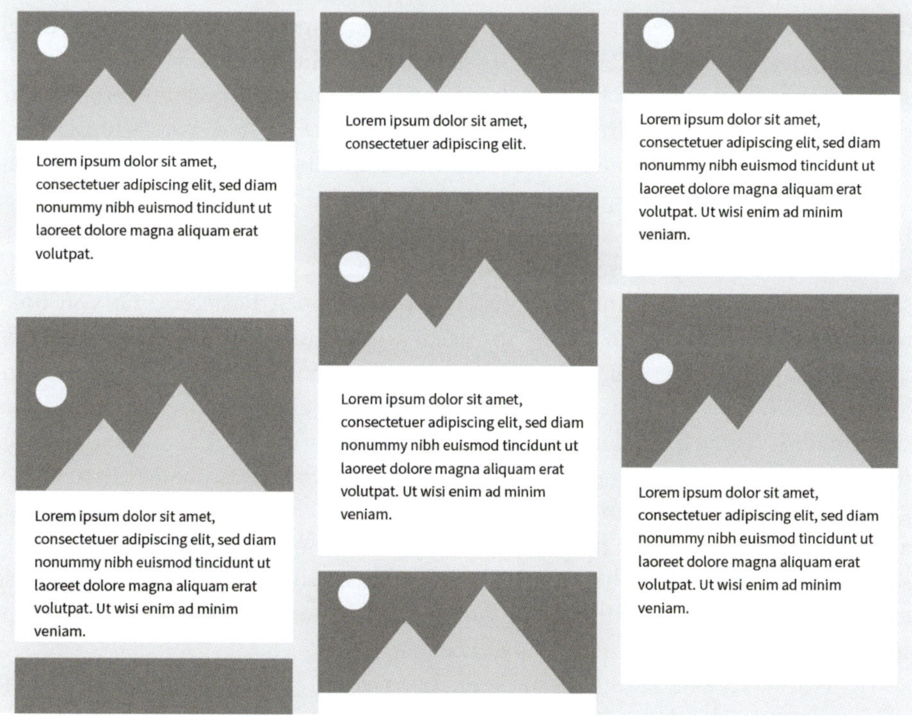

Abb. 6–15 *In einem Masonry-Rasterlayout gibt es keinen zusätzlichen Platz zwischen den einzelnen Elementen, auch wenn sie nicht die gleiche Höhe haben.*

Diese Art von Layout kann verwendet werden, um Inhalte wie Bilder oder Karten (zum Beispiel eine Liste von Blogbeiträgen) darzustellen, die visueller aufgebaut sind als eine normale Liste. Wenn Sie sich ein Beispiel aus der Praxis ansehen, wie Pinterest, die wahrscheinlich berühmteste Webseite mit einem Masonry-Layout, können Sie sehen, wie viele verschiedene Größen von Inhalten zusammenfließen können. Unterschiedliche Längen der Überschriften der einzelnen Beiträge können die Karten ein wenig unterschiedlich groß machen und so für visuelles Interesse auf der Seite sorgen, im Gegensatz zu einer Liste von Inhalten mit der gleichen Art, die einfach übereinandergestapelt werden.

Die Entscheidung, welche Art von Layout Sie für jede Seite wünschen, ist der erste Schritt, um die Grundstruktur Ihrer Website und die Anordnung der Inhalte zu bestimmen. Ein weiterer Faktor, der die Wahl Ihres Seitenlayouts beeinflussen kann, ist das Leseverhalten der Nutzer.

6.3.3 Lesemuster

Lesemuster werden von Forschungsgruppen mithilfe von Eye-Tracking-Studien ermittelt, um festzustellen, wie Nutzer eine Seite lesen oder scannen. Einige der am besten dokumentierten Forschungen zu Eye-Tracking und Lesemustern wurden von der Nielsen Norman Group (NNG) durchgeführt und sind auf deren Website gut dokumentiert. Obwohl es sich dabei nicht um eine Methode zur Gestaltung Ihrer Seite an sich handelt, können Sie mithilfe von Lesemustern Designentscheidungen auf der Grundlage der Art und Weise treffen, wie Benutzer eine Seite normalerweise scannen. Diese Informationen können Ihnen dabei helfen, Inhalte effektiver zu gruppieren und herauszufinden, wo sie zum Nutzen Ihrer Benutzer platziert werden können.

Es sei darauf hingewiesen, dass die beiden Muster, die ich in den nächsten Abschnitten zeigen werde, auf Lesemustern von Gruppen basieren, die von links nach rechts lesen. Kulturen, deren Sprachen von rechts nach links oder von oben nach unten gelesen werden, haben andere Richtungsmuster für das Lesen von Inhalten. Wenn Ihre Webseite in eine dieser Sprachen übersetzt werden soll, ist es wichtig, dass Sie sich Gedanken darüber machen, wie Sie Ihr Layout ändern sollten, um den Unterschied in der Leserichtung zu berücksichtigen. Sie sollten zu Beginn des Projekts feststellen, ob Sie sowohl eine Sprache von links nach rechts als auch eine von rechts nach links oder von oben nach unten berücksichtigen müssen. Diese Überlegung sollte nicht erst in der Entwurfs- oder Entwicklungsphase angestellt werden. Sonst führt es zu Verzögerungen, wenn man versucht, die Anforderungen nachträglich in das Layout einzupassen.

Es gibt noch eine Handvoll anderer Arten von Lesemustern, aber ich werde mich auf die beiden häufigsten konzentrieren, das Z-Muster und das F-Muster. Im Anhang finden Sie Hinweise auf weiterführende Informationen zu diesem Thema.

Das Z-Muster

Das Z-Muster zeigt, wie ein Benutzer eine Seite mit minimalem Textinhalt scannt. Es ist der Weg, dem die Augen des Nutzers zwischen den Schlüsselelementen folgen, und bildet eine echte Z-Form, wie in Abbildung 6–16 zu sehen ist.

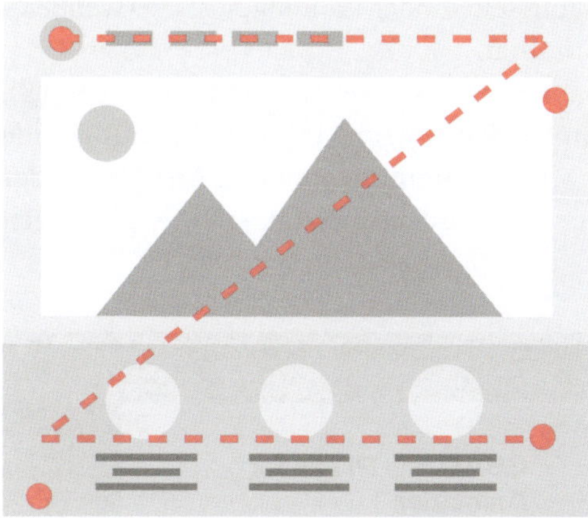

Abb. 6–16
Das Z-Muster zeigt, wie ein Benutzer eine Seite normalerweise scannt: von links nach rechts und dann wieder zurück nach links und rechts.

Viele Webseiten verwenden dieses Muster bereits (Abb. 6–17). Es führt den Benutzer sehr klar durch die Seite. Wenn wir Designprinzipien auf unsere Komponenten und Inhalte anwenden, sind wir in der Lage, einen Fluss zu schaffen, der den Benutzer dazu bringt, die Seite durchzulesen, anstatt an einem Punkt auf der Seite hängen zu bleiben und sich zu fixieren.

Abb. 6–17
Die Überschrift am oberen Rand ist der erste Teil des Inhalts, den Sie lesen. Danach wird der Blick auf die Überschrift Arbeit *und dann auf die Grafik gelenkt.*

Dieses Muster dient als Blaupause und kann sehr hilfreich sein, wenn Sie nicht wissen, wie Sie die Hierarchie auf einer Webseite definieren sollen. Fragen Sie sich anhand dieses Musters: »Was ist der wichtigste Inhalt?» und »Was ist der Hauptzweck der Seite?« Überlagern Sie Ihr Wireframe oder Ihre Skizze mit einer Z-Form: Das ist der Platz, an dem Sie Ihre wichtigsten Inhalte platzieren sollten.

Dieses Lesemuster wird in der Regel für Startseiten oder Landingpages verwendet – also für Seiten, die nicht so viel Text enthalten.

Dieses Muster kann auch auf der gesamten Seite verwendet werden (Abb. 6–18). Es kann auch als Leitfaden dienen, wenn Sie den Umgang mit dem Layout gerade erst lernen und herausfinden möchten, wie Sie Komponenten und Inhalte auf der Startseite und den Unterseiten, die nicht sehr inhaltslastig sind, effektiv platzieren können.

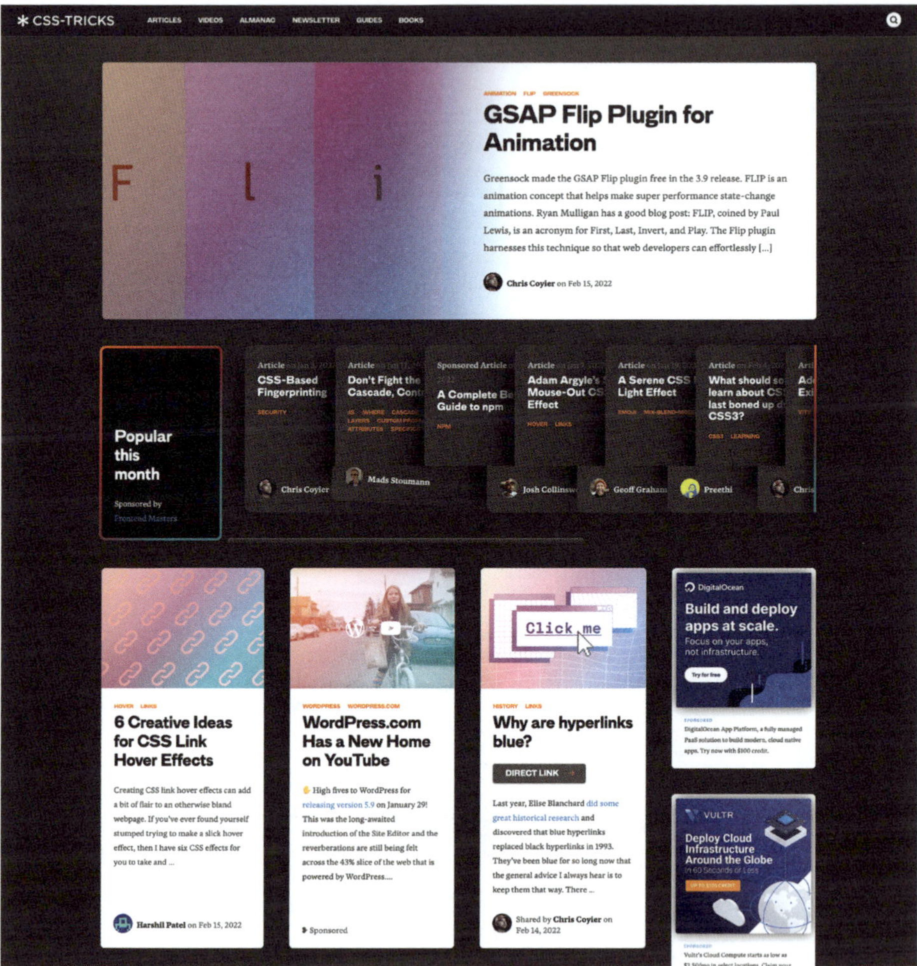

Abb. 6–18 *Die Webseite* CSS Tricks *ist ein weiteres gutes Beispiel für das Z-Muster. Sie ist so aufgebaut, dass das Auge durch jede Zeile wandert (mit freundlicher Genehmigung von CSS Tricks; https://css-tricks.com/).*

Das F-Muster

Im Gegensatz zum Z-Muster, das bei der Entscheidung über die Platzierung von Inhalten auf Ihrer Seite hilfreich sein kann, ist das F-Muster, wie in Abbildung 6–19 gezeigt, nützlich, um zu bestimmen, wie Sie Ihre Seite so gestalten können, dass sie für die Benutzer am nützlichsten ist.

Laut NNG ist das F-Muster das in Studien am häufigsten beobachtete Lesemuster. Es bezieht sich auf die Art und Weise, wie Menschen den Hauptteil der Seite scannen, insbesondere textlastige Seiten. Auf einer Webseite, die von links nach rechts gelesen wird, beginnen die Nutzer in der linken Ecke und lesen über diese Zeile hinweg, bewegen sich dann auf der linken Seite nach unten und scannen erneut von links nach rechts. Schließlich scannen sie zurück, um sich auf die linke Seite zu konzentrieren. In der Regel überspringen sie nicht eine ganze Zeile, aber es kommt manchmal vor. Das F-Muster veranschaulicht, wie Menschen eine Seite zunächst überfliegen. Es kann auch darauf hinweisen, dass Ihr Seitenlayout Probleme aufweist, vor allem wenn es sehr textlastig ist.

Abb. 6–19 *Das F-Muster ist ein gängiges Lesemuster und eignet sich gut für die Arbeit mit einer umfangreichen Seite wie einem Nachrichtenartikel.*

NNG fand heraus, dass das F-Muster häufig auf Seiten verwendet wird, die die gleichen drei Kriterien aufweisen. Erstens wird es auf Seiten oder Abschnitten von Seiten verwendet, die sehr textlastig sind, ohne zusätzliche visuelle Aufbereitung, um die Textwand aufzubrechen. Beispielsweise wenn der Text nicht in Unterabschnitte mit Zwischenüberschriften unterteilt ist, er nicht fett gedruckt ist und es keine ausklappbaren Unterpunkte oder Aufzählungszeichen gibt. Es ist einfach nur eine Wand aus Text. Zweitens hat NNG festgestellt, dass die Benutzer auf diese Weise scannen, wenn sie am effizientesten sein wollen. Und schließlich scannen die Nutzer nach dem F-Muster, wenn sie nicht jedes Wort lesen wollen.

Wenn Benutzer in diesem Muster die Seite scannen, versuchen sie, herauszufinden, worum es in dem Inhalt geht, und finden die wichtigsten Teile, indem sie diese ersten paar Zeilen scannen, bevor sie zum nächsten Abschnitt springen. Wenn einige Ihrer Seiten sehr inhaltslastig sind, kann das F-Muster ein guter Anhaltspunkt sein, um zu beurteilen, ob Ihr Inhalt in konsumierbare Abschnitte unterteilt ist. Gibt es Stellen, an denen Sie Links hinzufügen können? Ist es sinnvoll, etwas fett zu markieren oder in eine Liste aufzugliedern? Können Sie die Dinge in Unterabschnitte unterteilen?

Obwohl das F-Muster die häufigste Art und Weise ist, wie Menschen Inhalte auf einer Seite scannen, ist es kein Muster, dem sie auf einer Seite folgen sollten. Sie sollten diesem Muster mit einigen der oben genannten Tipps entgegenwirken, um Ihre Seite leicht lesbar zu machen, damit Ihre Nutzer nicht mehr in diesem Muster lesen.

6.4 Raum nutzen

Wenn ich mit jemandem, der kein Designer ist, an einem Projekt arbeite und die Rückmeldung erhalte, dass es »zu viel Weißraum« gibt, fühlt sich das fast schon klischeehaft an. Diese Rückmeldung hat mich oft frustriert. Weißraum in einem Design ist nichts, wovor man sich fürchten muss. Er ist der Schlüssel, um den Inhalt einer Seite konsumierbar und benutzerfreundlich zu machen.

Das Verwenden von Weißraum oder negativem Raum ist entscheidend, um klare Schwerpunkte zu schaffen, er definiert die Beziehungen zwischen den Inhalten durch das Designprinzip der Nähe und hält Ihre Benutzeroberfläche frei von Unordnung. Wenn ein Design Raum zum Atmen hat, fühlt es sich für den Benutzer weniger überwältigend an. Es zeigt ihm, wo er hinschauen soll, und führt ihn durch die Seite.

Sehen Sie sich in Abbildung 6–20 ein Beispiel an, bei dem Weißraum nicht sehr effektiv genutzt wird. Dieses Beispiel basiert auf einer Webseite aus den späten 1990er-Jahren, als die Entwickler nur wenig Kontrolle über das Layout hatten. Es hat keinen Abstand zwischen den Spalten, und die Abstände zwischen den Abschnitten und Zeilen sind eng.

Abb. 6–20 *Frühere Webseiten nutzten den Platz nicht effektiv, sodass sie überladen wirkten.*

In dem Beispiel in Abbildung 6–20 ist alles zusammengequetscht. Jeder Abschnitt hat die gleiche Überschriftengröße, sodass nicht klar erkennbar ist, wo man hinschauen muss. Obwohl der mittlere Abschnitt *Featured* größer ist als die linke und rechte Spalte, sorgt der Inhalt darüber für Unordnung. Es gibt nichts, was das Auge darauf lenkt, wohin es zuerst schauen soll. Sehen Sie sich ein Beispiel für eine gute Nutzung des negativen Raums auf einer Webseite von Henry Desroches in Abbildung 6–21 an. Wenn man auf der Seite nach unten scrollt, wird das Auge auf die Überschrift des Abschnitts gelenkt, die uns deutlich sagt, wo wir uns befinden. Wir wissen, was wir sehen sollen, und es gibt nichts, was uns davon ablenkt.

Der negative Raum auf dieser Webseite schafft auch ein Gefühl von Eleganz. Negativer Raum wird häufig auf Webseiten hochwertiger Marken verwendet, um das Gefühl von Luxus zu vermitteln, das in physischen Geschäften vorherrscht. In einem High-End-Geschäft werden Kleidungsstücke und Accessoires nicht auf die Regale gequetscht, sondern hervorgehoben, um jedes Stück zu präsentieren. Wenn Kleidung aufgehängt wird, ist die Anzahl der Stücke begrenzt und strategisch verteilt, um jedem Stück Raum zum Atmen zu geben.

Abb. 6–21 *Negativer Raum schafft einen Schwerpunkt für jede Abschnittsüberschrift, bevor man zum Inhalt des Abschnitts scrollt.*

Schauen wir uns ein Vorher-Nachher-Beispiel an. Abbildung 6–22 zeigt mehrere Textkomponenten mit einem Button *Read More* in einem einfachen Rasterformat mit drei Spalten. In dieser Grafik sind die Komponenten alle dicht aneinandergereiht. Dadurch entsteht der Eindruck eines großen Inhaltsblocks, als ob es sich um ein und dieselbe Komponente handelt. Das beeinträchtigt die Lesbarkeit. Es wirkt unübersichtlich.

Abb. 6–22 *Obwohl verschiedene Inhalte auf der Seite eingebaut sind, liegen sie zu dicht beieinander. Es gibt nicht viel, was sie visuell voneinander unterscheidet. Wenn Sie Ihre Sicht verschwimmen lassen und die Komponenten betrachten, sieht alles wie ein einziger Block von Inhalten aus.*

Wenn wir in Abbildung 6–23 zwischen den einzelnen Komponenten mehr Platz lassen und die Buttons zum Weiterlesen optisch deutlicher hervorheben, erhalten wir ein besseres Gefühl für jede einzelne Komponente auf der Seite. Wir können die einzelnen Inhalte leichter überfliegen und unterscheiden. Wir wissen, wo jeder Teil beginnt und wo er aufhört, weil mehr Spielraum vorhanden ist, und die zusätzliche visuelle Aufbereitung der Buttons *Read More* trägt zur weiteren Unterscheidung jedes Blocks bei.

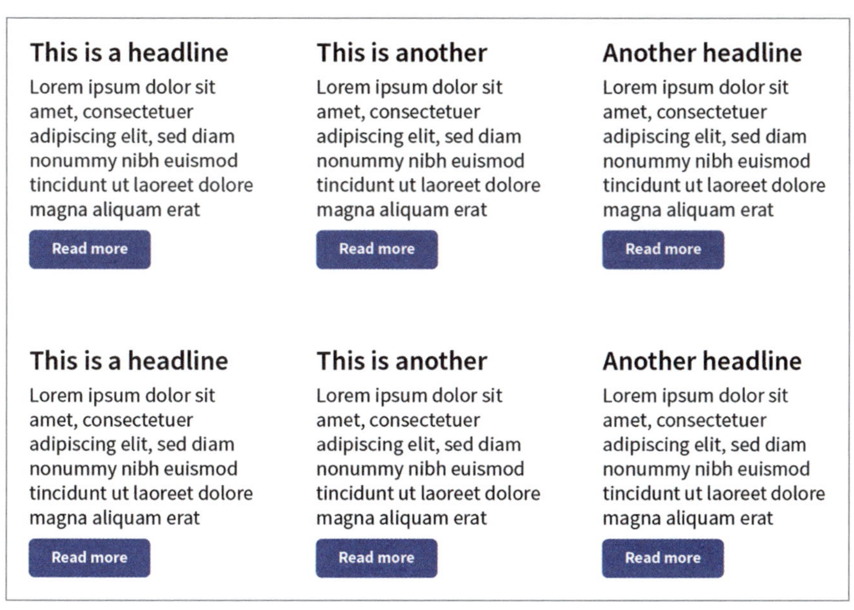

Abb. 6–23 *Durch das Hinzufügen von Weißraum und das Hervorheben der Buttons* Read More *wird jede Komponente als eigenständige Komponente definiert. Dadurch ist die Seite leichter zu scannen.*

Ob es sich um einen gedruckten Flyer oder eine Webseite handelte, ich habe in meiner beruflichen Laufbahn oft die Rückmeldung erhalten: »Mach es größer, da ist zu viel Weißraum.« Es ist wichtig, die Perspektive und die Erfahrung Ihrer Stakeholder zu berücksichtigen, wenn Sie dieses Feedback erhalten. Manchmal haben die Beteiligten kein Auge für Design. Sie verstehen vielleicht nicht, dass der Weißraum dazu dient, die Oberfläche weniger überladen und unübersichtlich aussehen zu lassen. Jede Entscheidung, die Sie beim Design treffen, hat einen Grund. Versuchen Sie also, den Zweck des Weißraums zu vermitteln – was er zum Design beiträgt und wie sich sein Fehlen negativ auf das Design auswirken wird.

Diese Konversation kann bei jedem Designschritt aufkommen. Wenn die Beteiligten eine Farbe nicht mögen, fragen Sie nach dem Grund. Erläutern Sie, warum Sie die Farben verwenden, die Sie verwenden. Diese Art der Befragung hilft dabei, herauszufinden, warum ihnen etwas an einem Entwurf nicht gefällt, und kann zu einer fruchtbareren Diskussion darüber führen, wie man das Problem lösen kann. Belassen Sie es nicht bei der Rückmeldung, »Das gefällt mir nicht«, denn das kann zu Spannungen in der beruflichen Beziehung führen.

6.5 Überlegungen zum responsiven Design

In unserer modernen Welt haben wir Zugang zum gesamten Internet auf einem Bildschirm, der in unsere Tasche passt. Das Surfen im Internet findet heute häufiger auf mobilen Geräten als auf einem Desktop-PC statt. In den Anfängen des mobilen Webs waren viele Webseiten nur eine verkleinerte Version der Desktop-Seite. Das war für die Nutzer ein schreckliches Erlebnis. Man musste die Seite heranzoomen, um etwas lesen zu können, und es gab keine klickbaren Ziele für Buttons oder Links, wenn man nicht herangezoomt war. Allein das Navigieren durch die Site war frustrierend. Seit dem Aufkommen der Mobiltelefone hat sich das responsive Design stark weiterentwickelt, ebenso wie die Webtechnologie, mit der Designs erstellt werden können, die auf das jeweilige Gerät reagieren.

6.5.1 Für Mobilgeräte gestalten

Nur weil wir mit einer begrenzten Bildschirmfläche arbeiten, heißt das nicht, dass unser Design und unsere Funktionalität darunter leiden müssen. Es ist wichtig, die Bedürfnisse Ihrer Nutzer zu verstehen, wenn sie mit der mobilen Version Ihrer Website oder Anwendung interagieren. Deren Ziele können sich leicht von denen Ihrer Desktop-Benutzer unterscheiden. Nutzen Sie Daten und Untersuchungen, um die Designentscheidungen für Ihr mobiles Erlebnis zu treffen. Schauen Sie sich die wichtigsten Punkte an, die beim Anpassen Ihrer Webseite oder Anwendung für kleinere Bildschirme zu beachten sind.

Minimierung und Fokussierung der Inhalte

Sie sollten die Oberfläche einer mobilen Version einer Webseite so übersichtlich wie möglich halten. Es ist nicht ungewöhnlich, bestimmte Elemente auszublenden oder Informationen, die auf dem Desktop standardmäßig angezeigt werden, etwas anders darzustellen. Zu diesen Inhalten gehören Dinge wie die Hauptnavigation oder Komponenten, die viele Informationen in einem Listenformat enthalten können. Sie sollten den Platz nicht überladen, indem Sie die gesamte Navigation anzeigen. Legen Sie das Menü stattdessen als schwebenden Menü-Button wie in Abbildung 6–24 an (siehe Abb. 6–25).

Beispielsweise sollte eine Reise-Webseite mit einer Liste von Hotels nur die wichtigsten Informationen in dieser Komponente anzeigen, wie Name, Preis, Bewertung und Lage oder Nachbarschaft. Weitere Informationen können auf einer zweiten Seite angezeigt werden, die der Nutzer anklicken kann.

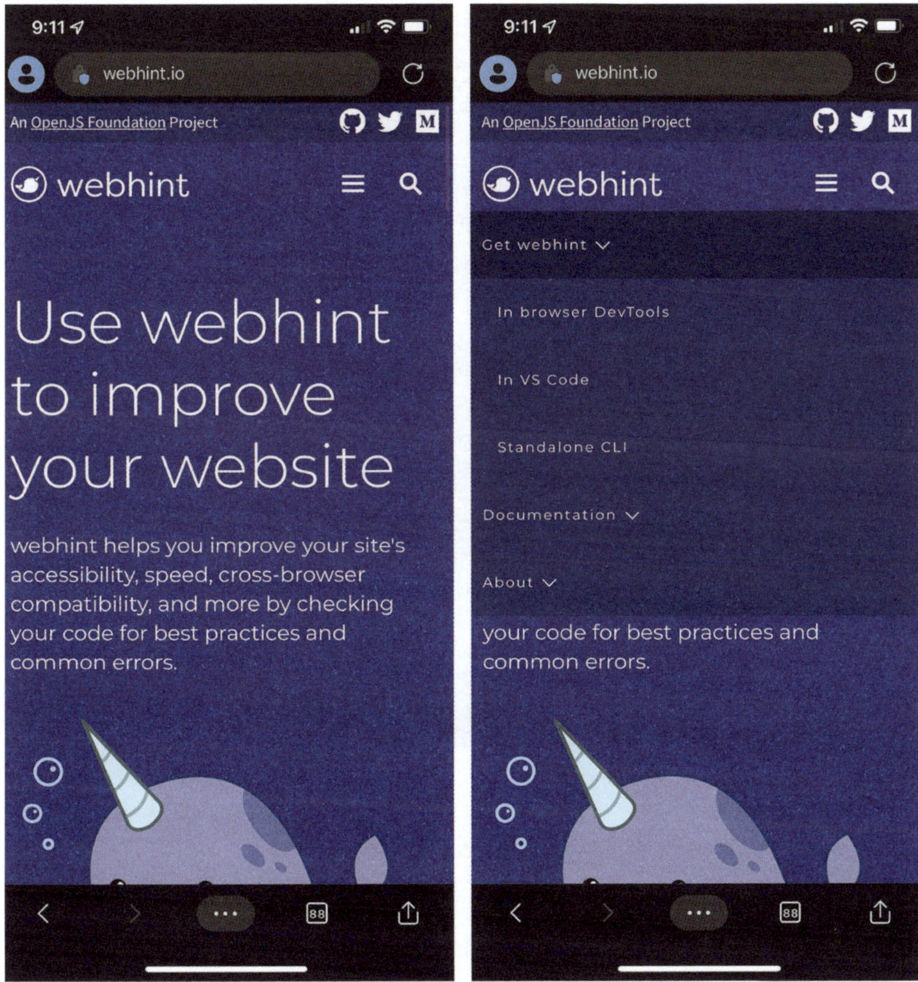

Abb. 6–24 *Durch das Verstecken des Menüs hinter einem Symbol, das der Benutzer öffnen muss, bleibt die Oberfläche übersichtlich.*

Abb. 6–25 *Die Auflistung der einzelnen Menüpunkte am oberen Rand der Seite ist sehr unübersichtlich, und es ist nicht klar, ob die Navigation eine Hierarchie hat. Es handelt sich lediglich um einen Block von Links, der sich in den Rest des Textes darunter einfügt.*

Sie können auch ein Akkordeon-Menü erstellen, bei dem der Benutzer auf der Listenseite bleibt und die Komponente mit Informationen erweitert wird, die normalerweise auf einem kleineren Bildschirm verborgen sind, wie in Abbildung 6–26. Konzentrieren Sie sich darauf, die wichtigsten Informationen bereitzustellen, die leicht zu scannen sind, und bieten Sie dann eine Option an, um noch mehr Informationen über eine interaktive Schnittstelle anzuzeigen.

Überlegen Sie außerdem, welche zusätzlichen Medien auf Ihrer Desktop-Seite vorhanden sind, die sich auf einem Telefon negativ auf die Ladezeit Ihrer Webseite auswirken könnten. Wenn Sie ein eingebettetes Video auf der Startseite haben, das keine für das Erlebnis wichtigen Informationen enthält: Können Sie es durch ein einfacher zu konsumierendes Medium wie ein Bild ersetzen? Gibt es unnötige Bilder oder Videos an anderen Stellen auf der Webseite, die Sie entfernen können, ohne das Gesamterlebnis zu beeinträchtigen? Konzentrieren Sie sich darauf, was Ihre Nutzer sehen müssen und was sie erreichen wollen, wenn sie auf ihrem Telefon und Ihrer Webseite sind, und optimieren Sie Ihre Inhalte und Ihr Erlebnis für diese primären Aufgaben.

Abb. 6–26 *Um die Informationsflut zu bändigen und die Unübersichtlichkeit zu erhöhen, sollten Sie nur die wichtigsten Informationen anzeigen und den Nutzern die Möglichkeit geben, durch Anklicken weitere Informationen zu finden, wenn sie dies wünschen.*

Design zum Anfassen

Der nächste Faktor, der beim Anpassen Ihres Designs an kleinere Bildschirme zu berücksichtigen ist, ist die Gestaltung für Berührungen. Die Nutzer interagieren mit ihren Mobiltelefonen in erster Linie über einen Touchscreen. Das bedeutet, dass die interaktiven Elemente größer werden und bessere Berührungspunkte bieten müssen. Elemente wie Buttons sollten auf dem Bildschirm größer sein, und Sie sollten auch berücksichtigen, wie die Benutzer ihre Telefone halten und mit dem Bildschirm interagieren, wenn sie nur eine Hand benutzen.

Abbildung 6–27 zeigt die Daumenzonen für eine rechtshändige Person. Sie möchten, dass Ihre interaktiven Elemente in der grünen Zone mit der Aufschrift *Natürlich* landen. Sie sollten jedoch auch überlegen, ob es sinnvoll ist, eine Art Navigations- oder Symbolleiste mit gängigen Aktionen für Ihre Benutzer in diesem Bereich unterzubringen, damit sie sich nicht an den oberen Rand des Bildschirms strecken müssen, um darauf zuzugreifen. Auch hier kommt es auf die Ziele Ihrer Webseite und Ihrer Nutzer an. Vielleicht ist es nicht sinnvoll, die Navigation ständig am unteren Rand des Bildschirms zu platzieren, sondern eher eine Schaltfläche *Zurück nach oben* bereitzustellen, die in diesem Bereich leicht zu erreichen ist.

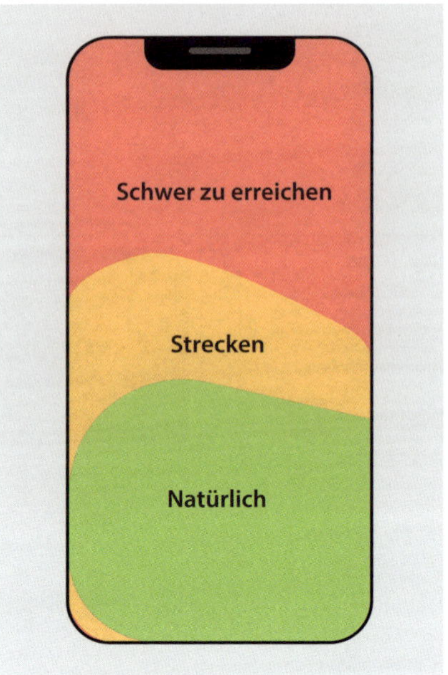

Abb. 6–27 *Daumenzonen für Personen, die ein Telefon in der rechten Hand halten. Überlegen Sie, wie Ihre Benutzer mit Ihrem Design interagieren, und halten Sie die Dinge so weit wie möglich in der* Natürlich-*Zone.*

Achten Sie bei der Auswahl der Touch-Ziele auch darauf, dass zwischen den Elementen der Benutzeroberfläche, zum Beispiel zwischen Buttons, genügend Platz ist, egal ob sie nebeneinander oder übereinander angeordnet sind. Sie müssen groß genug sein und genügend Abstand zueinander haben, damit die Benutzer nicht versehentlich auf den falschen Button drücken. Das kann zu Frustration und Verwirrung führen.

Inhalte gliedern, um einen überschaubaren Ablauf zu schaffen

Für Elemente in langen Formularen, insbesondere für Zahlungs- und Lieferadressen, sollten Sie den Inhalt gliedern, um einen überschaubaren Aufgabenablauf zu schaffen und deutlich zu machen, wo sich der Benutzer innerhalb der Aufgabe befindet. So können Sie beispielsweise die Schritte, die er ausführen muss, visuell darstellen. Anstatt eine ganze Seite mit Eingaben für die Zahlung und die Versandadresse anzuzeigen, habe ich das Formular in einzelne Schritte unterteilt: die Zahlungsmethode (Abb. 6–28), die Versandadresse und die Versandoptionen. Alle auf eigenen Bildschirmen mit eindeutigen Buttons, um im Prozess vor- und zurückzugehen.

Diese Aufteilung des Inhalts macht die Aufgabe überschaubarer und überfordert den Benutzer nicht. Es ist auch einfacher, Probleme wie Fehler bei der Benutzereingabe zu beheben, zum Beispiel eine fehlende Kreditkartennummer, wenn jeder Schritt der Aufgabe aufgeteilt ist. Der Benutzer kann sich auf das Beheben des

Fehlers mit der Kreditkarte konzentrieren, anstatt mehrere Fehler auf einer Seite mit allen Formulareingaben für Adressen und Zahlungen zu beheben. So wird das Erlebnis gestrafft und fokussiert, wenn Ihr Benutzer versucht, eine Aufgabe zu erledigen.

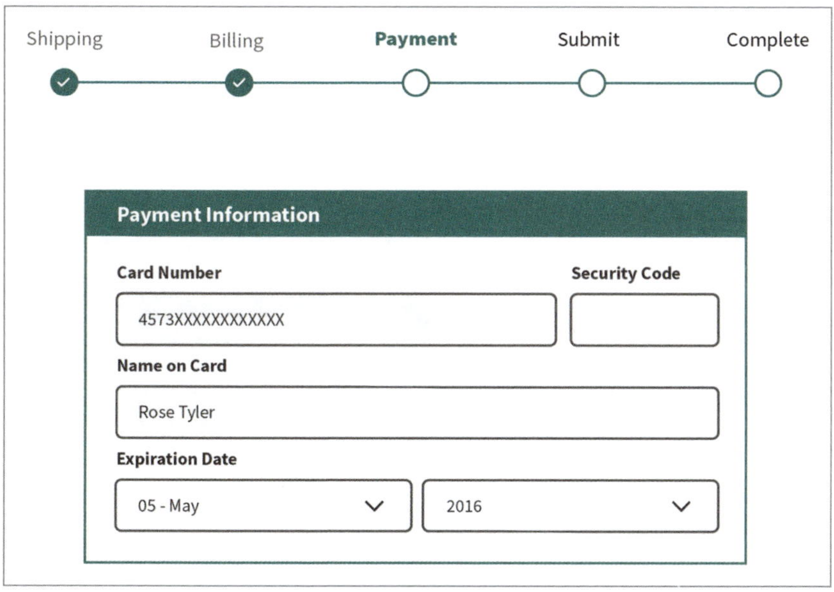

Abb. 6–28 *Unterteilen Sie größere Aufgabenabläufe nach Möglichkeit in einzelne Seiten und geben Sie an, wo sich die Benutzer im Ablauf befinden, damit die Aufgabe überschaubar bleibt.*

Visuelle Stile und Elemente konsistent halten

Schließlich sollten Sie den visuellen Stil und die Elemente Ihrer Webseite auch bei der mobilen Version beibehalten, indem Sie Dinge wie die Größe anpassen und die Unübersichtlichkeit des Inhalts reduzieren. Verwenden Sie jedoch keine anderen Farben und Typografien oder ändern Sie die visuelle Behandlung von Illustrationen oder Fotos auf Ihrer mobilen Website nicht. Diese Elemente sorgen für Markenkonsistenz und Vertrautheit, damit die Benutzer nicht verwirrt werden, wenn sie zwischen der Desktop- und der mobilen Website wechseln. Ihre mobile Website sollte wie die Desktop-Website aussehen, nur für eine bessere Benutzerfreundlichkeit auf kleineren Bildschirmen angepasst.

6.5.2 Design für Multiscreen- und faltbare Geräte

Nach Jahren mit verschiedenen Prototypen seit den frühen 2000er-Jahren kam 2019 eine neue Geräteklasse auf den Markt: faltbare Geräte mit mehreren Bildschirmen. Diese Geräte lassen sich wie ein Buch auf- und zuklappen und haben je nach Gerätetyp entweder zwei durch eine physische Falte getrennte Bildschirme, die Inhalte verdecken kann, oder einen Bildschirm, der sich in der Hälfte falten lässt, wodurch der Inhalt nicht verdeckt wird.

Einige wenige Unternehmen investieren weiterhin in die Produktion dieser neuen Geräteklasse. Das Gestalten für diese Art von Geräten mag entmutigend wirken. Aber faltbare Geräte mit mehreren Bildschirmen sind der nächste Schritt im responsiven Design und bieten eine einzigartige Gelegenheit, den Nutzern ein verbessertes Erlebnis zu bieten, das beide Bildschirme nutzt. In Abbildung 6–29 wird zum Beispiel eine Rezept-Webseite so angepasst, dass die Zutaten auf einem Bildschirm und die Schritte des Rezepts auf dem anderen Bildschirm angezeigt werden. So sind die Zutaten und ihre Mengen immer verfügbar, wenn man durch die Rezeptschritte scrollt.

Abb. 6–29 *Bei Geräten mit zwei Bildschirmen können Web-Layouts auf zwei Bildschirme aufgeteilt werden.*

Aktuell sind die APIs für das Erstellen von Layouts für zwei Bildschirme noch experimentell und noch nicht in allen Browsern verfügbar. Sie geben jedoch einen Ausblick auf die Zukunft von Multiscreen-Geräten und bieten die Möglichkeit, verbesserte Erlebnisse zu gestalten, die die Nutzer begeistern.

Was die Programmierung betrifft, so wurden die APIs für JavaScript und CSS mit vertrauten Konzepten wie Media-Querys und Umgebungsvariablen geschrieben. Folglich müssen Entwickler keine neuen Konzepte erlernen, um einen für das Gerät angepassten Code zu schreiben, und können mehr Zeit damit verbringen, sich darauf zu konzentrieren, wie zwei Bildschirme für ein funktionelleres und interessanteres Erlebnis für die Nutzer genutzt werden können.

Zusammenfassung

- Bevor Sie visuelle Elemente wie Typografie und Farbe einsetzen, sollten Sie die Struktur der Website festlegen und verfeinern, indem Sie einen Plan erstellen. Definieren Sie jeden Inhaltsabschnitt, der auf einer Seite erscheinen soll, zum Beispiel Kopfzeile, Fußzeile und Hauptinhalt, und legen Sie dann fest, wie Ihr Hauptinhaltsbereich aufgeteilt werden soll.
- Legen Sie ein Raster fest, mit dem Sie den Inhalt innerhalb der von Ihnen aufgeführten Abschnitte organisieren wollen. Dieses Raster wird zu Ihrem System für die Organisation und Platzierung von Inhalten. Das Raster besteht aus Spalten, Zeilen und Lücken dazwischen. In der Regel werden zwölf Spalten für Desktops, acht für Tablets und vier für Mobiltelefone verwendet. Im Internet stehen zahlreiche kostenlose Tools zur Verfügung, mit denen Sie Ihr Raster leicht definieren können.
- Bei der Auswahl eines Layouts für Ihre Webseite sollten Sie die Art des Inhalts berücksichtigen, der auf der Seite angezeigt werden soll. Nicht alle Seiten müssen das gleiche Layout haben, aber Seiten mit ähnlichem Inhalt sollten die gleiche Seitenstruktur haben. So sollten beispielsweise alle Produktseiten das gleiche Layout haben, um Verwirrung zu vermeiden. Aber die Produktseiten werden nicht das gleiche Layout wie die Startseite haben.
- Die von Forschungsgruppen ermittelten Lesemuster spiegeln wider, wie Benutzer eine Seite scannen. Diese Muster sollten zwar nicht unbedingt die Gestaltung der gesamten Seite beeinflussen, aber sie können sich darauf auswirken, wo Sie bestimmte Inhalte platzieren.
- Weißraum sollte in einem Design berücksichtigt und genutzt werden, um eine saubere und weniger überladene Benutzeroberfläche zu schaffen. Es muss nicht jedes Pixel auf der Seite mit Bildern oder einer Komponente gefüllt werden. Die Abstände zwischen Komponenten und Inhaltsblöcken sind wichtig, um Beziehungen zwischen den Elementen auf der Seite zu definieren. Das erleichtert das Scannen und Konsumieren.
- Beim Gestalten für mobile Geräte sollten Sie keine Miniaturversion der Desktop-Webseite erstellen. Reduzieren Sie stattdessen den Inhalt und die Informationen, wo dies möglich ist, und geben Sie den Nutzern die Möglichkeit, zusätzliche Informationen anzuzeigen, indem sie beispielsweise auf eine Komponente tippen. Das Erlebnis auf dem Handy sollte so verbessert werden, dass es benutzerfreundlicher und konsumierbarer ist, ohne dabei die Marken- und Stilmerkmale der Desktop-Webseite zu vernachlässigen.

7 Web-Layouts mit Animationen aufwerten

Dieses Kapitel behandelt

- Wie man Animationen effektiv einsetzt, um die User Experience und die Benutzerfreundlichkeit einer Webseite oder Anwendung zu verbessern
- Wann man Animationen einsetzen sollte und was diese Animationen den Nutzern bieten soll
- Wie man Animationen in der Entwurfsphase plant, bevor man mit der Codierung beginnt

Animationen sind für eine Webseite oder Webanwendung das, was die zusätzlichen Streusel für ein Törtchen sind. Der glasierte Cupcake ist auch ohne die Streusel köstlich und essbar, aber die Streusel (oder andere Accessoires) schaffen ein einzigartiges Erlebnis für die Person, die ihn isst. Nehmen wir an, die Streusel sind mit Goldflocken bestreut und elegant um den Zuckerguss gewickelt. Diese Art der Präsentation ist für die Person, die ihn isst, ein viel einprägsameres Erlebnis. Sie könnten sich mehr Zeit nehmen, um die essbaren Goldflocken zu bewundern, bevor sie sich entscheiden, wie sie das Törtchen isst. Vielleicht beeinflusst sogar das Muster der Goldplättchen ihre Entscheidung, wie sie das Törtchen essen will. Zusätzliche Streusel auf der Glasur des Muffins schaffen auch eine viel einprägsamere Interaktion als, sagen wir, ein Muffin ohne Streusel und nur mit etwas Glasur. Der Esser ist weniger geneigt, sich mit dem Törtchen zu beschäftigen, wenn es nur mit einer Buttercreme überzogen ist. Das Törtchen ist zwar essbar und schmeckt immer noch gut, aber es ist nicht so einprägsam und begeistert den Esser nicht so wie ein paar gut platzierte Streusel.

Wenn es um Webseiten geht, sind Animationen das Sahnehäubchen auf dem Kuchen. Wenn sie gut gemacht sind, machen Animationen das Erlebnis einprägsamer und reizvoller. Schlechte Animationen können jedoch genauso einprägsam sein und den gegenteiligen Effekt auf die Besucher unserer Webseite haben. Egal, ob es sich um zu viele Animationen handelt oder ob die persönlichen Einstellungen der Benutzer nicht berücksichtigt werden, schlechte Animationen können die

Benutzerfreundlichkeit und den Zugang zu unserer Webseite beeinträchtigen. Der Einsatz von Animationen sollte das Erlebnis auf der Webseite nicht schlechter machen. Sie sollte die Benutzer informieren und erfreuen. So wie ein Muffin auch ohne Streusel essbar ist, sollte Ihre Webseite auch ohne Animation benutzbar sein.

7.1 Warum eine Animation?

Animationen sollten auf Ihrer Webseite mit Sorgfalt und Bedacht eingesetzt werden. Sie sollten nicht einfach hinzugefügt werden, nur weil Sie etwas Bewegung auf Ihrer Webseite wünschen. Haben Sie einen Zweck und einen Plan für die Animation, die Sie verwenden möchten? Passt sie zu der Art von Kunden, für die Sie eine Webseite erstellen? Bei einer Webseite für ein Krankenhaus oder einen Gesundheitsdienstleister, der sich auf unheilbare Krankheiten spezialisiert hat, würde ich zum Beispiel nicht viel Animation erwarten. Vielleicht wird ein leichter Bildlaufeffekt angewendet, oder bestimmte Buttons ändern ihre Farbe oder haben einen subtilen Hover-Effekt. Es ist jedoch wichtig, den emotionalen Zustand Ihrer Nutzer zu berücksichtigen, wenn sie auf Ihrer Webseite sind, und zu überlegen, ob überflüssige Animationen angemessen sind.

7.1.1 Verbesserung der Benutzerfreundlichkeit

Die Verbesserung der Benutzerfreundlichkeit Ihrer Webseite oder Anwendung ist der Hauptgrund für die Einführung von Animationen und Bewegungen. Wenn Ihre Webseite vollständig auf Animationen basiert, wie bei einem Spiel, ist eine Animation notwendig. Allerdings sollten Animationen auf Marketing- und E-Commerce-Webseiten in erster Linie zur Verbesserung der Benutzerfreundlichkeit zum Einsatz kommen.

Animationen können mit unseren Designgrundlagen wie Kontrast kombiniert werden, um den Nutzern deutlichere Hinweise darauf zu geben, wo sie auf der Webseite als Nächstes hinwollen, und sie durch einen Nutzerfluss zu führen, den Sie bereits in Ihrer Forschungsphase geplant haben. Sie können auch zeigen, wie die Webseite zu nutzen ist, oder die Funktion von etwas angeben. Sie sollte den Nutzern auf ihrer Reise durch Ihre Webseite oder Webanwendung helfen und sie nicht daran hindern, Ihre Webseite zu nutzen und auf den Hauptinhalt zuzugreifen. Sie sollten das Erlebnis verbessern und nicht schmälern. Deshalb sollten Sie Ihre interaktiven Prototypen mit den Nutzern testen.

7.1.2 Unvergessliche Interaktionen schaffen

Abgesehen davon, dass sie den Benutzer über die Funktion oder den Zweck eines UI-Elements informieren, können Animationen den Benutzer erfreuen und ein unvergessliches Erlebnis schaffen. Eine meiner Lieblingsanimationen ist der Schnee-Yeti, wie in Abbildung 7–1 gezeigt, der die Mausbewegungen verfolgt und dann animiert wird, wenn Sie das Formular erfolgreich ausgefüllt haben. Die Animation dient nicht nur der Information des Benutzers, sondern sorgt auch für eine spielerische Erfahrung, wenn der Benutzer das Formular abschickt. Es ist wahrscheinlicher, dass ich mich an die Erfahrung mit diesem Formular erinnere, weil es anders ist als alle anderen Formulare, die ich online ausgefüllt habe. Suchen Sie nach Gelegenheiten, die Aufgabe des Nutzers angenehm zu gestalten. Das hinterlässt einen bleibenden Eindruck bei Ihren Nutzern und bringt sie dazu, auf Ihre Webseite zurückzukehren oder das Erlebnis sogar mit anderen zu teilen, was wiederum Besucher auf Ihre Webseite bringt.

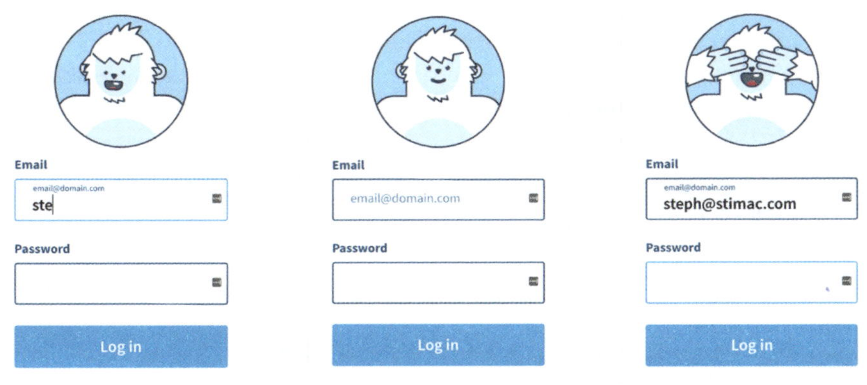

Abb. 7–1 *Animation des Yeti-Anmeldeformulars von Darin Senneff, die den Yeti in verschiedenen Stadien zeigt, je nachdem, welchen Teil des Formulars Sie gerade ausfüllen (mit freundlicher Genehmigung von Darin Senneff).*

7.1.3 Animationen als Dekoration verwenden, um eine emotionale Reaktion hervorzurufen

Schließlich kann die Animation einfach nur zur Dekoration dienen. Wenn die Animation nicht zu aufdringlich ist, kann sie bei den Nutzern der Webseite eine emotionale Reaktion auslösen. Das trägt entweder zu einem unvergesslichen Erlebnis bei oder macht einfach nur ein bisschen Spaß. Vielleicht reicht das nicht aus, um einen Benutzer dazu zu bringen, die Webseite mit anderen zu teilen, aber es macht die Erfahrung auf der Webseite angenehmer. In der Vergangenheit hat einer meiner Lieblingseinzelhändler mit physischen Geschäften und einer E-Commerce-Präsenz um die Feiertage im November und Dezember Weihnachtslichter am oberen Rand seines E-Commerce-Shops angebracht (siehe Abb. 7–2). Die mehrfarbigen Lichter blinkten sanft. Sie lenkten nicht ab und störten nicht dabei, meine Aufgabe auf der Webseite zu erledigen. Sie trugen zur Atmosphäre bei und machten meinen Online-Einkauf ein wenig festlicher, ohne dass ich mich mit den Menschenmassen in einem Ladengeschäft auseinandersetzen musste.

There's still time to shop! Shop for everyone on your list. Shop Gifts

LOREM

Search Sign In

Women Men Kids Home Beauty Designer Sale Brands

Abb. 7–2 *Ein Beispiel für einen Webseiten-Header einer Einzelhandels-Webseite mit Weihnachtsbeleuchtung, die mit Deckkraft oder Farbänderungen animiert ist, um ein subtiles Blinken zu zeigen*

Ein weiteres Beispiel ist mein technischer Blog und mein Portfolio. Die Hyperlinks sind mit einer dicken hellvioletten Unterstreichung versehen, die sich nach oben bewegt und das ganze Wort hervorhebt, wenn man mit dem Mauszeiger darüberfährt (Abb. 7–3). Ich habe diese Funktion zu rein dekorativen Zwecken implementiert, als ich mit einigen CSS-Animationen experimentiert habe. Ihre persönliche Webseite, falls Sie eine haben, kann ein großartiger Ort zum Experimentieren sein. Sie können Dinge ausprobieren, die Sie normalerweise nicht auf der Webseite eines Kunden implementieren können. Und Sie haben mehr Zeit und Freiraum, um herauszufinden, was funktioniert, ohne den Stress, den ein bezahlter Kunde mit sich bringt. Ich habe in den sozialen Medien mehrere Kommentare zu dieser Hover-Animation erhalten. Ich habe den Effekt zu dekorativen und experimentellen Zwecken eingebaut, fand aber, dass er auch gut dazu geeignet ist, zu sagen: »Ich bin klickbar.« Damit erfüllt er auch einen funktionalen Zweck, der bei den Besuchern meiner Webseite eine Reaktion hervorruft.

Normal link
I'm also a **speaker** and a writer,
gap between designers and dev

Animation on hover
I'm also a **speaker** and a writer,
gap between designers and dev

Hover animation complete
I'm also a **speaker** and a writer,
gap between designers and dev

Abb. 7–3 *Animationsverlauf eines Hover-Effekts auf einen Link: Zuerst sehen Sie den normalen Zustand des Links selbst, ohne jegliche Interaktion. Die Animation beim Hover-Effekt lässt den violetten Umriss nach oben wandern. Die letzte Animation hebt dann den Link vollständig mit Farbe hervor.*

7.2 Wann sollte eine Animation verwendet werden?

Animationen sollten eingesetzt werden, um die Benutzerfreundlichkeit zu verbessern, einprägsame Erlebnisse zu schaffen und emotionale Reaktionen bei unseren Benutzern hervorzurufen. Doch wann ist der richtige Zeitpunkt, und welche Szenarien eignen sich für den Einsatz von Animationen, um diese Ziele zu erreichen? Schauen wir uns ein paar gängige Szenarien an, um zu überlegen, wo Animationen auf einer Webseite oder in einer Anwendung eingesetzt werden sollten.

7.2.1 Hinweise für die Navigation auf der Webseite geben

Je nach Art und Stil der Webseite, die Sie gestalten, sind Navigationshinweise eine Möglichkeit, Animationen einzubauen. Es gibt subtile Möglichkeiten, Elemente in Bewegung zu versetzen, um auf die nächste Aktion hinzuweisen, die ein Benutzer ausführen soll, zum Beispiel Scrollen oder Klicken auf den *Weiter*-Button, um weitere Informationen abzurufen. Ich habe schon oft einen Bildlauf am unteren Rand einer Webseite gesehen, der ein- und ausgeblendet wird oder langsam auf und ab hüpft. Diese Bewegung lenkt Aufmerksamkeit auf das animierte Element, insbesondere auf einer Webseite, auf der alle anderen Elemente statisch sind. So bemerkt der Benutzer die Veränderung auf der Seite und fährt entsprechend fort.

Wenn Sie eine Webseite erstellen, von der Sie erwarten, dass Ihre Nutzer mehr als einmal mit ihr interagieren und sie häufig wieder besuchen – eine Seite, die eher einer App ähnelt –, können Sie Animationen verwenden, um Ihre Nutzer damit vertraut zu machen, wo bestimmte Aktionen zu finden sind und wie sie etwas tun können. Nehmen wir zum Beispiel an, Sie haben eine Webanwendung für Traumtagebücher entwickelt. Im Idealfall würden Ihre Benutzer Ihre Anwendung fast täglich nutzen. Beim ersten Start können Sie daher nacheinander Tooltipps einblenden, die darauf hinweisen, wie bestimmte Aktionen ausgeführt werden können und wo sie zu finden sind. Sie sollten nicht aufdringlich sein und sich leicht ausblenden lassen, wenn der Benutzer sie nicht sehen möchte. Das Ein- und Ausblenden von Tooltipps ist zwar nur eine kleine Änderung, aber eine Möglichkeit, die Besucher Ihrer Webseite oder Anwendung mit Animationen zu lenken.

7.2.2 Rückmeldung an die Benutzer bei der Interaktion mit UI-Elementen geben

Eine der einfachsten und direktesten Möglichkeiten, Animationen in Ihre Webseite einzubauen, besteht darin, den Nutzern ein visuelles Feedback zu geben, wenn sie mit UI-Elementen auf der Seite interagieren. So kann beispielsweise eine Schaltfläche die Farbe oder Position ändern, wenn der Mauszeiger darüber bewegt wird, bestimmte Formulareingaben können auf Interaktionen reagieren und die Farbe des Umrisses einer Texteingabe kann animiert werden, wenn sie angeklickt wird. All diese Animationen sind subtile Hinweise für den Benutzer, dass etwas passiert ist und er mit der Webseite interagiert.

Diese Art von Animation kann einen Schritt weiter gehen, als nur anzuzeigen, dass eine Interaktion stattgefunden hat und um zu bestätigen, dass diese Aktion erfolgreich war. Ein gängiges Beispiel sind Passworteingaben. Das Beispiel, das mir am häufigsten begegnet, ist, wenn ich auf meinem iPhone nicht den richtigen Pin eingebe. Die Punkte am oberen Rand des Bildschirms bewegen sich schnell hin und her und zeigen an, dass etwas schiefgelaufen ist. Obwohl sich dieses Beispiel auf das Betriebssystem eines Mobiltelefons bezieht, gilt das gleiche Konzept auch für das Internet.

Wenn ich mich bei einer Webseite anmelde, ein falsches Kennwort eingebe und sehe, dass das Anmeldeformular wackelt, bevor es mir mitteilt, dass ich ein falsches Kennwort eingegeben habe, komme ich schneller zu dem Schluss, dass etwas schiefgegangen ist. Wenn ich ein falsches Kennwort eingebe und eine Fehlermeldung erscheint, brauche ich etwas mehr Zeit, um den Fehler zu verarbeiten, wenn das alles ist, was sich am Formular geändert hat. Es ist nichts Ungewöhnliches passiert, was darauf hindeuten würde, dass etwas im Ablauf schiefgelaufen ist. Ich muss dann das Formular scannen, nach der Fehlermeldung suchen und analysieren, was passiert ist. Die Schüttelanimation gibt mir eine sofortige Rückmeldung und verringert meine kognitive Belastung durch die Verarbeitung des Fehlers, sodass ich schneller mit der erneuten Eingabe meines Kennworts beginnen kann.

Um potenzielle Bereiche zu ermitteln, in denen Animationen auf Ihrer Webseite eingesetzt werden könnten, sollten Sie die Berührungspunkte mit dem Benutzer ermitteln – die Elemente der Benutzeroberfläche, mit denen die Benutzer interagieren, indem sie auf sie klicken. Welche Art von Feedback müssen Sie ihnen geben? Füllen sie ein Formular aus? Was geschieht, wenn das Formular abgeschickt wird? Was geschieht, wenn die Übermittlung des Formulars fehlschlägt? Wenn sie erfolgreich ist? Kann eine Animation dem Benutzer nützliches visuelles Feedback geben, um ihm den nächsten Schritt zu verdeutlichen? Oder wenn der Benutzer einfach nur mit dem Mauszeiger über einen Button fährt: Welche Art von Zustandsänderung können Sie anbieten, die deutlich macht, dass die Schaltfläche anklickbar ist? Vielleicht ändert sich die Position der Schaltfläche geringfügig, oder es gibt einen Farbübergang. Diese Art von Feedback sagt dem Benutzer: »Ich bin interaktiv, klick mich bitte an!«

7.2.3 Navigation und Seitenübergänge

Wenn ein Benutzer durch Ihre Webseite browst, ist die Animation zwischen den Seiten eine weitere Möglichkeit, Bewegung einzubauen. Navigationsübergänge sind in der Regel bei mobilen Anwendungen viel auffälliger, wenn Sie zwischen Bildschirmen wechseln. Ein Beispiel: Sie sehen sich in einer App auf Ihrem Handy Hotellisten an und wählen ein Hotel aus, um weitere Details anzuzeigen. Ein schöner Übergang zwischen der Listenseite und der Seite des einzelnen Hotels kann entstehen, wenn sich die Listenseite ausdehnt und zur Detailseite wird, wodurch die Listenseite ausgeblendet wird. Die Planung dieser Animation würde in etwa so aussehen wie das Drahtgitter in Abbildung 7–4.

Abb. 7–4 *Ein Wireframe kann den Verlauf eines Übergangs zeigen. Das Drahtgitter auf der rechten Seite zeigt den Übergang, nachdem das Hotelangebot auf der rechten Seite angeklickt wurde.*

Animationen in Übergängen helfen dem Benutzer, sich in der Anwendung zu orientieren, und vermitteln das Gefühl, dass der Benutzer tiefer in die Anwendung und ihre Unterseiten eindringt. Wenn der Nutzer zur Hotellistenseite zurückkehrt, könnte die Rückkehranimation darin bestehen, dass die Seite wieder auf die Liste minimiert wird, also eine Umkehrung der ursprünglichen Animation.

Bei einem typischen Desktop-Erlebnis im Web klicken Sie auf einen Link, und eine neue Seite wird ohne Übergang geladen. Während Navigationsübergänge bei mobilen Apps viel üblicher sind, stellen einige Frameworks wie React und Vue.js diese Übergänge auch für Desktops zur Verfügung. Das Hinzufügen dieser Übergänge hilft nicht nur bei der Orientierung des Nutzers wie bei einer mobilen App, sondern kann auch das Navigieren auf einer Webseite viel flüssiger gestalten. Das Fehlen eines animierten Seitenübergangs macht die Erfahrung auf der Webseite nicht schlecht. Aber die Anwendung von Animationen kann den Benutzer mit dem Gefühl begeistern, wie nahtlos es sich anfühlen kann, durch eine Webseite zu navigieren.

7.2.4 Den Status von etwas in Arbeit anzeigen

Jakob Nielsen, Mitbegründer der Nielsen Norman Group und Experte für Web-Usability, sagte: »Wenn Benutzer den aktuellen Systemstatus kennen, erfahren sie das Ergebnis ihrer früheren Interaktionen und können die nächsten Schritte bestimmen.« (*http://mng.bz/MBM8*). Wenn Sie Ihre Benutzer darüber informieren, wo sie sich befinden und was vor sich geht, wenn sie mit Ihrer Webseite interagieren, ist dies eine weitere gute Gelegenheit, Animationen zu nutzen, um visuelles Feedback zum Status ihrer Reise durch Ihre Webseite zu geben.

Am einfachsten lässt sich der Status einer Seite mithilfe einer Ladeanimation anzeigen. Unabhängig davon, ob jemand eine Seite angeklickt oder ein Formular abgeschickt hat, ist eine Ladeanimation eine klare Möglichkeit zu sagen: »Es passiert etwas, es dauert nur einen Moment, bis es fertig ist.« Gerade wenn die Seite nicht schnell geladen wird oder die visuelle Rückmeldung nicht sofort erfolgt. Ohne eine Ladeanimation hat der Benutzer keine Ahnung, ob etwas passiert, wenn er einen leeren Bildschirm sieht, weil die Seite Zeit zum Laden braucht. Wird die Seite gerade geladen? Ist etwas eingefroren? Muss ich die Seite aktualisieren? Wenn die Seite Inhalte lädt, besteht eine weitere Möglichkeit darin, anstelle der typischen Ladeanzeige ein Inhaltsgerüst (Abb. 7–5) anzuzeigen, das wie ein Drahtgitter des ladenden Inhalts aussieht. Es kann auch animiert sein. Beispielsweise könnte die Farbe leicht ein- und ausgeblendet werden, um einen pulsierenden Effekt zu erzeugen, sodass der Eindruck entsteht, dass sich auf der Seite etwas tut.

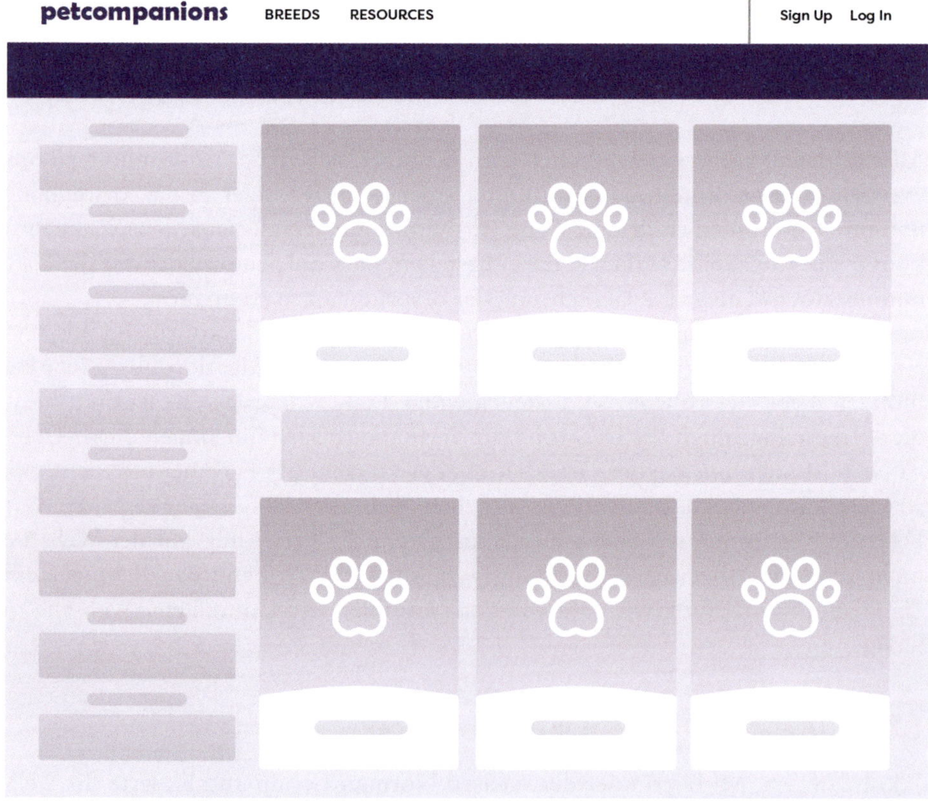

Abb. 7–5 *Das Inhaltsgerüst muss nicht nur aus grauen Kästen bestehen. Sie können einige Symbole hinzufügen oder eine Markenfarbe verwenden, um ein weniger steriles Erlebnis zu schaffen.*

Das Gleiche gilt für das Absenden eines Formulars. Nehmen wir an, Ihr Nutzer hat gerade ein Bestellformular ausgefüllt und die Zahlungsdaten eingegeben und es dauert ein wenig, bis die Zahlung verarbeitet wird. Angenommen, er sendet das Formular ab und erhält nicht sofort die Meldung »Bestellung erfolgreich abgeschickt« (oder eine Fehlermeldung, wenn das Formular nicht abgeschickt werden konnte). Außerdem erscheint keine Ladeanimation zwischen dem Klick auf *Bestellung abschicken* und der endgültigen Erfolgs- oder Fehlermeldung. Er könnte annehmen, dass etwas schiefgelaufen ist oder die Bestellung nicht ausgeführt wurde. Das kann ihn dazu veranlassen, die Seite zu aktualisieren oder neu zu beginnen, was frustrierend ist.

Der offensichtlichere Ort, an dem man eine Animation in Betracht ziehen sollte, wenn man den Status kommuniziert, ist ein Fortschrittsbalken, sei es, um den Stand des Hoch- oder Herunterladens zu zeigen oder um einen Prozess anzuzeigen, der länger dauert als erwartet. Ich habe den Fortschrittsbalken schon auf verschiedene Art und Weise gesehen. Das Online-Bestellsystem von Domino ist mir bisher am besten in Erinnerung geblieben. Wenn ich eine Pizza bestelle, wird mir eine Fortschrittsseite angezeigt, der *Pizza Tracker*. Es handelte sich dabei um einen Ladebalken, der jedoch in verschiedene Phasen wie *Vorbereiten* und *Backen* unterteilt ist. Jeder Abschnitt ist animiert, bis der Schritt abgeschlossen ist. Durch diese Animation wird das Erlebnis der Pizzabestellung um eine zusätzliche Ebene erweitert: Der animierte Fortschrittsbalken gibt mir das Gefühl, dass ich bei der Zubereitung der Pizza zusehe.

Ein weiteres Beispiel für einen Ladebildschirm, der eine reizvolle und einprägsame Interaktion bietet, ist der Ladebildschirm in der deutschen BVG-App. Wenn Sie darauf warten, dass Ihr Ticketkauf abgeschlossen wird, erscheint ein Ladebildschirm mit einer faszinierenden Animation, die Sie sich während des Wartens ansehen können. Ich kann mich immer wieder daran erfreuen, und es lässt die Wartezeit kurz erscheinen. Die Animation zeigt einige verschiedene Zugformen aus der Frontalansicht. Sie hüpfen, während man wartet, und während sie nach unten und dann nach oben hüpfen, gehen sie jeweils nahtlos in die nächste Zugform über. Es ist eine unglaublich flüssige und gut durchdachte Animation, die Sie wissen lässt, dass etwas passiert. Es wird zwar kein genauer Status angegeben, aber es ist klar, dass Ihr Ticketkauf im Gange ist.

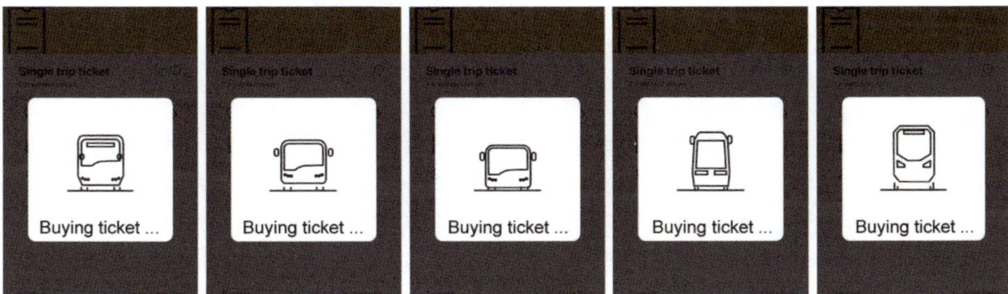

Abb. 7–6 *Von links nach rechts hüpfen die Zugabbildungen nach oben und dann nach unten, bevor sie sich beim nächsten Aufprall in den nächsten Zug verwandeln (mit freundlicher Genehmigung von Frank Schreier).*

Wenn Sie Ihre Nutzer über den Status ihrer Reise durch Ihre Webseite oder Anwendung auf dem Laufenden halten, ist das einfach gute Benutzerfreundlichkeit. So wissen Ihre Nutzer, welche Aktion sie gerade abgeschlossen haben, und erfahren, was ihr nächster Schritt ist. Es bietet auch eine perfekte Gelegenheit, Animationen ins Spiel zu bringen, was zu einer guten Erfahrung für Ihre Nutzer führt.

7.2.5 Langfristig denken

Eines der wichtigsten Dinge, an die Sie beim Verwenden von Animationen denken sollten, ist, dass sie Ihre Benutzer nicht an der Interaktion mit Ihrer Webseite hindern sollte. Die Datenmenge, die für die Anzeige von Animationen erforderlich ist, kann zu ernsthaften Problemen bei der Benutzerfreundlichkeit führen. Unnötige Animationen können dem Endnutzer sogar zusätzliche Kosten für die Datennutzung verursachen. Daher ist es wichtig, dass Benutzer mit geringer Bandbreite und niedrigen Verbindungsgeschwindigkeiten die Animationen vollständig deaktivieren können. Außerdem sollten Animationen, die das Nutzererlebnis blockieren, nur beim ersten Besuch Ihrer Webseite angezeigt werden; bei wiederkehrenden Nutzern, die ungeduldig oder genervt werden könnten, sollte sie übersprungen werden.

Bestimmte Erlebnisse mit Animationen, auch kleinere, können die Nutzer nerven, wenn sie wiederholt auftreten. Denken Sie beim Einbinden von Animationen in Ihre Webseite langfristig: Die Art und Weise, wie Sie erwarten, dass Ihre Nutzer mit Ihrer Webseite interagieren, und die Dauer der Animationen sind wichtig. Der beste Weg, um festzustellen, ob eine Animation das Erlebnis beeinträchtigt oder lästig ist, ist ein Test mit Ihren Nutzern. Sie können einen groben, interaktiven Prototyp erstellen (er muss nicht perfekt sein). Stellen Sie ihnen Fragen über das Erlebnis und wie sie sich fühlen würden, wenn sie dieses Erlebnis wiederholt erleben würden. Fragen Sie sie, wie die Animation bei ihnen ankommt. Als Designer und Entwickler dieser Erlebnisse verlieben wir uns manchmal etwas in diese hübschen Zusatzdinge, aber wir müssen einen Mehrwert für das Erlebnis schaffen. Wenn wir keinen Mehrwert schaffen, sollten wir die Interaktion mit der Webseite für unsere Nutzer nicht verschlechtern.

7.3 Wie man Animationen plant

Wie beim restlichen Design unserer Webseite oder Anwendung ist es wichtig, einen Plan für die Animationen zu haben, die Sie erstellen wollen. Dieser Plan gibt Ihnen eine Blaupause, die festlegt, wie das Erlebnis beginnt, was in der Mitte passiert und wie das Erlebnis enden soll. Diese Pläne für Animationen sollten kostengünstig zu erstellen sein, das heißt, sie sollten nicht viel Zeit in Anspruch nehmen. Auch wenn manche Animatoren oder Motion Designer aufwendige Pläne erstellen, müssen sie für die Art von Animationen, die Sie erstellen, nicht aufwendig sein.

Die Planung von Animationen wird als Storyboarding bezeichnet. Bewegungsdesigner und Animationsfilmer verwenden das Storyboarding, um eine Abfolge von Ereignissen visuell und mit geringer Genauigkeit zu planen. Im Allgemeinen handelt es sich bei Storyboards um Skizzen, die Aktionen oder Ereignisse in einer Reihe von Tafeln darstellen. Bei der Planung von Animationen für das Web oder eine Anwendung können Sie Storyboards für alles verwenden, von einer einfachen Button-Animation (die die Richtung eines Hovers zeigt) bis hin zu aufwendigeren Animationen wie Übergängen und Bildläufen. Das Wichtigste ist, dass das Storyboard ein Gefühl für den Anfang, die Mitte und das Ende der Sequenz vermittelt.

7.3.1 Wie man ein Storyboard erstellt

Als Entwickler werden Sie in der Regel Elemente der Benutzeroberfläche animieren. Elemente werden gescrollt, schweben oder gleiten. Storyboarding kommt ins Spiel, wenn Sie diese Bewegung vermitteln wollen. Ihre Storyboards können unglaublich detailgetreu sein, die gröbsten und unproportioniertesten Skizzen; das spielt keine Rolle, solange es ein Gefühl für den Anfang, die Mitte und das Ende gibt.

Der Nutzen von Storyboards ist ähnlich wie der von Wireframes. Beim Storyboarding werden die einzelnen Schritte einer Animation geplant, was den Entwicklern bei der Entscheidung helfen kann, wie die Animation zu programmieren ist. Es handelt sich um grobe Konzepte, die sich leicht auf Papier skizzieren lassen, um die Zustimmung eines Kunden oder Stakeholders zu erhalten, bevor man viel Zeit in ein ausgefeiltes Design investiert. Im Fall von Animationen bedeutet ein ausgefeiltes Design Zeitaufwand für die Programmierung. Vor allem, wenn man einen engen Zeitplan und ein begrenztes Budget hat, kann es zu kostspielig sein, Zeit in die Programmierung und die Entwicklung von Animationen zu investieren.

Abb. 7–7 *Ein Beispiel dafür, wie wenig realitätsgetreu ein Storyboard sein kann, solange es die Idee oder Geschichte vermittelt, die Sie zu animieren versuchen*

Übung: Zeichnen Sie ein Storyboard für ein animiertes Objekt

Lassen Sie uns üben, ein schnelles Storyboard zu skizzieren, das zeigt, wie wir einen Button animieren wollen. Zeichnen Sie drei leere Quadrate oder Rechtecke. Diese Formen werden unsere Panels sein, die verschiedene Animationszustände für den Button zeigen. Im ersten Feld skizzieren Sie Ihren Button im Ruhezustand. Im zweiten Bereich skizzieren Sie den Button in dem Zustand, in dem er sich befinden soll, wenn man mit dem Mauszeiger darüberfährt. Fragen Sie sich, was in diesem Zustand passieren soll. Bewegt er sich in eine bestimmte Richtung? Wird er größer? Ändert er seine Form? Skizzieren Sie diesen Zustand schnell, indem Sie Dinge wie Pfeile verwenden, um die Bewegung anzuzeigen. Wenn sich der Button zum Beispiel nach oben bewegt, wenn man mit dem Mauszeiger darüberfährt, zeichnen Sie die Schaltfläche höher als die Position im ersten Feld und fügen Sie einige Pfeile hinzu, um die Richtung der Bewegung anzuzeigen. Skizzieren Sie dann im dritten Feld den endgültigen Zustand, wenn der Button gedrückt wird, um zu bestätigen, dass die Aktion erfolgreich war. Ändert sie seine Farbe? Ändert sich etwas am Button selbst, zum Beispiel der Text? Was ist der endgültige Zustand?

Diese Übung sollte nur ein paar Minuten dauern. Die Skizzen sollten schnell gemacht mit wenigen Details sein. Und jetzt haben Sie ein Storyboard für einen animierten Button!

7.4 Technische Aspekte der Animation

Wie bereits erwähnt, sollten Animationen mit Bedacht zum Einsatz kommen, da wir unsere Nutzer nicht visuell überfordern wollen. Zu viel Animation kann auch die Geräte unserer Nutzer überfordern. In beiden Fällen ist Vorsicht geboten, da Animationen mit Leistungseinbußen verbunden sind, die Geschwindigkeit einer Webseite oder Anwendung beeinträchtigen und sich auf manche Menschen physisch auswirken können.

7.4.1 Überlegungen zur Performance

Wenn die Animation nicht korrekt ausgeführt wird, kann sie zu einem sogenannten *Jank* im Browser führen, das heißt, sie verlangsamt die Benutzeroberfläche. Die Reaktion auf Benutzerinteraktionen, während die Animation im Hintergrund geladen wird, kann Zeit kosten. Auch die Art der Animation kann eine Rolle bei einer langsameren Webseiten-Performance spielen.

Während CSS-Animationen im Hinblick auf die Browser-Performance am wenigsten kostenintensiv sein können, sind einige CSS-Eigenschaften aufgrund der Art und Weise, wie der Browser die Animation handhabt, teurer zu animieren. Bei der Animation einiger Elementeigenschaften, wie Breite, Höhe und Schriftgröße, muss der Browser die Position und Form neu berechnen und dann das gesamte Element neu zeichnen. Und das wirkt sich auf die Leistung aus. Zu den aufwendigeren Eigenschaften, die animiert werden müssen, gehören auch Farbe, Rand und

Position. Weniger kostspielig sind Eigenschaften wie Opazität oder Transformation, da sie nicht erfordern, dass der Browser sie neu zeichnet oder das Layout ändert. Eine ausführliche Liste der verschiedenen CSS-Eigenschaften und was der Browser machen muss, um sie zu animieren, finden Sie auf der Webseite CSS Triggers (*https://csstriggers.com*). Die Auswirkungen von Animationen auf die Performance Ihrer Webseite sind ein wichtiger Faktor, den Sie bei der Planung Ihrer Animationen berücksichtigen sollten. Sie sollten das Nutzererlebnis auf sinnvolle Weise bereichern oder, wenn sie nur der Unterhaltung dienen, das Nutzererlebnis nicht negativ beeinflussen oder eine langsam ladende Webseite oder Anwendung erzeugen.

7.4.2 Überlegungen zur Barrierefreiheit

Wenn Sie betrachten, wie Animationen sich auf die Benutzerfreundlichkeit Ihrer Webseite auswirken, müssen Sie auch die Barrierefreiheit der Animationen berücksichtigen. Die vom W3C entwickelten Barrierefreiheitsrichtlinien für Webinhalte (Web Content Accessibility Guidelines, WCAG) bieten verschiedene Stufen der Barrierefreiheit für das Web, einschließlich Animationen. Bei der Gestaltung sollten wir zwei Hauptfaktoren berücksichtigen, wenn es um Barrierefreiheit und Animationen geht: Erstens sollten wir den Benutzern die Möglichkeit bieten, Animationen anzuhalten, zu stoppen und auszublenden, und zweitens sollten wir eine Erfahrung für Benutzer einbauen, die in ihren Systemeinstellungen Einstellungen für reduzierte Bewegung aktiviert haben. Einstellungen für reduzierte Bewegung sind wichtig für Menschen, die von bestimmten Animationen krank werden können. Intensive, blinkende Animationen können auch Krampfanfälle auslösen. Wenn Sie also die Möglichkeit haben, diese Animationen auszuschalten oder sie gar nicht erst anzuzeigen, können Sie das Erlebnis noch angenehmer gestalten.

Die Empfehlung, Animationen auf einer Seite anzuhalten, zu stoppen oder auszublenden, gilt insbesondere für alle animierten Elemente der Benutzeroberfläche, die keine Benutzerinteraktion erfordern, um sie auszulösen, oder die länger als fünf Sekunden dauern. Ein Beispiel ist eine Landingpage mit einem Hintergrundvideo, das automatisch abgespielt wird. Um den WCAG-Richtlinien zu entsprechen, sollte es eine Möglichkeit geben, das Video anzuhalten oder zu pausieren.

Die Möglichkeiten für reduzierte Bewegung werden im Entwicklungsteil des Projekts erstellt, sollten aber bereits bei der Planung Ihrer Animationen berücksichtigt werden. Sie können die Medienabfrage `prefers-reduced-motion` in Ihrem Code verwenden, um eine weniger intensive Animation zu erstellen.

Zusammenfassung

- Setzen Sie Animationen auf Ihrer Webseite oder in Ihrer Anwendung mit Sorgfalt und Bedacht ein; andernfalls können sie sich negativ auf die User Experience auswirken. Richtig eingesetzt kann sie die Benutzerfreundlichkeit verbessern, einprägsame Interaktionen schaffen und emotionale Reaktionen bei den Nutzern auslösen.
- Animationen können der Navigation und den Seitenübergängen hinzugefügt werden, um den Benutzern Orientierung zu bieten. Diese Animationen bieten Anhaltspunkte für die Navigation auf Ihrer Webseite und geben den Nutzern Feedback, wenn sie mit UI-Elementen interagieren, damit sie verstehen, was auf dem Bildschirm passiert.
- Häufig werden Animationen verwendet, um den Status des Benutzers anzuzeigen. Das Ziel – die Reise des Nutzers durch Ihre Webseite widerzuspiegeln oder anzuzeigen, ob eine Seite geladen wird – besteht darin, Ihre Nutzer während ihrer gesamten Erfahrung auf Ihrer Webseite zu informieren und Orientierung zu bieten.
- Überlegen Sie, wie sich die Animationen langfristig auf die Benutzerfreundlichkeit der Webseite auswirken werden. Werden sie die Interaktion der Nutzer mit Ihrer Webseite beeinträchtigen? Werden sie für wiederkehrende Nutzer lästig oder frustrierend sein? Animationen sollten das Nutzererlebnis nicht negativ beeinflussen, daher sollten Sie diese Fragen bei der Planung Ihrer Animation berücksichtigen.
- Ein Storyboard zu dem, was ein UI-Element tun soll, wenn die Benutzer damit interagieren, ist genauso wertvoll wie Wireframing, aber aufgrund der sehr geringen Wiedergabetreue viel weniger zeitaufwendig. Das Ziel ist es, Bewegung und einen Anfang, eine Mitte und ein Ende zu vermitteln.
- Animationen können die Ladezeit einer Seite extrem verlängern. Überlegen Sie daher, welche Animationen für Ihr Erlebnis wichtig sind. Wenn möglich, animieren Sie Elemente, ohne CSS-Eigenschaften zu verwenden, die den Browser dazu zwingen, das Layout neu zu zeichnen oder zu verschieben.
- Barrierefreiheit ist ein wichtiger Bestandteil der Webentwicklung. Animationen sollten den WCAG-Richtlinien entsprechen. Zu diesen Richtlinien gehört die Möglichkeit, Animationen zu stoppen, anzuhalten und auszublenden, die beim Laden der Seite automatisch starten, sowie die Programmierung einer alternativen Erfahrung für Personen, die Einstellungen für reduzierte Bewegung mit `prefers-reduced-motion` aktiviert haben.

8 Auswahl von und Arbeit mit Typografie im Web

Dieses Kapitel behandelt

- Wie Sie eine Schrift für Ihr Projekt auswählen
- Wie man feststellt, ob eine Schriftart im Web oder auf dem Bildschirm gut funktioniert
- Was bei der Kombination verschiedener Schriftarten zu beachten ist
- Arbeit mit Typografie und Festlegung einer Schriftentabelle, um die Konsistenz und den Fluss eines Designs zu erhalten
- Überlegungen zur Lesbarkeit von Schriften für die Barrierefreiheit

Die Typografie ist einer der wichtigsten Aspekte der visuellen Gestaltung. Denn je nach Schriftart kann sich die Bedeutung der Wörter sehr schnell ändern, wie in Abbildung 8–1. *I'll love you forever* bekommt mit der unteren Schriftart eine viel unheimlichere Bedeutung als mit der oberen.

I'll love you forever

I'LL LOVE YOU FOREVER

Abb. 8–1
Die Bedeutung von I'll love you forever *wird viel unheimlicher, wenn Sie die Schriftart von einer Schreibschrift zu einer dekorativen Horrorschrift ändern.*

Comic Sans ist vielleicht das berüchtigtste Beispiel dafür, dass eine digitale Schrift verwendet wird, um eine Bedeutung zu vermitteln, die ihrer Absicht zuwiderläuft. Diese kindliche, skurrile Schrift erscheint oft in seriöser (sogar staatlicher) Kommunikation. Sie wurde erstmals mit Microsofts Windows 95 ausgeliefert und wird häufig in passenden Situationen verwendet, zum Beispiel im Klassenzimmer, aber noch häufiger wird sie in unangemessenen Situationen eingesetzt. Im Jahr 2019 schrieb beispielsweise ein ehemaliger Anwalt des US-Präsidenten einen Brief, in dem er die Verwicklung bestimmter Personen in einen politischen Skandal erläuterte, und sorgte damit für Schlagzeilen, weil die Schriftart für die Situation viel zu skurril war (*http://mng.bz/gBlG*). Ein Anwalt, der ein offizielles Schreiben mit einer Schriftart verschickt, die wie eine Kinderschrift aussieht, vermittelt im Vergleich zu einer Serifenschrift wie Times New Roman den Eindruck von Unprofessionalität und Leichtsinn.

Schrift vermittelt eine Botschaft, die über die wörtliche Bedeutung der Wörter auf der Seite hinausgeht. Sie kann bei den Nutzern Emotionen hervorrufen und, wenn sie richtig eingesetzt wird, dazu beitragen, den Ton eines Designs visuell zu bestimmen, auch ohne die Unterstützung durch andere grafische Elemente. Allein durch die Schrift kann man eine Geschichte erzählen. Ich glaube, dass Nichtdesigner oft übersehen, wie wichtig Schrift ist, weil sie sie nicht verstehen. Es geht um mehr als nur die Wahl zwischen einer serifenlosen Schrift, einer Serifen-, Schreib- oder einer Zierschrift. Die Schrift vermittelt, ob Ihre Marke seriös oder verspielt ist, und sie gibt den Grundton für das gesamte Erlebnis vor, selbst in den subtilsten Fällen.

8.1 Die Grundlagen von Schrift

Bevor ich mich mit der Auswahl von Schriften für Projekte beschäftige, sollten Sie eine Reihe von Begriffen aus der Typografie kennen. Es gibt verschiedene Klassifizierungen von Schriften. Jede dieser Kategorien hat ein allgemeines Aussehen und eine bestimmte Haptik, die Ihre Entscheidungen bei der Auswahl von Schriftarten beeinflussen können. Innerhalb jeder Schriftart gibt es verschiedene Stile und Gewichte, was die Auswahl der Schrift ein wenig entmutigend machen kann, besonders wenn Sie mit einer Schrift arbeiten, die eine große Familie von Stilen und Gewichten hat.

8.1.1 Zwischen einer Schrift und einem Schriftschnitt unterscheiden

Die Begriffe *Schrift* und *Schriftschnitt* klingen ähnlich, haben aber unterschiedliche Bedeutungen. Eine Schrift ist ein Satz von Zeichen, zum Beispiel Avenir oder Helvetica, ein Schriftschnitt existiert innerhalb einer Schrift. Innerhalb einer Schrift kann es viele verschiedene Schriftschnitte geben. Der Begriff Schriftschnitt bezieht sich auf die Variationen in Gewicht, Größe und Stil innerhalb einer Schriftart.

Für Projekte wählen Sie Schriften aus und wählen dann bestimmte Schriftschnitte innerhalb jeder Schrift. Höchstwahrscheinlich werden Sie nicht die gesamte

Schrift verwenden, da manche Schriften 18 oder mehr Schriftschnitte zur Auswahl haben können. Um den Unterschied zwischen einer Schrift und einem Schriftschnitt zu verdeutlichen, schauen Sie sich die Webseite der Google-Schriftbibliothek an, auf der Sie Schriften für Ihre Projekte auswählen können (siehe Abb. 8–2).

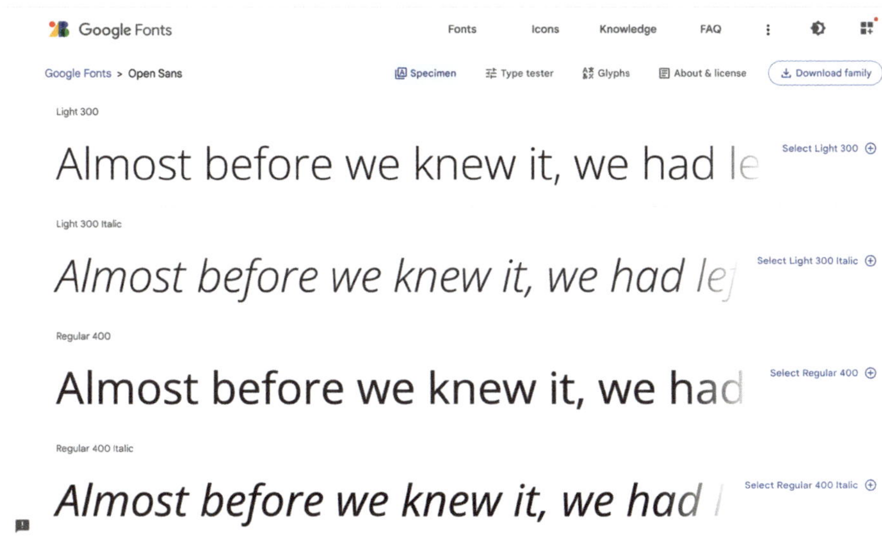

Abb. 8–2 *Bei dieser Schrift handelt es sich um Open Sans, und alle gezeigten Stile sind die Schriftschnitte innerhalb dieser Schrift. Ich verwende den Schriftschnitt Open Sans Regular 400 häufig für meine Webprojekte, wenn ich eine lesbare Schrift für den Haupttext benötige.*

8.1.2 Unterschiedliche Schriftklassifizierungen

Auf einer hohen Ebene werden Schriftarten in vier Hauptkategorien eingeteilt: Serifen, serifenlose Schriften (d.h. ohne Serifen), Schreibschriften und dekorative Stile. Über diese vier Hauptkategorien hinaus gibt es mehrere Unterkategorien für Schriftarten, aber diese Beschreibung würde den Rahmen dieses Kapitels sprengen. Die vier Hauptklassifizierungen helfen bei der Kategorisierung und Gruppierung von Schriften, die ähnliche Merkmale aufweisen. Es ist hilfreich, die einzelnen Klassifizierungen zu verstehen, wenn Sie sich für eine Schriftart für Ihr Projekt entscheiden. Jede Klassifizierung hat ein bestimmtes Aussehen und eine bestimmte Haptik, die je nach der Botschaft, die Ihr Projekt vermitteln soll, zu berücksichtigen ist.

Serifenschriften

Serifenschriften haben ihren Namen von den kleinen Linien, die am Ende anderer größerer Linien hinzugefügt werden (siehe Abb. 8–3). Diese kleinen Linien werden als Serifen bezeichnet. Serifenschriften gibt es seit mehr als tausend Jahren. Schon die alten Römer verwendeten eine Serifenschrift, als sie Wörter in Stein ritzten.

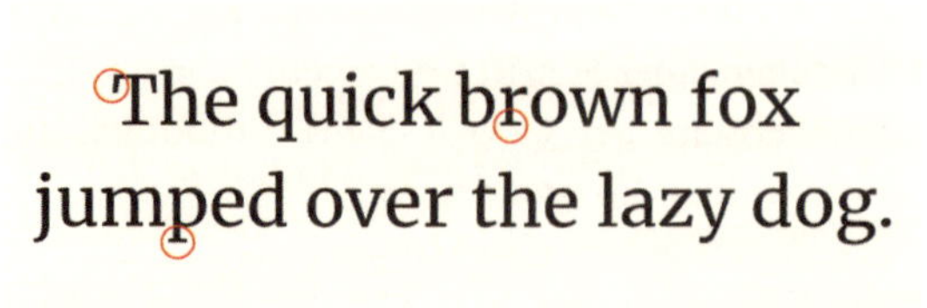

The quick brown fox jumped over the lazy dog.

Abb. 8-3
Serifen sind die kleinen Linien, die von den größeren Hauptlinien des Buchstabens ausgehen.

Die ersten Druckerpressen, die im 15. Jahrhundert erfunden wurden, arbeiteten mit Serifenschriften. Diese Schriftarten werden auch heute noch für den Druck von Zeitungen und Büchern verwendet. Sie eignen sich hervorragend für Fließtexte, das heißt für den Text, der den Hauptinhalt einer Seite ausmacht. Die heutigen Tools und digitalen Schriftarten bieten jedoch serifenlose Schriften, die genauso gut lesbar sind wie eine Serifenschrift. Da heute so viele Optionen zur Verfügung stehen, kommt es bei der Auswahl einer Schrift auf das Gefühl an, das sie vermittelt. Serifenschriften verleihen einem Projekt in der Regel einen professionelleren und strengeren Eindruck. Bei meinem ersten Vollzeitjob als Designer beauftragten die Eigentümer eine externe Agentur mit der Neugestaltung unserer Website. Wir waren ein technisches Start-up und wollten vermitteln, dass wir modern, aber professionell sind. Eines der Beispiel-Mock-ups zeigte unsere Website mit Serifenschriftarten. Ich bemängelte, dass diese Schriftart nicht modern wirkte und nicht wirklich den Eindruck eines Tech-Start-ups vermittelte; der CFO nahm sich einen Moment Zeit, um sich die serifenlose Option und die mit Serifen anzusehen, und stimmte zu. Gibt es moderner aussehende Serifenschriften und eine Möglichkeit, alte Serifenschriften modern aussehen zu lassen? Auf jeden Fall! In der Regel schaue ich mir Printpublikationen an, um eine Vorstellung davon zu bekommen, wie Serifenschriften in der heutigen Zeit verwendet werden können; die *Vogue* ist eine meiner Lieblingsreferenzen. Der beste Weg, um zu verstehen, wie man Schriften einsetzt, besteht darin, zu studieren, was bereits gemacht wurde, und diese Beispiele als Entscheidungsgrundlage zu nutzen. Dann kann man anfangen, außerhalb des Rahmens zu experimentieren. Aber Sie können Serifenschriften auch in der traditionellen Art und Weise verwenden, um ein professionelles, raffiniertes und klassisches Gefühl zu vermitteln, oder sogar, um ein konservatives Gefühl zu vermitteln.

Serifenlose Schriften (Sans Serif)

Sans kommt vom französischen Wort für *ohne*. Ausgehend von dem, was Sie gerade über Serifenschriften gelernt haben, und dieser kurzen Französischlektion können Sie schließen, dass eine serifenlose Schriftart eine Schrift ohne Serifen ist. Während serifenlose Schriften in der Antike auf Tafeln verwendet wurden, kamen sie im Druck erst im 18. Jahrhundert zum Einsatz. Sie wurden häufig für Werbezwecke verwendet, aber ihre Popularität nahm erst in den 1920er-Jahren zu, als modernere Designs entwickelt wurden. Da die Buchstaben in großen Textblöcken schwer zu unterscheiden waren, wurden serifenlose Schriften im Druck nur sparsam verwendet und beschränkten sich hauptsächlich auf kürzere Zeilen wie große, fette Überschriften. Im Allgemeinen haben serifenlose Schriften die gleiche Linienstärke über den gesamten Buchstaben hinweg, im Gegensatz zu serifenbetonten Schriften, bei denen die Linienstärke über den gesamten Buchstaben hinweg variieren kann. In Abbildung 8–4 wird ein Buchstabe mit und ohne Serifen verglichen.

Ein Buchstabe der Serifenschrift Baskerville

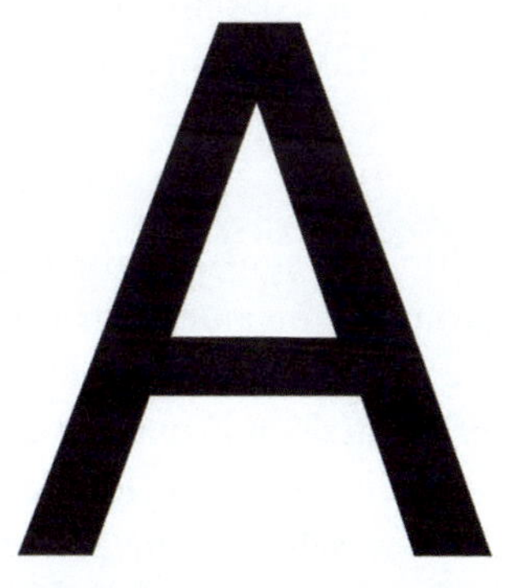

Ein Buchstabe der serifenlosen Schrift Helvetica

Abb. 8–4 *Serifenschrift vs. serifenlose Schrift. Die Serifenschrift, bei der eine Seite viel dünner ist als die andere, weist eine größere Variation der Striche auf als die serifenlose Schrift.*

Die sparsame Verwendung von serifenlosen Schriften für große Textblöcke war größtenteils auf drucktechnische Beschränkungen zurückzuführen. Mit dem Aufkommen der digitalen Typografie haben serifenlose Schriften einen Aufschwung erlebt. Sie funktionieren gut und sind auf dem Bildschirm gut zu lesen. In meinem persönlichen Blog verwende ich zum Beispiel Open Sans für den Text. Es gab sogar einmal eine Zeit, in der Usability-Richtlinien vorschlugen, dass serifenlose Schriften aus Gründen der Lesbarkeit und Verständlichkeit auf Webseiten zu bevorzugen seien. Die Verbesserungen in der Display-Technologie bieten aber heutzutage im digitalen Raum viel mehr Freiheit, sowohl serifenlose als auch Serifenschriften zu verwenden. Wie bei allen Designentscheidungen ist es jedoch wichtig, neben dem Markengefühl, das Sie vermitteln wollen, auch Ihre Hauptnutzergruppe zu berücksichtigen. Auf Bildschirmen mit geringerer Auflösung können Serifenschriften immer noch leicht verzerrt werden. Wenn Ihr Produkt oder Ihre Website also auf eine Nutzergruppe abzielt, die möglicherweise Geräte mit geringerer Auflösung verwendet, sollten Sie Ihre Wahl gut testen, um zu sehen, wie sie auf einem ähnlichen Gerät dargestellt wird.

Wenn Sie die Botschaft vermitteln wollen, dass Sie trendy und auf der Höhe der Zeit sind, ist eine serifenlose Schriftart die beste Wahl. Serifenlose Schriften verleihen Designs in der Regel eine viel modernere Stimmung und ein sauberes Gefühl. Sie bieten oft eine breite Palette von Schriftschnitten, von ultradünnen bis hin zu schweren schwarzen Schnitten, und bieten so viele Möglichkeiten, das richtige Gefühl für Ihr Projekt zu schaffen.

Schreibschrift

Schreibschrift sind Schriften, die auf Kalligrafie und Handschrift basieren. Die Stile können von einer sehr förmlichen Schrift, wie in Abbildung 8–5, bis zu einer weniger förmlichen und lockeren Schrift reichen, wie in Abbildung 8–6. Mit der explosionsartigen Zunahme der Beliebtheit von Handlettering in den letzten Jahren sind die dickeren, legerer wirkenden Schrifttypen für Veranstaltungen wie Hochzeiten sehr beliebt geworden, die diese Schriften für alles verwenden, von ihren Websites und Einladungen bis hin zur Dekoration für die Veranstaltung.

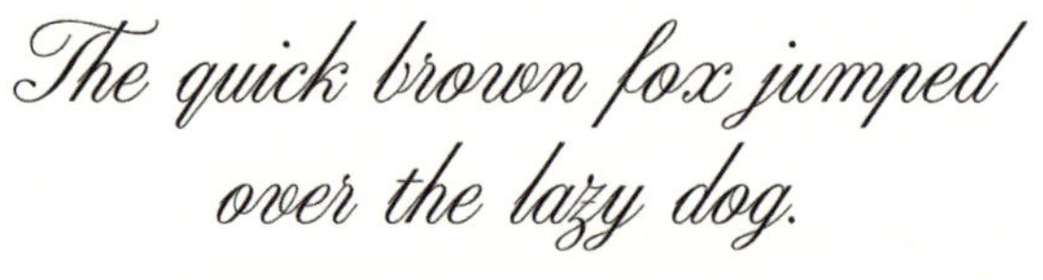

The quick brown fox jumped
over the lazy dog.

Abb. 8–5
Eine traditionellere Schrift, die wie eine Schreibschrift aussieht

The quick brown fox jumped
over the lazy dog.

Abb. 8–6
Eine modernere, verspielte Schrift mit großen Strichen, die an dicke Pinselstriche erinnern

Die Arten von Projekten, bei denen man diese Schriftarten verwenden kann, sind etwas begrenzt. Ich habe sie am häufigsten auf Websites für Hochzeiten, von freiberuflichen Fotografen und Bloggern (einschließlich meines eigenen Style-Blogs) gesehen.

Schreibschriften sind in der Regel auf große Überschriften und Titel beschränkt und sollten niemals für den Text verwendet werden. Aufgrund der vielen Details in Schreibschriften und der geringen Größe des Textes auf einer Webseite können sie in großen Blöcken sehr schwer zu lesen sein. Es ist besser, Schreibschriften so groß wie möglich zu halten und kurze Textzeilen zu verwenden. In meinem Style-Blog verwende ich zum Beispiel eine Mischung aus einer serifenlosen und einer handgeschriebenen Schrift für die Titel der Abschnitte, wie in Abbildung 8–7 zu sehen ist.

Abb. 8–7 *Serifenlose Schrift und eine fette, handgeschriebene Schrift für die Titel verschiedener Abschnitte in einem Style-Blog*

Ich verwende die handgeschriebene Schrift nur minimal, um das Wort zu betonen, das den Abschnitt beschreibt. In Abbildung 8–7 lautet die Überschrift des Abschnitts *Shop Favorites*, wobei die Betonung auf *Favorites* liegt, um auf meine derzeitigen Lieblingsartikel hinzuweisen. Die Überschrift vermittelt auch ein Gefühl für die Hierarchie der Seite, da sie auf der gesamten Seite erscheint.

Wenn Sie nach unten zu den letzten Beiträgen scrollen (siehe Abb. 8–8), sehen Sie die gleiche Kombination, die sich von jeder anderen Typografie auf der Seite unterscheidet. Sie ist fett und zieht das Auge durch die Seite und weist eindeutig auf einen neuen Abschnitt hin.

Schreibschriften sind zwar weniger verbreitet als serifenlose und Serifenschriften, verleihen einer Seite aber eine eigene Persönlichkeit. Je nach Art des Produkts, das verkauft wird, oder der Art der Webseite können sie eine geeignete Option sein. Wie immer, wenn Sie unsicher sind, testen Sie einige Designoptionen mit Ihren Nutzern, um Feedback zu erhalten.

LATEST posts

Abb. 8–8 *Der gleiche Stil für Überschriften wird wiederholt, um einen neuen Abschnitt deutlich zu kennzeichnen.*

Dekorative Schriften

Dekorative Schriften haben Ornamente, Verzierungen oder andere Stilmittel, die sie einzigartig machen. In den Anfängen von LiveJournal und Myspace, als ich mir Photoshop beigebracht habe, war ich besonders angetan von Schriften im Grunge-Stil, wie in Abbildung 8–9.

Adler by Carini Type Foundry

Loved grunge fonts

Abb. 8–9 *Bei dieser dekorativen Schrift hat jeder einzelne Buchstabe eine raue Anmutung und ist so stilisiert, dass er nicht in die klassische Kategorie der serifenlosen oder Serifenschriften passt.*

Deko-Schriften sollten, ebenso wie Schreibschriften, nicht in Fließtexten und nur sparsam in Überschriften oder Abschnittsüberschriften verwendet werden. Die verschiedenen Unterkategorien für dekorative Schriftarten sind sehr umfangreich. Diese Schriften eignen sich eher für originelle Webseiten oder auch für Veranstaltungs-Webseiten wie Comic-Messen oder Musikfestivals. Sie haben ihren

Platz im Design, werden aber in der Regel nicht verwendet, es sei denn, Sie suchen ein ganz bestimmtes Thema für Ihre Webseite. Wenn Sie eine Anwendung erstellen, würde ich Deko-Schriftarten vermeiden und mich an eine serifenlose Schrift halten, die auch auf kleineren Bildschirmen gut lesbar ist. Wenn Sie nach weiteren dekorativen Schriften suchen möchten, um zu sehen, was andere entworfen haben, sehen Sie sich den Bereich *Novelty* auf Font Squirrel (*www.fontsquirrel.com*) oder 1001 Fonts (*www.1001Fonts.com*) an. Beide Websites haben eine Kategorie *Decorative*, in der viele dekorative Stile zu finden sind.

8.1.3 Schriftarten und -schnitte

Jede Schriftfamilie verfügt über mehrere Schriftschnitte, von kursiv und schräg bis hin zu dünn und fett. Diese verschiedenen Schnitte werden oft verwendet, um bestimmte Wörter hervorzuheben. Je nach gewünschter Betonung können Sie kursiv (oder schräg) oder eine extrem gewichtete Schrift wählen, zum Beispiel eine fette Schrift.

Kursiv und schräg

Obwohl es sich bei kursiven und schrägen Schriften um zwei schräge Schriftschnitte handelt, gibt es einige stilistische Unterschiede zwischen ihnen und wie sie aufgebaut sind. Kursive Schriften haben eher eine schreibschriftähnliche Qualität, und die Zeichen weisen im Vergleich zur normalen Schriftart andere Gestaltungsmerkmale auf, wie in Abbildung 8–10 zu sehen ist.

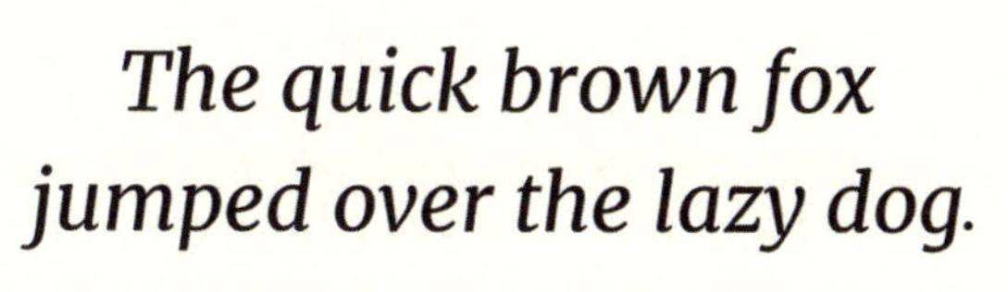

The quick brown fox
jumped over the lazy dog.

Abb. 8–10
Kursivschrift ist nicht einfach nur schräg, sondern es wurden Gestaltungselemente hinzugefügt, die die Schrägstellung kursiver und natürlicher wirken lassen.

Schräge Schriften sind einfach nur schräg gestellte Schriften, bei denen es außer der Schrägstellung keine Designunterschiede zwischen der normalen Schrift und der Schrägschrift gibt. Abbildung 8–11 zeigt eine schräge Schrift in derselben Schriftfamilie wie in Abbildung 8–10.

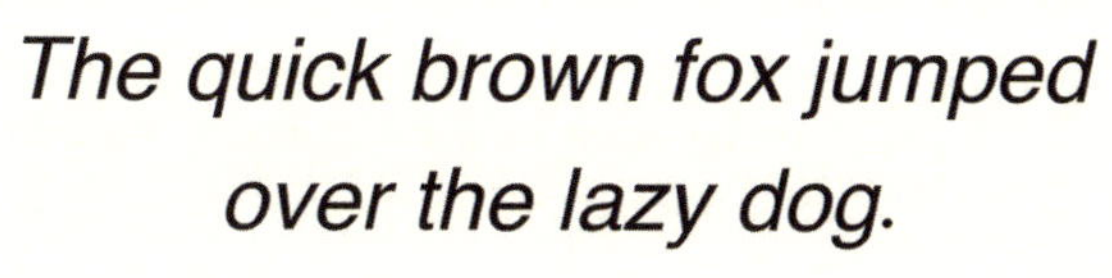

The quick brown fox jumped
over the lazy dog.

Abb. 8–11
Eine schräge Schrift ist lediglich eine schräge Version der Originalschrift.

Einige wenige Schriften haben sowohl kursive als auch schräge Schriftschnitte, obwohl serifenlose Schriften seltener echte Kursivschrift haben. Ob Sie einen kursiven oder schrägen Stil verwenden, ist eine stilistische Entscheidung. Wenn Sie jedoch mit verschiedenen Schriftarten programmieren und Kursivschrift einfügen müssen, ist es wichtig, wie Sie Ihren Code wählen, um Kursivschrift einzufügen. Wenn Sie die Kursivschrift zur Hervorhebung verwenden, ist das entsprechende HTML-Tag `<em>`. Wenn Sie jedoch kursive Schrift verwenden, um eine andere Stimmung oder Stimme zu vermitteln oder um einen bestimmten Text vom Haupttext zu unterscheiden, zum Beispiel aus idiomatischen, technischen oder taxonomischen Gründen, dann verwenden Sie das `<i>`-Tag. Wenn Sie kursive Schrift aus rein stilistischen Gründen verwenden, sollten Sie das Wort oder die Wörter in ein allgemeines HTML-Tag einschließen, eine CSS-Klasse erstellen und `font-style: italic;` in Ihrer CSS-Deklaration verwenden. Beim Schreiben von Code sollten Sie darauf achten, dass Ihr Markup semantisch bleibt und die richtigen Tags für die Barrierefreiheit verwendet werden, selbst wenn es um so etwas scheinbar Unwichtiges wie die Darstellung bestimmter Wörter geht.

Schriftgewichte

Die meisten, aber nicht alle, Schriftarten haben mindestens zwei Schriftschnitte: normal und fett. Die Änderung der Schriftstärke ist eine Möglichkeit, Kontrast in Ihre Typografie zu bringen und, insbesondere bei fetten Schriften, die Aufmerksamkeit auf bestimmte Wörter oder Textabschnitte zu lenken. Viele der Schriftfamilien, die ich im Internet verwende, haben viel mehr Schriftschnitte als normal und fett und bieten im Durchschnitt neun verschiedene Schriftschnitte zur Auswahl. Ich muss jedoch nie alle neun in meinem Design verwenden, und das sollten Sie auch nicht. So viele Schriftschnitte zu verwenden, würde zu einem inkonsistenten Eindruck des gesamten Designs der Website oder App führen. Außerdem wäre es mühsam, den Styleguide zu pflegen, der festlegt, welcher Schriftschnitt wo verwendet werden soll. Auch aus Sicht der Performance ist es eine schlechte Idee. Wenn Sie Ihren Benutzern neun Schriftarten zur Verfügung stellen, dauert es eine Weile, bis sie geladen sind, und die Dateigröße der Website nimmt zu. Daher sollten Sie bei der Auswahl der Schriftschnitte minimalistisch und bewusst vorgehen. In der Regel halte ich mich an drei Schriftarten: eine für den Haupttext, eine für große Überschriften und eine für kleinere Überschriften und Text, der sich vom Haupttext abheben soll. Dabei kann es sich um dieselbe Schriftart handeln oder, wie ich es häufig mache, um eine Schriftart für den Haupttext und eine für alles, was nicht zum Haupttext gehört. Bei Schriften mit neun Schriftschnitten können Sie eine einzige Schrift verwenden und drei deutlich unterschiedliche Schriftschnitte wählen, damit der Kontrast zwischen ihnen groß genug ist, um einen Unterschied zu signalisieren.

Schriften mit mehreren Schriftschnitten verwenden in der Regel ein Nummerierungssystem im Namen, um sie zu unterscheiden. Im Internet ist das der Bereich von 100 bis 900, in 100er-Schritten, entsprechend einem gemeinsamen Schnittnamen, wie in Tabelle 8–1 dargestellt.

100	Dünn
200	Extraleicht (ultraleicht)
300	leicht
400	Normal oder Buch (Regular)
500	Mittel
600	Halbfett (Demi-bold)
700	Fett
800	Extrafett (Ultrafett)
900	Schwarz (schwer)

Tab. 8–1 *Schriftgewichte und ihre Namen*

Um die gewünschte Schriftstärke im CSS-Code anzugeben, nutzen Sie die Eigenschaft `font-weight`. Wenn Sie nach der Angabe der gewünschten Schriftfamilie eine extrafette Schrift für kleinere Überschriften auf Ihrer Webseite verwenden möchten, schreiben Sie `font-weight: 800;` in Ihr CSS. Wenn Sie entscheiden, welche Schriftart Sie in Ihrem Design verwenden möchten, sollten Sie für größere Texte am besten leichtere Schriftarten verwenden, da leichterer Text in kleiner Größe viel schwerer zu lesen ist. Sie können für kleine oder große Buchstaben auch fettere Schriftarten verwenden, aber achten Sie darauf, wie viel des Textes fett sein wird, da fettere Schriftarten aufgrund des starken Kontrasts, den sie erzeugen können, die Aufmerksamkeit auf sich ziehen. Was die semantische Auszeichnung angeht, so gibt es kein semantisches HTML-Tag für leichteren Text. Im Gegensatz zu kursivem oder fett gedrucktem Text hat leichterer Text keine alternative Bedeutung – er ist rein ästhetisch –, fett gedruckter Text dagegen schon.

Zwei Tags können verwendet werden, um eine fett gedruckte Schrift zu erstellen: `<b>` und `<strong>`. Wenn Sie die Aufmerksamkeit auf ein bestimmtes Wort oder auf bestimmte Wörter lenken wollen, verwenden Sie das `<b>`-Tag. Wenn Sie jedoch darauf hinweisen wollen, dass ein bestimmtes Wort oder bestimmte Wörter wichtiger sind als der Rest des Textes, verwenden Sie `<strong>`. Ein visuelles Beispiel für die semantische Verwendung von `<strong>` finden Sie in Abbildung 8–12.

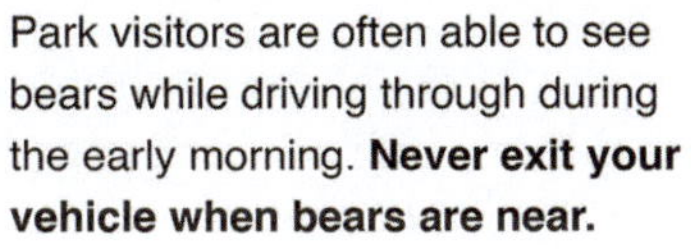

Park visitors are often able to see bears while driving through during the early morning. **Never exit your vehicle when bears are near.**

Abb. 8–12
Der Inhalt des fett gedruckten Textes ist äußerst wichtig, und die Hervorhebung ist notwendig, um die Bedeutung zu vermitteln.

Genauso wie wir kursive Schrift nur aus ästhetischen Gründen verwenden, können wir fette Schriftschnitte verwenden, ohne ihre Bedeutung im Code semantisch zu differenzieren. Verwenden Sie die Eigenschaft `font-weight` in CSS, verpacken Sie das Wort oder die Wörter in ein allgemeines HTML-Tag und wenden Sie die CSS-Klasse auf das Tag an.

8.2 Auswahl einer Schrift für das Web

Die Typografie vermittelt mehr über Ihre Marke als nur das Gefäß, das die Worte über Ihre Marke darstellt. Sie hat ihre eigene Persönlichkeit und Stimme. Das Design der von Ihnen gewählten Typografie erzählt eine visuelle Geschichte, die in die Erzählung über Ihre Marke und Ihr Produkt passen muss. Bei so vielen Optionen kann die Auswahl der richtigen Schrift für Ihr Projekt etwas entmutigend sein. Bei der Auswahl von Schriftarten für das Web können Sie jedoch einige Faktoren berücksichtigen, die darauf abzielen, wie Ihre Arbeit betrachtet wird, und die dazu beitragen, die Anzahl der verfügbaren Schriftarten zu reduzieren.

8.2.1 Was macht eine gute Webschrift aus?

Wenn Sie »kostenlose Schrift« in die Suchmaschine Ihrer Wahl eingeben, wird die erste Webseite in der Liste höchstwahrscheinlich *www.1001freefonts.com* sein, die 65.000 kostenlose Schriftarten anbietet, gefolgt von *www.dafont.com*, die 63.000 kostenlose Schriftarten anbietet. Selbst für mich ist das eine Menge an Schriftarten, die ich plötzlich vor mir habe, wenn ich welche für ein Projekt auswählen muss. Da wir aber an einer Webseite oder einer Webanwendung arbeiten, wollen wir vor allem kostenlose Schriftarten, die wir im Web verwenden können. So können wir die Auswahl sofort reduzieren. Denn wahrscheinlich sind diese 63.000 nicht alle für das Web optimiert, und viele eignen sich eher für Printdesigns.

Was bei der Auswahl einer Schriftart zu beachten ist

Das wichtigste Kriterium bei der Wahl der Schriftart für eine Webseite ist, dass sie in der gewünschten Größe lesbar ist. Je schwerer etwas zu lesen ist, desto größer ist die Wahrscheinlichkeit, dass Ihre Nutzer Ihre Webseite verlassen. Verwenden Sie für lange Texte eine serifenlose oder serifenbetonte Schriftart und vermeiden Sie dekorative Schriftarten, wie ich bereits im vorherigen Abschnitt erwähnt habe. Wählen Sie eine gut lesbare Schriftart mit ausreichendem Kontrast auf der Seite, damit die Nutzer schnell die gesuchten Informationen finden können. Sind Sie sich nicht sicher, ob Ihre gewählte Schrift lesbar ist? Testen, testen, testen! Ob mit Nutzern oder Geräten mit niedrigeren Auflösungen – Testen ist der beste Weg, zu prüfen, ob Sie die richtige Wahl getroffen haben.

Auch die Lizenzierung ist ein wichtiger Punkt bei der Auswahl einer Schriftart. Auch wenn *1001freefonts.com* 65.000 kostenlose Schriftarten anbietet, ist nicht garantiert, dass Sie sie in eine Webseite einbetten und verwenden können. Aus diesem Grund ist meine bevorzugte Bibliothek für kostenlose Web-Schriften Google Fonts (*https://fonts.google.com*), gefolgt von Font Squirrel (*https://www.fontsquirrel.com*), vor allem, wenn ich etwas Ausgefalleneres für ein persönliches Projekt suche. Die Schriftartenauswahl von Font Squirrel hat unterschiedliche Lizenztypen. Sie verweist außerdem auf den Eigentümer oder Designer der Schriftart, sodass Sie sich vergewissern können, dass Sie die Rechte haben, sie auf Ihrer Webseite zu verwenden. Der Schriftenkatalog von Google Fonts ist vollständig quelloffen, sodass Sie aus der Bibliothek mit der Gewissheit wählen können, dass die Schrift frei verwendbar und für das Web optimiert ist. Google Fonts bietet inzwischen auch variable Schriftarten an, eine noch präzisere Form der Typografie für das Web.

Variable Schriftarten

Variable Schriften sind OpenType-Schriftvariationen, die eine noch größere Auswahl an Schriftstilen und -schnitten in einer einzigen Datei ermöglichen. Anstatt sich für ein oder zwei Schriftschnitte entscheiden zu müssen, wie Regular 400 und Bold 700, gibt uns eine variable Schrift Zugang zu allen Schriftschnitten zwischen Regular 400 und Bold 700. Wenn ich entscheide, dass Regular 400 ein bisschen zu leicht ist, Medium 500 aber schwerer als das, was ich verwenden möchte, kann ich zum Beispiel 430 wählen, um den Schriftschnitt ein bisschen zu erhöhen und die Schrift genau so einzustellen, wie ich sie haben möchte. Der Vorteil von variablen Schriftarten ist, dass man alle diese Optionen in einer einzigen Schriftdatei hat. Bei Web-Schriftarten, die nicht über eine Option für variable Schriftarten verfügen, müssen Sie in Ihrem Code auf jede einzelne Schriftartdatei verweisen. Wenn Sie zu viele Schriftarten einbinden, kann dies die Leistung beeinträchtigen. Nicht jede Webschrift verfügt über eine Datei mit variablen Schriftarten, aber wenn Sie nach guter Typografie mit einer Reihe von Optionen suchen, die auch leistungsfähig sind, können Sie bei Google Fonts nach Schriften mit variablen Schriftarten filtern.

8.2.2 Wie man Schriftarten und Schriften miteinander verbindet

Bei der Kombination von Schriftarten geht es darum, eine kohärente Typografie zu schaffen, die die Hierarchie Ihrer Seite definiert, den Blick des Betrachters auf die Seite lenkt und den Ton und die Stimme Ihrer Marke vermittelt. Genauso wie die Auswahl an Schriften unendlich groß zu sein scheint, gibt es auch unendlich viele Kombinationen. Aber es gibt einige Möglichkeiten, die Ihnen bei der Auswahl helfen.

Dieselbe Schriftfamilie verwenden

Eine der einfachsten Möglichkeiten, eine Schriftkombination zu finden, ist, verschiedene Schriftarten einer Schrift oder verschiedener Schriften aus derselben Schriftart-Überfamilie zu verwenden. Eine Überfamilie enthält Schriften, die dasselbe Grunddesign haben, aber durch Hinzufügen von Merkmalen eine neue Klassifizierung erhalten, zum Beispiel wird so aus einer serifenlosen Schrift eine Serifenschrift. In Abbildung 8–13 sind die Schriften Roboto und Roboto Slab Beispiele für Schriften aus einer Überfamilie, die sich leicht miteinander kombinieren lassen.

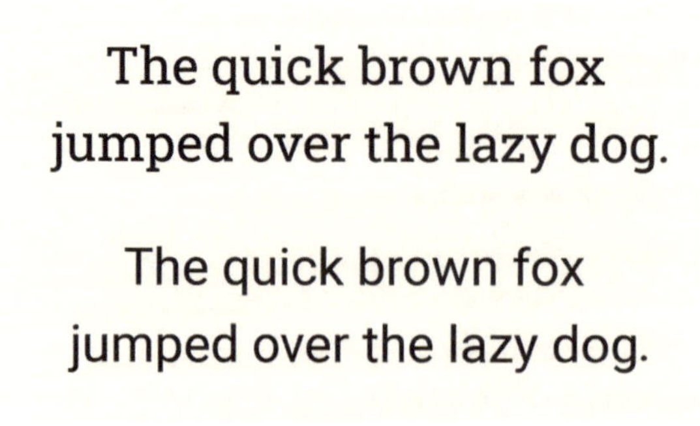

The quick brown fox
jumped over the lazy dog.

The quick brown fox
jumped over the lazy dog.

Abb. 8–13
Roboto Slab und Roboto sind zwei Schriften aus der gleichen Überfamilie, Roboto, und passen gut zusammen.

Roboto Slab ist eine Slab-Serif, eine Unterkategorie der Serifenschrift, und eignet sich am besten für Überschriften. Roboto ist eine serifenlose Schrift, die sich am besten für Fließtexte eignet. Für jede Schriftfamilie gibt es auch verschiedene Strichstärken und Stile, sodass Sie mit der Strichstärke der Überschriften spielen können, um einen stärkeren Kontrast zum Fließtext zu erzielen, wie in Abbildung 8–14.

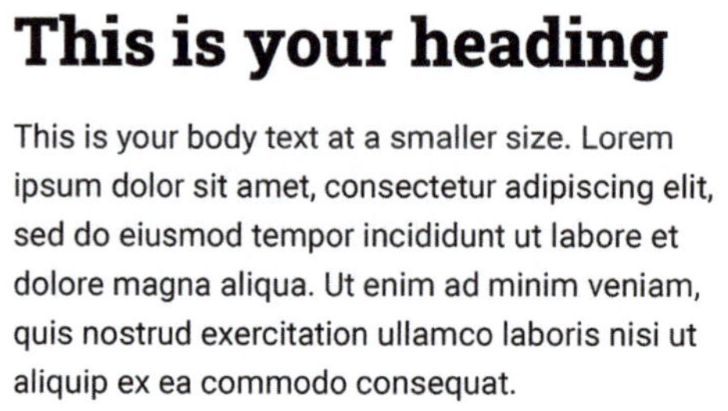

This is your heading

This is your body text at a smaller size. Lorem ipsum dolor sit amet, consectetur adipiscing elit, sed do eiusmod tempor incididunt ut labore et dolore magna aliqua. Ut enim ad minim veniam, quis nostrud exercitation ullamco laboris nisi ut aliquip ex ea commodo consequat.

Abb. 8–14
Wenn Sie Roboto Slab durch eine fettere Option ersetzen, wird die Hierarchie klar, und die Schrift passt noch besser zusammen.

Wenn Sie nicht über eine Reihe von Schriften aus einer Superfamilie verfügen, können Sie innerhalb einer einzigen Schriftfamilie mit vielen Schriftarten und -schnitten eine Kombination wählen. In Abbildung 8–15 habe ich mich für die Schriftfamilie Fira Sans entschieden und die Schriftart Regular 400 für den Fließtext und Extra-Fett 800 für die Überschrift verwendet.

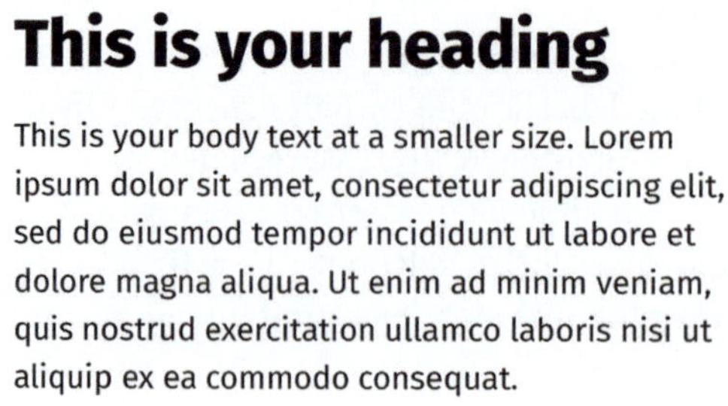

This is your heading

This is your body text at a smaller size. Lorem ipsum dolor sit amet, consectetur adipiscing elit, sed do eiusmod tempor incididunt ut labore et dolore magna aliqua. Ut enim ad minim veniam, quis nostrud exercitation ullamco laboris nisi ut aliquip ex ea commodo consequat.

Abb. 8–15
Sie können sehr unterschiedliche Schnitte aus derselben Schriftfamilie kombinieren, wenn diese mehrere Schnittoptionen hat.

Eines der Ziele bei der Kombination von Schriftarten ist es, einen Kontrast zu schaffen, der eine Hierarchie im Inhalt erzeugt. Insbesondere wenn Sie eine Schriftfamilie für die Auswahl der kontrastierenden Schriften verwenden, sollte ein sichtbarer Unterschied in Größe und Gewicht zwischen den beiden Schriften bestehen, um Klarheit zu schaffen. Andernfalls könnten Überschriften und Text zu ähnlich aussehen, wie in Abbildung 8–16. Die gleich gewichtete Überschrift ist zwar etwas größer, wirkt aber nicht so hierarchisch wie eine fettere Schrift aus der Schriftfamilie.

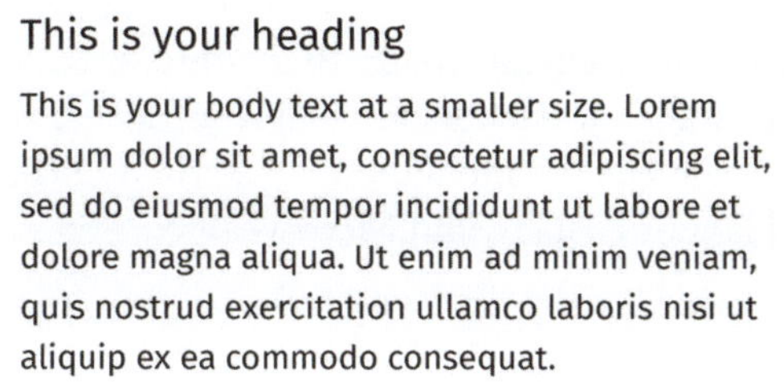

This is your heading

This is your body text at a smaller size. Lorem ipsum dolor sit amet, consectetur adipiscing elit, sed do eiusmod tempor incididunt ut labore et dolore magna aliqua. Ut enim ad minim veniam, quis nostrud exercitation ullamco laboris nisi ut aliquip ex ea commodo consequat.

Abb. 8–16
Wenn Sie verschiedene Schriftarten derselben Schrift kombinieren, achten Sie darauf, dass sich die Schriftarten in Größe und Stil ausreichend unterscheiden. Andernfalls wirkt die Hierarchie nicht so definiert, weil die Schriftgrößen in Größe und Gewicht zu ähnlich sind.

Verschiedene Kategorien kombinieren

Eine andere Möglichkeit, Schriftarten zu kombinieren, ist die Kombination verschiedener Kategorien aus unterschiedlichen Schriftfamilien: serifenlos und Serifen, serifenlos und dekorativ, Schreibschrift und Serifen usw. Durch die Form der Buchstaben ergibt sich sofort ein Kontrast. In Abbildung 8–17 habe ich die Schrift Pacifico mit der serifenlosen Schrift Red Hat Display kombiniert.

All Day Tropical
Happy Hour

Enjoy a selection of our best selling
tropical refreshments all day

Abb. 8–17 *Eine serifenlose Schrift mit vielen runden Buchstaben passt gut zu einer verspielten Schrift.*

Es ist wichtig, dass Sie bei der Wahl der Typografie an den Ton und die Botschaft denken, die Sie auf Ihrer Webseite vermitteln wollen. Wenn Sie etwas Unbeschwerteres wollen, wie in Abbildung 8–17, sollten beide Schriften einen Hauch von

Verspieltheit vermitteln. Wenn ich in Abbildung 8–18 die serifenlose Schrift durch eine andere serifenlose Schrift wie Source Sans Pro austausche, die etwas förmlicher ist, funktioniert sie, aber nicht ganz so gut wie Red Hat Display mit ihren abgerundeten Merkmalen.

Prüfen und vergleichen Sie so viele Optionen, Stile und Schnitte wie möglich, wenn Sie verschiedene Kategorien miteinander kombinieren. Einige Schriften werden besser passen als andere.

Dieselben Kategorien kombinieren

Die gleichen Regeln gelten auch für die Kombination von Schriften derselben Kategorie. Achten Sie auf Schriften, die sehr unterschiedlich aussehen, obwohl sie der gleichen Kategorie angehören: Wir sind immer auf der Suche nach Kontrasten, aber auf eine kohärente Weise. Schauen Sie sich eine Kombination aus Serifenschriften an. In Abbildung 8–19 verwende ich Playfair Display und Merriweather.

Abb. 8–18
Eine förmlichere serifenlose Schrift, die schmaler und nicht so rund ist, wirkt etwas zu steif und förmlich. Ich möchte mit beiden Schriften ein Gefühl von Spaß vermitteln, auch wenn eine von ihnen wie in Abbildung 8–17 eher abgeschwächt ist.

Abb. 8–19
Sie können Schriften aus derselben Kategorie miteinander kombinieren, aber sollten Schriften mit unterschiedlichen Designelementen wählen, um Hierarchie und Kontrast zu schaffen.

Die Playfair Display hat viel schärfere Serifen und Linien, während die Merriweather weichere Serifen und Linien hat. Diese Eigenschaften stehen im Kontrast zueinander und sind ein gutes Rezept für die Kombination. Schauen Sie sich nun eine serifenlose Schriftkombination an. In Abbildung 8–20 habe ich die Schrift Raleyway für die Überschriften und Nanum Gothic für den Fließtext gewählt.

A farm-to-table menu that changes with the seasons

We're dedicated to sustainable, seasonal cuisine. Our ingredients are collected by our special in-house experts.

Abb. 8–20
Wie bei Serifenschriften sollten Sie auch bei serifenlosen Schriften zwei kontrastierende Schriftarten wählen, um einen tollen Effekt zu erzielen.

Die Raleway-Schrift ist viel runder und geometrischer. Dadurch entstehen breitere Buchstaben. Im Gegensatz dazu ist die Nanum Gothic eher gedrungen. Auch hier bin ich auf der Suche nach diesen kontrastierenden Eigenschaften, um eine natürliche Hierarchie auf der Seite zu schaffen.

8.2.3 Eine Schriftrampe aufbauen

Eine Schriftrampe ist eine Reihe von Richtlinien und Schriftstilen, die die Schriftfamilie, die Größe, den Stil und die Verwendung von Schriften auf Ihrer Webseite oder in Ihrer Webanwendung festlegen. Dieses Regelwerk schafft sofort ein Gefühl der Ordnung und Kohärenz auf Ihrer gesamten Website. Jede Seite auf Ihrer Website ist Teil einer größeren Geschichte und sollte sich so anfühlen, als gehöre sie zum Rest der Website. Wenn ich auf Ihrer Website nach Produkten stöbere und die Produktüberschrift und der Text auf der Produktseite, auf der ich mich gerade befinde, eine andere Größe haben, wirkt das nicht stimmig und kann, offen gestanden, etwas schlampig aussehen. Ich erlebe das häufig, wenn ich auf *Amazon.com* nach Büchern stöbere. Ich habe immer noch nicht herausgefunden, warum einige Buchseiten ein neueres Website-Layout haben als andere, aber wenn ich sechs oder sieben Mal dasselbe Layout sehe und plötzlich ein neues Layout vorgesetzt bekomme, ist das irritierend, und ich muss mich neu orientieren, um die gesuchten Informationen zu finden.

Ähnliche Seiten sollten die gleichen Stile haben – insbesondere die Typografie, die Sie auf Ihrer gesamten Website verwenden. Ihr Webbrowser verfügt bereits über eine Typenrampe mit integrierten Standardstilen. Wenn Sie in einem HTML-Dokument eine Liste von `<h1>`- bis `<h6>`-Elementen ohne Formatierung erstellen und diese in Ihren Browser laden, sehen Sie eine vom Browser bereitgestellte Standard-Schriftrampe. Jede Überschrift hat ihre eigene Größe, die abnimmt und damit eine geringere Bedeutung oder Hervorhebung signalisiert. Die `<h1>`-Überschrift ist die am stärksten hervorgehobene Überschrift auf der Seite, die `<h6>`-Überschrift ist die am wenigsten hervorgehobene.

Ich habe noch nie alle sechs Überschriften-Tags auf einer Seite verwenden müssen, und semantisch gesehen sind diese Überschriften-Tags, wenn es um den Code geht, nur ein Teil einer Typenrampe. Wir würden für Absätze mit Text kein `<h6>`-Element verwenden, weil das `<h6>`-Element dem Browser und den Bildschirmlesegeräten anzeigt, dass es sich um eine Überschrift eines Abschnitts handelt. Welche Arten von Schriften müssen wir also für unsere Webseite in Betracht ziehen, wenn wir eine Schriftrampe erstellen? Der Bedarf ist unterschiedlich, aber ein sicherer Ausgangspunkt sind die folgenden:

- Überschrift
- Zwischenüberschriften
- Titel
- Untertitel
- Fließtext
- Bildunterschrift

Überschriften, Zwischenüberschriften, Titel und Untertitel würden den <h1>- bis <h4>-Elementen in HTML entsprechen, Fließtext dem <p>-Element und Bildunterschriften dem <caption>-Tag. Alle anderen Stile, die Sie möglicherweise benötigen, würden höchstwahrscheinlich auf ein <p>-Element mit einer CSS-Klasse angewandt werden. Bei der Programmierung des CSS für die Schriftrampe werden das HTML-Tag und die entsprechende CSS-Klasse oft gepaart, zum Beispiel <h1>, .heading, um die Überschriftenstile auch auf Typen anwenden zu können, die semantisch nicht unbedingt ein <h1> sind.

8.2.4 Ihren Schriftarten Größen zuweisen

Sie können die Standardgrößen verwenden, die der Browser für Ihre Typenrampe bereitstellt, wenn Sie sie in CSS nur mit HTML-Elementen definieren. Wenn Sie jedoch CSS-Klassen verwenden, müssen Sie diese Größen in Ihrem CSS definieren.

Die Werte, die Sie zum Festlegen der Schriftgröße wählen, sind wichtig. Pixel-Angaben wie font-size: 16px; sind nicht barrierefrei. Die Benutzer können die Basisschriftgröße in ihrem Browser nicht ändern, wenn sie zum Beispiel aufgrund von Sehschwäche eine größere Schrift benötigen. Die Verwendung von relativen Einheiten wie *rem* oder *em* ist zu bevorzugen, vor allem, wenn Sie Ihre Typografie responsiv gestalten wollen.

Wenn es darum geht, die Größe und den Schriftgrad zu bestimmen, beginnen Sie mit der Größe des Textes und starten Sie von dort aus. In der Regel beträgt die Größe des Fließtexts 16 bis 18 Pixel (1 bis 1,125 rem, wenn die Basisschriftgröße auf 16 Pixel oder 1 em im <html>-Element eingestellt ist). Sobald Sie den Fließtext eingerichtet haben, empfehle ich Ihnen, einen Schriftgrößenrechner zu verwenden, um die Größe für die restlichen Überschriften zu bestimmen, anstatt sie selbst zu berechnen. Beginnen Sie mit Ihrem Basis-Schriftsatz mit einem einfachen px-zu-rem-Rechner, wie dem Pixels Converter (*https://pixelsconverter.com/px-to-rem*), und wählen Sie aus den dortigen Größenangaben, um ein Gefühl für die Schriftgrößen zu bekommen. Für den px-zu-rem-Rechner erhalten Sie bei einer Basisschriftgröße von 16 px die in Tabelle 8–2 gezeigten Werte für einen auf dieser Basisschriftgröße basierenden Schriftgrad.

px	rem	Schriftrampe
16 px	1 rem	Fließtext (p)
24 px	1,5 rem	Untertitel (H4)
32 px	2 rem	Zwischenüberschrift (H2)
40 px	2,5 rem	Titel (H3)
48 px	3 rem	Überschrift (H1)

Tab. 8–2 *Px-zu-rem-Werte und ihre Entsprechung in der Schriftrampe*

Wenn Sie eine Schriftskala wünschen, die auf mathematischeren Proportionen basiert, ist mein bevorzugtes Werkzeug der Visual Type Scale Calculator (*https://type-scale.com*). Sie können zwischen verschiedenen Maßstäben wählen, wie dem Goldenen Schnitt, der großen Terz und der vollkommenen Quarte, und erhalten eine Vorschau sowie das CSS für Ihre Schriftrampe. Bei der Typografie sollten Sie bedenken, dass keine Schriftart der anderen gleicht. Eine bestimmte Schriftart kann bei 3 rem viel größer aussehen als eine andere, daher müssen Sie mit verschiedenen Werten spielen, bis Sie die gewünschten Verhältnisse erhalten.

8.2.5 Einen vertikalen Rhythmus festlegen

Nachdem Sie die Basisschriftgröße festgelegt haben, müssen Sie als Nächstes die Zeilenhöhe für Ihren Text festlegen. Die Zeilenhöhe bildet die Grundlage für den vertikalen Rhythmus Ihrer Webseite. Der vertikale Rhythmus legt die Abstände zwischen allen Elementen auf Ihrer Seite auf systematische Weise fest. Ihr Text sollte sich an der von Ihnen festgelegten Grundlinie ausrichten, sodass die Unterseiten der Buchstaben mit Ausnahme der Unterlängen übereinstimmen. Abbildung 8–21 zeigt, wie der Text an der Grundlinie ausgerichtet wird.

Viele Beispiele im Internet verwenden eine Zeilenhöhe von 150 % oder 1,5 em für die Grundschrift. Diese Einstellung erleichtert die Berechnungen für das restliche Schriftsystem und den vertikalen Rhythmus, da wir die Zeilenhöhe durch Multiplikation der Schriftgröße mit 1,5 berechnen können, um den Wert in Pixeln zu erhalten. Ein weiterer Grund für den Wert 150 % als Zeilenhöhe ist die Barrierefreiheit. In den Web Content Accessibility Guidelines (WCAG) Version 2.1 ist eine Mindestzeilenhöhe von 1,5 em für den Haupttext festgelegt. Bei größeren Überschriften können wir die Zeilenhöhe auf einen Wert zwischen 120 % und 140 % reduzieren, da eine Zeilenhöhe von 150 % etwas zu viel Platz zwischen mehrzeiligen Überschriften schafft.

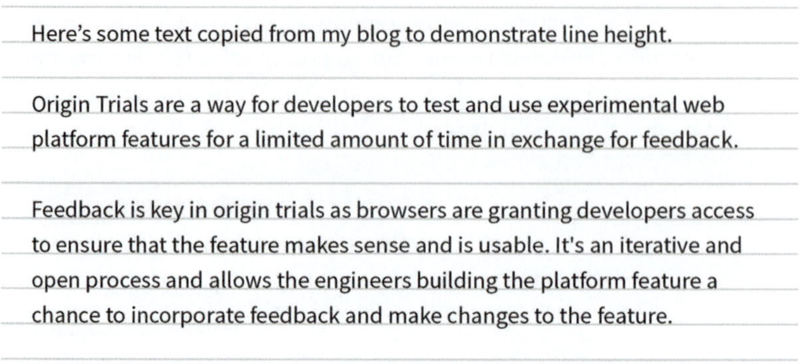

Here's some text copied from my blog to demonstrate line height.

Origin Trials are a way for developers to test and use experimental web platform features for a limited amount of time in exchange for feedback.

Feedback is key in origin trials as browsers are granting developers access to ensure that the feature makes sense and is usable. It's an iterative and open process and allows the engineers building the platform feature a chance to incorporate feedback and make changes to the feature.

Abb. 8–21 *Der Text richtet sich am Grundlinienraster von 24 Pixel aus.*

Im vorigen Abschnitt habe ich die Basisschriftgröße mit 16 px oder 1 em festgelegt. Der Pixelwert Ihrer Zeilenhöhe, den Sie durch Multiplikation der Schriftgröße in Pixeln mit dem Zeilenhöhenwert in ems erhalten – in diesem Fall 16 px mal 1,5 em – ist die Zahl, auf der unser vertikaler Rhythmus basiert. Sie hilft bei der Berechnung von Margins, Paddings und Zeilenhöhen für die unterschiedlich großen Schriftarten in der Schriftskala. Wenn Sie ein Tool verwenden, das Ihre Schriftgrößen und Zeilenhöhen für Sie berechnet, sollten Sie auf die Zeilenhöhe für Ihre Basisschriftart in dieser Skala achten, da dies die Zahl ist, auf die Sie sich beziehen, um Margins und Paddings für den Text und die Bilder auf Ihrer Seite zu berechnen.

Sie können damit beginnen, die oberen und unteren Ränder Ihrer Textelemente auf 24 Pixel einzustellen. Schauen Sie sich die oberen und unteren Ränder von 24 px für die Textelemente in Abbildung 8–22 an. Beachten Sie, dass der Browser die Ränder nicht von der Ober- oder Unterlänge berechnet. Das können Sie sehen, wenn Sie die Browser-Entwicklungswerkzeuge öffnen, wie in Abbildung 8–23. Aber wenn Sie sich Abbildung 8–22 noch einmal ansehen, ist das in Ordnung; die Schrift ist immer noch an der Grundlinie ausgerichtet, und obwohl die Überschrift nach oben ausgerichtet ist, hält sie sich immer noch an das Raster. Die Schrift muss nicht immer direkt auf der Grundlinie stehen, aber solange sie sich zwischen den Grundlinien befindet, haben Sie immer noch einen Rhythmus gefunden.

This is a heading and we're testing line height

Feedback is key in origin trials as browsers are granting developers access to ensure that the feature makes sense and is usable. It's an iterative and open process and allows the engineers building the platform feature a chance to incorporate feedback and make changes to the feature.

Abb. 8–22 *Sowohl auf die Überschrift als auch auf die Absätze wird ein Rand von 24 px angewandt, sodass die Abstände auf der gesamten Seite sehr gleichmäßig sind.*

This is a heading and we're testing line height

h1 484 × 216

ey in origin trials as browsers are granting developers
ure that the feature makes sense and is usable. It's an iterative and open process and allows the engineers building the platform feature a chance to incorporate feedback and make changes to the feature.

Abb. 8–23 *Wenn Sie den Text in den Entwicklertools des Browsers markieren, können Sie sehen, dass der orangefarbene Rand nicht direkt vom oberen oder unteren Rand des Textes berechnet wird.*

Schauen Sie sich an, wie Margins und Paddings berechnet werden, wenn Sie eine geringere Zeilenhöhe verwenden, um eine mehrzeilige Überschrift etwas straffer zu gestalten und den Abstand zwischen den Zeilen zu verringern. In Abbildung 8–24 verwende ich immer noch dieselbe Art der Größenanpassung wie in Abbildung 8–22. Die Größe des Fließtexts beträgt immer noch 16 px bei einer Zeilenhöhe von 1,5 em, sodass der vertikale Rhythmus immer noch 24 px beträgt. Die Überschrift hat eine Größe von 48 px, und ich verwende eine Zeilenhöhe von 1,25, weil dies eine runde Zahl von 60 px ergibt, mit der man gut arbeiten kann. Allerdings ist 60 kein Vielfaches von 24, also muss ich etwas Margin und Padding hinzufügen, um das Grundraster von 24 einzuhalten. Das nächste Vielfache von 24 ist 72, aber das gibt mir nur 12 px Margin oder Padding, mit denen ich arbeiten kann, da die Zeilenhöhe 60 px beträgt. Stattdessen gehe ich zum nächsten Vielfachen von 24 über, das 96 px beträgt. Ich subtrahiere 60 px von 96 px, um 36 px zu erhalten, mit denen ich arbeiten kann. Für das Beispiel in Abbildung 8–24 füge ich also einen oberen Rand von 24 px und ein unteres Padding von 12 px hinzu, um 36 px für die Überschrift zu erhalten. Diese Abmessungen entsprechen 96 px, einem Vielfachen von 24, und begründen die Margin- und Padding-Zahlen. Für Absätze unter der gleichen Überschrift sollte der Abstand zwischen den Absätzen 1,5 em betragen, ein voller Abstand, der auf der Zahl für den vertikalen Rhythmus basiert. Erinnern Sie sich an die Gestaltungsprinzipien in Kapitel 2: Abstände helfen dabei, Beziehungen herzustellen. Daher sollten Absätze unter derselben Überschrift etwas näher beieinander stehen, idealerweise nicht weniger als die angegebene Zeilenhöhe. Elemente, die weiter voneinander entfernt sind, vermitteln, dass sie nicht zur selben Gruppe gehören. Seien Sie also vorsichtig, wenn Sie Ihre Absätze weiter voneinander entfernt anordnen, und konzentrieren Sie sich stattdessen auf die Abstände zwischen den einzelnen Inhaltsgruppen. Fügen Sie den Hauptinhaltsblöcken wie der Überschrift, den Absätzen und verschiedenen Medien Abstände hinzu, damit sie sich als eigene Gruppen von den anderen Inhaltsgruppen abheben. Sobald Sie die Formel für den vertikalen Rhythmus gefunden haben, haben Sie einen organisierten Inhaltsfluss mit einem tatsächlichen Rhythmus geschaffen, der Ihrer Webseite einen Sinn für Ordnung verleiht. Das gibt ihr mehr Glanz und macht sie leichter lesbar. Das ist aus mehreren Gründen wichtig. Ihr Inhalt lässt sich leichter überfliegen, und es gibt eine Barrierefreiheits-Komponente, die ich kurz erwähnt habe, aber die Lesbarkeit ist mehr als nur die Zeilenhöhe.

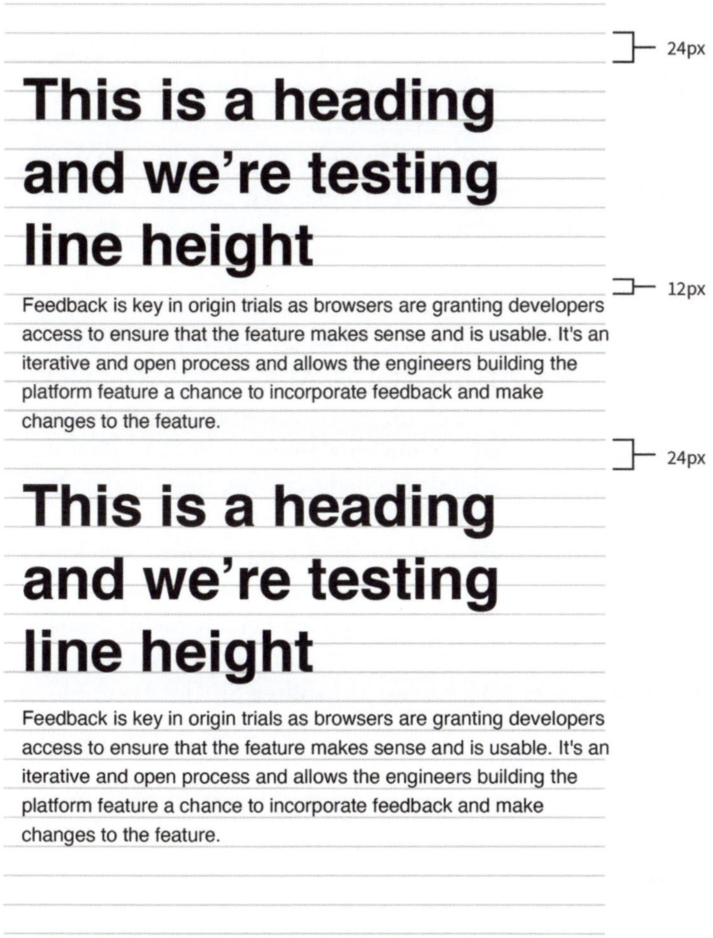

Abb. 8–24 *Wenn Sie die Zeilenhöhe der Überschrift anpassen, müssen Sie auch Margin und Padding anpassen, damit das erstellte Grundlinienraster eingehalten wird.*

8.2.6 Für Lesbarkeit sorgen

Die Lesbarkeit gibt an, wie einfach oder schwierig es für Menschen ist, den Text vor sich zu lesen und zu verstehen. Eine schlecht gewählte Typografie kann die Lesbarkeit des Textes auf Ihrer Webseite oder in Ihrer Anwendung beeinträchtigen. Und wir wollen ja, dass die Menschen unsere Webseite problemlos nutzen können. Sie haben sich gerade die Zeilenhöhe angeschaut und wissen nun, dass ein zu geringer Zeilenabstand ein Problem bei der Barrierefreiheit darstellt. Es gibt noch ein paar andere Dinge zu bedenken, wenn es darum geht, wie lesbar der Text auf Ihrer Website ist.

Zeilenlänge

Es gibt eine optimale Zeilenlänge für Text. Sie kann zu breit oder zu schmal sein, und wir wollen den Sweet Spot dazwischen. Die optimale Zeilenlänge liegt zwischen 45 und 70 Zeichen, mehr oder weniger, je nachdem, auf welche Quelle Sie sich beziehen. Kürzere Zeilenlängen ermöglichen ein schnelleres Überfliegen des Inhalts, während es bei längeren Zeilenlängen schwieriger ist, sich darauf zu konzentrieren. Begrenzen Sie die Spaltenbreite oder legen Sie eine maximale Breite für Überschriften und Absätze fest.

Zeichenabstand

Sie können den horizontalen Abstand zwischen Buchstaben in CSS mit der Eigenschaft `letter-spacing` steuern. Dabei wird der Abstand zwischen den Buchstaben in einem Wort oder einem Textblock angepasst. In manchen Fällen möchten Sie vielleicht etwas mehr Platz schaffen, um eine Textzeile etwas weiter auszufüllen, oder den Abstand verkleinern, damit Sie nicht ein einzelnes, letztes Wort haben, das in die nächste Zeile verschoben wird. Diese Anpassungen sollten möglichst klein sein. Zu große Anpassungen in beide Richtungen, wie in Abbildung 8–25 zu sehen, führen zu einem schwer lesbaren Textblock. Das wirkt sich negativ auf das Erlebnis des Benutzers auf der Webseite aus. Nehmen Sie kleine Anpassungen an den Buchstabenabständen vor, wenn Sie das Gefühl haben, dass dies die Lesbarkeit verbessert. Da jede Schriftart anders ist, sollten Sie die Abstände immer mit Benutzern testen oder von mehreren Personen überprüfen lassen, wenn Sie unsicher sind.

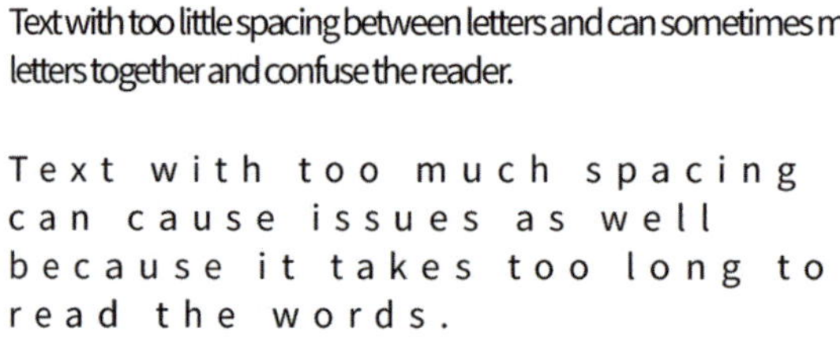

Abb. 8–25
Zu große oder kleine Buchstabenabstände können zu Problemen bei der Lesbarkeit führen.

Übung: Ordnen Sie die Schriftart der Stimmung zu, die sie vermittelt

Schauen Sie sich die verschiedenen Schriftarten in den Kacheln an und bewerten Sie dann die Liste der Stimmungen. Welche Stimmung vermittelt die jeweilige Schrift für Sie? Wie fühlt sie sich an?

EB Garamond	Museo Slab
Madre	Montserrat

Schriftarten können unterschiedliche Stimmungen vermitteln.

Einige der Stimmungen oder Gefühle, die eine Schriftart vermitteln kann (für jede Schriftart kann mehr als eine gelten):

- Launisch
- Freundlich
- Klassisch
- Modern
- Formel
- Kühn
- Einladend
- Hip

EB Garamond ist eine Serifenschrift, die klassisch und formal wirkt. Museo Slab ist eine Slab-Serifenschrift. Obwohl es sich um eine Unterart der Serifenschrift handelt, ist sie nicht so förmlich wie andere Serifen, sodass sie freundlicher, aber auch kräftiger wirkt. Madre ist eine Schrift, die einladend und skurril wirkt. Montserrat wirkt modern und hip.

Zusammenfassung

- Die Wahl der Schrift ist einer der wichtigsten Aspekte der visuellen Gestaltung. Denn die Botschaft, die Ihre Schrift vermittelt, kann sich je nach gewählter Schrift verändern. Informeller Text kann formell werden. Ein Text, der liebenswert sein soll, kann eine dunkle Bedeutung annehmen. Es ist alles eine Frage des Schriftbilds.
- Für Entwickler stehen kostenlose Tools zur Verfügung, mit denen sie gut gestaltete Typen auswählen können, damit eine Webseite oder Webanwendung modern aussieht.
- Die wichtigste Kategorisierung von Schriften sind Serifenschriften, serifenlose Schriften, dekorative Schriften und Schreibschriften. Aber es gibt auch andere Unterkategorien. Serifenschriften wirken im Allgemeinen formeller und klassischer. Serifenlose Schriften sind eher modern. Dekorative Schriften können ein breites Spektrum an Gefühlen vermitteln, fallen aber mehr auf. Schreibschriften werden gerne für Hochzeiten- oder Fotografen-Webseiten verwendet – Dinge, die eine persönliche Note haben.
- Bei der Auswahl der Schriften ist es wichtig, sich Gedanken über die Stimmung und das Gefühl zu machen, die Ihre Marke vermitteln soll.
- Zugänglichkeit und Semantik sollten berücksichtigt werden, wenn Sie Wörter fett und kursiv formatieren. Achten Sie darauf, dass Sie das richtige HTML-Tag wählen oder die Formatierung über eine CSS-Klasse auf ein allgemeines HTML-Tag anwenden, wenn Sie kursiv oder fett nur aus ästhetischen Gründen einsetzen möchten.
- Kombinieren Sie Schriften, um eine größere visuelle Hierarchie auf der Seite zu schaffen. Sie können Schriften aus verschiedenen Überfamilien, aus unterschiedlichen Kategorien (zum Beispiel Serifenschrift und serifenlose Schrift) oder aus denselben Kategorien miteinander kombinieren. Achten Sie darauf, dass sie unterschiedlich genug sind, um Klarheit zu schaffen, wenn sie zur selben Kategorie gehören.
- Der vertikale Rhythmus schafft den Rhythmus der Seite und definiert die Beziehungen zwischen den verschiedenen Elementen durch die Abstände. Das Festlegen eines vertikalen Rhythmus bringt eine mathematische Komponente ein, die den Zahlen, die Sie für die Abstände auf Ihrer Seite wählen, Sinn und Ordnung verleiht. So entstehen ein Raster und ein kohärenter Rhythmus auf der gesamten Webseite.
- Die Lesbarkeit des Textes auf Ihrer Seite ist entscheidend für eine gute User Experience. Achten Sie darauf, dass Ihr Text eine ausreichende Zeilenhöhe hat, verwenden Sie keine unnötigen Buchstabenabstände und beschränken Sie die Zeilenlänge auf 45 bis 70 Zeichen pro Zeile.

9 Farbtheorie

Dieses Kapitel behandelt

- Das Farbrad und Farbbeziehungen
- Wie man Schattierungen und Farbtöne erstellt, und die dazugehörige Terminologie
- Die Psychologie der Farbe
- Wie man ein Farbschema auswählt und anwendet, einschließlich Überlegungen zur Barrierefreiheit
- Die verschiedenen Web-Farbmodi und Farbabweichungen zwischen den Bildschirmen

Wenn Sie in Ihrer bevorzugten Suchmaschine nach »optischen Farbtäuschungen« suchen, erhalten Sie eine Reihe von Ergebnissen, darunter einige, die aussehen, als ob sich das Bild bewegt. Diese eingebildete Bewegung ist auf die Farbwahl, den Aufbau unserer Augen und unsere Wahrnehmung zurückzuführen. Die Farbwahl, die diese Täuschung hervorruft, ist ein Teil des Themas Farbtheorie. Eine der bekanntesten optischen Farbtäuschungen, die in Abbildung 9–1 dargestellt ist, ist die Adelson'sche Schachbrett-Schatten-Täuschung. Ein Schachbrett scheint einen Schatten zu haben, der von einem Gegenstand geworfen wird. Das Quadrat mit der Aufschrift *A* erscheint dunkler als das Quadrat mit der Aufschrift *B*. Aber wenn sie nebeneinander liegen, haben sie tatsächlich dieselbe Farbe.

Die Farbtheorie ist die Wissenschaft und Kunst der Anwendung von Farben, ihrer Wahrnehmung und der visuellen Effekte, die durch ihr Mischen und Kombinieren entstehen, wie bei den optischen Täuschungen. In ihrer grundlegendsten Form enthält die Farbtheorie eine Reihe von Richtlinien und Regeln, die uns bei der Farbauswahl mithilfe des Farbkreises helfen.

Abb. 9–1
Adelsons Schachbrettschatten ist eine optische Täuschung, bei der die Quadrate A und B dieselbe Farbe haben (Quelle: Edward H. Adelson, lizenziert unter CC BY-SA 4.0).

Wenn ich mit Webentwicklern spreche, sagen sie mir, dass einer der häufigsten Designbereiche, mit dem sie Probleme haben, die Auswahl und Anwendung von Farben ist. Das Verständnis des Farbkreises und der verschiedenen Beziehungen zwischen den Farben ist der Schlüssel zur Auswahl von Farben für Ihr Projekt. Wenn Sie jemals Probleme haben, ein Farbschema auszuwählen, ist es am einfachsten, das Farbrad und die verschiedenen Farbbeziehungen zu nutzen, um eine Entscheidung zu treffen.

Farbe ist eines der mächtigsten Werkzeuge im Design. Denn sie kann unsere Emotionen, unsere Stimmung und unsere Wahrnehmung beeinflussen, die alle von unserer persönlichen und kulturellen Beziehung zu Farbe beeinflusst werden. Eines meiner Lieblingsbeispiele stammt aus einer Interaktion mit einem Kunden im Rahmen eines Projekts. Ich habe eine Website für ein technisches Programm erstellt, das speziell darauf abzielte, Veteranen des US-Militärs die Fähigkeiten zu vermitteln, die sie benötigen, um nach ihrer Militärkarriere einen Job in der Technik anzunehmen. Ich zeigte meinem Kunden, der ebenfalls ein ehemaliger Soldat war, ein erstes Mock-up, für das ich ein ziemlich kräftiges Rot als eine meiner Akzentfarben verwendet hatte. Sein Feedback lautete: »Ich mag das Rot nicht. Rot ist eine extrem aggressive Farbe, besonders im Zusammenhang mit dem Militär.« Als Designer schätzte ich diese Rückmeldung, weil er die Gründe für das Nichtfunktionieren der Farbe nannte.

Jeder hat eine Meinung und eine persönliche Reaktion auf Farben. Das kann darauf hinauslaufen, dass Menschen eine Farbe nicht mögen, nur weil sie sie nicht mögen. Dieses Feedback kann schwierig zu verarbeiten sein, wenn man Farben auf der Grundlage kultureller oder emotionaler Bedeutungen auswählt. Wenn Sie die Gründe für die Wahl bestimmter Farben für ein Projekt darlegen, kann dies zu viel produktiveren Diskussionen mit Stakeholdern und Zielgruppen in der Testphase eines Designs führen, wenn diese Ihnen Feedback zu den Farben geben. Wenn das Feedback einfach nur lautet: »Mir gefällt die Farbe Blau nicht, die Sie gewählt haben«, dann sprechen Sie darüber, warum Sie diese Farbe gewählt haben, und fragen Sie den Benutzer, welche Farben er mit den Emotionen oder Gefühlen assoziiert, die Sie durch Ihr Design zu vermitteln versuchen.

Manchmal wird die von Ihnen gewählte Farbe aber auch gar nicht gefallen. Berücksichtigen Sie also das Feedback der verschiedenen Nutzer. Wenn die von Ihnen gewählten Farben mehrfach als problematisch empfunden werden, sollten Sie Ihre Farbauswahl überdenken und eine weitere Überprüfungsrunde durchführen. Jeder Mensch nimmt Farben anders wahr. Das ist vielleicht der Grund dafür, dass die Farbauswahl einer der Bereiche ist, mit denen Entwickler Schwierigkeiten haben. In diesem Kapitel werden Sie lernen, wie man die Auswahl von Farben und Farbpaletten auf der Grundlage der Beziehungen zwischen den Farben im Farbkreis angeht, um diese Entscheidungen weniger entmutigend zu machen.

Abgesehen von dem emotionalen Aspekt ist Farbe auch ein unglaublich mächtiges Werkzeug, um Beziehungen zwischen Dingen zu definieren, Kontraste zu schaffen und das Auge durch ein Design zu lenken. Die Auswahl einer Farbpalette ist nur ein Schritt im Prozess des Farbverständnisses. Man muss auch wissen, wie man sie in einem Design anwendet, damit die Farben nicht miteinander kollidieren oder überwältigend wirken. Deshalb gehe ich auch ein Beispiel durch, wie Sie Ihre Farbpalette auf einer Webseite anwenden können.

9.1 Terminologie der Farben

Es gibt eine unglaubliche Menge an Farbvariationen, die über das hinausgehen, was der Standardfarbkreis zeigt. Bevor ich mich jedoch mit den Beziehungen zwischen den Primärfarben auf dem Farbkreis beschäftige, sollten Sie sich mit der Farbterminologie vertraut machen. Diese Terminologie wird Ihnen helfen, die verschiedenen Möglichkeiten zum Mischen von Farben und die Farbtheorie besser zu verstehen. Mit diesen Begriffen können Sie sowohl über Farben sprechen als auch Variationen der Farbschemata erstellen, die Sie auf dem Farbkreis ausgewählt haben.

9.1.1 Farbtöne

Farbtöne sind verschiedene Variationen einer Farbe, die durch Hinzufügen von Schwarz, Weiß oder Grau erzeugt werden. Wir verwenden Schwarz, um eine Farbe abzudunkeln, Weiß, um eine Farbe aufzuhellen, und Grau, um eine Farbe abzuschwächen. Sie können diese Varianten zu Ihrer Farbpalette hinzufügen, um eine breitere Auswahl an Farbtönen auf der Grundlage der Grundfarbe(n) der Website zu erstellen. Da diese Farbtöne von der Grundfarbe abgeleitet sind, können Sie sie verwenden, um die Benutzeroberfläche der Webseite zusammenhängend wirken zu lassen, aber eben nicht übermächtig; aufgrund der gedämpften Natur der Farbtöne.

Die heute verfügbare Software macht die Arbeit mit Farben für das Web ziemlich einfach. Ich bevorzuge Adobe Illustrator, wenn ich mit einem Projekt anfange, weil ich mit dieser Oberfläche am besten vertraut bin und finde, dass es einfacher ist, mit Farben zu experimentieren.

In Adobe Illustrator beginne ich mit der Hauptfarbe, aus der ich Farbtöne erzeugen möchte, und erstelle eine Form mit dieser Hauptfarbe als Füllung. Ich verwende den HSB-Helligkeitsregler im Farbbedienfeld, um einen dunkleren Farbton zu erstellen, indem ich mehr Schwarz hinzufüge. Für einen helleren Farbton beginne ich wieder mit der Grundfarbe und stelle den Sättigungsregler ein, um die Farbe durch Hinzufügen von Weiß aufzuhellen. Ich erhalte die Ergebnisse wie in Abbildung 9–2 zu sehen.

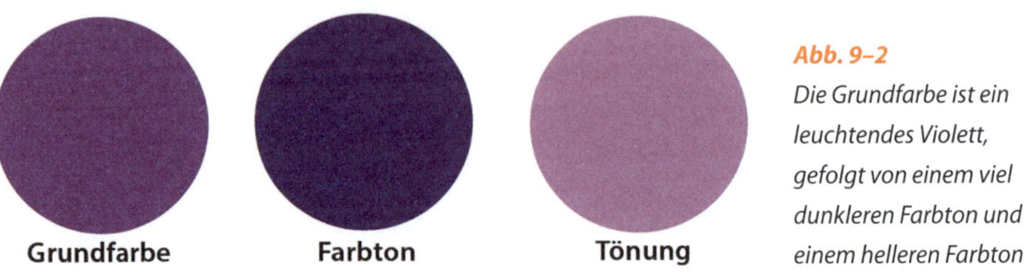

Abb. 9–2 *Die Grundfarbe ist ein leuchtendes Violett, gefolgt von einem viel dunkleren Farbton und einem helleren Farbton.*

9.1.2 Warme vs. kühle Farben

Farben rufen bestimmte Emotionen, Stimmungen und Gefühle hervor. Wenn wir über die emotionale Natur von Farben sprechen, beginnen wir mit der Farbtemperatur. Farben können zunächst in warme und kühle Farben eingeteilt werden. Warme Farben sind Rot, Orange und Gelb, kühle Farben sind Grün, Blau und Lila. Jede dieser beiden Gruppen ruft unterschiedliche Emotionen hervor. Wärmere Farben werden dabei mit glücklicheren und energischeren Gefühlen und kühlere Farben mit ruhigeren und entspannteren Gefühlen assoziiert. Ich werde Ihnen die verschiedenen Themen und Gefühle, die mit jeder Farbe verbunden sind, in den folgenden Abschnitten zeigen. Auch wenn der Farbkreis in zwei verschiedene Temperaturen unterteilt ist, können wärmere Farben auch kühlere Variationen haben und kühle Farben auch wärmere Variationen. Sogar Grautöne können kälter oder wärmer sein, wie in Abbildung 9–3.

Abb. 9–3 *Obwohl Grautöne neutral sind, können sie kühl oder warm wirken.*

Warme Farben fallen auf und erregen mehr Aufmerksamkeit als kühle Farben. Warme Farben wirken daher auffälliger und stehen im Vordergrund einer Komposition. Kühle Farben sind eher zurückhaltend oder vermitteln den Eindruck, dass sie weiter hinten stehen. Betrachten Sie den roten Button auf blauem Hintergrund in Abbildung 9–4. Der Button scheint über dem Blau zu liegen. Aber was passiert, wenn ich die Farben austausche? Fühlt sich der blaue Button an, als ob er über dem roten liegt, oder wirkt er etwas zurückgesetzt? Der Button auf der rechten Seite scheint weiter hinten zu liegen, als ob man in ein Loch hinunterschauen würde. Wenn Sie von oben auf ein tiefes Loch im Boden schauen, verschwindet das Licht, je weiter Sie nach unten schauen, bis es schwarz ist. Dieser rezessive Effekt kühlerer Farben ist wahrscheinlich in der Kunst, zum Beispiel in Gemälden, stärker ausgeprägt, aber ein subtiler Effekt derselben Art ist auch in digitalen Benutzeroberflächen spürbar.

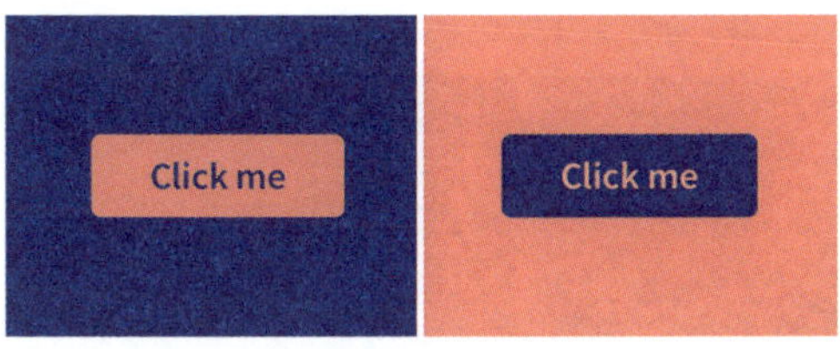

Abb. 9–4
Der rote Button auf der linken Seite erscheint visuell weiter vorne als der blaue Button auf der rechten Seite.

Warme Farben wirken je nach Farbe eher aggressiv oder anregend. Rot kann eine unglaublich aggressive Farbe sein. Sie wird in der Regel in der Benutzeroberfläche von Dashboards eingesetzt, um etwas Negatives wie einen Rückgang, eine Warnung oder einen Fehler anzuzeigen. Sie kann aber auch verwendet werden, um die Aufmerksamkeit auf etwas zu lenken, zum Beispiel eine Benachrichtigung auf einer neutralen Benutzeroberfläche.

Eine kühlere Farbe wie Grün kann zwar für eine positive Benachrichtigung verwendet werden, ist aber nicht so auffällig wie ein rotes Symbol. Kühlere Farben können für weniger dringende Meldungen verwendet werden, die nicht die sofortige Aufmerksamkeit des Nutzers erfordern.

9.1.3 Farbton, Sättigung und Helligkeit

Wenn es um Farben geht, wird häufig der Begriff Farbton verwendet. Der Farbton ist die Bezeichnung für eine reine Farbe oder Grundfarbe, wie das Rot aus der Gruppe der Primärfarben, auf die kein Weiß, Schwarz oder Grau angewendet wurde. Es ist einfach die reine Farbe.

Die Sättigung gibt an, wie lebendig und intensiv eine Farbe ist. Auf einer Skala von 0 bis 100 bedeutet der Wert 100, dass eine Farbe ihren vollen Farbton erreicht hat. Haben Sie schon einmal ein Foto in einer Fotobearbeitungs-Anwendung geöffnet und eine Einstellung mit der Bezeichnung *Sättigung* gesehen? Wenn Sie die Sättigung auf dem Foto erhöhen, werden alle Farben allmählich unglaublich lebendig. Wenn Sie die Sättigung verringern, werden die Farben stumpf und verblassen, also das Gegenteil von gesättigt. In Abbildung 9–5 wird ein gesättigtes Bild mit einem entsättigten Bild verglichen.

Zu viele gesättigte Farben, die nicht ausgewogen sind, können eine Benutzeroberfläche unübersichtlich und weniger professionell wirken lassen. Stark gesättigte Farben sollten verwendet werden, um Kontraste zu erzeugen. Fotos, die zu gesättigt sind, führen jedoch zu Kontrastproblemen auf Ihrer Webseite oder Anwendung, insbesondere wenn Sie versuchen, Text zu überlagern. Sie werden im Mittelpunkt stehen und die Aufmerksamkeit der Nutzer immer wieder auf sich ziehen, weil sie sich so deutlich vom Rest der Benutzeroberfläche abheben. Bei einer eher neutralen Benutzeroberfläche können sie aber auch fehl am Platz wirken, weil sie zu farbig sind. Zu viel Sättigung kann als zu viel wahrgenommen werden. Mehrere vollständig gesättigte Farben sollten Sie in der Regel vermeiden, bis Sie sich mit der Anwendung von Farbpaletten und dem Schaffen von bewussten Kontrasten wohler fühlen.

Wenig Sättigung **Original** **Hohe Sättigung**

Abb. 9–5 *Ein Beispiel für das Verringern und Erhöhen der Sättigung eines Bildes*

Die Helligkeit gibt einfach an, wie hell oder dunkel eine Farbe ist oder wie viel Schwarz oder Weiß sie enthält. Die Helligkeit bezieht sich auf die Farbtöne, die ich zuvor erklärt haben. Wenn Sie den Weißanteil Ihrer Farbe erhöhen, wird sie heller, bis Sie das volle Weiß erreicht haben, und wenn Sie ihn verringern, wird sie dunkler, bis Sie das volle Schwarz erreicht haben. Abbildung 9–6 veranschaulicht Farbton, Sättigung und Helligkeit visuell.

Abb. 9–6 *Der Farbton ist eine Farbe, die Sättigung gibt an, wie lebendig eine Farbe ist, und die Helligkeit bestimmt, wie hell oder dunkel eine Farbe ist.*

Da Sie nun die Grundlagen der Farbe kennen, möchte ich mich mit den Farbbeziehungen und dem Aufbau von Farbpaletten beschäftigen.

9.2 Der Farbkreis

Der Farbkreis ist das grundlegendste Werkzeug in der Farbtheorie und zum Erkennen von Beziehungen zwischen Farben (siehe Abb. 9–7). Es ist ein kreisförmiges Farbdiagramm, das das Farbspektrum anzeigt. In seiner grundlegendsten Form zeigt er die Farben Rot, Orange, Gelb, Grün, Blau und Violett an, obwohl er weiter unterteilt werden kann, um Farben zwischen den einzelnen Hauptfarben des Kreises einzubeziehen.

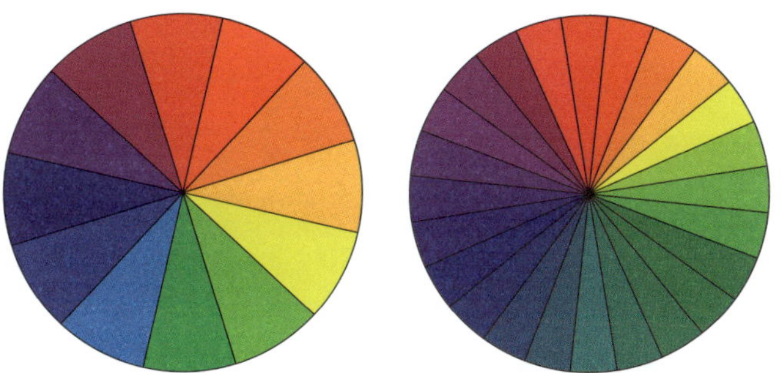

Abb. 9–7 Farbkreise mit unterschiedlicher Granularität sind weit verbreitet. Der linke ist ein einfacher Farbkreis mit zwölf Farben, der rechte hat 24 Farben.

9.2.1 Farbbeziehungen

Der Farbkreis ist der einfachste Weg, um Beziehungen zwischen Farben zu erkennen und zu wissen, welche Farben am besten zusammenpassen. Er kann auf verschiedene Arten verwendet werden, um Farben zu identifizieren, die zusammen funktionieren, von Paaren bis hin zu Dreiergruppen.

Bevor ich mich mit den verschiedenen Farbbeziehungen beschäftige, müssen Sie die verschiedenen Arten von Farbsätzen verstehen, aus denen der Farbkreis besteht. Es gibt drei Grundfarben: Rot, Gelb und Blau. Aus diesen drei Farben lassen sich viele andere Farben des Farbspektrums mischen. Sekundärfarben entstehen durch das Mischen von zwei Primärfarben; zum Beispiel ist Violett eine Sekundärfarbe, die aus Rot und Blau entsteht.

Abb. 9–8 Der Farbkreis ist in Primär-, Sekundär- und Tertiärfarben unterteilt.

Tertiärfarben entstehen durch Mischen einer Primärfarbe mit einer anderen Farbe, die auf dem Farbkreis neben ihr liegt. Sie sind Zwischenfarben, wie Rot-Orange (Bernstein) und Blau-Grün (Türkis). In Abbildung 9–8 werden Primär-, Sekundär- und Tertiärfarben unterschieden.

Monochromatische Farbschemata

Monochromatische Farbschemata sind Farbschemata, die verschiedene Schattierungen und Farbtöne einer Farbe verwenden. Diese Farbschemata eignen sich gut als Farbpalette, da sie zur selben Farbfamilie gehören, zum Beispiel ganz grün oder ganz blau.

Abb. 9–9 *Ein monochromatisches Farbschema*

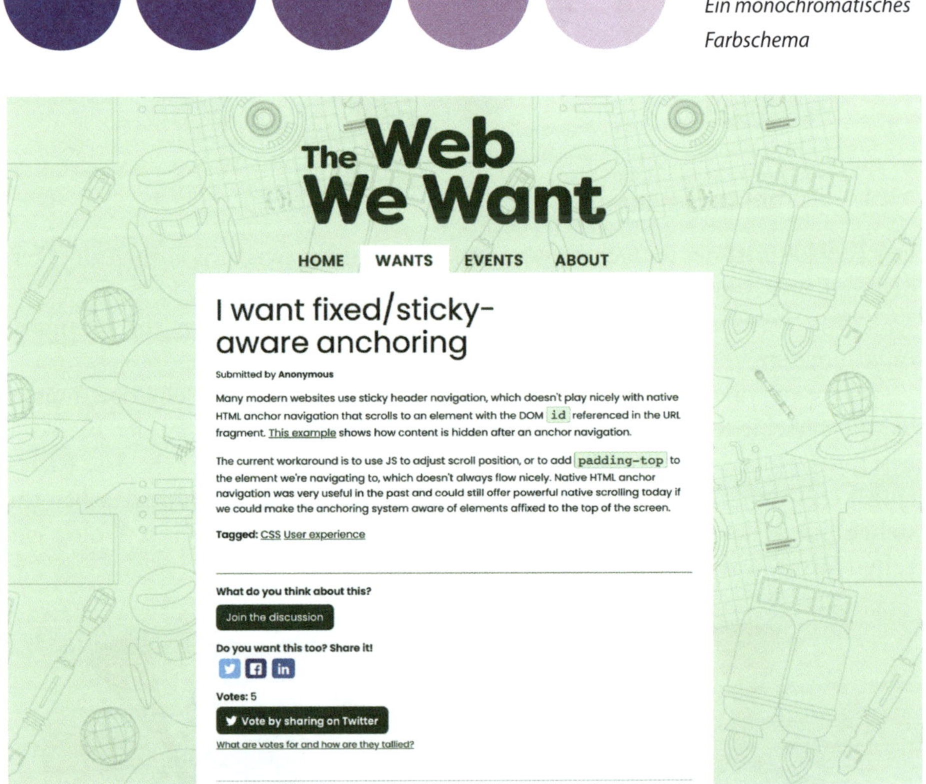

Abb. 9–10 *Die Webseite* Web We Want *ist ein Beispiel für ein monochromatisches Farbschema auf einer Webseite.*

Dieses Farbschema eignet sich hervorragend zum Experimentieren mit Farben, da Sie damit vermeiden können, dass die Farben zu sehr knallen oder zu viele verschiedene Farben auf ein Design angewendet werden. Es kann auch dazu beitragen, ein Design zu vereinfachen oder harmonisch wirken zu lassen, wenn der Inhalt bereits sehr unruhig ist. Die Abbildungen 9–9 und 9–10 sind Beispiele für monochromatische Farbschemata.

Komplementäre Farbschemata

Komplementärfarben liegen sich auf dem Farbkreis direkt gegenüber und bilden ein kräftiges Farbschema. Gegensätze ergänzen sich gegenseitig und ergeben eine harmonische Farbkombination.

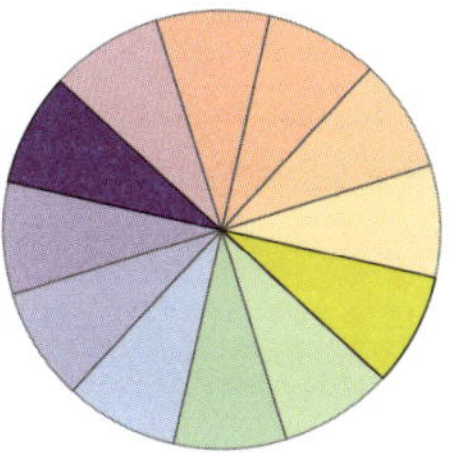

Abb. 9–11
Ein Beispiel für ein komplementäres Farbschema mit Lila und Gelb

Aus persönlicher Erfahrung kann ich sagen, dass es schwieriger ist, mit Komplementärfarben im Web zu arbeiten, weil der Kontrast zwischen den beiden Farben so groß ist. Es erfordert ein wenig mehr Überlegung, diese Farben auf der gesamten Website einzusetzen. Außerdem ist die Wahrscheinlichkeit gering, dass Sie nur diese beiden Farben verwenden. Sie sollten mindestens eine neutrale Farbe (Schwarz, Weiß oder Grau) einbeziehen und entscheiden, welche dieser Komplementärfarben Ihre Hauptfarbe ist, die die Website dominiert, und welche Ihre Akzentfarbe ist. Farbschemata, die auf Komplementärfarben basieren, sorgen für viele Effekte und visuellen Kontrast. Verwenden Sie diese Art von Farbschema, um die Nutzer zu fokussieren und ihre Aufmerksamkeit auf bestimmte Stellen auf Ihrer Webseite zu lenken. Der extreme Kontrast lenkt den Blick immer wieder auf die Stellen, auf die Sie ihn lenken möchten.

Nehmen wir zum Beispiel an, Sie haben in der Benutzeroberfläche Ihrer Webanwendung oder Webseite eine Benachrichtigung, die Sie im Vergleich zum Rest der Benutzeroberfläche relativ unauffällig halten möchten, die aber dennoch etwas Aufmerksamkeit erregen soll. Sie können ein komplementäres Farbschema verwenden, um einen Kontrast zu schaffen und die Aufmerksamkeit auf die Benachrichtigung zu lenken.

Da Komplementärfarben visuell so kontrastreich sind, können sie auch verwendet werden, um Klarheit in eine Benutzeroberfläche zu bringen, die Informationen über sehr unterschiedliche Zustände enthält. Ein Börsendiagramm, das die Kursveränderungen einer einzelnen Aktie im Laufe des Tages anzeigt, kann zum Beispiel eine Mischung aus Rot und Grün verwenden, um anzuzeigen, wann der Kurs gestiegen und wann er gefallen ist. In einer Liste mit mehreren Aktien, die einen Überblick über die Trends des Tages bietet, geben Rot und Grün oder Symbole wie Auf- und Abwärtspfeile oder Plus- und Minuszeichen einen schnellen Überblick darüber, welche Aktien schlecht und welche gut gelaufen sind.

Analoge Farbschemata

Ein analoges Farbschema besteht aus drei Farben auf dem Farbkreis, die nebeneinander liegen (siehe Abb. 9–12). Bei diesem Schema werden die Farben auf harmonischere und weniger intensive Weise miteinander vermischt als bei einem komplementären Farbschema. Analoge Farben kommen auch in der Natur zusammen vor. Deshalb empfinden wir dieses Farbschema viel angenehmer als andere Farbschemata. Wenn wir einen Sonnenuntergang betrachten, sind die Farben analog: Wir sehen einen reichen Farbverlauf von Gelb und Orange, der manchmal in Rot übergeht. Auch der Himmel wechselt bei Sonnenuntergang, wenn man weg vom Sonnenuntergang nach Osten schaut, von Rosa und Violett zu tiefem Blau in den Nachthimmel, ein umgekehrt analoges Farbschema, aber trotzdem analog.

Analoge Farbschemata können verwendet werden, um eine harmonische Farbpalette zu schaffen, die zusammenhängend wirkt und nicht so grell wie Farbpaletten mit kontrastierenden Farben. Warme Farben, wie Rot, Orange und Gelb, können ein Design elegant wirken lassen, wenn sie richtig eingesetzt werden. Da analoge Farben auf dem Farbkreis direkt nebeneinander liegen, ist die Farbpalette kontrastarm. Wenn Sie die Farben zum Beispiel in einem Dashboard mit Diagrammen verwenden, sollten diese Farben nicht die einzige Möglichkeit sein, um Balken in einem Diagramm voneinander zu unterscheiden. Das Farbschema wird auch für Menschen ohne Sehschwäche harmonisch aussehen. Verwenden Sie also, insbesondere bei einem Balkendiagramm, zusätzliche Muster, anstatt sich auf einen Farbschlüssel zu verlassen.

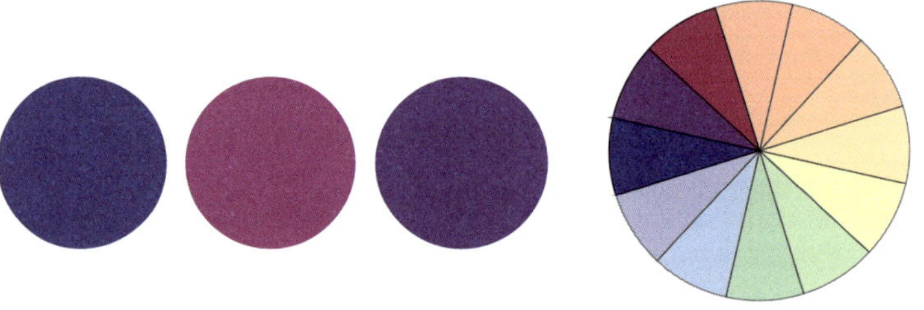

Abb. 9–12
Dies ist ein Beispiel für ein analoges Farbschema mit verschiedenen Lila-Schattierungen.

Die Farben in diesem Schema sollten für einzelne UI-Elemente verwendet werden, die sich nicht überschneiden, damit es nicht zu Kontrastproblemen kommt. Wählen Sie zunächst eine neutrale Farbe als Basis für Ihre Website und verwenden Sie analoge Farben über dieser neutralen Farbe, um die Aufmerksamkeit auf die Elemente der Benutzeroberfläche zu lenken. Auf ähnliche Weise könnten Sie einen Farbton einer der Farben in der Palette verwenden, um einen stärkeren visuellen Kontrast zwischen den Elementen zu schaffen. Damit behalten Sie immer noch das ähnliche Gefühl eines vollständig gesättigten analogen Farbschemas bei.

Dreiklang-Farbschemata

Dreiklang-Farbschemata bestehen aus Farben, die gleichmäßig auf dem Farbkreis verteilt sind. Das einfachste Beispiel für ein triadisches Farbschema sind die Grundfarben: Rot, Gelb und Blau. Wenn Sie sich den Farbkreis in Abbildung 9–13 ansehen, sind die Farben gleichmäßig verteilt und bilden ein Dreieck. Dieses Farbschema kann sehr intensiv sein. In der Regel sollten Sie eine Farbe als Primärfarbe festlegen und die beiden anderen als Akzente verwenden.

Abb. 9–13
Violett, Orange und Grün bilden ein Dreiklang-Farbschema.

Einige Designer wenden eine Farbregel aus der Innenarchitektur auf Grafik- und UI-Designsituationen an, um für ein ausgewogenes Farbschema zu sorgen. Sie wird 60:30:10-Regel genannt. Die Primärfarbe sollte 60 % der Fläche einnehmen, die Sekundärfarbe 30 %, und die dritte Farbe sollte als minimaler Akzent 10 % der Seite einnehmen. Sie können Farbtöne jeder Farbe verwenden, um die Intensität einer Farbe abzuschwächen oder um eine neutralere Farbe wie Grau mit einem Hauch des Farbtons zu erzeugen, damit Sie nicht reines Grau verwenden. Sie können diese Regel bei allen Farbbeziehungen anwenden, die ich gezeigt habe. Diese Regel ist besonders hilfreich bei triadischen und geteilten Komplementärschemata, um Primär-, Sekundär- und Akzentfarben festzulegen, die nicht miteinander um die Vorherrschaft kämpfen, vor allem wenn Sie kräftige Farbschemata verwenden.

Geteilte Komplementärschemata

Ähnlich wie das triadische Farbschema verwendet das geteilte Komplementärfarbschema drei Farben und ist die letzte Farbbeziehung, die ich Ihnen zeige. Ein geteiltes Komplementärfarbschema verwendet eine Farbe auf dem Farbkreis, und anstatt die direkte Komplementärfarbe gegenüber zu verwenden, werden die beiden an die direkte Komplementärfarbe angrenzenden Farben verwendet. Wie in Abbildung 9–14 zu sehen ist, ist die Hauptfarbe Lila, und die Komplementärfarben des Schemas sind Gelb und Orange.

Abb. 9–14
Ein Beispiel für ein geteiltes Komplementärfarbschema mit Farbtönen von Gelb-Orange, Gelb-Grün und Violett

9.2.2 Beispiele für Farben studieren und dann weitere Beispiele ansehen

Farbpaletten sollten nicht überwältigend wirken und keine Farben verwenden, die auf der Seite um die Vorherrschaft kämpfen. Die Kenntnis der verschiedenen Farbbeziehungen ist hilfreich, wenn Sie Ihre Farbpaletten von Grund auf neu zusammenstellen, und die 60:30:10-Regel gibt Ihnen eine Vorstellung davon, wie viel von jeder Farbe Sie einsetzen sollten. Farbe ist wohl eines der am schwersten zu erfassenden Konzepte, und während dieses Kapitel die Grundlage für das Verständnis für das Erstellen von Paletten und der Anwendung von Farbe legt (später werden Sie eine Übung zur Anwendung einer Palette durchgehen), rate ich dazu, sich ständig Beispiele von Webseiten oder anderen Benutzeroberflächen anzusehen und zu studieren, wie Farbe verwendet wird. Die Webseite *Dribbble* ist eine meiner bevorzugten Quellen für Inspiration. Suchen Sie sich ein Design aus, das Ihnen gefällt, speichern Sie es auf Ihrem Computer, öffnen Sie das Designtool Ihrer Wahl, platzieren Sie das Beispiel in Ihrer Datei und verwenden Sie den Farbwähler, um die Palette zu erstellen, die das Design verwendet. Können Sie erkennen, welche Farbbeziehung verwendet wird? Verwendet es Farbtöne? Vollständig gesättigte Farbtöne? Vielleicht ist das Verhältnis der Farben ein völlig anderes als 60:30:10. Ich würde sagen, dass es schwierig ist, die genauen Prozentsätze zu berechnen, aber Sie können ein Gefühl dafür bekommen, ob es ein Verhältnis wie 70:15:15 verwendet.

Farbe kann eine Benutzeroberfläche überfrachten, wenn sie nicht ausgewogen ist. Sie kann aber auch zu wenig Wirkung oder Kontrast erzeugen, um das Auge durch ein Design zu lenken. Weder zu viel noch zu wenig Kontrast ist ideal, da beides zu Verwirrung führen kann und der Benutzer möglicherweise nicht weiß, wie er weiter vorgehen soll. Wenn ein Nutzer mit zu vielen widersprüchlichen Farben konfrontiert wird, wenn er zum ersten Mal auf Ihrer Seite landet, wird er sie möglicherweise schnell wieder verlassen. Es ist der erste Eindruck, den Ihre Benutzer erhalten. Wenn Sie kein angeborenes Talent für die Auswahl und Anwendung von Farben haben, können Sie diese Fähigkeit durch das Studium von Beispielen und Übung entwickeln.

9.3 Farbpsychologie

Über das Thema Farbpsychologie sind ganze Bücher geschrieben worden. Die Art und Weise, wie sich verschiedene Farben anfühlen, womit wir sie typischerweise assoziieren und wie sie uns beeinflussen, wird seit Jahren erforscht. Dabei war Carl Jung ein Pionier auf diesem Gebiet. Da es sich um ein umfangreiches und faszinierendes Thema handelt, gebe ich im Anhang einige Empfehlungen für weiterführende Literatur.

Farben im Produktdesign sind besonders wichtig, da sie beeinflussen, wie Ihr Produkt wahrgenommen wird. Ein schlechtes Farbschema oder widersprüchliche Farben in der Benutzeroberfläche oder im Logodesign vermitteln Ihren Kunden mehr, als Sie beabsichtigen. Wenn Farbschemata schlecht zusammengesetzt sind, ist es letztlich egal, wofür die Farben stehen, denn etwas, das den Augen schwerfällt, vermittelt den Eindruck von Unprofessionalität. Letztlich lenkt eine schlechte Farbgestaltung von der Botschaft oder Stimmung ab, die Sie vermitteln wollen. Aber was wollen Sie mit Farben vermitteln? Schauen Sie sich einen kurzen Überblick über die wichtigsten Farbgruppen an und was sie typischerweise darstellen:

- Rot ist eine lebendige und kräftige Farbe, die auf der warmen Seite des Farbspektrums liegt. Es ist eine Farbe, die Stärke, Dominanz, Macht, Krieg, Gefahr, Sexualität, Liebe und Leidenschaft symbolisiert. Rot erregt Aufmerksamkeit. Ich wohne in einer Gegend mit vielen Sportwagenbesitzern, und ein roter Ferrari fällt viel mehr auf als ein schwarzer. Stoppschilder sind leuchtend rot, um die Aufmerksamkeit an einer Kreuzung zu erregen. In dem Film *The Matrix* wird die Hauptfigur Neo während einer Trainingssimulation von der Frau in Rot abgelenkt.
- Orange ist eine weitere warme Farbe, die die Aufmerksamkeit auf sich zieht. Sie symbolisiert in der Regel Kreativität, Vergnügen, Abenteuerlust, Energie und Aktivität. Sie kann auch auf Gefahren oder Warnungen hinweisen (wie Verkehrshütchen, die von den Bauarbeitern auf der Straße aufgestellt werden), da sie vor verschiedenen Hintergründen gut sichtbar ist. In den Vereinigten Staaten wird Orange häufig in den Logos von Sportmannschaften und Fitnessunternehmen verwendet.
- Gelb gehört wie Orange und Rot zum warmen Spektrum. Aufgrund seiner hohen Sichtbarkeit wird es auch häufig verwendet, um auf Vorsicht und Warnung hinzuweisen (zum Beispiel bei Warnwesten). Sie kann Positivität, Optimismus, Heiterkeit und Glück symbolisieren. Gelb ist eine weitere Farbe, die die Aufmerksamkeit und den Fokus auf sich zieht. Allerdings ist diese Farbe nicht sonderlich beliebt und kann bei übermäßigem Gebrauch sogar etwas erdrückend und unangenehm wirken, je nach Farbvariante. Dennoch wird Gelb die Aufmerksamkeit auf sich ziehen, vor allem, wenn es als Kontrast zu einer dunkleren Farbe verwendet wird.
- Grün fällt von der Farbtemperatur her in den kühlen Bereich. Es kann Wachstum, Natur, Sicherheit, Heilung, Entspannung und Frische symbolisieren. Es ist eine der beruhigenderen Farben im Vergleich zu den energiegeladenen Farben Rot, Orange und Gelb. Grün wird häufig in Illustrationen und Logos verwendet, die mit der Umwelt, Aktivitäten im Freien und der Gesundheit zu tun haben, wie in Wellness-Spas, um Heilung und Entspannung zu vermitteln.
- Blau ist eine kühle Farbe, die Ruhe, Gelassenheit, Vertrauen, Autorität und Loyalität symbolisiert. Aufgrund ihrer neutralen Natur ist sie eine der beliebtesten Farben der Welt und wird häufig in Logos verwendet. Blau ist in der Regel keine sehr laute Farbe und trotz seiner Assoziation mit Jungen und Männern eine ziemlich neutrale Farbe. Blau wird wegen des Ozeans und des Himmels auch mit der Natur assoziiert, und es kann eine beruhigende Wirkung haben, wenn wir es betrachten.

- Lila ist normalerweise eine kühle Farbe. Da sie jedoch aus Blau, der kältesten Grundfarbe, und Rot, der wärmsten Grundfarbe, besteht, kann sie leichter als andere Farben in einen kühleren oder wärmeren Trend übergehen. Lila ist eng mit dem Königtum verbunden und wird mit Macht und Luxus assoziiert. Sie kann Zweideutigkeit, Geheimnis, Individualismus und Spiritualität symbolisieren. Sie wird auch mit Glauben und Religion in Verbindung gebracht, insbesondere im Christentum.
- Schwarz ist die völlige Abwesenheit von Licht und hat technisch gesehen keinen Farbton wie andere Farben. Es wird in der Regel mit Dunkelheit, Macht, Raffinesse, Eleganz, Trauer und dem Bösen assoziiert. In Filmen trägt der stereotypische Bösewicht ein schwarzes Outfit. Im Gegensatz dazu haben viele Modehäuser ihre Logos ganz in Schwarz gehalten, weil Schwarz so sauber und elegant ist. Schwarz ist auch eine gute neutrale Farbe, die das Design einer Webseite sofort erhaben und hochwertig erscheinen lässt. Es ist eine Farbe, die für sich allein gut funktioniert, aber auch unglaublich kraftvoll sein kann und einen dynamischen Kontrast erzeugt, wenn sie mit helleren Farben im Farbkreis verwendet wird.

9.4 Auswählen und Anwenden eines Farbschemas

Ich habe Ihnen die grundlegende Farbtheorie vorgestellt, die einen Rahmen für die Auswahl eines Farbschemas auf Basis der Beziehungen im Farbkreis bietet. Als Nächstes müssen Sie Ihr Farbschema auf Ihre Benutzeroberfläche anwenden.

Unabhängig davon, welches Farbschema Sie verwenden, sollten Sie zunächst eine Farbe auswählen, die als Grundfarbe dient. Diese Farbe wird auf Ihrer gesamten Website die Hauptfarbe sein und in der Benutzeroberfläche am meisten auftauchen, unabhängig davon, ob Sie ein monochromes oder ein geteiltes Komplementärfarbschema verwenden. Wählen Sie dann eine oder zwei weitere Farben als Akzente. Aus diesen Farbfeldern können Sie mehrere Farbtöne und Schattierungen erstellen, mit denen Sie arbeiten können.

Als Nächstes wählen Sie ein paar Grautöne aus. Sie können Grautöne wählen, die einen Hauch Ihrer primären Markenfarbe und Temperatur haben, damit die neutrale Palette kohärenter wirkt. Sobald Sie Ihre Farben festgelegt haben, müssen Sie sie auf die Benutzeroberfläche Ihrer Webseite oder Anwendung anwenden. Wenn Sie sich nicht sicher sind, wie viel von jeder Farbe Sie verwenden sollten, können Sie mit der 60/30/10-Regel beginnen. Diese einfache Regel kann Ihnen helfen, wenn Sie Schwierigkeiten haben, Ihre Farbkombinationen ausgewogen zu gestalten. Als Nächstes gehe ich die Auswahl eines Farbschemas und dessen Anwendung auf die Benutzeroberfläche einer Webseite durch, um Ihnen eine Vorstellung davon zu vermitteln, wie Sie bei der Anwendung von Farben vorgehen sollten.

9.5 Tutorial: Wählen Sie ein Farbschema und wenden Sie es an

In diesem Tutorial werde ich Sie durch die Anwendung eines Farbschemas auf die Landingpage einer Reise-Website führen. Ich habe mich für ein monochromes Farbschema entschieden und verwende zu seinem Erstellen den HSB-Farbschieberegler in Adobe Illustrator, wie in Abbildung 9–15 dargestellt.

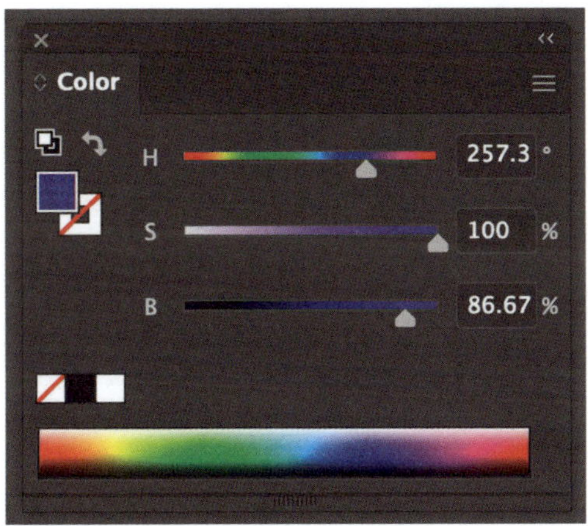

Abb. 9–15 *Das Farbwerkzeug von Adobe Illustrator mit dem HSB-Schieberegler*

Um meine Palette aufzubauen, beginne ich mit meiner Grundfarbe, einem Violett-Blau, und stelle dann im HSB-Schieberegler in Adobe Illustrator den Sättigungsregler ein. Ich möchte zwei zusätzliche Farben zur Grundfarbe. Ich reduziere die Sättigung auf 60 % für meine zweite Farbe und auf 10 % für meine dritte Farbe. Ich möchte einen mittleren Ton irgendwo in der Mitte und einen sehr hellen Ton, über den ich den Text legen kann.

Um meine Graupalette zu erstellen, behalte ich den Farbtonwert bei, reduziere aber die Sättigung für jedes neue Grau, das ich wähle. Außerdem reduziere ich den Helligkeitswert auf 45 %. Bei den ersten drei Farben der Graupalette beginne ich mit einer Sättigung von 20 %, weil ich einen Hauch von Violett-Blau in meinem dunkelsten Grau haben möchte. Dann reduziere ich die nächsten beiden Farbfelder um jeweils 5 %, um den Farbton loszuwerden. Für ein helleres Grau, mein viertes Grau, behalte ich die Sättigung bei 5 % und erhöhe die Helligkeit auf 60 %. Damit habe ich meine Farbpalette fertiggestellt. Abbildung 9–16 zeigt sie.

Abb. 9–16 *Die Farbpalette, die ich für meine Landingpage verwende*

Als Nächstes wende ich meine Farbpalette auf die Landingpage an. Ich beginne mit einem Wireframe mit hohem Detailgrad, das überall dieselbe Farbe hat, ähnlich wie bei einem Malbuch, wie in Abbildung 9–17. Jetzt habe ich mir die Typografie und die Struktur der Seite überlegt, aber ich habe noch keine Farben oder Grafiken angewendet.

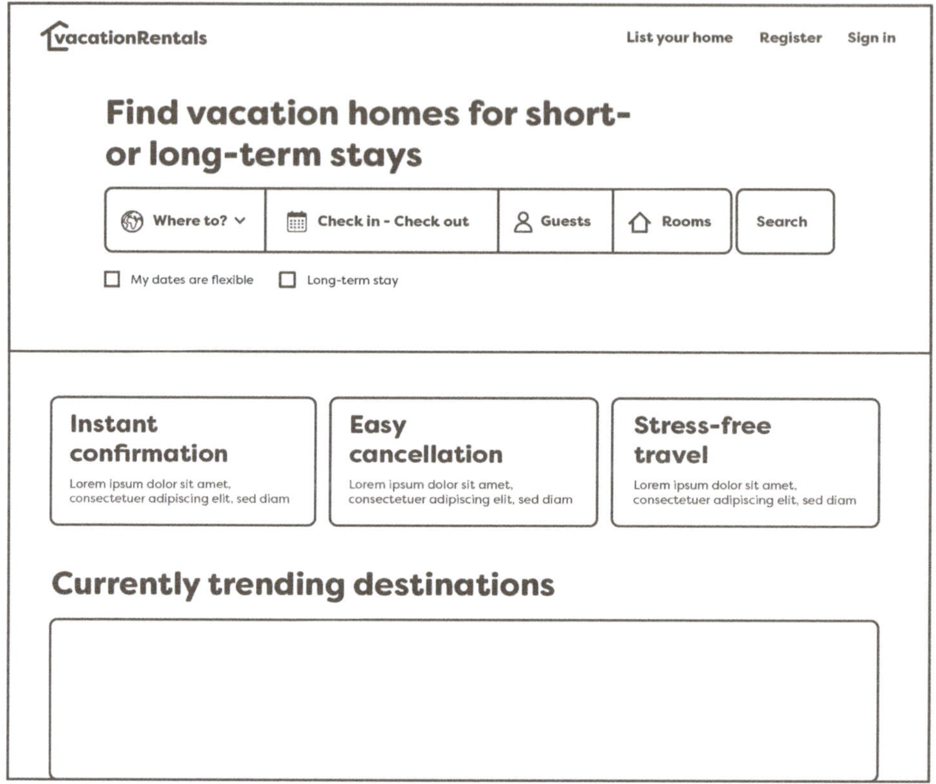

Abb. 9–17 *Das Wireframe mit hohem Detailgrad für meine Landingpage ohne Farbgebung*

Ich beginne mit meiner Grundfarbe, die die lebhafteste Farbe ist und die Aufmerksamkeit auf sich ziehen sollte, wie in Abbildung 9–18 gezeigt. Ich wende sie auf die Hauptüberschrift, meinen Suchen-Button (denn das ist die wichtigste Aufforderung zum Handeln, auf die sich die Kunden konzentrieren sollen) und die Füllung der Kontrollkästchen an, wenn sie aktiviert sind, damit es kristallklar ist, dass sie aktiviert sind.

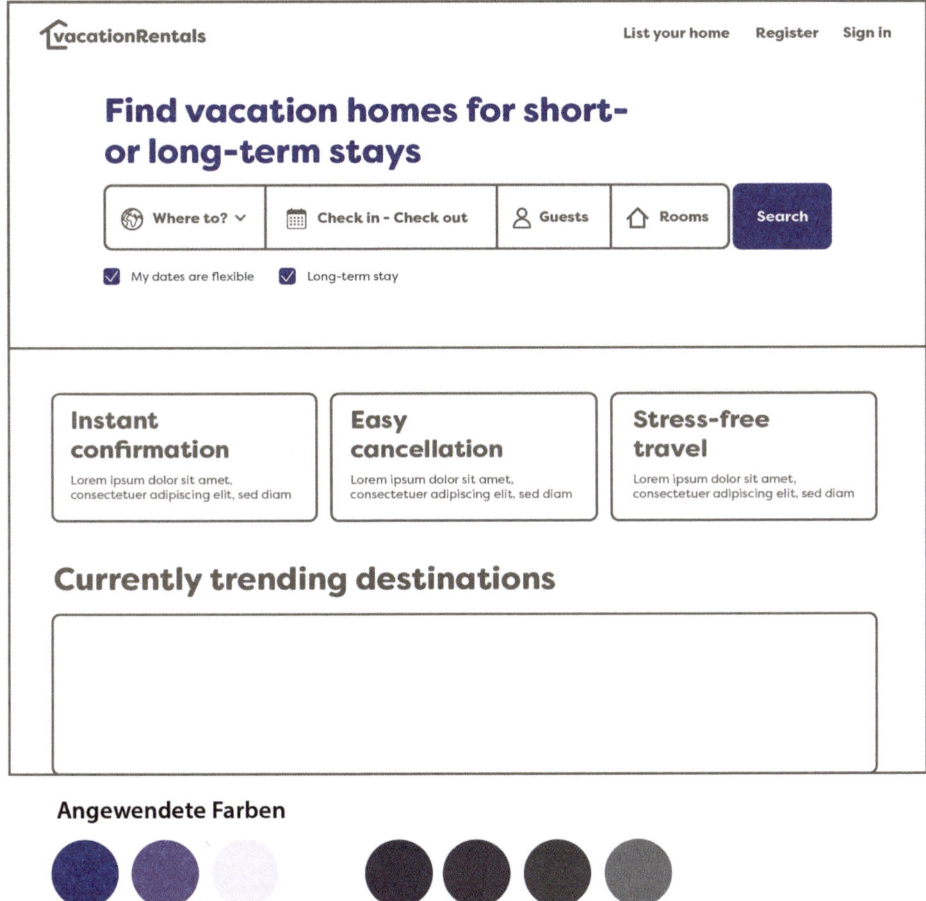

Abb. 9–18 *Die Primärfarbe wird auf die Benutzeroberfläche angewendet.*

Als Nächstes wende ich die Akzentfarben und einige der grauen Farben an. Für diese Übung enthält das Logo keine Farbe, also verwende ich meine sekundäre Farbe, da ich nicht möchte, dass sie die Aufmerksamkeit von der Hauptaufforderung zum Handeln und der Überschrift ablenkt. Dann verwende ich die dritte Farbe als Hintergrund für die Kacheln mit sekundären Informationen, die ich hervorheben möchte. Auch hier möchte ich die Aufmerksamkeit nicht von der Hauptaufforderung zum Handeln ablenken, aber sie sollten das Nächste sein, worauf die Leute aufmerksam werden.

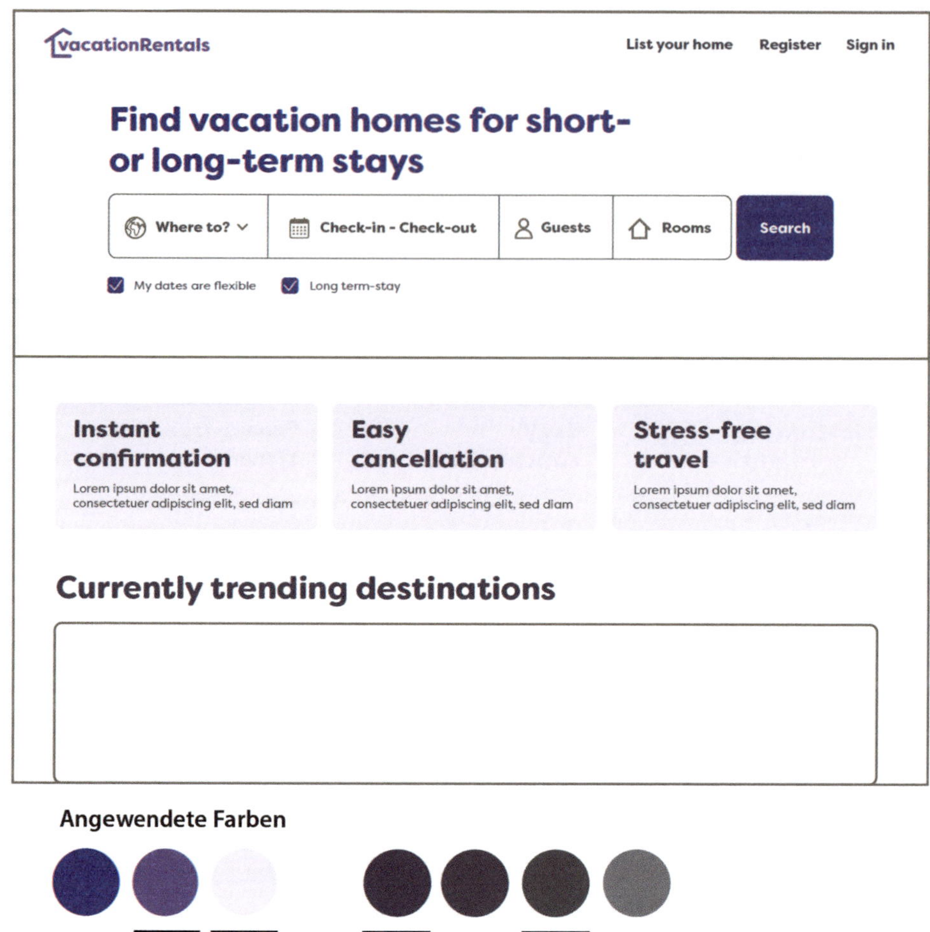

Abb. 9–19 *Ich habe die Akzentfarben und Grautöne auf die Schriftarten angewendet.*

Für die Schriftfarben verwende ich zwei Grautöne. Ich nehme das dunkelste Grau mit einem Hauch der Grundfarbe für die Überschriften, die Navigation und die Zwischenüberschriften und ein neutraleres Grau für die kleineren Schriftgrößen im Formular und im Text, wie in Abbildung 9–19 gezeigt. In Abbildung 9–20 habe ich die Symbole mit einem leicht abgedunkelten Grau eingefärbt, um einen subtilen Kontrast zu erzielen.

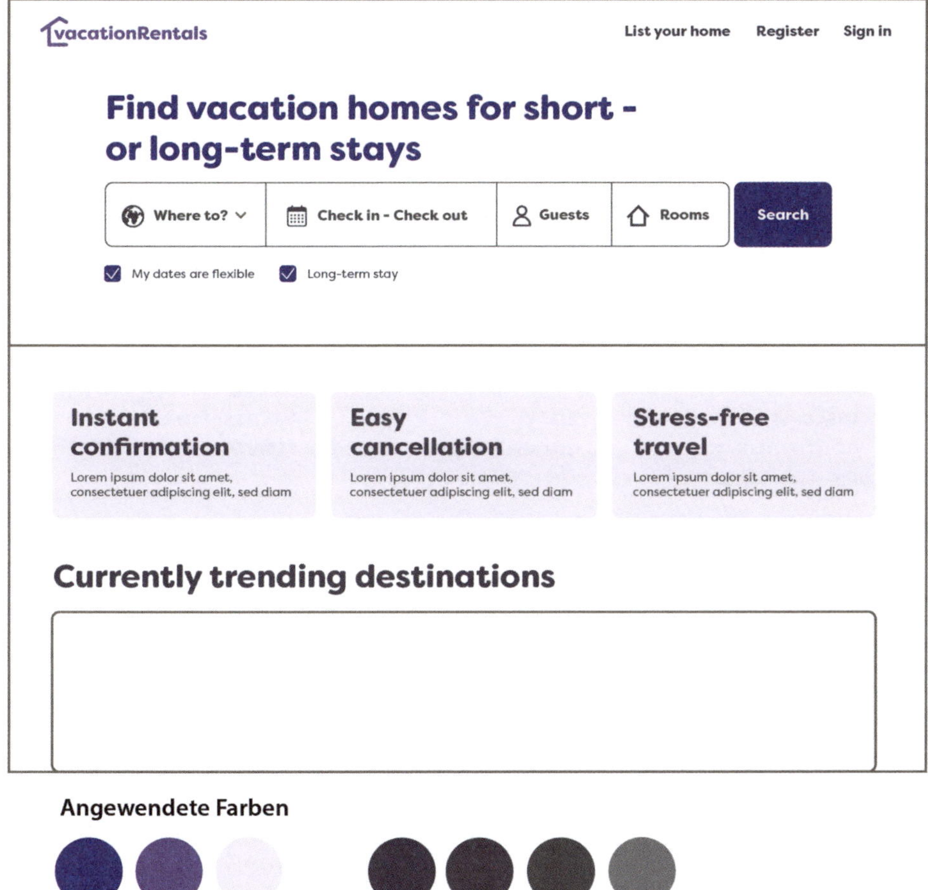

Abb. 9–20 *Die Symbole sind in einem Grau eingefärbt, das etwas dunkler ist als der Formulartext.*

Schließlich füge ich ein Bild ein, um den Hauptabschnitt der Webseite zu kontrastieren und im weiteren Verlauf der Seite mehr visuelles Interesse zu wecken (Abb. 9–21).

Durch ein Bild mit einer Deckkraftbehandlung im Header-Bereich schaffe ich einen Kontrast zum folgenden Bereich, der einen weißen Hintergrund hat, und lenke so noch mehr Aufmerksamkeit auf das Formular für die Suche nach Vermietungen. Bei Hintergrundbildern ist es wichtig, an die Lesbarkeit des Textes auf dem Bild zu denken. Deshalb habe ich eine weiße Ebene hinzugefügt und die Deckkraft leicht reduziert.

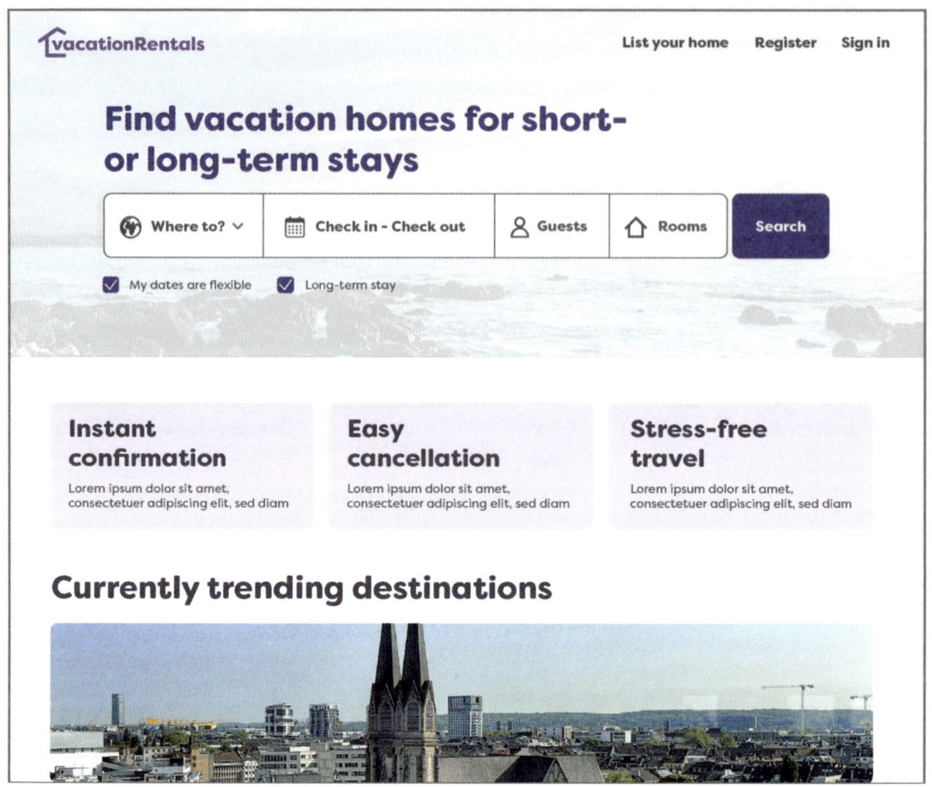

Abb. 9–21 *Bilder füllen einige inhaltliche Lücken und heben den Header-Bereich hervor.*

Das Bild selbst bietet keinen weiteren inhaltlichen Mehrwert als die Andeutung eines tropischen Urlaubs. Es macht jedoch den Header-Bereich auffälliger sowie visuell interessanter und trägt zur Auflockerung der Seite bei. Wenn ich diese undurchsichtige Ebene nicht hinzufüge, müsste ich mehrere Farboptionen im Header- und Navigationsbereich der Webseite in Betracht ziehen, wie in Abbildung 9–22.

Ohne die weiße Überlagerung des Bildes wird der Text unlesbar, selbst für Menschen ohne Sehbehinderung. Die Auswahl und Kombination von Farben, die lesbar und zugänglich sind, ist der Schlüssel zu einem guten Erlebnis für alle, die Ihre Webseite oder Webanwendung nutzen. Die Farbe ist einer der grundlegendsten Punkte, die Sie auf Ihrer Liste abhaken müssen, wenn Sie Ihre Website barrierefrei gestalten wollen. Betrachten Sie nun einige Faktoren, die für die Barrierefreiheit von Farben wichtig sind.

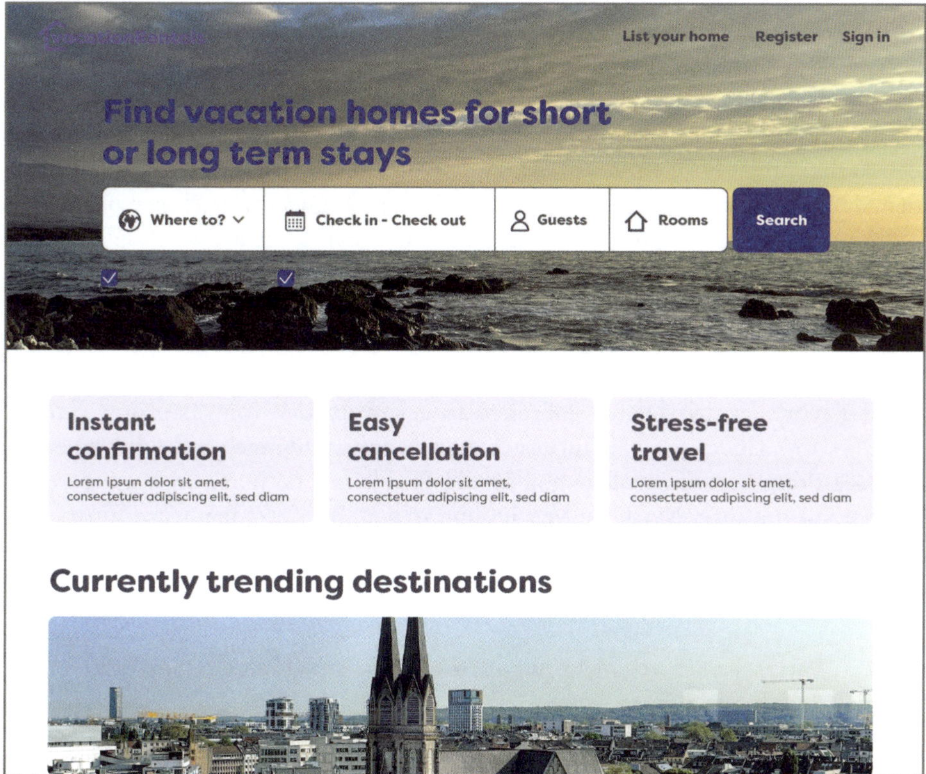

Abb. 9–22 *Wird das Hintergrundbild nicht behandelt, wird der Text unleserlich.*

9.6 Überlegungen zur Barrierefreiheit

Bei der Auswahl von Farben für das Internet müssen Sie darauf achten, dass sie für Menschen mit Sehbehinderungen zugänglich sind. In den Vereinigten Staaten sind Sie gesetzlich verpflichtet, Ihre Webangebote barrierefrei zu gestalten. Barrierefreiheit umfasst mehr als nur den Farbkontrast. Aber das Verwenden von Farben, die den Kontrastanforderungen entsprechen, ist eines der einfacheren Dinge, die Sie auf Ihrer Liste für Barrierefreiheit abhaken können. Die Anforderungen an den Farbkontrast gelten für Text, grafische Objekte und Komponenten der Benutzeroberfläche wie die Umriss- oder Hintergrundfarbe eines HTML-Eingabeformulars. Ein unglaublich helles Grau auf weißem Hintergrund ohne Umriss in einem Eingabeformular ist zum Beispiel schwer zu erkennen, selbst für Menschen ohne Sehbehinderung.

9.6.1 Farbkontrast prüfen

Sobald Sie sich für ein Farbschema entschieden haben und wissen, welche Farbe Ihre Schriften haben werden, sollten Sie diese Farbkombinationen mit einem Farbkontrastprüfprogramm testen. Vergewissern Sie sich, dass sie die Anforderungen an den Farbkontrast erfüllen, bevor Sie die Farben auf Ihre Design-Mock-ups anwenden, damit Sie später keine umfangreichen Farbänderungen vornehmen müssen.

Es gibt mehrere Tools, mit denen sich der Farbkontrast leicht überprüfen lässt. Je nachdem, welche Tools Sie generell verwenden, gibt es dazu möglicherweise ein Plug-in. Es gibt zum Beispiel ein Plug-in für die Figma-App.

Es gibt auch Online-Tools, die Ihnen sagen, ob Sie die WCAG erfüllen oder nicht, wenn Sie die Codes für die Hintergrund- und Vordergrundfarben eingeben. Mein Favorit in den letzten Jahren war der WebAIM-Kontrastprüfer (*https://webaim.org*). Überprüfen Sie Ihre Farben frühzeitig, und machen Sie dies zu einem Teil des Prozesses. Sie wollen potenzielle Probleme erkennen, insbesondere bei Farben, die mit Ihrer Marke in Verbindung stehen. Barrierefreiheitsprüfungen, die über die Farben hinausgehen, sollten ebenfalls in den Prozess der Gestaltung Ihrer Website integriert werden, nicht erst, wenn alle Teile bereits vorhanden sind.

9.6.2 Verlassen Sie sich nicht nur auf die Farbe, um einen Zustand oder Status anzuzeigen

In den Aufzügen des Parkhauses des Flughafens Seattle-Tacoma hat der Knopf für das Stockwerk mit direktem Zugang zum Terminal einen schwach gefärbten Bronzeton. Er ist unglaublich abgenutzt und alt und je nach Aufzug kaum zu erkennen. Auf einigen anderen Flughäfen sind auf dem Boden zwei verschiedenfarbige Linien zu sehen, und ein Schild weist darauf hin, dass man der roten oder blauen Linie folgen sollte, um zu bestimmten Stellen im Flughafen zu gelangen. Es gibt keine weiteren Hinweise, wohin diese Linien auf dem Boden führen.

In beiden Fällen denke ich oft an Menschen, die farbenblind sind oder eine Sehschwäche haben, die es ihnen schwer macht, den bronzenen Knopf von den anderen Knöpfen zu unterscheiden oder zu wissen, welche Linie welche Farbe hat, der sie im Flughafen folgen müssen. Die Farbe sollte nicht der einzige Hinweis oder das einzige Hilfsmittel sein, um die Menschen über die Funktion oder Bedeutung einer Sache zu informieren. Wenn Sie zum Beispiel den Schweregrad einer Warnung oder einer Fehlermeldung angeben müssen, reicht ein gelber oder roter Hintergrund nicht aus. Fügen Sie nach Möglichkeit Symbole oder eine Textbeschriftung hinzu, um die Farbe zu begleiten. Nicht jeder sieht Farben gleich, daher ist es wichtig, zusätzliche Klarheit mit mehr Kontext zu schaffen, um eine möglichst barrierefreie und einfach zu navigierende Website zu erstellen.

9.7 Farbmodi im Web

Sie können Ihre Farbauswahl in Ihrem Code auf verschiedene Weise definieren. Die Arbeit mit Farben in digitalen Räumen unterscheidet sich von der Arbeit mit Farben in der analogen Welt mit Pigmenten und Farbstoffen. Auf digitalen Bildschirmen bestehen alle unsere Farben aus Variationen von rotem, grünem und blauem Licht, also aus additiven Farben. Wenn Rot, Grün und Blau in gleichen Anteilen gemischt werden, erhalten wir die Farbe Weiß.

Wenn wir jedoch rote, grüne und blaue Pigmente mischen würden, bekämen wir nicht die Farbe Weiß, sondern eine matschige Mischung von Farben. Das Verwenden von subtraktiven Farben und Primärfarben, um andere Farben zu erzeugen, und additiver Farben unterscheidet sich. Bei subtraktiven Farben werden Cyan, Magenta, Gelb und Schwarz gemischt, um Farben zu erzeugen. Dieser Farbmodus wird als CMYK bezeichnet, wobei K für Key steht, also für Schwarz. Wenn Sie in Adobe Illustrator arbeiten und den Farbmodus Ihres Dokuments von RGB auf CMYK ändern, werden Sie einen deutlichen Unterschied in der Farbe feststellen, da die Farben auf unterschiedliche Weise erzeugt werden. Auf einem Monitor werden CMYK-Farben anders dargestellt, da ein Monitor von Haus aus RGB verwendet.

Wenn Sie schon einmal Tinte für einen Farbdrucker zu Hause gekauft haben, brauchten Sie Tintenpatronen für Cyan, Magenta und Gelb. Ich möchte mich jedoch auf additive Farben konzentrieren, da die Farben für das Web auf diese Weise definiert werden. Aber es ist hilfreich, ein grundlegendes Verständnis für die beiden verschiedenen Arten der Farberzeugung zu haben.

9.7.1 RGB und RGBA

RGB steht für Rot, Grün und Blau, die jeweils durch drei numerische Werte auf einer Skala von 0 bis 255 definiert sind. Die Hinzufügung des A, das den Alphakanal darstellt, steuert die Deckkraft einer Farbe; sie wird durch eine Zahl auf einer Skala von 0,0 bis 1,0 definiert. Früher musste bei der Definition einer Farbe mit `rgba()` jeder Farbwert durch ein Komma getrennt werden, etwa so: `rgba(255, 255, 255, 0,8)`. Seit der Spezifikation des CSS-Farbmoduls Level 4 sind die Kommas zwischen den Rot-, Blau- und Grünwerten jedoch nicht mehr erforderlich, und der Alphawert wird durch einen Schrägstrich / getrennt, wie im folgenden Beispiel: `rgba(255 255 255 255 / 80%)`. Auf den ersten Blick ist dies einfacher zu lesen und es ist leichter zu erkennen, was was ist. CSS unterstützt nicht, was in der Spezifikation als »Legacy-Farbsyntax« bezeichnet wird, insbesondere nicht die Syntax mit Kommas.

Wenn Sie die RGB-Syntax verwenden, ändern Sie verschiedene Werte für Rot, Grün und Blau, um die gewünschte Farbe zu erhalten. Sie müssen höchstwahrscheinlich ein Farbwerkzeug verwenden, um Anpassungen vorzunehmen oder eine Palette zu erstellen. Sowohl RGB als auch RGBA werden von allen großen, modernen Browsern unterstützt. Die Definition von Farben mit der RGB-Syntax ist jedoch weniger intuitiv als die HSL-Syntax, die Sie in Abschnitt 9.7.3 betrachten werden.

9.7.2 Hexadezimal

Hex-Farbcodes sind eine weitere Möglichkeit, Farben zu definieren. Sie sind wahrscheinlich die am häufigsten verwendete Farbnotation im Internet. Sie deklarieren RGB-Werte, die als #RRGGBB abgebildet werden. Die ersten beiden Buchstaben stehen für den Rotkanal, die nächsten beiden für den Grünkanal und die letzten beiden für den Blaukanal.

Während die sechsstellige hexadezimale Notation keine Möglichkeit bietet, die Deckkraft der Farbe festzulegen, kann eine achtstellige Notation verwendet werden, die den Alphakanal am Ende der Notation mit zwei weiteren Ziffern festlegt. Die achtstellige Notation wird zwar von den wichtigsten modernen Desktop-Browsern unterstützt, nicht jedoch von einigen mobilen Browsern und Browsern mit geringerem Marktanteil. Die dreistellige Notation bietet eine kurze Möglichkeit, eine Farbe zu schreiben, anstatt den sechsstelligen Wert zu verwenden, aber die Werte müssen wiederholt werden. Zum Beispiel würden Sie den Wert #11EECC als #1EC schreiben.

9.7.3 HSL und HSLA

HSL steht für Farbton (Hue), Sättigung (Saturation) und Helligkeit (Lightness) – nicht zu verwechseln mit der High-Level Shader Language (HSHL) – und ist eine viel intuitivere Methode, um Farben zu ändern, ohne ständig auf ein Farbwerkzeug zurückgreifen zu müssen. HSL wird in der gleichen Notation wie RGB geschrieben, aber die Werte sind unterschiedlich. Der Farbton wird in einem Bereich von 0 bis 360 festgelegt. Der Wert basiert auf dem Farbkreis, wobei jedem Grad des Kreises ein numerischer Wert zugeordnet wird. Sättigung und Helligkeit sind Prozentwerte von 0 bis 100 %. Mit dem letzten Wert, dem Alphawert, können Sie die Deckkraft ändern. Er ist eine Zahl zwischen 0,0 und 1,0. Das Ergebnis wäre zum Beispiel `hsla(210, 60%, 20%, 0.5)`. Die bereits erwähnte Änderung der Spezifikation bezüglich der Kommas (siehe Abschnitt 9.7.1) für RGBA gilt auch für HSLA. Der Wert kann also als `hsla(210 60% 20% / 0.5)` geschrieben werden. HSLA ist eine intuitivere Methode, um Farben zu erstellen. Denn sobald Sie Ihre Farbe festgelegt haben, können Sie die Sättigung und die Helligkeit ändern, um verschiedene Schattierungen und Farbtöne zu erstellen, indem Sie die beiden Prozentwerte anpassen. Sie können auch die Sättigung und die Helligkeit einstellen und den Farbton ändern, um mehrere verschiedene Farben innerhalb desselben Farbtons oder derselben Farbtonreihe zu erstellen. HSLA wird von allen gängigen Browsern unterstützt, einschließlich Internet Explorer 9, falls Sie einen älteren Browser verwenden müssen.

9.7.4 CIE Lab und LCH

CIE Lab und LCH sind neue Farbmodi, die in die Webstandardspezifikation CSS Colors aufgenommen wurden. Lab und LCH sind geräteunabhängige Farbräume, die so konzipiert sind, dass sie mit allen Farben übereinstimmen, die Menschen sehen können. Sie geben uns außerdem Zugang zu viel mehr Farben als der RGB-Farbraum.

Lab ist ein von der Internationalen Beleuchtungskommission (International Commission on Illumination, kurz CIE) definierter Farbraum. *L* gibt die Helligkeit im CIE-Farbraum an, und *a* und *b* stehen jeweils für den Abstand entlang der a- und b-Achse im Lab-Farbraum. Eine im CSS-Code definierte Farbe würde also zum Beispiel wie folgt aussehen: `lab(32.556% 19.2835 30.0664);`.

Michelle Barker behandelt diese neuen Farbräume in dem *Smashing Magazine*-Artikel »A Guide to Modern CSS Colors« (*http://mng.bz/e1Aq*). Sie schlägt Lab als Farbmodus für Photoshop vor, wenn man möchte, dass eine Farbe auf einem T-Shirt genauso aussieht wie auf einem Bildschirm.

LCH steht für Lightness (Helligkeit), Chroma (Chroma) und Hue (Farbton). Die Helligkeit von Farben wird ähnlich wie bei HSLA behandelt, und doch ganz anders. Je nach Farbton ist die wahrgenommene Helligkeit nicht einheitlich, wenn Sie die Helligkeit in HSLA anpassen. Sie können zwei verschiedene Farbtöne mit denselben Helligkeitseinstellungen anwenden, und einer kann viel dunkler aussehen als der andere. Chroma ist die Menge an Farbe, die wir anzeigen möchten, und aufgrund von Einschränkungen durch Monitore können wir nicht den vollen Farbwert sehen. Aber es gibt jetzt die Technologie, die uns den Zugang zu einer breiteren Farbpalette ermöglicht, sodass wir in Zukunft ein bunteres Web haben werden.

CIE Lab und LCH sind beides neue Farbräume, und die Unterstützung und die Informationen, die außerhalb der CSS-Spezifikation über sie verfügbar sind, sind begrenzt. Im Anhang sind einige verfügbare Artikel aufgeführt, darunter der Artikel von Michelle Barker im *Smashing Magazine*, der Links zu Demos zum Testen dieser Farbräume enthält. Beachten Sie, dass Sie einen Browser verwenden müssen, der diese Farbmodi unterstützt.

9.7.5 Welchen Farbmodus soll ich verwenden?

Die drei gängigsten Farbmodi sind HSLA, Hexadezimal und RGB. Welchen Sie für Ihre Arbeit wählen, bleibt Ihnen überlassen. Wenn Sie jedoch die Deckkraft anpassen oder Farben animieren möchten, sind HSLA und RGBA in der Regel einfacher zu handhaben. Sie können aber auch mit Hexadezimal animieren. Es kommt also wieder darauf an, womit Sie am liebsten arbeiten!

9.8 Farbabweichungen auf Bildschirmen

Ich programmiere und entwerfe Software in der Regel auf macOS-Rechnern und wechsle gelegentlich zu einem Monitor, der kein Apple-Produkt ist. Ich bin bei Benutzeroberflächen auf Fälle gestoßen, in denen die Farbe je nach Gerät so stark variiert, dass sogar die Benutzeroberfläche in einigen bekannten Anwendungen, wie Microsoft Word, bestimmte Funktionen verliert. Auf einem meiner Bildschirme wird beim Blättern durch die verschiedenen Farbeinstellungen der normalerweise graue Hintergrund eines Microsoft-Word-Dokuments so verwaschen, dass er mit dem Weiß der Seite auf dem Bildschirm verschmilzt.

Verschiedene Bildschirme zeigen je nach Auflösung und Bittiefe, das heißt der Anzahl der Bits, die die Farbe eines einzelnen Pixels angeben, Unterschiedliches an (eine höhere Bittiefe bedeutet mehr Pixel auf dem Bildschirm und bessere Farben). Wenn Sie die Möglichkeit haben, testen Sie Ihr Design auf einem weniger leistungsfähigen Monitor. Wenn Sie einen Monitor mit mehreren Anzeigeeinstellungen verwenden, die Sie durchblättern können, sollten Sie prüfen, ob sich die Farben beim Durchblättern drastisch ändern. Vor allem bei kritischen Elementen, die eine Interaktion mit dem Benutzer erfordern, dürfen sie durch eine Änderung der Anzeigeeinstellungen nicht weniger sichtbar werden.

Zusammenfassung

- Farbe ist eines der mächtigsten Werkzeuge der visuellen Gestaltung, weil sie Emotionen hervorrufen und die Stimmung der Menschen verändern kann. Ein schlechtes Farbschema kann jemanden sofort von Ihrer Webseite oder Webanwendung vertreiben, wenn es zu intensiv ist und eine instinktive Reaktion hervorruft.
- Verwenden Sie bei der Auswahl von Farbschemata das Farbrad, um Farbbeziehungen zu erkennen. Farbbeziehungen, einschließlich monochromatisch, komplementär, analog, dreifarbig und geteilt komplementär, können Ihnen bei der Auswahl eines Farbschemas helfen.
- Sie können aus einer Grundfarbe ganz einfach Farbtöne erstellen, indem Sie die Helligkeit und Sättigung in dem von Ihnen gewählten Designwerkzeug anpassen.
- Verschiedene Farben haben unterschiedliche Bedeutungen und vermitteln bestimmte Emotionen und Gefühle. Wenn Sie sich nicht für ein Farbschema entscheiden können, denken Sie darüber nach, welche Art von Gefühl Sie mit Ihrem Design hervorrufen möchten, und wählen Sie auf dieser Grundlage Primärfarben aus.
- Bei der Auswahl von Farbschemata sollte die Barrierefreiheit berücksichtigt werden. Verwenden Sie daher einen Kontrasttester, um zu prüfen, ob Ihre Textfarbe lesbar ist. Vermeiden Sie es außerdem, Informationen ausschließlich mit Farbe zu vermitteln, und fügen Sie neben der Farbe zusätzlichen Kontext wie Symbole oder Beschriftungen ein.

10 Aufbau einer Website

Dieses Kapitel behandelt

- Erstellen einer Landingpage auf der Grundlage der von einem Kunden gestellten Anforderungen
- Organisieren von Inhalten mithilfe von Grundlagen der User Experience
- Entscheidungen über die visuelle Gestaltung treffen und diese Schritt für Schritt umsetzen

Bisher habe ich mich mit den Grundlagen des User-Experience-Designs befasst, mit der Notwendigkeit, die geschäftlichen Anforderungen zu verstehen, bevor man mit dem Erstellen von Wireframes beginnt, mit gängigen Weblayouts und Weißraum, mit der Wahl der Typografie und der Frage, wie Typografie den Ton einer Marke vermittelt, sowie mit den Farben. Jetzt werde ich das Vorgestellte anwenden, indem ich eine Landingpage für ein Reisebüro erstelle. Dieser Prozess ist nur eine Möglichkeit, an das Design heranzugehen, und verschiedene Menschen haben unterschiedliche Arbeitsabläufe. Sie werden herausfinden, was für Sie funktioniert, aber das Ziel ist es, Ihnen eine Blaupause zu geben, wie Sie Schritt für Schritt an das Design herangehen können, vom Wireframe bis hin zu einem vollfarbigen Design.

10.1 Die Anforderungen an die Projekt-Website

Ich entwerfe nun mit Ihnen zusammen eine Website für ein neues Reisebüro, das Menschen ansprechen möchte, die einen Luxusurlaub planen, aber nicht den Luxuspreis dafür zahlen wollen. Das Reisebüro möchte, dass sich die Website modern, hip und luxuriös anfühlt, aber dennoch eine professionelle Ausstrahlung hat, die Vertrauen erweckt. Das Ziel der Website ist es, potenzielle Kunden dazu zu bewegen, ein Urlaubspaket zu buchen, und einige der anderen angebotenen Dienstleistungen hervorzuheben, wie geführte Touren und Gruppenreisen.

Das Team des Reisebüros hat uns eine Liste von Punkten vorgelegt, auf die wir uns bei der Neugestaltung konzentrieren sollen. Es möchte mehr Buchungen von Stammkunden erhalten und hat eine erste Untersuchung durchgeführt, um herauszufinden, was an der Landingpage getan werden muss, um dieses Geschäftsziel zu erreichen. Konkret möchte die Agentur Folgendes hervorheben:

- Einfache Suche nach Reisepaketen und Reisezielen
- Die Vorteile einer Buchung bei ihrem Reisebüro
- Aktuelle Pakete und Reiseziele
- Der Gruppenreiseservice, auch wenn dieser weniger wichtig ist
- Die einfache Anmeldung, ohne zu aufdringlich zu sein, bis es für den Kunden sinnvoll ist, sich anzumelden
- Testimonials
- Ein Hauch von Vertrauen und das Gefühl, dass die Kunden ein luxuriöses Erlebnis zu geringeren Kosten erhalten, ohne dass andere Dienstleistungen wie der Kundendienst darunter leiden müssen

Diese Liste gibt uns mehr als genug Informationen, um mit dem Wireframing der Landingpage für die Agentur zu beginnen.

10.2 Die Platzierung von Inhalten mit einem Wireframe festlegen

Nachdem wir unsere Anforderungen vom Kunden erhalten haben, können wir die Designphase des Projekts mit Wireframes beginnen. Bei den allerersten Wireframes konzentrieren wir uns auf die Organisation und Platzierung der Inhalte. Wir machen uns keine Gedanken über genaue Abmessungen und Abstände oder über Designdetails. Die Anforderungen des Kunden geben uns die Teile des Puzzles, das wir lösen wollen. Wir wollen zwar nicht unsere Konkurrenten kopieren, aber eine Recherche darüber, was andere bereits gemacht haben, kann uns bei unseren Designentscheidungen helfen. Abbildung 10–1 ist unser erster Wireframe.

Der Kunde möchte ein Gefühl von Luxus und hochklassigen Reisen vermitteln und dass die Nutzer schnell nach Urlaubspaketen suchen können. Oben auf der Seite werden wir ein großes Header-Bild unter der Navigation und dem Logo platzieren, die unsere Kopfzeile bilden, und wir werden die Möglichkeit hervorheben, nach Reisepaketen zu suchen.

Als Nächstes werden wir direkt unter der Suchleiste die Vorteile des Unternehmens hervorheben, sodass der Wert der Nutzung dieses speziellen Reisebüros leicht zu erkennen ist. Danach folgt ein Bereich für aktuelle Reiseziele. Bei einer Reise-Website sind Bilder von entscheidender Bedeutung, um die Nutzer anzulocken, daher werden wir in diesem Bereich einige hochwertige Bilder verwenden. Der letzte Abschnitt vor der Fußzeile ist für Gruppenreisen vorgesehen, eine der Spezialitäten, die der Kunde ausdrücklich als etwas bezeichnet hat, das er auf der Homepage hervorheben möchte, allerdings mit geringerer Priorität.

Dieser Wireframe ist der erste Schritt in der Designphase. Wir nehmen dann den Wireframe der Homepage und einiger Unterseiten mit zum Kunden, um das Design zu überprüfen und genehmigen zu lassen, bevor wir mit der Verfeinerung unserer Wireframes zu ausgefeilten Design-Mock-ups mit präzisen Abmessungen für unsere Entwickler beginnen.

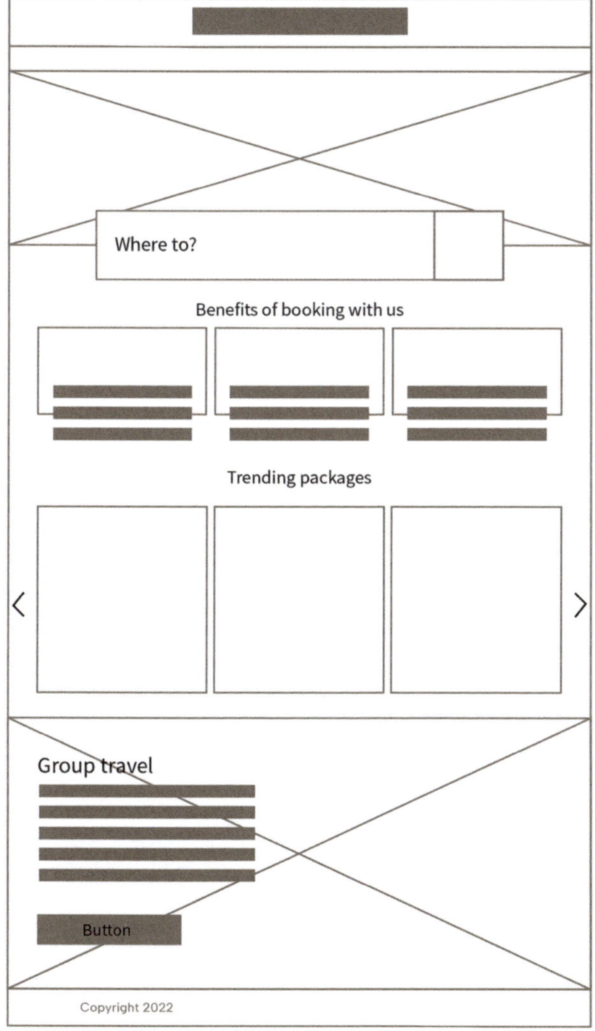

Abb. 10–1
Wir platzieren unsere Inhaltsblöcke lose, um herauszufinden, wie wir den Inhalt gruppieren und die grundlegende Hierarchie der Seite festlegen.

10.3 Rastersystem und Abstände festlegen

Sobald der Kunde die Abschnitte und die allgemeine Platzierung der Inhalte genehmigt hat, können wir mit der Feinabstimmung der Struktur der Webseite beginnen. Für diese Webseite werden wir ein zwölfspaltiges Layout für größere Bildschirme verwenden.

Unser Zwölf-Spalten-Layout hat eine maximale Breite von 1.220 px, weil es für extra große Viewports gemacht ist, mit einem Zwischenraum von 16 px (der Raum zwischen den Spalten). Damit haben wir zwölf Spalten mit einer Breite von 87 px. Auf dieses Raster wird kein Rand angewendet. Der Inhalt wird an der Kante des Raster-Containers ausgerichtet.

Denken Sie daran, dass es bei der Auswahl der maximalen Breite für Ihren Container keinen richtigen Wert gibt. Er hängt vom Design und der Art des Geräts ab, auf das Sie abzielen, zum Beispiel, ob Sie für einen großen Bildschirm, für einen gewöhnlichen Laptop oder ein mobiles Gerät entwerfen. Weitere Informationen zur Auswahl der Containerbreite finden Sie in den Ressourcen im Anhang.

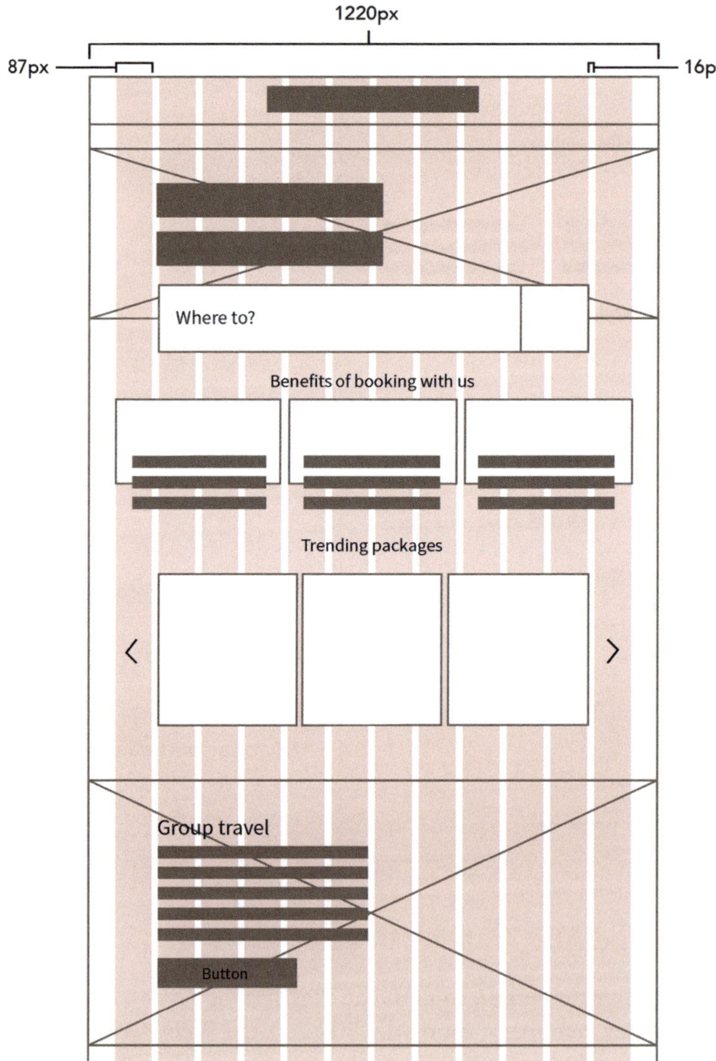

Abb. 10–2
Wir verwenden das Rastersystem, um die Breite unserer Inhalte an den Rändern des Rasters auszurichten.

Abbildung 10–2 zeigt den Wireframe mit dem überlagerten Raster. Für unsere Desktop-Größe fügen wir keinen Rand an der linken oder rechten Seite des äußeren Containers ein. Der Hauptinhalt unterhalb des Header-Bildes füllt den Raum des Containers aus. Nachdem wir unser Raster festgelegt haben, können wir kleine Anpassungen an den einzelnen Inhalten vornehmen, um die Abmessungen der verschiedenen Teile der Benutzeroberfläche zu ermitteln. Beispielsweise werden die Ränder der Suchleiste, die das Header-Bild überlappen, so angepasst, dass sie mit dem Raster übereinstimmen.

Das Raster hilft dabei, die Struktur beizubehalten, auch wenn die Breite des Inhalts zwischen den Abschnitten variiert. Zum Beispiel füllen die drei Platzhalter für den Abschnitt *Benefits of Booking With Us* die gesamte Breite des Zwölf-Spalten-Rasters aus, die Suchleiste darüber jedoch nicht. Der Abschnitt *Trending Packages* unterhalb des Abschnitts *Benefits* wird ein Karussell sein, das auf beiden Seiten Navigationsschaltflächen benötigt. Während sich der Hauptinhalt also nicht über die gesamten zwölf Spalten erstreckt, tut dies die Komponente mit den Icons. Da das Icon nicht so hoch ist wie die Kästen daneben, verläuft eine unsichtbare Linie von diesem Punkt bis zum Rand des Kastens darüber. Die unterschiedliche Breite des Inhalts zwischen den Abschnitten hilft dem Auge, sich durch die Seite zu bewegen, und gruppiert den Inhalt, um Beziehungen zwischen den Abschnitten herzustellen. Die Suchkomponente und die kombinierte Breite der Boxen im Karussell sind gleich und helfen, das Design zusammenzuhalten. Alles ist organisiert und auf dem Raster angeordnet, wie in Abbildung 10–2 dargestellt.

10.4 Typografie auswählen

Wenn man sich Luxusmarken ansieht, verwenden viele der neuen Logos serifenlose Schriftarten. Serifenlose Schriften sind in der Regel ein Zeichen für ein modernes Design und entsprechen eher der Gegenwart. Sie liegen im Trend und gehen mit der Zeit. Verschiedene serifenlose Schriftarten mit runderen Buchstaben wirken verspielter. Solche verspielten Schriften wollen wir vermeiden und halten uns deshalb an eine Schrift, die etwas steifer ist, aber dennoch modern wirkt. Für unsere Marke werden wir die serifenlose Schrift Montserrat verwenden, die es bei Google Fonts gibt.

Wir werden diese Schrift für die Überschriften und Titel verwenden. Nun müssen wir eine gute Schrift für den Fließtext finden, mit der wir sie kombinieren können. Schriften für Text müssen leicht zu lesen sein, daher sollten die Buchstabenformen differenziert sein. Auch hier gilt, dass serifenlose Schriften mit eher abgerundeten und geometrischen Formen schwieriger zu lesen sind. Unsere Textschrift sollte auch keine Spezialschrift sein, wie eine Handschrift. Diese eignen sich zwar gut für größere Überschriften und kurze Textzeilen, nicht aber für größere Abschnitte wie Absätze, vor allem, wenn diese klein sind. Auch die Stärke der Schrift ist wichtig. Haarfeine oder dünne Schriften eignen sich nicht für kleinere Schriftgrößen, und sehr fette Schriften wirken zu intensiv. Wir wollen eine normale oder mittelschwere Schrift. Die Schriftart Albert Sans, die auch bei Google Fonts erhältlich ist, ist eine gute serifenlose Schrift in neutralem Stil. Sie ist nicht übermäßig geometrisch, aber auch nicht so starr oder kondensiert wie etwa Open Sans. Sie hat einen Hauch von Persönlichkeit.

Nachdem wir nun unsere Schriften ausgewählt haben, können wir die Schriftrampe und den vertikalen Rhythmus festlegen. Wir halten die Dinge mit unserem Rastersystem einfach. Wir werden ein 4pt-Rastersystem verwenden, um unsere Margins und Paddings einfach als Vielfache von vier zu erstellen, damit alles einheitlich bleibt. Ein Vier-Schritt-Rastersystem gibt mehr Flexibilität, da Größenanpassungen in kleineren Schritten möglich sind. Wenn Ihre Abstände und sogar die Typografie ein Vielfaches von vier sind, passen sie besser in das Raster.

Ein Achter-Raster verringert die Flexibilität, da es bei der Multiplikation mit acht viel größere Zahlen gibt. Es geht von 8 auf 16 auf 24 auf 32, im Gegensatz zu 4 auf 8 auf 12 auf 16 bei einem Vierer-Raster. Der Hauptvorteil ist die Flexibilität. Außerdem sind die meisten Bildschirmgrößen ein Vielfaches von vier oder acht, sodass sich unsere Entwürfe an unsere Bildschirmgrößen anpassen.

10.5 Vertikalen Rhythmus festlegen

Um die Schriftgröße zu bestimmen, müssen wir unsere Grundlinie festlegen. Die Grundlinie ist die Linie, auf der alle Typografie sitzt, unabhängig von der Größe, und ist die Führung, die den Seiten Konsistenz gibt. Da unser Rastersystem 4 pt ist, sollte unsere Grundlinie ein Vielfaches von vier sein. Wir verwenden 12 px als Grundlinie und setzen die Schriftgröße für den Textkörper auf 16 px, was für den Anfang eine gute Größe ist; wir können sie dann je nach der gewählten Schriftfamilie nach oben oder unten anpassen. Da es sich um ein Vielfaches von vier handelt, ist es einfach, die Zeilenhöhe, die Margin und das Padding zu berechnen (addieren Sie Vielfache von vier), um es auf der Grundlinie zu halten.

Abbildung 10–3 zeigt, wie unsere Grundlinie aussieht, die sich über die gesamte Seite erstreckt. Wir werden eine Schriftrampe für drei Arten von Überschriften und unsere Schrift für den Fließtext erstellen. Das ist alles, was wir voraussichtlich für die Website benötigen, aber unsere Berechnungen für den vertikalen Rhythmus können uns später helfen, wenn wir mehr Schriftvarianten erstellen müssen.

Wir wollen unseren Text als H1 (Hauptüberschrift), H2 (Zwischenüberschriften), H3 (Untertitel) und P (Textkörper) festlegen. Ich wähle die Schriftgrößen, die ich für jeden Text verwenden möchte, und berechne dann die Ränder, nachdem ich mich für eine Zeilenhöhe entschieden habe. Unser H1 wird 48 px, H2 wird 36 px und H3 wird 28 px haben. Sehen Sie sich diese Aufteilung in Tabelle 10–1 an und schauen Sie, wie wir sie vergrößern können.

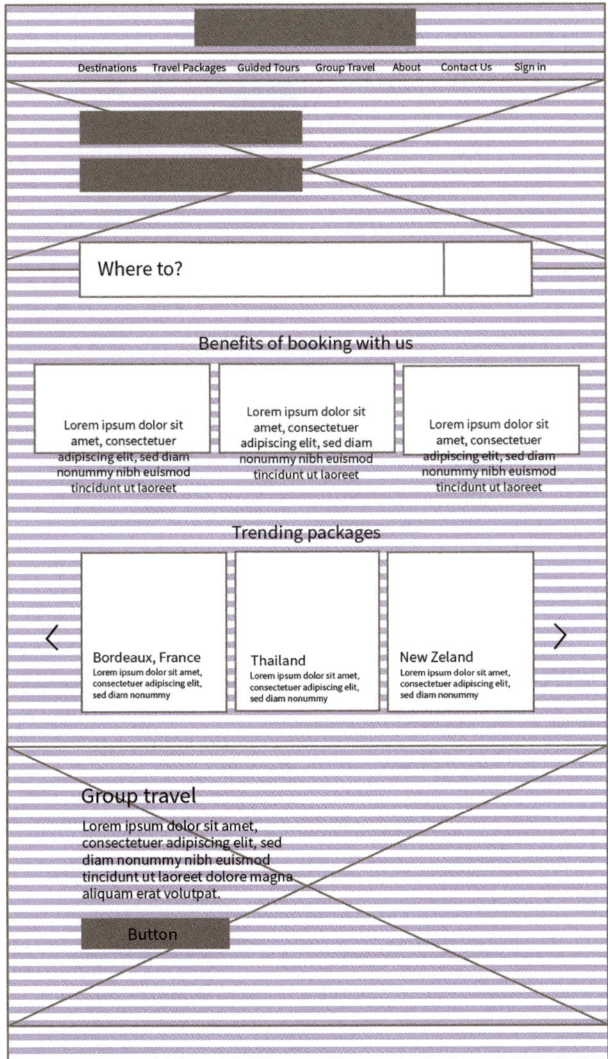

Abb. 10–3
Unsere Grundlinie für die Typografie beträgt 12 px und ändert sich nicht mehr. Diese Grundlinie legt unseren vertikalen Rhythmus fest und beeinflusst die Margin und das Padding für den Rest der UI-Komponenten.

Typ	Name	Schriftgröße	Schriftgröße (Maßstab 1,25)
H1	Hauptüberschrift	48 px	25 px × 1,25 = 31,25 px
H2	Zwischenüberschrift	36 px	20 px × 1,25 = 25 px
H3	Untertitel	28 px	16 px × 1,25 = 20 px
P	Fließtext	16 px	16 px (Basis)

Tab. 10–1 *Schriftgrößen*

Denken Sie daran, dass Sie die Schriftgröße mit einer Zahl ohne Einheit multiplizieren können, um einen Wert für die Zeilenhöhe zu erhalten (siehe Tab. 10–2). Zum Beispiel: 16 px × 1,5 = 24 px Zeilenhöhe.

Typ	Schriftgröße	Zeilenhöhe	Schriftgröße × Zeilenhöhe Wert = Zeilenhöhe (px)
H1	48 px	1	48 px × 1 = 48
H2	36 px	1	36 px × 1 = 36
H3	28 px	1,25	28 px × 1,25 = 35
P	16 px	1,25	16 px × 1,25 = 20

Tab. 10–2 *Zeilenhöhe*

Wie in Abbildung 10–4 zu sehen ist, sind die Zeilen für den Fließtext ein wenig zu weit auseinander. Verringern wir also die Zeilenhöhe auf 1,25 für eine Zeilenhöhe von 20 Pixeln. Diese Änderung wird die Ausrichtung des Grundlinienrasters beeinträchtigen, da 20 kein Vielfaches von zwölf ist. Wir beheben dies mit der Margin und fügen eine obere Margin von 16 px zu jedem Text hinzu, der in ein <p>-Tag eingeschlossen ist: 20 (Zeilenhöhe) + 16 (Schriftgröße) = 36, was ein Vielfaches von zwölf ist. Abbildung 10–5 zeigt einen Vergleich der beiden unterschiedlichen Zeilenhöhen.

Lorem ipsum dolor sit amet, consectetuer adipiscing elit, sed diam nonummy nibh euismod tincidunt ut laoreet dolore magna aliquam erat volutpat. Ut wisi enim ad minim veniam, quis nostrud exerci tation ullamcorper suscipit lobortis nisl ut aliquip ex ea commodo consequat. Duis autem vel eum iriure dolor in hendrerit in vulputate velit esse molestie consequat.

Abb. 10–4 *Die Zeilen des Textes stehen für unser Design etwas zu weit auseinander.*

Lorem ipsum dolor sit amet, consectetuer adipiscing elit, sed diam nonummy nibh euismod tincidunt ut laoreet dolore magna aliquam erat volutpat. Ut wisi enim ad minim veniam, quis nostrud exerci tation ullamcorper suscipit lobortis nisl ut aliquip ex ea commodo consequat. Duis autem vel eum iriure dolor in hendrerit in vulputate velit esse molestie consequat.

Lorem ipsum dolor sit amet, consectetuer adipiscing elit, sed diam nonummy nibh euismod tincidunt ut laoreet dolore magna aliquam erat volutpat. Ut wisi enim ad minim veniam, quis nostrud exerci tation ullamcorper suscipit lobortis nisl ut aliquip ex ea commodo consequat. Duis autem vel eum iriure dolor in hendrerit in vulputate velit esse molestie consequat.

Abb. 10–5 *Ich habe die Linienhöhe auf der linken Seite auf die Linienhöhe auf der rechten Seite reduziert.*

Es gibt keine magische Zahl für die perfekte Zeilenhöhe. Je mehr Sie mit Typografie arbeiten, desto mehr werden Sie die Fähigkeit entwickeln, genau zu erkennen, was lesbar ist und was nicht. Außerdem können neben der Zeilenhöhe auch andere Faktoren – insbesondere die Zeilenlänge – die Lesbarkeit beeinflussen. Einige Studien zur Lesbarkeit weisen darauf hin, dass eine längere Zeilenlänge bei großen Textblöcken weniger gut lesbar ist.

Betrachten Sie die Größe von H1 und H2, so ist eine Zeilenhöhe von 1,5 immer noch zu groß für die von uns gewählte Schriftart. Wie in Abbildung 10–5 gezeigt, hat H1 eine Größe von 48 px; wenn wir 48 mit 1,5 multiplizieren, erhalten wir 72 px. Wie in Abbildung 10–6 zu sehen ist, entstehen dadurch jedoch zu große Abstände zwischen den einzelnen Zeilen. Daher werden wir für H1- und H2-Überschriften eine Zeilenhöhe von 1 verwenden.

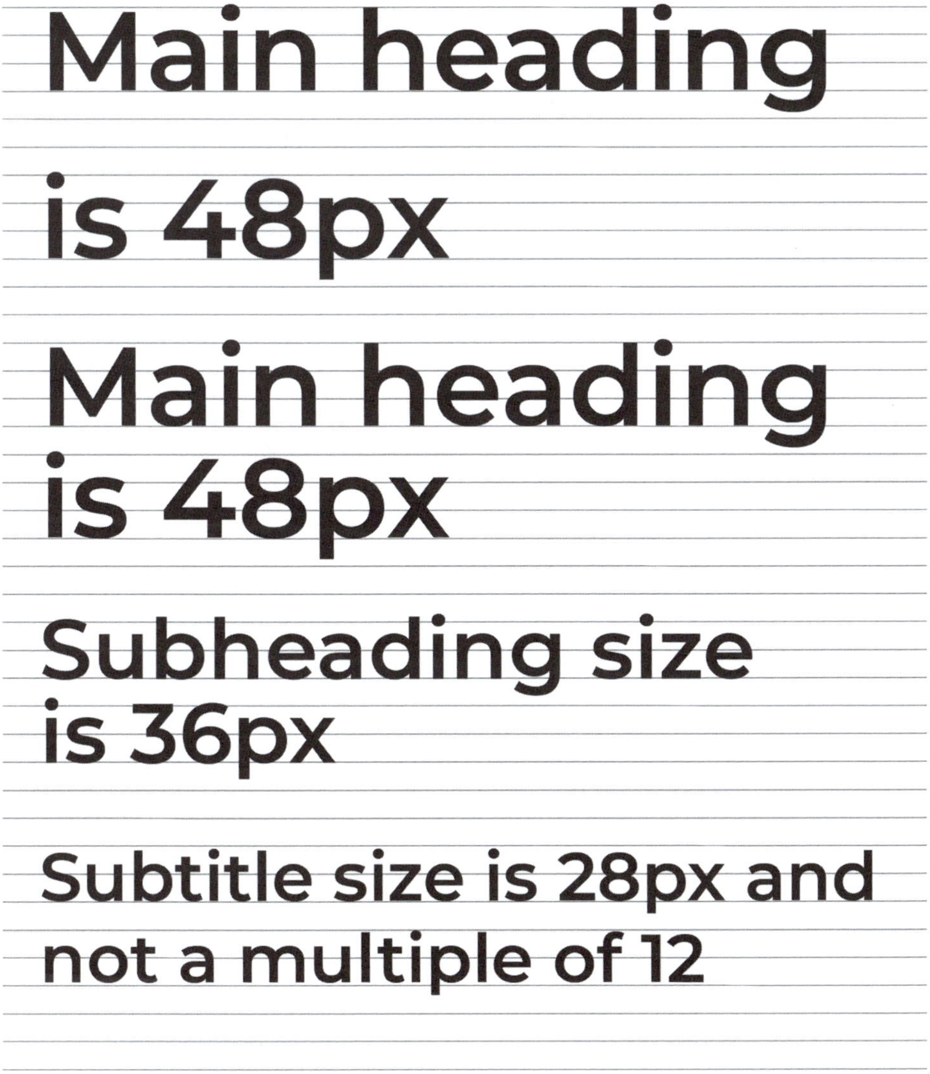

Main heading
is 48px

Main heading
is 48px

Subheading size
is 36px

Subtitle size is 28px and
not a multiple of 12

Abb. 10–6 *Die erste Überschrift hat zu viel Platz zwischen den Zeilen, daher passen wir die Zeilenhöhe an, um kompakter zu sein.*

Da wir nicht davon ausgehen, dass unsere H1- und H2-Überschriften sehr lang sind, eignet sich der enge Abstand, das heißt eine ganze Grundlinie zwischen jeder Zeile, gut für diese beiden Überschriften. Daher ist die Zeilenhöhe gleich der Schriftgröße, und die Größen von H1 und H2 sind ein Vielfaches der Grundlinie. Eine zusätzliche Margin oder ein Padding ist also nicht notwendig, um wieder auf unser Grundlinienraster zu kommen. Wir möchten jedoch Margins und Paddings hinzufügen, um Platz zwischen Überschriften und anderen UI-Elementen zu schaffen. Auch hier sollten wir uns an ein Vielfaches des Grundlinienrasters halten. Lassen Sie uns für unsere H1 60 px als obere Margin verwenden. Die H1 ist die Hauptüberschrift, die uns sagt, worum es in der Seite geht. Normalerweise sollte jede Seite nur eine H1-Überschrift haben.

Wenn eine Seite zwei H1-Tags hat, sorgt die große obere Margin dafür, dass sie genügend Abstand haben, um anzuzeigen, dass es sich um unterschiedliche Themen handelt. Abstände zwischen Objekten stellen Beziehungen her. Auf einer Webseite wird das H1-Tag wahrscheinlich der erste Teil des Inhalts unterhalb der Kopfzeile sein. Sie müssen ein Gleichgewicht zwischen dem Inhalt der Seite und der Kopfzeile finden, das deutlich macht, dass es sich um getrennte Teile handelt, die aber dennoch zusammenhängen. 60 Pixel sind ein guter Startpunkt und scheinen für unseren vertikalen Rhythmus gut zu funktionieren.

Für unser H2-Tag setzen wir den oberen Rand auf 48 Pixel, was wiederum ein Vielfaches unseres Grundlinienrasters ist. Aufgrund unserer Zeilenhöhe müssen wir nicht rechnen, um zusätzliche Margins auf unser Grundlinienraster hinzuzufügen.

Wenn Sie sich die H3, unseren Untertitel, ansehen, wissen Sie, dass 1,5 bei keiner unserer Überschriften funktioniert hat, also versuchen wir es mit 1,25, was 28 px × 1,25 = 35 ist. 35 ist jedoch eine ungerade Zahl und liegt nur knapp unter 36, einem Vielfachen unserer Grundlinie. Wir wollen nicht 1 px Margin anbringen, um auf das Grundlinienraster zu kommen. Alle unsere Überschriften benötigen eine zusätzliche Margin, um Abstand zwischen den Abschnitten zu schaffen. Wir könnten oben eine Margin von 13 px hinzufügen. Aber das ist eine sehr kleine Lücke über einer Überschrift, sodass das nächste Vielfache, das wir anstreben wollen, 60 px ist. Wenn wir 25 px zu 35 px addieren, ergibt das 60 px. Schauen Sie sich die Zahlen für den vertikalen Rhythmus in Tabelle 10–3 an.

Typ	Schriftgröße	Zeilenhöhe	Wert Schriftgröße × Zeilenhöhe	Obere Margin
H1	48 px	1	48 px × 1 = 48	60 px
H2	36 px	1	36 px × 1 = 36	48 px
H3	28 px	1,25	28 px × 1,25 = 35	25 px
P	16 px	1,25	16 px × 1,25 = 20	16 px

Tab. 10–3 *Vertikaler Rhythmus*

Abbildung 10–7 zeigt unsere Schriftrampe, wie wir sie hier definiert haben, aber im Browser dargestellt. Wir können unsere Grundlinie von 12 px verwenden, um uns mit Margin und Padding zwischen Elementen zu helfen, die keine Schrift sind. Margin und Padding zusammen sollten ein Vielfaches von zwölf sein. Hier kommt das Prinzip der Nähe ins Spiel. Verwenden Sie weniger Margin und Padding für Elemente, die Teil der gleichen Gruppe sind, und lassen Sie sie weiter auseinander, wenn sie es nicht sind.

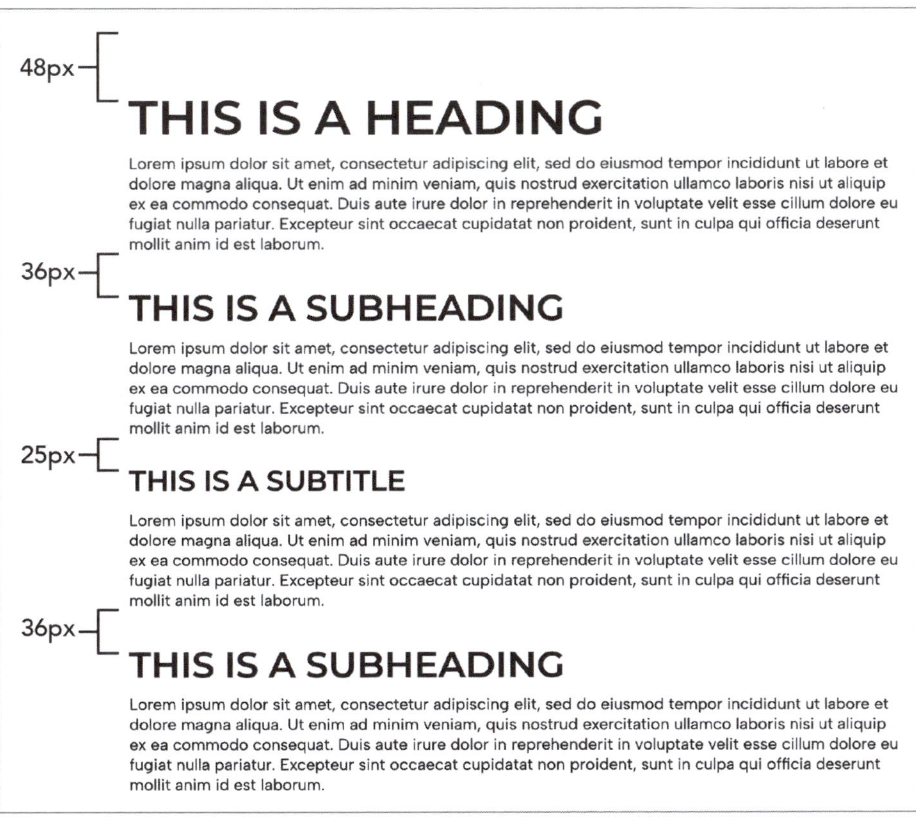

Abb. 10–7 *Unsere Schriftrampe, wie sie im Browser dargestellt wird. Wir verwenden mehr Platz über den Zwischenüberschriften, um deutlicher zu machen, dass ein neuer Inhaltsabschnitt beginnt. Der Untertitel unter der Zwischenüberschrift steht etwas näher und zeigt an, dass er Teil des Inhalts unter der Zwischenüberschrift ist.*

Wir können unsere typografischen Entscheidungen auf den Text in unserem Mockup anwenden, um zu sehen, wie er an der Grundlinie ausgerichtet ist (siehe Abb. 10–8). Anschließend können wir die notwendigen Anpassungen an der Margin und an dem Padding vornehmen, um den Text auf der Grundlinie zu halten.

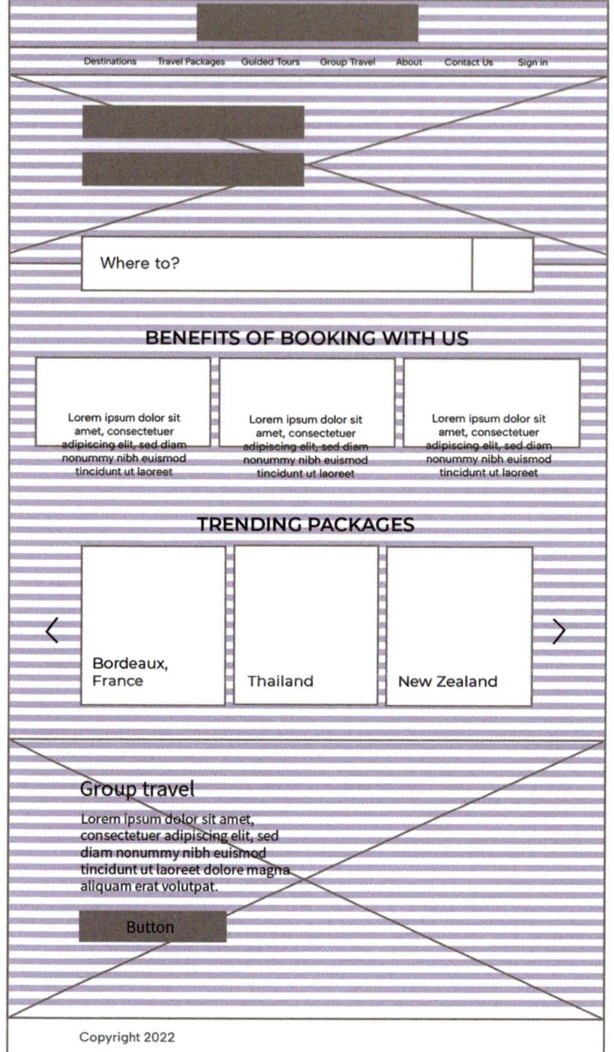

Abb. 10–8
Wir haben unsere Schriftart für Überschriften auf einige Überschriften angewandt, von denen wir wissen, dass sie auffallen sollen. Beim Aufbau der Seite werden wir prüfen, wo wir die Schriftart sonst noch verwenden wollen.

Mit Flexbox für CSS können wir unsere Menüelemente in der Kopfzeile ganz einfach wie folgt platzieren:

```
#menu {
display:flex;
justify-content: space-between;
}
```

Flexbox verwaltet die Abstände zwischen den Elementen für Sie. Sobald Sie die Webseite für kleinere Bildschirmgrößen anzeigen müssen, haben Sie normalerweise ein mobiles Menü implementiert, das sich in vertikaler Richtung öffnet.

10.6 Bildmaterial auswählen

Bei der Auswahl von Bildern für eine Webseite sollten Sie hochwertige Quellen verwenden, wenn Sie nicht gerade eine Bildbibliothek der eigenen Marke nutzen. Nichts verschlechtert das Erlebnis oder die Glaubwürdigkeit einer Marke mehr als eine Webseite mit verpixelten und unscharfen Bildern. Das wirkt nicht gerade wie ein hochwertiges Erlebnis. Unabhängig davon, ob es beabsichtigt ist oder nicht, kann es auch die Botschaft vermitteln, dass die Liebe zum Detail keine Priorität für die Marke ist.

10.6.1 Bilder verwenden, um den Ton anzugeben

Selbst wenn Sie qualitativ hochwertiges Bildmaterial verwenden, können unpassende Fotobearbeitung und Filter, die auf Fotos angewendet werden, das einheitliche Erscheinungsbild Ihrer Website stören. Einige Bilder wirken verblasst, andere sind unglaublich lebendig, wieder andere haben kühlere Töne oder hellere Schatten.

Es gibt viele verschiedene Fotofilter, um das Aussehen eines Fotos zu verändern. Die Instagram-Filteroption für Ihre Fotos ist ein perfektes Beispiel dafür, wie verschiedene Einstellungen das Aussehen eines Bildes verändern. Sie würden nicht drei verschiedene Filter auf drei Bilder anwenden und sie alle auf dieselbe Seite stellen wollen, weil sie sich gegenseitig stören würden. Für unsere Website wollen wir Bilder, die hell sind, aber nicht zu viele verschiedene Farben enthalten, sodass sie unruhig wirken. Abbildung 10–9 zeigt die hinzugefügten Bilder auf der Website. Das Header-Bild ist überwiegend blau und weiß. Es wirkt großzügig, und der Inhalt des Bildes wirkt luxuriös: ein privater Pool mit Blick auf das Meer. Es ist einfach, aber elegant und vermittelt effektiv das Gefühl der Marke und die Art von Reisen, die die Nutzer buchen. Die Bilder für die Rubrik *Trending Packages* lenken die Aufmerksamkeit auf einzelne Orte. Jedes Foto ist fokussiert, und die Farben sind nicht zu ähnlich. Anstatt sich jedoch auf Städtebilder zu konzentrieren, heben die Fotos einen bestimmten Aspekt eines Ortes hervor. Für Neuseeland sind es die Berge, für Bordeaux die Weintrauben und für Thailand die Andeutung eines luxuriösen Spas mit den markant geformten Bergen im Hintergrund. Das Gruppenreisefoto muss auch hell und leuchtend sein, und ein Wüstenbild passt gut zu der Akzentfarbe in unserer Palette und hilft, die vielen Blautöne in den übrigen Bildern aufzulockern.

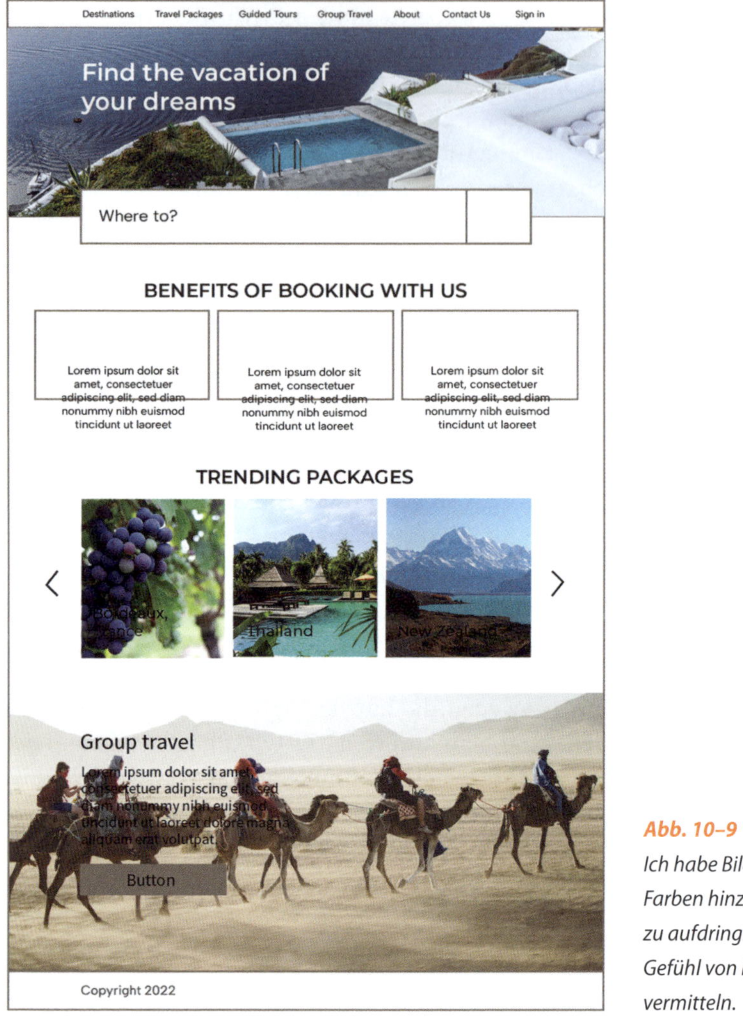

Abb. 10–9
Ich habe Bilder in hellen Farben hinzugefügt, die nicht zu aufdringlich sind und ein Gefühl von Luxus und Abenteuer vermitteln.

10.6.2 Text auf Bildern

Wenn Sie Text über Bilder legen, sollten Sie aus Gründen der Barrierefreiheit auf die Lesbarkeit achten. Das wirkt sich auch positiv auf die Nutzer aus, die nicht unbedingt ein Problem mit ihrem Sehvermögen haben. Im Laufe der Jahre habe ich immer wieder erlebt, dass dünner weißer Text über Bildern steht, die nicht dunkel genug sind, oder dass das Bild zu unruhig und der Text schwer zu lesen ist. Wenn Sie Text über ein Bild legen möchten, das nicht dunkel oder hell genug ist, können Sie die Lesbarkeit auf verschiedene Weise verbessern.

Sie können Ihr Bild mit einer Farbbehandlung versehen, um es dunkler zu machen. Ich verwende häufig einen dunklen Farbverlauf mit einem *Ebenenstil*, der in

Illustrator oder Photoshop auf das Bild angewendet wird. Abbildung 10–10 zeigt den Farbverlauf ohne Ebenenstil und Abbildung 10–11 zeigt den angewandten Ebenenstil. Der Ebenenstil überlagert den Farbverlauf auf dem Bild und macht ihn heller oder dunkler mit mehr oder weniger Kontrast, wie in Abbildung 10–12 gezeigt. Mit einem Farbverlauf können diese Effekte auch teilweise auf ein Bild angewendet werden, um überlagerten Text besser lesbar zu machen. In Adobe Illustrator oder Photoshop können Sie dafür das Deckkraftwerkzeug in der Werkzeugleiste nutzen. Die gleiche Funktionalität ist in Figma in der Ebenen-Benutzeroberfläche verfügbar.

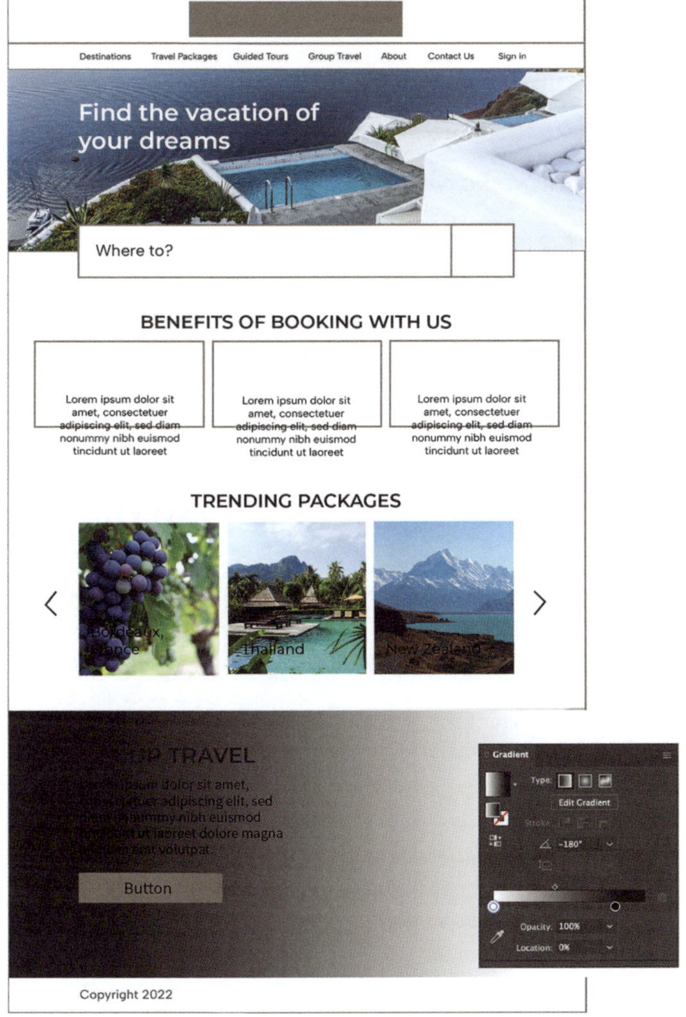

Abb. 10–10 *Der Farbverlauf ist ein Schwarz-Weiß-Farbverlauf, auf den zunächst keine Deckkraft-Einstellungen angewendet werden, wie im Illustrator-Bedienelement für Farbverläufe gezeigt. Die Position des schwarzen Punkts auf dem Farbverlauf wird so angepasst, dass die schwarze Farbe weiter in den Farbverlauf hineinreicht, bevor wir zum nächsten Schritt übergehen.*

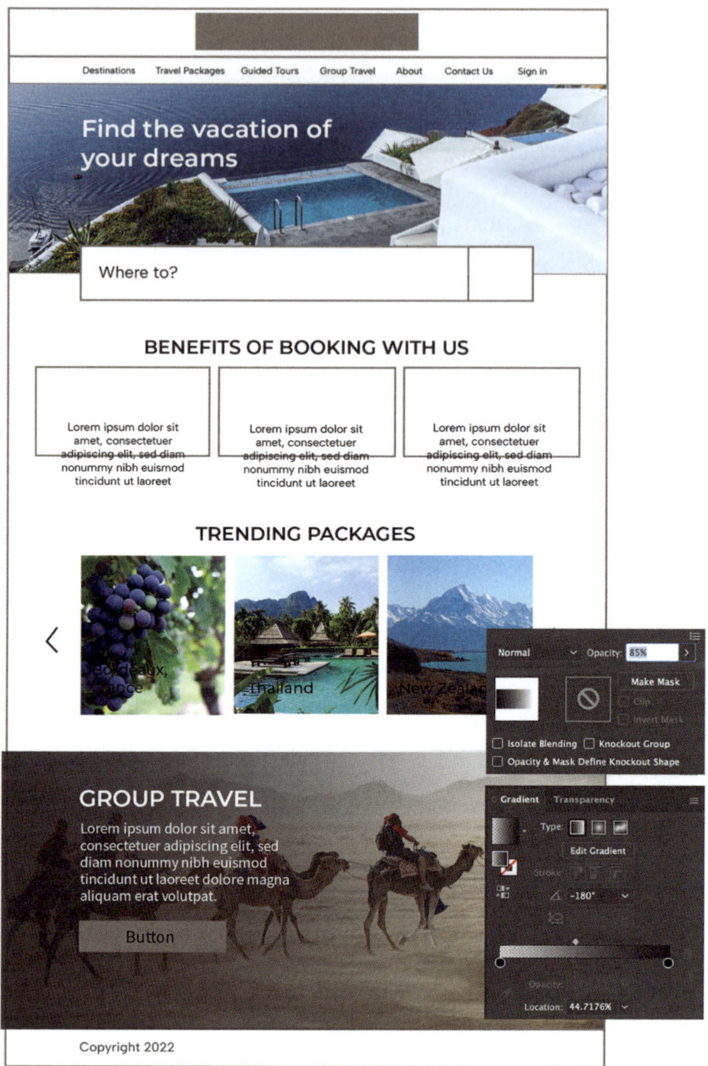

Abb. 10–11 *Um die durch einen Schwarz-Weiß-Farbverlauf verursachten Unschärfen zu reduzieren, machen wir beide Punkte des Farbverlaufs schwarz. Wir reduzieren einen auf eine Deckkraft von 0 % und belassen einen bei 100 %. Nachdem wir den Farbverlauf angepasst haben, können wir die Deckkraft des gesamten Farbverlaufs anpassen und einen Ebenenstil auswählen. Wir behalten den Ebenenstil* Normal *bei und reduzieren die Gesamtdeckkraft auf 85 %, um den gewünschten Effekt zu erzielen.*

Als Alternative können Sie eine einfarbige Form hinter dem Text hinzufügen und den Farbkontrast zwischen Text und Hintergrundfarbe überprüfen. Diese Methode ist der einfachste Weg, um sicherzustellen, dass Ihr Text lesbar ist.

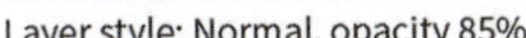

Layer style: Normal, opacity 85%

Layer style: Multiply, opacity 85%

Layer style: Color burn, opacity 85%

Layer style: Overlay, opacity 85%

Abb. 10–12 *Wir können verschiedene Ebenenstile auf einen schwarzen Farbverlauf über einem Bild anwenden, um verschiedene Effekte zu erzielen.*

10.7 Farbpalette auswählen und anwenden

Unser Kunde möchte lieber etwas Farbe verwenden als eine neutrale Palette, die sich um die Farbe Schwarz dreht. Viele Luxusmarken tendieren zu einer Farbpalette, die ausschließlich aus Schwarz, Weiß und Grau besteht, aber unser Kunde ist in der Reisebranche tätig, und Reisen ist bunt! Er wollte eine Farbpalette, die immer noch ein wenig gedämpft und nicht überwältigend hell oder laut ist. Blau ist eine neutrale Farbe, wenn es um die emotionale Reaktion der Menschen darauf geht. Sie ist die sicherste Wahl, wenn man sich bei einer Markenfarbe unsicher ist. Unsere Primärfarbe wird ein gedämpftes Blau mit etwas reduzierter Sättigung sein. Mit der Technik aus dem vorigen Kapitel zum Aufbau einer Farbpalette erstellen wir einige Farbtöne aus der Grundfarbe. Blau ist komplementär zu Gelb; in diesem Fall ist unsere Komplementärfarbe ein Goldgelb. Es ist nicht grell und hart, aber es ist eine gute Akzentfarbe, die das Auge durch das Design der Webseite zieht. Außerdem lenkt sie die Aufmerksamkeit auf die Elemente der Benutzeroberfläche, mit denen sich der Benutzer beschäftigen soll, wie der Suche nach Reiseangeboten. Abbildung 10–13 zeigt unsere Farbpalette. Wenden wir nun die Farbe an. Da wir viele Bilder haben, wollen wir nicht zu viel Farbe auf dem Hintergrund der Abschnitte nutzen, da dies das Design verwischt, insbesondere wenn wir entweder das primäre Blau oder die Akzentfarbe in voller Stärke verwenden. Es gibt nicht allzu viele Teile der Benutzeroberfläche auf der Homepage, auf die wir Farbe anwenden werden.

Abb. 10–13
Nachdem wir unsere Farbpalette definiert haben, können wir sie verwenden, um mehr Hierarchie auf der Seite zu schaffen. Die goldene Akzentfarbe hebt die Bereiche hervor, auf die sich die Benutzer konzentrieren sollen, und lenkt sie auf der Seite nach unten.

Wir verwenden das primäre Blau für die Kopf- und Fußzeile, da dies die Markenfarbe ist, und wir platzieren die Navigation in einer separaten Leiste unterhalb der Kopfzeile mit einem gedämpften blauen Hintergrund. Diese Platzierung verhindert, dass die Kopfzeile durch ihre Höhe zu schwer oder zu aufdringlich wirkt. Wir werden die Akzentfarbe auf den Such-Button und die *Trending Packages* anwenden. Diese Platzierung lenkt den Blick des Benutzers auf den nächsten Abschnitt der Seite. Dasselbe machen wir mit dem Button im Abschnitt *Group Travel.* Dieser abschließende Farbakzent wird den Benutzer bis zum Ende der Seite führen. Als Nächstes möchten wir die Abschnitte *Benefits of Booking With Us* und *Trending Packages* etwas stärker voneinander abgrenzen. Also verwenden wir den hellsten unserer Blautöne als Hintergrund für diesen Abschnitt. Schließlich dürfen wir auch die Farbe unserer Typografie nicht vergessen. Wir verwenden unser primäres Blau für Überschriften und Dunkelgrau für den Fließtext. Für Text auf verschiedenen Elementen der Benutzeroberfläche, wie den Buttons, verwenden wir Weiß als letzten Farbtupfer auf der Homepage.

10.8 Letzte Handgriffe

Mit der Farbpalette haben wir unsere Webseite weitgehend fertiggestellt. Um dem Design den letzten Schliff zu geben, wollen wir einige Icons finden, die wir in den Bereich *Benefits* einfügen können, sowie ein Such-Icon. Die Auswahl der Icons ist ähnlich wie die Auswahl der Bilder. Wenn Sie Icons aus dem gleichen Satz auswählen, sodass sie alle die gleiche Strichstärke oder Designbehandlung haben, werden sie zusammenhängend und nicht unpassend sein. Abbildung 10–14 zeigt unser fertiges Desktop-Design.

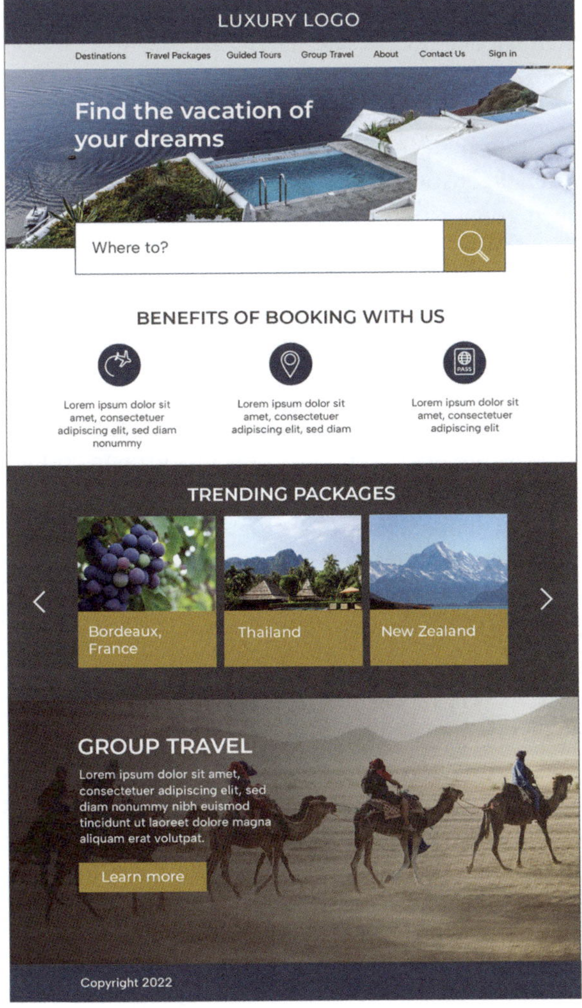

Abb. 10–14
Mit dem, was Sie in diesem Buch gelernt haben, haben Sie nun Ihr endgültiges Design für den Desktop.

10.9 Responsives Design

Für unser Desktop-Design haben wir ein Zwölf-Spalten-Raster verwendet; für unser Tablet-Mock-up können wir ein Acht-Spalten-Raster und für unser Smartphone ein Vier-Spalten-Raster verwenden. Die Mock-ups für Tablets und Smartphones sollten den Entwicklern als Richtlinie dienen, wie ein Design in bestimmten Größen aussehen sollte. Diese Viewport-Breiten können auch als Breakpoints in der CSS-Datei definiert werden, um anzugeben, wann sich ein Layout je nach Bildschirmgröße ändern sollte.

Die Technologie der Webplattformen für das Erstellen von Layouts hat sich so weit entwickelt, dass Sie je nach den Anforderungen Ihrer Website möglicherweise keine strengen Breakpoints in Ihren Media-Querys wie `@media (min-width: 768px)` für das Layout verwenden müssen. Der Browser und CSS können mit CSS Grid und Flexbox problemlos flüssige und responsive Layouts erstellen. Wenn Sie viele UI-Komponenten haben, die über Text und Bilder hinausgehen (zum Beispiel Diagramme), sollten Sie diese Breakpoints definieren, um mehr Kontrolle zu haben. Andy Bell, der Leiter von Set Studio, hat einen guten Konferenzvortrag über die Nutzung der Browserfunktionen für ein flüssigeres Layout gehalten. Sie können sich diesen Vortrag auf YouTube unter *https://www.youtube.com/watch?v=5uhIiI9Ld5M* ansehen.

10.9.1 Tablet-Design, das achtspaltige Raster

Die Gestaltung für ein Tablet kann schwierig sein, da einige Tablet-Bildschirme die Größe eines kleinen Laptops haben, während andere nur ein wenig größer sind als einige der größten Smartphones auf dem Markt. Für unser Design werden wir uns auf größere Tablets konzentrieren. Wir wollen, dass unser Design auch dann noch lesbar ist, wenn wir es in eine kleine horizontale Fläche quetschen, und dass es nicht stark verändert werden muss, um es benutzbar zu machen. Unser Kunde möchte ein Mock-up davon, wie das Design auf einem Tablet und einem Mobiltelefon aussehen wird. Also werden wir ein achtspaltiges Raster für unser Tablet erstellen und unser Design anpassen. Wir verwenden ein Tablet mit einer Viewport-Breite von 768 Pixel und einer Höhe von 1.024 Pixel und setzen die Margin links und rechts vom Hauptcontainer auf 32 Pixel. Der Zwischenraum zwischen den einzelnen Spalten wird auf 16 Pixel festgelegt. Unsere Webseite lässt sich auf dem Tablet leicht verkleinern, sodass wir nicht viele Anpassungen vornehmen müssen. Die Abbildungen 10–15 bis 10–17 zeigen das Design für Tablets.

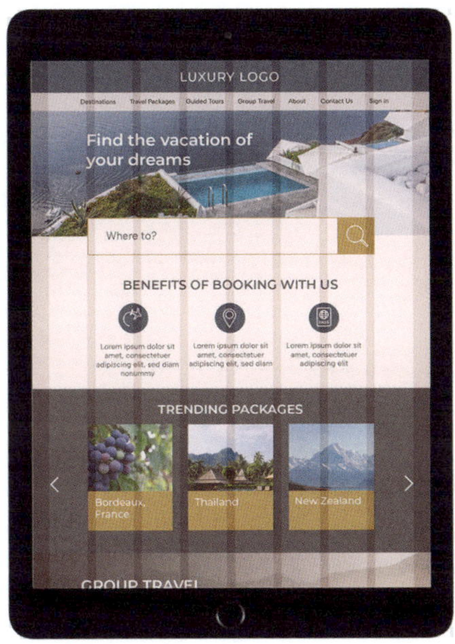

Abb. 10–15
Wir überlagern unser achtspaltiges Raster und nehmen nur wenige Anpassungen an der Breite der Kacheln und der Suchleiste vor.

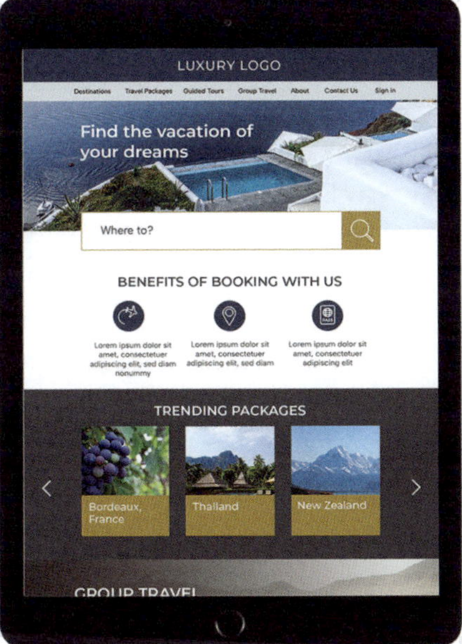

Abb. 10–16
Das Design ohne das überlagerte Gitter

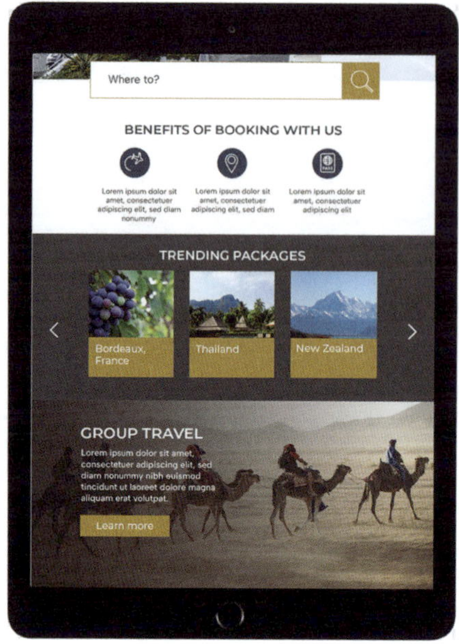

Abb. 10–17
Die untere Hälfte der Seite auf einem Tablet

10.9.2 Mobiles Design, das vierspaltige Raster

Bei der Gestaltung für ein Mobiltelefon finde ich es unglaublich hilfreich, das Rastersystem in einem Screenshot eines Smartphones zu erstellen. Es hilft dabei, sich in die Situation hineinzuversetzen, für die man entwirft, zumal es im Vergleich zu einem Tablet oder Desktop so kompakt ist. Egal welches Tool man verwendet, man kann selbst bei korrekten Abmessungen den Blick auf den Kontext verlieren, für den man entwirft. Auf einem großen Bildschirm sieht die Verkleinerung Ihres Entwurfs vielleicht ganz gut aus, aber er ist nicht sehr brauchbar, wie in Abbildung 10–18 gezeigt.

Auf Mobiltelefonen wollen wir ein Design erstellen, das sich leicht mit dem Daumen steuern lässt. Die Touchpoints in Ihrem Design sollten groß sein. Ein Benutzer sollte nicht zoomen müssen, um auf einen Link oder einen Button zu drücken. Größer ist in diesem Szenario besser.

Für unser Mock-up, das wir dem Kunden zeigen werden, verwenden wir ein Mobiltelefon mit einer Viewport-Breite von 360 px und einer Höhe von 640 px. Wir werden unsere Margin auf 16 px und den Zwischenraum auf 16 px einstellen. Wir können unser Zwölf-Spalten-Layout mit diesen Abmessungen verwenden, um vier Gruppen zu je drei Spalten zu bilden, um den Prozess zu vereinfachen, wie in Abbildung 10–19.

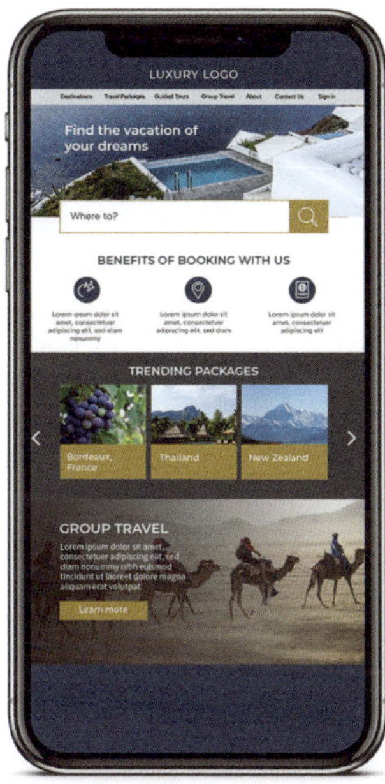

Abb. 10–18

Wenn wir unser Design ohne jegliche Anpassungen verkleinern, ist es nicht sehr brauchbar oder lesbar.

Abb. 10–19

Wir können ein Vier-Spalten-Gitter aus einem Zwölf-Spalten-Gitter erstellen. Achten Sie darauf, die Außenränder der vier Spalten wegzulassen.

Die Abbildungen 10–20 bis 10–22 zeigen unser vierspaltiges Raster und unser angepasstes Layout. Das Hauptziel unseres Designs ist es, die Nutzer dazu zu bringen, nach einem Urlaubspaket zu suchen. Wir werden die Suchleiste vergrößern. Um für Ausgewogenheit zu sorgen, werden wir die Abschnitte *Benefits* und *Trending Packages* nicht dreispaltig auf einem kleinen Bildschirm unterbringen, sondern übereinander. Durch das Stapeln entsteht mehr Platz, und die Nutzer können leichter mit dem Daumen darauf klicken. Außerdem werden wir den Bereich *Benefits* zu einem Schieberegler machen, durch den die Nutzer navigieren können, ähnlich wie bei den *Trending Packages*. Wir wollen den Prozess so weit wie möglich für Mobiltelefone vereinfachen und die Navigation erleichtern. Inhalte, die sich über den gesamten Viewport erstrecken, erleichtern diese Aufgabe.

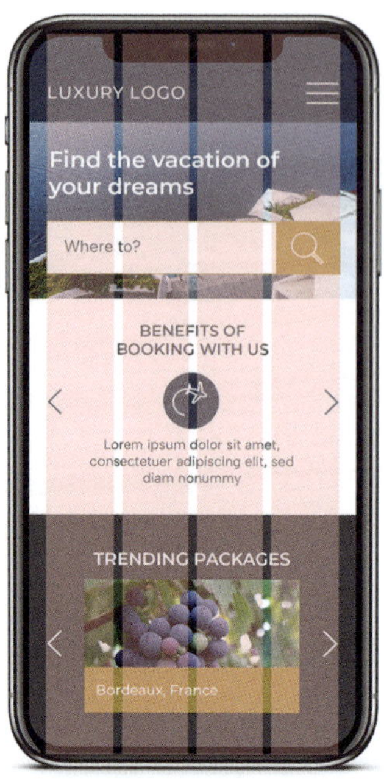

Abb. 10–20
Ich habe unseren Inhalt so angepasst, dass er den reduzierten Platz und das vierspaltige Raster ausfüllt.

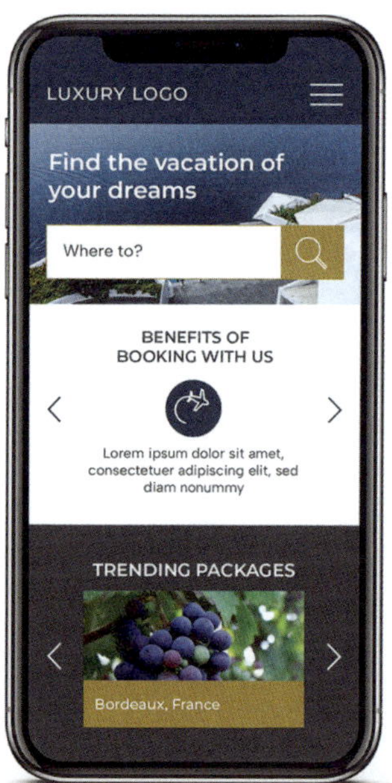

Abb. 10–21
Das mobile Design ohne das überlagerte Raster

Abb. 10–22
Die untere Hälfte der Webseite auf dem angepassten Raster

10.9.3 Mobile-first Design

Eine Technik, die viele Leute bei der Gestaltung einer Webseite anwenden, ist das sogenannte Mobile-first Design. Sie beginnen mit der Gestaltung des kleinsten Bildschirms und arbeiten sich bis zum Desktop-Design vor. Dieser Ansatz ermöglicht es den Designern, sich auf die wichtigsten Aspekte der Benutzerfreundlichkeit einer Website zu konzentrieren. Was wollen die Besucher Ihrer Website erreichen? Wenn Sie für einen kleinen Bildschirm entwerfen, konzentrieren Sie sich auf den Inhalt, der Ihren Nutzern hilft, ihre Ziele zu erreichen, und arbeiten Sie sich dann von dort aus nach oben.

Zusammenfassung

- Anhand der geschäftlichen und inhaltlichen Anforderungen des Kunden können Sie mit der Gruppierung und Anordnung der Inhalte in einem groben Wireframe beginnen. Sobald der Kunde diese Wireframes abgesegnet hat, können Sie damit beginnen, das Design zu verfeinern.
- Für den Desktop bieten Zwölf-Spalten-Raster mehr Flexibilität bei der Gestaltung. Wenn Sie Probleme haben, die Abmessungen für Ihr Rasterlayout zu finden, stehen Ihnen online zahlreiche Rastergeneratoren zur Verfügung. Mit diesen Tools erhalten Sie die Werte für die Containerbreite, den Rand und den Zwischenraum. In den Ressourcen im Anhang habe ich einige Vorschläge zusammengestellt.

- Das Festlegen einer Grundlinie ist der erste Schritt bei der Definition des vertikalen Rhythmus einer Webseite. Diese Grundlinie wirkt sich auf die Zeilenhöhe Ihrer Schriftrampe aus und lässt sich zur Berechnung von Margin und Padding für den Rest der Webseite verwenden. Verwenden Sie Vielfache Ihrer Grundlinie, um diese Werte zu ermitteln.
- Sie sollten Bilder und Symbole mit dem gleichen Designstil auswählen. Mischen Sie keine Bilder mit unterschiedlichen Fotoeffekten, und wählen Sie keine Symbole mit unterschiedlichen Stilen.
- In der Regel lässt sich eine Webseite ohne große Probleme an ein Tablet anpassen. Aber Ihr Design für ein Mobiltelefon erfordert mehr Überlegung und Präzision, was auf den kleineren Bildschirmen Vorrang hat.

Teil 4
Nach der visuellen Gestaltung

Nachdem wir nun die Grundlagen des Designs gemeistert und eine Webseite erstellt haben, werden wir uns überlegen, ob unser Design gut genug ist, um es an die Entwicklung weiterzugeben, und wie wir sicherstellen können, dass es fertig ist. Und wenn wir die Entwicklungsphase erreicht haben, werden wir uns überlegen, wie sich unsere Entwicklungsentscheidungen auf die User Experience auswirken. Der Designzyklus endet nicht einfach mit dem Mock-up: Die Entwicklung ist Teil des Zyklus. In Kapitel 11 werden weitere Grundlagen der Benutzererfahrung und die Iteration des Designzyklus vorgestellt. Es gibt Hinweise darauf, wann ein Entwurf gut genug ist, um getestet zu werden, betrachtet einige der gängigsten Testarten und erörtert, wie die Ergebnisse des Tests anzuwenden sind.

Schließlich ende ich mit Kapitel 12, in dem Ihr Fachwissen über die Webentwicklung zum Tragen kommt. Webentwicklung ist die technische Gestaltung Ihres visuellen Designs. Sie ist ein entscheidender Teil des Benutzererlebnisses. Hier können die Nutzer schließlich mit Ihrer Website interagieren. Wenn Sie kontinuierliche Aktualisierungen planen, ist dies der Beginn eines neuen Zyklus. Sie können nun zur Forschungsphase zurückkehren, um zu überprüfen, ob das Design den Anforderungen entspricht, und die nächste Iteration des Designs beginnen.

11 Testen, Validieren, Iterieren

Dieses Kapitel behandelt

- Abwägen, wann Sie mit dem Testen eines Entwurfs beginnen können
- Die Unterschiede zwischen den verschiedenen Testarten verstehen und wissen, wann man sie einsetzen sollte
- Priorisierung der wichtigsten Testergebnisse

In Kapitel 4 über die Forschung in der User-Experience-Phase habe ich erklärt, dass der Designprozess iterativ ist. Das Kapitel konzentrierte sich auf den iterativen Prozess in den frühen Phasen eines Entwurfs, bevor die Mock-ups zu den pixelgenauen Entwürfen verfeinert werden, die Sie als Entwickler in eine Webseite verwandeln werden. Sie haben sich darauf konzentriert, die verschiedenen Benutzerabläufe für das Erledigen von Aufgaben auszuarbeiten. Dieses frühe Testen ist wichtig und kann mit Design mit niedrigem Detailgrad durchgeführt werden.

Allerdings ist die frühe Phase des Designprozesses nicht der einzige Zeitpunkt, um Tests durchzuführen. Das Testen, nachdem die Entwürfe pixelgenau oder fast fertig sind, ist ebenso wichtig. Worauf Sie sich bei späteren Tests konzentrieren sollten, hängt davon ab, wo Sie sich im iterativen Designprozess befinden und was Sie mit Ihren Testergebnissen erreichen wollen.

11.1 Der Zyklus des Designs

Wie der gesamte Projektzyklus sollte auch das Testen des Designprozesses Designer, Entwickler und Ihren Produktmanager einbeziehen, die festlegen, welche Analysen verfolgt werden müssen, um Erkenntnisse über die Kunden zu gewinnen. Wenn Sie während des gesamten Design- und Entwicklungsprozesses alleine arbeiten, sollten Sie Analysen zu den von den Benutzern besuchten Seiten und den

Aktionen in den Benutzerströmen durchführen, um herauszufinden, wie sie Ihr Produkt nutzen. Vielleicht haben Sie von Ihrem Kunden Daten erhalten, die einen konstanten Anstieg der Anmeldungen an einem bestimmten Punkt des Benutzerflusses zeigen. Nachdem Sie ein neues Design implementiert haben, sollten Sie die Anzahl der Benutzer verfolgen, die sich anmelden oder einloggen. Wenn die Zahl tendenziell sinkt oder stagniert, deutet dies auf ein Problem in der neuen User Experience hin. Das Problem kann mit einem Problem der Benutzerfreundlichkeit oder Auffindbarkeit zusammenhängen, das beim neuen Design nicht berücksichtigt wurde. Großartig, aber wann sollte ich mit den Tests beginnen?

11.1.1 Ein bestehendes Design ersetzen

Wenn Sie bereits einen vollständigen Projektzyklus durch die Webentwicklung durchgeführt haben und eine Webseite in Produktion ist, sollten sich die Tests darauf konzentrieren, wie benutzbar die neue Erfahrung im Vergleich zur alten ist. Diese Tests stellen sicher, dass die User Experience nicht beeinträchtigt wird. Eine verschlechterte Benutzerfreundlichkeit kann zu einem Anstieg des negativen Kundenfeedbacks führen, die Benutzer daran hindern, Aufgaben einfach zu erledigen, und, wenn die Webseite etwas verkauft, den Verkauf und den Umsatz negativ beeinflussen.

Sie können ein neues Design testen, indem Sie die Benutzer in einer Staging-Umgebung Aufgaben erledigen lassen, beobachten, wie sie das Produkt verwenden, und Fragen stellen. Sie können das Feedback aus diesen Sitzungen nutzen, um Probleme zu priorisieren und das Design zu aktualisieren, bevor Sie das neue Erlebnis auf die Live-Seite übertragen.

Die andere Möglichkeit ist die Durchführung von A/B-Tests. Bei A/B-Tests werden den Nutzern auf der Live-Webseite verschiedene Designs angeboten. Ich werde A/B-Tests in Abschnitt 11.2.3 vorstellen.

11.1.2 Minimum Viable Product

Das Minimum Viable Product (MVP) ist eine frühe Iteration eines Projekts, die die grundlegendsten Anforderungen erfüllt. Ich habe den Begriff MVP in zwei verschiedenen beruflichen Laufbahnen kennengelernt, und je nach Tätigkeit hat er unterschiedliche Bedeutungen. Als Produktmanager im technischen Bereich bezieht sich der Begriff MVP auf ein funktionierendes Produkt. Es kann noch fehlerhaft sein und ist in der Regel eine Betaversion, aber es erfüllt die Mindestanforderungen, sodass die Kunden es nutzen und Feedback geben können.

Als ich im Bereich Design gearbeitet habe, war ein MVP die erste Iteration eines pixelgenauen Mock-ups. Nachdem der Kunde das Wireframe abgesegnet hatte, habe ich die visuellen Elemente angewendet und eine Webseite zum Leben erweckt. Sie können damit beginnen, diese Mock-ups den Benutzern zum Testen vorzuführen. Es gibt Tools, mit denen Sie Ihre Mock-ups ohne Code anklickbar machen können, um einen Benutzerfluss zu simulieren. Sie bieten eine einfache Möglichkeit, Ihre visuellen Design-MVPs zu testen.

11.1.3 Wann ist ein Entwurf gut genug, um mit dem Testen zu beginnen?

Für jemanden, der von Infografiken bis hin zu Entwickler-Tools alles entworfen hat, ist es schwierig, das Gefühl zu haben, dass ein Design jemals fertig ist. Man kann ständig kleine Designänderungen vornehmen. Unter Designern gibt es den Witz, dass wir zehn bis 20 verschiedene Entwürfe ausprobieren, bevor wir glauben, dass wir einem Kunden etwas vorlegen können – wahrscheinlich, weil wir unsere eigenen größten Kritiker sind.

Die einfachste Richtlinie, die Sie befolgen können, wenn Sie herausfinden wollen, ob etwas testreif ist, ist die Frage, ob der Entwurf alle Anforderungen erfüllt, die zu Beginn des Projekts festgelegt wurden. Wenn dies der Fall ist und Sie immer noch hier und da kleine Anpassungen vornehmen, sollten Sie mit den Anpassungen aufhören und mit dem Testen beginnen. Holen Sie sich Feedback ein, und passen Sie Ihre Entwürfe dann nach Bedarf an. Andernfalls ist es sehr leicht zu glauben, dass Ihr Entwurf perfekt sein muss, bevor ihn jemand sieht. Im Design gibt es jedoch keine Perfektion. Es wird immer Möglichkeiten geben, etwas zu verbessern, und es gibt verschiedene Wege, etwas zu tun. Stellen Sie sicher, dass die Projektanforderungen erfüllt sind und Ihr Kunde Ihren MVP genehmigt hat, und beginnen Sie dann mit den Tests und der Entwicklung.

11.2 Testarten

Sie können Ihren Entwurf auf verschiedene Weise testen. Die Bestimmung des richtigen Testzeitpunkts hängt davon ab, was Sie evaluieren wollen, was wiederum die Art der Tests beeinflusst, die Sie durchführen können. Die im Folgenden vorgestellten Testarten sind nur eine Handvoll der verfügbaren Möglichkeiten, um das visuelle Design oder die Benutzerfreundlichkeit eines Designs zu bewerten, das bereits erstellt wurde und im Web live ist.

11.2.1 Kundeninterviews

Kundeninterviews und deren Feedback zu visuellen Aspekten und Benutzerabläufen ist die wichtigste Methode, um statische Entwürfe zu testen, das heißt Entwürfe, die noch nicht programmiert und live im Web sind. Dieser Schritt ist wichtig, um festzustellen, ob Sie eine gute User Experience aufgebaut haben oder eine, die verbessert werden muss.

Finden Sie heraus, worauf sich das Feedback konzentrieren soll. Geht es darum, wie die Nutzer die Webseite oder das Produkt empfinden, während sie sich damit beschäftigen? Wie wirken sich verschiedene Designaspekte wie Farben, Schriftarten und Bilder auf sie aus? Behindern visuelle Elemente die Navigation auf der Webseite? Fühlt sich irgendetwas überfrachtet an? Ist die Hierarchie klar? Die Antworten auf diese Fragen können Ihnen helfen, das Nutzererlebnis zu verbessern.

Stellen Sie auch Fragen zum Benutzerfluss. Sind die Benutzer verwirrt, wo sie suchen sollen? Werden Designelemente effektiv eingesetzt, um sie durch die Seite zu führen? Finden sie den Weg zum primären Call to Action und klicken sich zum nächsten Schritt im Ablauf durch? Erstellen Sie ein Interview-Skript, das sich auf die Art von Feedback konzentriert, die Sie suchen. Für Interviews zu visuellen Aspekten sollten Sie spezifische Fragen stellen und sich an ein strenges Skript halten, obwohl dies nicht unbedingt erforderlich ist. User-Flow-Tests können freier gestaltet werden. Bitten Sie Ihren Tester, Ihnen anhand der vorliegenden Mock-ups zu erklären, wie er eine Aufgabe erledigen würde. Stellen Sie dann Fragen zu den einzelnen Schritten und machen Sie sich detaillierte Notizen (oder zeichnen Sie die Sitzung auf, damit Sie später darauf zurückgreifen können).

11.2.2 Testen in einer Produktionsumgebung

Manchmal arbeiten Sie an einem Projekt, bei dem Sie keine Zeit haben, ein statisches Design zu testen. Stattdessen müssen Sie mit dem, was Sie haben, loslegen und dann Tests durchführen, sobald der Inhalt live ist. In diesen Fällen müssen Sie eine Art von Datenerfassung aktiviert haben, um wichtige Maßnahmen zu verfolgen, die zeigen, dass Sie erfolgreich sind oder dass etwas die Benutzer auf Ihrer Webseite behindert.

Es gibt viele Arten von Analysen. Google Analytics ist ein recht gängiges Tool, das einen umfangreichen Einblick in das Verhalten auf Ihrer Webseite bieten kann. Seien Sie jedoch gewarnt: Es gibt Probleme mit der Datenschutz-Grundverordnung (DSGVO). Die aktivierten Analysefunktionen müssen mit den lokalen Gesetzen übereinstimmen, die von der Region abhängen, in der Sie sich befinden.

Tools wie Netlify bieten anonyme Datenverfolgung. Netlify ist DSGVO-konform, liefert aber keine Metriken wie Klicks oder die Absprungrate der Besucher. Andere Anbieter wie Segment und Amplitude bieten einen detaillierten Einblick, sodass Sie sehen können, welchen Weg die Nutzer durch Ihr Produkt nehmen. Sie können auch so eingesetzt werden, dass Sie erfahren, welche Schaltflächen angeklickt werden.

Wenn Sie als Freiberufler ein Projekt für einen Kunden entwickeln, sollten Sie mit ihm über seinen Bedarf an Datenanalyse sprechen. Möglicherweise ist es Ihre Aufgabe, die Tools einzurichten. Wenn Sie mit einem Team zusammenarbeiten, steht Ihnen möglicherweise ein separates Daten- und Analyseteam zur Seite, das Sie beim Einrichten dieser Tools unterstützt. Dennoch ist es wichtig, zu definieren, wie Erfolg aussieht und wann Sie mit der Bewertung von Änderungen beginnen müssen, um ihn zu erreichen. Schauen Sie sich einige Testarten an, die sich auf das Design und die Benutzerfreundlichkeit einer Webseite oder einer Funktion konzentrieren.

11.2.3 A/B-Tests

Wenn Sie ein Projekt direkt vom Mock-up zu einem funktionierenden MVP machen, ohne es zu testen, können Sie A/B-Tests durchführen, um festzustellen, welches Design zum Erreichen der Geschäftsziele beiträgt. Bei A/B-Tests werden verschiedene Designs für einen bestimmten Teil der Benutzeroberfläche implementiert und diese Designs verschiedenen Segmenten Ihrer Zielgruppe gezeigt. Beispielsweise kann eine bestimmte Aufforderung zum Handeln auf verschiedene Weise gestaltet werden, aber es ist unklar, welches Design besser funktioniert und zu mehr Klicks führt. Sie können zwei Designs implementieren, auf die die Besucher stoßen. Mithilfe von Analysen können Sie verfolgen, welches Design besser abschneidet, und auf der Grundlage dieser Ergebnisse Entscheidungen zur Benutzerfreundlichkeit treffen. So können Sie beispielsweise zwei verschiedenen Zielgruppen unterschiedliche Kopfzeilen oder Header zeigen und verfolgen, welches Design mehr Interesse weckt, wie in Abbildung 11–1. Anschließend können Sie die Änderungen auf der Grundlage dieses Designs implementieren, sodass es für alle angezeigt wird.

Abb. 11–1 *Ein A/B-Test besteht aus zwei Designs, die verschiedenen Nutzern auf einer Live-Webseite gezeigt werden.*

A/B-Tests sind auch eine gute Option, wenn Ihr Projekt ein bestehendes Design ersetzt. Auch wenn die Ergebnisse der frühen User-Experience-Forschung einen guten Hinweis darauf geben sollten, wie die Nutzer ein Erlebnis erwarten, gibt es kein besseres Feedback als die Beobachtung, wie sich ein Design in der Produktion verhält. Anstatt ein neues Design sofort einzuführen, können Sie A/B-Tests durchführen, um sicherzustellen, dass es mindestens genauso gut funktioniert wie das aktuelle Design.

Das Sammeln von Daten darüber, wie das neue Design von den Nutzern verwendet wird, ist wichtig für die Entscheidung, ob es vollständig implementiert werden soll oder ob Änderungen vorgenommen und weitere Tests durchgeführt werden sollen. Es gibt zahlreiche Tools, die Ihnen bei der Durchführung eines A/B-Tests helfen. Im Anhang finden Sie eine Liste mit einigen dieser Dienste.

11.2.4 Gestaffelte Rollouts

Wie A/B-Tests sind auch gestaffelte Rollouts eine weitere Möglichkeit, Projekte in der Produktion zu testen. Diese Art des Testens funktioniert am besten in einer Umgebung, in der Sie ein Produkt entwickeln, das ständig verbessert wird. Für regelmäßige oder neue Webseite-Launches ist ein gestaffelter Rollout nicht sehr nützlich. Sie brauchen eine bestehende Benutzerbasis, die sich mit Ihrer Webseite beschäftigt, damit Sie eine Aktualisierung schrittweise einführen können. Sie könnten zum Beispiel ein neues Erlebnis auf Ihrer Webseite haben. Um etwaige Probleme abzufangen, bevor das Erlebnis vollständig implementiert ist, könnten Sie es auf 5 % Ihrer Nutzerbasis ausweiten. Anschließend überwachen Sie die Einführung und erhöhen den Prozentsatz der Nutzer, die die Neuerung sehen.

Anhand der Ergebnisse der von Ihnen durchgeführten Tests können Sie beurteilen, wie Sie weiter vorgehen sollten. Die Ergebnisse können auf der Anzahl der Klicks basieren oder auf der Anzahl der Besucher, die Ihre Website schnell wieder verlassen (was ein guter Indikator für Performance-Probleme wäre) oder die es bis zur Kassenseite schaffen und dann die Transaktion nicht abschließen (was ein Performance- oder Zahlungsproblem sein könnte). Anhand all dieser Ergebnisse können Sie Ihren nächsten Schritt festlegen. Dieser kann darin bestehen, die Untersuchung fortzusetzen oder direkt mit der Neugestaltung zu beginnen.

Vielleicht müssen Sie noch einmal an das Zeichenbrett zurückkehren und weitere Untersuchungen mit den Nutzern durchführen, um mehr Daten zu sammeln, bevor Sie die Einführung fortsetzen. Oder Sie erhalten bei Ihren Tests nicht die Ergebnisse, die Sie brauchen, um eine gute Entscheidung darüber zu treffen, ob Sie die Einführung fortsetzen sollen. Zum Beispiel könnten Sie eine neue Funktion einführen, die nicht zu einem Anstieg der Nutzung führt. Der nächste Schritt besteht darin, herauszufinden, warum Ihre Funktion nicht so genutzt wird, wie Sie es erwartet haben. Vielleicht ist die Funktion nicht so leicht zu entdecken, wie Sie dachten. Sie könnten sich dann erneut mit den Kunden zusammensetzen und weitere Interviews oder Tests zur Auffindbarkeit durchführen. Obwohl sie in der Entwicklungsphase durchgeführt werden und nicht ausschließlich auf das visuelle Design ausgerichtet sind, können Sie mit gestaffelten Rollouts und A/B-Tests überprüfen, ob ein Design so funktioniert, wie es sollte. Das gesamte Projekt ist ein Zusammenspiel zwischen Design-, Entwicklungs- und Produktteams, und die Testphase ist der Punkt, an dem alle drei Teams wirklich ineinandergreifen.

11.2.5 Anfängliche Methoden der Nutzerforschung

Auch wenn ich mich auf Testmethoden konzentriert habe, um Ergebnisse zu sammeln, nachdem einige Zeit mit dem Entwurf verbracht wurde, sind die anfänglichen Methoden der Nutzerforschung, die in Kapitel 4 erläutert wurden, in diesem Stadium immer noch genauso wertvoll. Wenn Sie an einem Produkt arbeiten, das sich in ständiger Entwicklung befindet, sind Nutzerinterviews eine ständige Datenquelle, die Sie anzapfen können. Sie sind nicht nur ein Werkzeug für den Beginn eines Projekts, sondern können auch dazu verwendet werden, Ihr Projekt iterativ mit Ihrer Zielgruppe zu testen.

11.3 Prüfergebnisse anwenden

Nachdem Sie Ihr Design getestet haben, ob in der Produktion oder nicht, sollten Sie die Ergebnisse auswerten. Bei A/B-Tests wird die Analyse für sich selbst sprechen, welches Design besser abschneidet, und die Entscheidung, welches implementiert werden soll, sollte klar sein. Wenn die Designs in etwa gleich gut abschneiden, sind die Ergebnisse immer noch gültig und sollten Ihnen sagen, dass Sie zurück ans Zeichenbrett gehen und ein neues Design entwickeln müssen, das die gewünschten Ergebnisse liefert.

Wenn Sie Funktionen oder eine Website in Produktion testen, ist die Analyse der Schlüssel zur Erfolgsmessung. Je nach Tool können Sie den Ablauf sehen, durch den jemand klickt, um eine Aufgabe auszuführen, und beurteilen, wo er auf Probleme stößt. Analysen können auch dazu beitragen, weitere Tests durch Benutzerinterviews über die User Experience durchzuführen. Alle diese Tools sind miteinander verbunden und helfen Ihnen, die gewünschten Ergebnisse zu erzielen.

Bei der Bewertung von visuellen Designaspekten kann es schwierig sein, das Rauschen herauszufiltern, wenn man nicht weiß, worauf man achten muss. Jeder hat eine persönliche Vorliebe für Dinge wie Größe und Farbe (insbesondere Farbe), und ein Feedback wie: »Ich mag Lila nicht, weil es mir einfach nicht gefällt«, ist nicht hilfreich. Wenn man die Leute fragt, warum sie etwas nicht mögen, kann man zu besser umsetzbaren Ergebnissen kommen. Auf eine einzige Person, die die von Ihnen gewählte Farbe nicht mag, würde ich nicht reagieren. Wenn die Befragten sich jedoch wiederholt über die Farbe äußern, ist das ein Hinweis darauf, dass man sich damit befassen sollte.

Achten Sie bei der visuellen Gestaltung auf gemeinsame Themen in den Antworten der Befragten und treffen Sie auf der Grundlage dieser Themen Entscheidungen über Ihre nächsten Schritte. Wie Sie das Feedback priorisieren, hängt vom jeweiligen Projekt ab. Als Richtlinie gilt: Priorisieren Sie alle Rückmeldungen von mehreren Gruppenmitgliedern, die ein gemeinsames Thema haben, und konzentrieren Sie sich auf alle Rückmeldungen, die darauf hindeuten, dass die visuellen Designentscheidungen die User Experience der Website beeinträchtigen.

Zusammenfassung

- Wann ein Entwurf testreif ist, kann für einen Designer schwer zu bestimmen sein, je nachdem, wie wir unsere eigenen Entwürfe sehen. Es ist wichtig, sich daran zu erinnern, dass ein Entwurf immer verbessert werden kann, denn Design ist ein iterativer Prozess.
- Sie können mit dem Testen eines Designs beginnen, sobald Sie ein MVP haben, sei es ein statisches Mock-up oder eine funktionierende Webseite, die nicht unbedingt fehlerfrei oder vollständig ausgefeilt ist.
- Ein Entwurf ist gut genug, um mit den Tests zu beginnen, sobald er die zu Beginn des Projekts festgelegten Anforderungen erfüllt.
- Kundeninterviews eignen sich am besten, um Feedback zu visuellen Designaspekten zu erhalten. Sie können qualitatives Feedback auswerten, indem Sie nach gemeinsamen Themen suchen, wie sich die Nutzer bei der visuellen Gestaltung fühlen, und das Design auf der Grundlage dieser Bewertungen verbessern.
- Feedback zu visuellem Design enthält oft Rückmeldungen, die auf persönlichen Vorlieben beruhen. Unterscheiden Sie diese persönlichen Vorlieben von umsetzbarem Feedback, das sich auf die Benutzererfahrung auswirkt, indem Sie nach dem *Warum* fragen, wenn jemand etwas Negatives über visuelle Designbehandlungen äußert.
- Bei A/B-Tests werden zwei Designs in einer Produktionsumgebung implementiert, wobei verschiedene Benutzer jeweils verschiedene Designs sehen. Bei diesem Test wird ermittelt, ob ein Design besser abschneidet als das andere.
- Gestaffelte Rollouts können nur durchgeführt werden, wenn ein Entwurf bereits in Produktion ist. Sie führen schrittweise Aktualisierungen für einen kleinen Prozentsatz der Benutzer durch und bewerten die Änderungen, bevor Sie weitere durchführen.
- Werten Sie die Ergebnisse Ihrer Tests aus, indem Sie nach gemeinsamen Themen im qualitativen Feedback suchen, um zu entscheiden, welche Änderungen an den visuellen Elementen erforderlich sind. Bei quantitativem Feedback müssen Sie, wenn die Ergebnisse nicht schlüssig sind, weitere Tests durchführen oder das Design neu bewerten, um bessere Ergebnisse zu erzielen.
- Priorisieren Sie Rückmeldungen, die in der Testgruppe einen gemeinsamen negativen Trend aufweisen, sowie alle Daten oder Rückmeldungen, die darauf hinweisen, dass ein Design die Ziele, die es erreichen soll, behindert.

12 Entwicklungsentscheidungen und User Experience

Dieses Kapitel behandelt

- Betrachtung des Codes als Teil des Designzyklus
- Wichtige Entscheidungen für die Softwareentwicklung auf Grundlage ihrer Auswirkungen auf die User Experience treffen
- Beurteilung, wie Sie mit einer HTML-Basis stabile Weberlebnisse aufbauen können

Von Beginn der Planungsphase eines Projekts an sollten die Entwickler mit am Tisch sitzen. Der Code, den sie schreiben, erweckt das Design zum Leben. Ohne den Code, den sie schreiben, gäbe es keine User Experience, auf dessen Verbesserung wir uns konzentrieren könnten. Ohne Code wären die Entwürfe für unsere Anwendungen und Webseiten statische Objekte, die wir zwar betrachten, mit denen wir aber nicht interagieren können. Die Entwicklung ist ein Teil des Designprozesses, denn die technischen Entscheidungen, die Sie als Entwickler treffen, wirken sich entscheidend auf die User Experience aus, die Sie schaffen.

Das Wissen über die Grundlagen des visuellen Designs und der User Experience, das Sie in der Forschungs- und Planungsphase eines Projekts erworben haben, kann Sie zu einem besseren Entwickler machen, da Sie in der Lage sind, effektiv zu kommunizieren. Sie werden in der Lage sein, über technische Einschränkungen zu sprechen oder darüber, wie bestimmte Funktionen der Benutzeroberfläche oder Animationen die User Experience negativ beeinflussen können. Und Sie werden in der Lage sein, dies mit einem solideren Verständnis für die getroffenen Designentscheidungen zu tun. Dieses Verständnis wird Ihnen helfen, Diskussionen zu schlichten und einen Kompromiss zu finden, wenn bestimmte Designs nicht implementiert werden können (und zu erklären, warum). Die Entscheidungen, die Sie als Entwickler treffen, sind Designentscheidungen, und Ihr Code sollte so sorgfältig wie möglich geschrieben werden, wenn ein Produkt ausgeliefert wird.

12.1 Die Wirkung des geschriebenen Codes

Es gäbe keine Erfahrungen oder Benutzer, mit denen man Usability-Tests durchführen könnte, wenn man nicht den Code schreiben würde, um ein Design zum Leben zu erwecken. Die Entscheidungen, die Sie bei Ihrem Code treffen, sind für die User Experience ebenso wichtig wie die Definition von Benutzerströmen und die Gewährleistung der Benutzerfreundlichkeit eines Designs. Die von Ihnen gewählten Tools und Frameworks können die Performance und Ladezeit einer Webseite beeinflussen. Wenn der Inhalt der Seite nicht reagiert oder zu lange zum Laden braucht, ist die Wahrscheinlichkeit größer, dass Ihre Benutzer die Seite frustriert verlassen. Dieses Ergebnis wirkt sich auf den Umsatz aus, wenn die Website für den Verkauf eines Produkts entwickelt wurde.

Die Implementierung von Funktionalitäten, die von Dritten abhängig sind und auf die Sie keinen Einfluss haben, wenn etwas schiefgeht, kann das Erlebnis beeinträchtigen. Tools von Drittanbietern können auch Sicherheitsschwachstellen aufdecken, die zwar nichts mit dem Design zu tun haben, aber das Gesamterlebnis mit der Marke beeinträchtigen und schädliche Folgen haben können.

Sie können aus endlosen Bibliotheken mit vorgefertigten Komponenten und Mustern wählen, um die Entwicklungszeit zu verkürzen, aber Sie verwenden damit die Lösung eines anderen. Sind sie für die Erfahrung, die Sie entwickeln, optimiert? Entsprechen die Designs dieser Komponenten und Muster den Anforderungen Ihrer Benutzer? Möglicherweise, aber Sie müssen sie erst einmal testen. Gibt es Abhängigkeiten, die Sie bei der Implementierung einer Bibliothek berücksichtigen müssen? Könnten sie das von Ihnen angestrebte Erlebnis beeinträchtigen?

All diese Faktoren wirken sich auf die Erfahrung eines Nutzers mit Ihrem Produkt, auf Ihrer Website oder in Ihrer App aus. Der Code ist das Skelettsystem und die inneren Organe des Erlebnisses, die alles am Leben halten. Selbst die äußere Schicht, das visuelle Design, wird durch CSS-Code gesteuert, der allem ein visuelles Erscheinungsbild verleiht.

12.1.1 Warum es wichtig ist, gutes HTML zu schreiben

User Experience geht über visuelles Design und Benutzerschnittstellen hinaus. Manche Menschen benutzen keine Maus und Tastatur, um im Internet zu navigieren. Vielleicht verwenden sie Bildschirmlesegeräte oder andere unterstützende Technologien. Sie entwerfen und erstellen Ihren Code auch für diese Untergruppe von Benutzern. Und das Entwerfen und Erstellen für diese Benutzer beginnt mit HTML.

Semantisches HTML

Ich weiß nicht, wie oft ich das gleiche Meme auf Twitter gesehen habe, in dem gefragt wird, welche Art von Entwickler man ist. In der einen Spalte ist eine Grafik eines Drahtgitters zu sehen, bei der jedes Kästchen mit einem `<div>` beschriftet ist. In der anderen Spalte ist dasselbe Drahtgitter zu sehen, aber jedes Kästchen ist mit einem entsprechenden semantischen HTML-Tag beschriftet, wie `<header>`, `<article>` oder `<section>`. Das Verwenden dieser Elemente anstelle von `<div>` und die Anwendung der korrekten Überschrift-Tags auf Ihre Inhalte stellen sicher, dass Menschen, die mit Hilfsmitteln auf Ihre Webseite oder App zugreifen, dies auf einfache Weise tun können. Hilfstechnologien analysieren Ihren Code mithilfe von semantischen HTML-Tags, um ihn für den Endbenutzer korrekt wiederzugeben.

Das Verwenden von semantischem HTML hat mehrere weitere Vorteile. Zum Beispiel wird die Pflege von SEO und der Codebasis für andere Entwickler, die Ihre Codebasis übernehmen, einfacher und klarer. Letztendlich können Sie nicht wissen, wie jeder Benutzer auf Ihre Webseite zugreifen und sie nutzen wird. Aber durch semantisches HTML schaffen Sie die beste Erfahrung für alle Benutzer.

Auswirkungen der Verwendung von JavaScript anstatt HTML und CSS

Wenn Sie möchten, könnten Sie eine ganze Website in JavaScript erstellen und sie ins Internet stellen. Entwickler haben das gemacht und werden es auch weiterhin tun. JavaScript kann sich jedoch nachteilig auf die Benutzerfreundlichkeit Ihrer Website auswirken. Wenn ein Benutzer JavaScript in seinem Browser deaktiviert hat, kann es zu Fehlern kommen, je nachdem, wie viel JavaScript in Ihrem Projekt verwendet wird. Heydon Pickering, ein Entwickler und Berater, demonstrierte im Jahr 2020 einen solchen Fall mit JavaScript. Wenn Sie seine Website (*www.heydonworks.com*) mit aktiviertem JavaScript besuchten, wurde sie nicht geladen, bis Sie JavaScript deaktivierten (siehe Abb. 12–1). Wenn man JavaScript nach dem Verlassen seiner Webseite ausgeschaltet ließ, stellten viele fest, dass eine große Anzahl ihrer meistbesuchten Webseiten ohne eingeschaltetes JavaScript völlig unbrauchbar war. Das ist nicht die beste User Experience für den Großteil des Webs. Zwar erfordern einige Anwendungen JavaScript für robustere Interaktionsmöglichkeiten, aber die Tatsache, dass es für diese Webseiten keine Ausweichmöglichkeiten gibt, wenn JavaScript ausgeschaltet ist, zeigt, dass die verschiedenen Arten von Benutzern, die Ihre Webseite nutzen, nicht berücksichtigt wurden.

Abb. 12–1 *2020 baute der Berater Heydon Pickering seine Website so, dass sie nicht angezeigt wird, wenn JavaScript im Browser aktiviert ist.*

Wenn Sie ein Design zum Leben erwecken und sich Gedanken über die User Experience machen, die Ihr Code bieten wird, ist es wichtig, an diese Sonderfälle zu denken. Bauen Sie mit HTML und CSS und fügen Sie so wenig JavaScript wie möglich hinzu. Die Kernfunktionen Ihrer Website sollten funktionieren, und JavaScript sollte verwendet werden, um das Erlebnis für Benutzer auf modernen Geräten schrittweise zu verbessern. Auf diese Weise erhalten auch die Nutzer, die keine modernen Geräte verwenden oder die JavaScript deaktivieren müssen, um Daten zu sparen, ein einwandfreies Erlebnis.

Die schrittweise Verbesserung beginnt mit Ihrem semantischen HTML. Wenn Ihr CSS nicht geladen wird, wird der Inhalt trotzdem mit den User-Agent-Styles geliefert, die auf die semantischen HTML-Tags angewendet werden. So erhalten diese Benutzer immer noch die Basiserfahrung, mit einem Umriss des Inhalts, der eine visuelle Hierarchie hat, die vom Browser bereitgestellt wird – genauso als wenn das JavaScript nicht geladen wird. Das Erlebnis wird trotzdem geladen, und selbst ein minimales Erlebnis ist besser als gar keines.

All diese Fragen sollten bereits in einem frühen Stadium des Entwurfsprozesses mit einem Designer geklärt werden. Was passiert, wenn das CSS nicht geladen wird? Was passiert, wenn das JavaScript nicht geladen wird? Wenn man von Anfang an einen Plan für den Fall hat, dass etwas schiefgeht, wird die User Experience verbessert und die Benutzer sind weniger frustriert, wenn etwas schiefgeht.

12.1.2 Performance und Ladezeiten

Haben Sie schon einmal eine Webseite geöffnet, die zu lange zum Laden brauchte? Haben Sie schon einmal gewartet, bis die Seite vollständig geladen war, und dann festgestellt, dass der Rest der Seite langsam, schwerfällig und frustrierend zu navigieren war? Wie oft haben Sie eine Webseite schon ganz verlassen, weil Sie einfach keine Lust mehr hatten?

Einer der kritischsten Punkte in Bezug auf das Nutzererlebnis, den Sie selbst testen können, ist die Performance Ihrer Website. Wie schnell wird sie geladen? Brauchen die Elemente auf der Seite zu lange zum Laden und verschiebt sich das Layout, wenn jemand versucht, auf ein Element zu klicken? Dieses Problem ist mir schon oft begegnet. Ich lade eine Seite und will auf einen Button oder einen Link klicken, aber genau in dem Moment, in dem ich das tue, verschiebt sich das Layout, weil ein Element endlich geladen wurde, und jetzt habe ich auf etwas geklickt, das ich gar nicht wollte. Das Ergebnis ist eine schlechte User Experience, die Ihre Benutzer frustriert und die Wahrscheinlichkeit erhöht, dass sie Ihre Webseite verlassen.

Schlechte Performance bedeutet nicht nur eine frustrierende Erfahrung für Ihre Nutzer, die sich negativ auf das Geschäft auswirken kann. Schlechte Leistung kann sich auch auf die Suchmaschinenoptimierung auswirken und darauf, wo Ihre Webseite oder App in den Ergebnissen einer Suchmaschine erscheint. Eine schlechte Performance kann dazu führen, dass Sie weiter unten in der Liste erscheinen, was eine geringere Sichtbarkeit und weniger Nutzer bedeutet, die Ihre Webseite besuchen.

Google stellt viele Tools zur Verfügung, mit denen Sie Ihre Performance testen können und die Ihnen Feedback geben, wie Sie die User Experience Ihrer Webseite verbessern können, zum Beispiel die Core Web Vitals. So ist beispielsweise eine reaktionsschnelle Webseite, die schnell lädt, ein Zeichen für eine nutzerfreundliche Erfahrung. Der Bericht und die Kategorien der Core Web Vitals sind viel umfangreicher als nur die Reaktionsfähigkeit und das Laden von Seiten, und sie sind ein guter Ausgangspunkt, wenn Sie versuchen, Statistiken über Ihre allgemeine Benutzerfreundlichkeit zu erhalten, die sich auf den Aufbau der Website bezieht.

12.1.3 Webtechnologien ohne Cross-Browser-Unterstützung

Genauso wie Sie planen sollten, was passiert, wenn JavaScript nicht geladen wird oder eine Kernfunktionalität ausfällt, sollten Sie darauf achten, dass sich das Haupterlebnis nicht verschlechtert, wenn Sie Webtechnologien verwenden, die nicht in allen Browsern unterstützt werden. Das Verwenden neuer Funktionen, sobald sie in den Browsern eingeführt werden, ist eine gute Möglichkeit, mit den modernen Funktionen Schritt zu halten und das Erlebnis zu verbessern. Das Schlüsselwort ist jedoch *verbessern*: Das gesamte Erlebnis sollte nicht zusammenbrechen, wenn eine Funktion nicht unterstützt wird.

Auch hier sollte das Konzept der progressiven Verbesserung zum Tragen kommen. Stellen Sie sicher, dass die Kernfunktionalität Ihrer Webseite weiterhin verfügbar ist, und bauen Sie dann die neuen Funktionen der Webplattform ein, um ein noch besseres Erlebnis zu bieten. Je nach Einsatzfall können Sie die Funktionen auf verschiedene Weise überlagern. Sie können ein Polyfill oder, für CSS und Styles, die `@supports`-Funktionsabfrage verwenden, mit der Sie definieren können, ob ein Browser eine bestimmte CSS-Funktion unterstützt. Sie sollten dieses CSS-Feature verwenden; andernfalls greift der Webbrowser auf das CSS-Feature außerhalb der Feature-Abfrage zurück. Dieses Layering ist eine großartige Möglichkeit, neue Funktionen auszuprobieren. Das trägt dazu bei, die Webplattform voranzubringen und gleichzeitig eine gute Erfahrung für diejenigen zu bieten, die einen Browser verwenden, der neue Plattformfunktionen nicht so schnell entwickelt bekommt.

Diese Techniken konzentrieren sich zwar auf den Entwicklungsteil eines Projekts, sind aber für die User Experience von entscheidender Bedeutung. Die Arbeit, die in das Erstellen gut gestalteter Webseiten oder Anwendungen fließt, ist wertlos, wenn die Webseite oder Anwendung nicht nutzbar ist.

12.2 Entwickler bauen für Entwickler

Je nach Produkt oder Dienstleistung können Entwickler eine Teilmenge der Zielgruppe sein, für die Sie bauen, insbesondere wenn Sie Technologie oder Code verkaufen. Die Erfahrung für Entwickler sollte zusätzlich zu der Haupterfahrung für Verbraucher geplant werden. Wenn Entwickler Ihre API oder Ihr Tool verwenden, wie sieht dann ihre Erfahrung aus? Wo befindet sich die Dokumentation? Folgt sie denselben Designprinzipien, auf denen das Kerngeschäft aufgebaut ist? Die Erfahrung, die Sie Entwicklern bieten, ist ebenfalls wichtig. Die Dokumentation sollte leicht auffindbar sein, der Wert Ihres Produkts sollte klar sein, und der Code oder die APIs sollten gut dokumentiert sein, damit sie übernommen werden können. Eine schlechte Developer Experience kann eine schlechte User Experience bedeuten. Nehmen Sie benutzerdefinierte HTML-Formularsteuerungen. Sie werden derzeit von Webbrowsern und Webstandardisierungsgruppen nach 25 Jahren neu entwickelt, weil sie so implementiert wurden, dass moderne Entwickler sie nicht einfach so gestalten oder anpassen können, wie sie es wollen und brauchen. Die Stunden, die Entwickler damit verbringen, diese Komponenten von Grund auf neu zu erstellen, um sie zu stylen, bedeuten, dass weniger Zeit für die Verbesserung anderer Erfahrungen zur Verfügung steht.

Wenn Sie für Entwickler entwerfen und bauen, stellen Sie sicher, dass die Funktionen gut dokumentiert sind und dass es einen durchdachten Ansatz für die Gestaltung der Entwicklererfahrung auf Ihrer Website gibt, sei es auf der Hauptwebseite oder auf einer Unterseite, die Informationen für Entwickler bietet. Der Aufbau einer guten User Experience beginnt mit einer guten Developer Experience.

Um Entwicklern eine gute User Experience zu bieten, müssen Sie eine gute Dokumentation bereitstellen. Ob in Form einer Inline-Dokumentation im Code, einer ausführlichen Dokumentation in Form eines Tutorials oder Walk-Throughs oder beidem – die Dokumentation ist entscheidend dafür, dass die Benutzerfreundlichkeit des Produkts noch lange nach der Übergabe des Codes oder dem Ausscheiden aus dem Unternehmen gewährleistet ist.

Ich habe gesehen, was passiert, wenn eine API nicht dokumentiert ist und die Entwickler, die sie entwickelt haben, das Unternehmen längst verlassen haben. Stunden über Stunden werden damit verbracht, den Code durchzugehen, zu testen und zu versuchen, ihn zu dokumentieren. Stellen Sie sich vor, wie Sie sich fühlen würden, wenn Sie eine neue Rolle oder ein neues Projekt übernehmen würden und Ihnen ein Framework oder eine API übergeben würde, die nicht dokumentiert ist. Anstatt sich schnell einzuarbeiten und mit der Entwicklung zu beginnen, müssten Sie sich den Code von jemand anderem ansehen und versuchen zu verstehen, was er tut. Was passiert, wenn Sie etwas bearbeiten, es in Produktion geben und die Webseite offline nehmen? Schlechte Developer Experience hat sich nun auf die User Experience ausgewirkt, und das ist es, was wir im Grunde vermeiden wollen.

Zusammenfassung

- Design und Entwicklung sind keine getrennten Arbeitsabläufe in einem Projekt. Ohne Code wären unsere Mock-ups für das Web sinnlos. Sie wären hübsche Oberflächen ohne Funktion.
- Die Art und Weise, wie Sie den Code schreiben, ist die Grundlage dafür, dass das Design, das Sie gerade erstellt haben, tatsächlich eine gute und benutzerfreundliche Erfahrung für Menschen ergibt.
- Ein gutes Weberlebnis beginnt mit semantischem HTML. Durch das Schreiben von semantischem HTML wird sichergestellt, dass auch Personen, die mit Technologien wie Bildschirmlesegeräten auf Ihre Website zugreifen, ein gutes Nutzererlebnis haben.
- JavaScript hat seine Berechtigung beim Erstellen von Webseiten, aber allzu oft wird es unnötigerweise anstelle von HTML und CSS verwendet. Das kann sich nachteilig auf die User Experience auswirken, wenn JavaScript nicht geladen wird oder im Browser ausgeschaltet ist.
- Eine gute Performance und schnelle Ladezeiten einer Seite sind entscheidend für ein gutes Nutzererlebnis. Wenn eine Seite zu lange zum Laden braucht, steigt die Wahrscheinlichkeit, dass jemand die Website ganz verlässt. Eine schlechte Performance kann sich sowohl auf die Suchmaschinenoptimierung als auch auf die Einnahmen auswirken, wenn die Besucher die Seite verlassen.

- Nutzen Sie die progressive Verbesserung, damit Ihre Webseite auf der grundlegenden Ebene funktional ist, und bauen Sie nach und nach neue Funktionen dazu, um das Erlebnis zu verbessern.
- Stellen Sie sicher, dass die Erfahrung für Entwickler genauso gut durchdacht ist wie die Haupterfahrung, vor allem, wenn Entwickler eine Untergruppe Ihres Kundenstamms sind.
- Erstellen und pflegen Sie eine gute Dokumentation für Entwickler, damit diese Ihren Dienst oder Code ohne Frustration nutzen können.
- Eine gute Developer Experience ist ein wesentlicher Bestandteil der Entwicklung einer guten User Experience und der Erfahrung, die ursprünglich entworfen wurde.

Weitere Ressourcen

User Experience

Atlassian, »Customer Journey Mapping«, Atlassian Team Playbook, *https://www.atlassian.com/team-playbook/plays/customer-journey-mapping*

Basalmiq-Ressourcen für Wireframing, *https://balsamiq.com/learn*

Dickson Fong, »The S.M.A.R.T. user experience strategy«, Smashing Magazine, 13. September 2011, *https://www.smashingmagazine.com/2011/09/the-s-m-a-r-t-user-experience-strategy*

Sarah Gibbons, »Journey mapping 101«, Nielson Norman Group, 9. Dezember 2018, *https:// www.nngroup.com/articles/journey-mapping-101*

Chris Gray, »Better user research through surveys«, UX Mastery, 20. November 2014, *https://uxmastery.com/better-user-research-through-surveys*

Kara Pernice, »User interviews: How, when, and why to conduct them«, Nielson Norman Group, 7. Oktober 2018, *https://www.nngroup.com/articles/user-interviews*

Wireframe-Tooling, *https://wireframe.cc*

Raster und Layout

Andy Bell, »Be the browser's mentor, not its micromanager«, All Day Hey!, 5. Mai 2022, *https://www.youtube.com/watch?v=5uhIiI9Ld5M*

Nicolai Doreng-Stearns, »Using F and Z patterns to create visual hierarchy in landing page designs«, 99designs, 2016, *https://99designs.com/blog/tips/visual-hierarchy-landing-page-designs*

James Gilyead und Trys Mudford, Fluid-Grid-Rechner, *https://utopia.fyi/grid/calculator*

Ethan Marcotte, »Responsive Web Design«, A List Apart, 25. Mai 2010, *https://alistapart.com/article/responsive-web-design*

Karen McGrane, »Rolling out responsive«, A List Apart, 24. November 2015, *https://alistapart.com/ article/rolling-out-responsive*

Nicolaj Kirkgaard Nielsen, Grid Calculator, *http://gridcalculator.dk*

Kara Pernice, »Text scanning patterns: Eyetracking evidence«, Nielson Norman Group, 25. August 2019, *https://www.nngroup.com/articles/text-scanning-patterns-eyetracking*

Stephanie Stimac, »Building web layouts for dual-screen and foldable devices«, Smashing Magazine, 3. März 2022, *https://www.smashingmagazine.com/2022/03/building-web-layouts-dual-screen-foldable-devices*

Animationen

CSS-Trigger, *https://csstriggers.com*

Val Head, »Accessible web animation: The WCAG on animation explained«, CSS Tricks, 22. September 2020, *https://valhead.com/2020/09/30/accessible-animation-the-wcag-on-animation-explained*

Val Head, »Designing ›invisible‹ UI animations«, 7. Mai 2015, *https://valhead.com/2015/05/07/getting-to-invisible*

Val Head, »Inclusive animation in your design system«, Smashing Magazine, 21. Februar 2019, *https://.www.smashingmagazine.com/2019/02/animation-design-system*

Val Head, »UI animation and UX: A not-so-secret friendship«, A List Apart, 11. Februar 2014, *https://alistapart.com/article/ui-animation-and-ux-a-not-so-secret-friendship*

Mozilla, »Animation performance and frame rate«, MDN Docs, 5. Oktober 2022, *https://developer.mozilla.org/en-US/docs/Web/Performance/Animation_performance_and_frame_rate*

Typografie

Adobe Fonts, *https://fonts.adobe.com*

Jeremy Church, Schriftgrößengenerator, *https://type-scale.com*

Font Squirrel, *https://www.fontsquirrel.com*

Google, Google Fonts, *https://fonts.google.com*

Hayden Mills, Dakota Weatherford, Sydney Mills, Font Pair, *https://www.fontpair.co*

Laurence Penny, Variable Schriften, *https://www.axis-praxis.org*

Jason Pamental, Tipps zur Typografie, *https://rwt.io/typography-tips*

Nick Sherman, Variable Schriftarten v0.2, *https://v-fonts.com*

TypeType Foundry, *https://typetype.org*

Mark Wilson, »Trump's old lawyers really, really love Comic Sans«, Fast Company, 8. Oktober 2019, *https://www.fastcompany.com/90414127/trumps-old-lawyers-really-really-love-comic-sans*

Farben

Adobe Color, *https://color.adobe.com/create/color-wheel*

Michelle Barker, »A guide to modern CSS colors«, Smashing Magazine, 18. November 2021, *https://www.smashingmagazine.com/2021/11/guide-modern-css-colors*

Color Designer, Farbpalettengenerator aus einem Bild, *https://colordesigner.io/color-palette-from-image*

Colorkit, Farbpalettengenerator, *https://colorkit.co/color-palette-generator*

Lea Verou, »LCH colors in CSS, what, why and how«, 4. April 2020, *https://lea.verou.me/2020/04/lch-colors-in-css-what-why-and-how*

Ollie Williams, »The expanding gamut of color on the web«, CSS Tricks, 27. Mai 2020, *https://css-tricks.com/the-expanding-gamut-of-color-on-the-web*

Entwurf testen

Nic Chan, »A complete guide to accessibility tooling«, Smashing Magazine, 16. Juni 2021, *https://www.smashingmagazine.com/2021/06/complete-guide-accessibility-tooling*

Google Analytics, »Create an A/B test«, *https://support.google.com/optimize/answer/6211930*

Tim Kadlec, »Understanding the true cost of client-side A/B testing«, 12. Januar 2021, *https://timkadlec.com/remembers/2021-01-12-cost-of-client-side-ab-testing*

Launch Darkly (A/B-Tests), *https://launchdarkly.com*

Kathryn Whitenton, »How to test visual design«, Nielson Norman Group, 17. Juni 2018, *https://www.nngroup.com/articles/testing-visual-design*

Index

Kim Lauenroth

Basiswissen Digital Design

Konzepte und Werkzeuge für die ganzheitliche Gestaltung digitaler Lösungen und Systeme

Aus- und Weiterbildung zum Digital Design Professional
- Foundation Level
- nach IREB-Standard

2024
380 Seiten, Festeinband
€ 39,90 (D)

ISBN:
Print 978-3-98889-000-9
PDF 978-3-98890-114-9
ePub 978-3-98890-115-6

Auf *dpunkt.de* auch als Bundle (Print & E-Book) erhältlich.

Zunehmende Komplexität, steigende Anforderungen an die Digitalisierung und immer neue Möglichkeiten digitaler Technologien stellen die Industrie vor neue Herausforderungen.

Das Berufsbild »Digital Design« begegnet diesen Herausforderungen mit einem ganzheitlichen Gestaltungsanspruch durch die Integration von drei Kompetenzfeldern: Gestaltungskompetenz, Kompetenz in digitalen Technologien und Querschnittskompetenz für interdisziplinäres Arbeiten.

Dieses Buch vermittelt die Grundlagen und gibt einen fundierten Überblick über alle relevanten Aspekte der ganzheitlichen Gestaltung digitaler Lösungen und Systeme.

Es orientiert sich am Lehrplan zum »Digital Design Professional – Foundation Level« (DDP) des International Requirements Engineering Board (IREB) und eignet sich daher nicht nur bestens zur Prüfungsvorbereitung, sondern dient gleichzeitig als kompaktes Grundlagenwerk zu diesen Themen in der Praxis und an Hochschulen.